René Gué

Aperçus sur l'initiation

Essai

Le code de la propriété intellectuelle du 1er juillet 1992 interdit en effet expressément la photocopie à usage collectif sans autorisation des ayants droit. Or, cette pratique s'est généralisée dans les établissements d'enseignement supérieur, provoquant une baisse brutale des achats de livres et de revues, au point que la possibilité même pour les auteurs de créer des œuvres nouvelles et de les faire éditer correctement est aujourd'hui menacée. En application de la loi du 11 mars 1957, il est interdit de reproduire intégralement ou partiellement le présent ouvrage, sur quelque support que ce soit, sans autorisation de l'Éditeur ou du Centre Français d'Exploitation du Droit de Copie , 20, rue Grands Augustins, 75006 Paris.

ISBN : 978-2-37976-183-6

10 9 8 7 6 5 4 3 2 1

René Guénon

Aperçus
sur l'initiation

Essai

Table de Matières

AVANT-PROPOS	7
Chapitre I	11
Chapitre II	17
Chapitre III	21
Chapitre IV	26
Chapitre V	32
Chapitre VI	40
Chapitre VII	46
Chapitre VIII	50
Chapitre IX	58
Chapitre X	62
Chapitre XI	69
Chapitre XII	74
Chapitre XIII	86
Chapitre XIV	94
Chapitre XV	108
Chapitre XVI	113
Chapitre XVII	118
Chapitre XVIII	126
Chapitre XIX	133
Chapitre XX	138
Chapitre XXI	144
Chapitre XXII	150
Chapitre XXIII	155
Chapitre XXIV	161

Chapitre XXV	169
Chapitre XXVI	174
Chapitre XXVII	178
Chapitre XXVIII	184
Chapitre XXIX	188
Chapitre XXX	193
Chapitre XXXI	197
Chapitre XXXII	204
Chapitre XXXIII	209
Chapitre XXXIV	214
Chapitre XXXV	220
Chapitre XXXVI	226
Chapitre XXXVII	230
Chapitre XXXVIII	235
Chapitre XXXIX	241
Chapitre XL	246
Chapitre XLI	251
Chapitre XLII	259
Chapitre XLIII	264
Chapitre XLIV	269
Chapitre XLV	274
Chapitre XLVI	281
Chapitre XLVII	285
Chapitre XLVIII	290

AVANT-PROPOS

On nous a demandé, de divers côtés et à plusieurs reprises, de réunir en volume les articles que nous avons fait paraître, dans la revue Etudes Traditionnelles, sur des questions se rapportant directement à l'initiation ; il ne nous a pas été possible de donner satisfaction immédiatement à ces demandes, car nous estimons qu'un livre doit être autre chose qu'une simple collection d'articles, et cela d'autant plus que, dans le cas présent, ces articles, écrits au gré des circonstances et souvent pour répondre à des questions qui nous étaient posées, ne s'enchaînaient pas à la façon des chapitres successifs d'un livre ; il nous fallait donc les remanier, les compléter et les disposer autrement, et c'est ce que nous avons fait ici. Ce n'est pas à dire, d'ailleurs, que nous ayons voulu faire ainsi une sorte de traité plus ou moins complet et en quelque sorte « didactique » ; cela serait encore concevable, à la rigueur, s'il s'agissait seulement d'étudier une forme particulière d'initiation, mais, dès lors qu'il s'agit au contraire de l'initiation en général, ce serait là une tâche tout à fait impossible, car les questions qui peuvent se poser à cet égard ne sont point en nombre déterminé, la nature même du sujet s'opposant à toute délimitation rigoureuse, de sorte qu'on ne saurait aucunement avoir la prétention de les traiter toutes et de n'en omettre aucune. Tout ce qu'on peut faire, en somme, c'est d'envisager certains aspects, de se placer à certains points de vue, qui certainement, même s'ils sont ceux dont l'importance apparaît le plus immédiatement pour une raison ou pour une autre, laissent pourtant en dehors d'eux bien des points qu'il serait également légitime de considérer ; c'est pourquoi nous avons pensé que le mot d'» aperçus » était celui qui pouvait le mieux caractériser le contenu du présent ouvrage, d'autant plus que, même en ce qui concerne les questions traitées, il n'est sans doute pas possible d'en « épuiser » complètement une seule. Il va de soi, au surplus, qu'il ne pouvait être question de répéter ici ce que nous avons déjà dit dans d'autres livres sur des points touchant au même sujet ; nous devons nous contenter d'y renvoyer le lecteur chaque fois que cela est nécessaire ; du reste, dans l'ordre de connaissance auquel se rapportent tous nos écrits, tout est lié de telle façon qu'il est impossible de procéder autrement.

Nous venons de dire que notre intention a été essentiellement de traiter des questions concernant l'initiation en général ; il doit donc être bien entendu que, toutes les fois que nous nous référons à telle ou telle forme initiatique déterminée, nous le faisons uniquement à titre d'exemple, afin de préciser et de faire mieux comprendre ce qui, sans l'appui de ces cas particuliers, risquerait de demeurer un peu trop dans le vague. Il importe d'insister là-dessus surtout lorsqu'il s'agit des formes occidentales, afin d'éviter toute équivoque et tout malentendu : si nous y faisons assez souvent allusion, c'est que les « illustrations » qui peuvent en être tirées nous semblent, en bien des cas, devoir être plus facilement accessibles que d'autres à la généralité des lecteurs, voire même déjà plus ou moins familières à un certain nombre d'entre eux ; il est évident que cela est entièrement indépendant de ce que chacun peut penser de l'état présent des organisations par lesquelles ces formes initiatiques sont conservées et pratiquées. Quand on se rend compte du degré de dégénérescence auquel en est arrivé l'Occident moderne, il n'est que trop facile de comprendre que bien des choses d'ordre traditionnel, et à plus forte raison d'ordre initiatique, ne peuvent guère y subsister qu'à l'état de vestiges, à peu près incompris de ceux mêmes qui en ont la garde ; c'est d'ailleurs là ce qui rend possible l'éclosion, à côté de ces restes authentiques, des multiples « contrefaçons » dont nous avons eu déjà l'occasion de parler ailleurs, car ce n'est que dans de pareilles conditions qu'elles peuvent faire illusion et réussir à se faire prendre pour ce qu'elles ne sont pas ; mais, quoi qu'il en soit, les formes traditionnelles demeurent toujours, en elles-mêmes, indépendantes de ces contingences. Ajoutons encore que, lorsqu'il nous arrive au contraire d'envisager ces mêmes contingences et de parler, non plus des formes initiatiques, mais de l'état des organisations initiatiques et pseudo-initiatiques dans l'Occident actuel, nous ne faisons en cela qu'énoncer la constatation de faits où nous ne sommes évidemment pour rien, sans aucune autre intention ou préoccupation que celle de dire la vérité à cet égard comme pour toute autre chose que nous avons à considérer au cours de nos études, et d'une façon aussi entièrement désintéressée que possible. Chacun est libre d'en tirer telles conséquences qu'il lui conviendra ; quant à nous, nous ne sommes nullement chargé d'amener ou d'enlever des adhérents à quelque organisation que ce soit, nous n'engageons personne à demander l'initiation ici ou là, ni à s'en abstenir, et nous estimons même que cela ne nous regarde en aucune façon et ne saurait aucunement rentrer dans notre rôle. Certains s'étonneront peut-être que nous nous croyions obligé de tant y insister, et, à vrai dire, cela devrait en effet être inutile s'il ne fallait compter avec l'incompréhension de la majorité de nos contemporains, et aussi avec la mauvaise foi d'un trop grand nombre d'entre eux ; nous sommes malheureusement trop habitué à nous voir attribuer toute sorte d'intentions que nous n'avons jamais eues, et cela par des gens venant des côtés les plus opposés, au moins en apparence, pour ne pas prendre à cet égard toutes les précautions nécessaires ; nous n'osons d'ailleurs ajouter suffisantes, car qui pourrait prévoir tout ce que certains sont capables d'inventer ?

On ne devra pas s'étonner non plus que nous nous étendions souvent sur les erreurs et les confusions qui sont commises plus ou moins communément au sujet de l'initiation, car, outre l'utilité évidente qu'il y a à les dissiper, c'est précisément en les constatant que nous avons été amené, dans bien des cas, à voir la nécessité de traiter plus particulièrement tel ou tel point déterminé, qui sans cela aurait pu nous paraître aller de soi ou tout au moins n'avoir pas besoin de tant d'explications. Ce qui est assez digne de remarque, c'est que certaines de ces erreurs ne sont pas seulement le fait de profanes ou de pseudo-initiés, ce qui n'aurait en somme rien d'extraordinaire, mais aussi de membres d'organisations authentiquement initiatiques, et parmi lesquels il en est même qui sont regardés comme des « lumières » dans leur milieu, ce qui est peut-être une des preuves les plus frappantes de cet actuel état de dégénérescence auquel nous faisions allusion tout à l'heure. À ce propos, nous pensons pouvoir exprimer, sans trop risquer qu'il soit mal interprété, le souhait que, parmi les représentants de ces organisations, il s'en trouve tout au moins quelques-uns à qui les considérations que nous exposons contribueront à rendre la conscience de ce qu'est véritablement l'initiation ; nous n'entretenons d'ailleurs pas des espoirs exagérés à cet égard, non plus que pour tout ce qui concerne plus généralement les possibilités de restauration que l'Occident peut encore porter en lui-même. Pourtant, il en est assurément à qui la connaissance réelle fait plus défaut que la bonne volonté ; mais cette bonne volonté ne suffit pas, et toute la question serait de savoir jusqu'où leur horizon intellectuel est susceptible de s'étendre, et aussi s'ils sont bien qualifiés pour passer de l'initiation virtuelle à l'initiation effective ; en tout cas, nous ne pouvons, quant à nous, rien faire de plus que de fournir quelques données dont profiteront peut-être ceux qui en seront capables et qui seront disposés à en tirer parti dans la mesure où les circonstances le leur permettront. Ceux-là ne seront certainement jamais très nombreux, mais, comme nous avons eu souvent à le dire déjà, ce n'est pas le nombre qui importe dans les choses de cet ordre, pourvu toutefois, dans ce cas spécial, qu'il soit au moins, pour commencer, celui que requiert la constitution des organisations initiatiques ; jusqu'ici, les quelques expériences qui ont été tentées dans un sens plus ou moins voisin de celui dont il s'agit, à notre connaissance, n'ont pu, pour des raisons diverses, être poussées assez loin pour qu'il soit possible de juger des résultats qui auraient pu être obtenus si les circonstances avaient été plus favorables.

Il est d'ailleurs bien clair que l'ambiance moderne, par sa nature même, est et sera toujours un des principaux obstacles que devra inévitablement rencontrer toute tentative de restauration traditionnelle en Occident, dans le domaine initiatique aussi bien que dans tout autre domaine ; il est vrai que, en principe, ce domaine initiatique devrait, en raison de son caractère « fermé », être plus à l'abri de ces influences hostiles du monde extérieur, mais, en fait, il y a déjà trop longtemps que les organisations existantes se sont laissé entamer par elles, et certaines « brèches » sont maintenant trop largement ouvertes pour être facilement réparées. Ainsi, pour ne prendre qu'un exemple typique, en adoptant des formes administratives imitées de celles des gouvernements profanes, ces organisations ont donné prise à des actions antagonistes qui autrement n'auraient trouvé aucun moyen de s'exercer contre elles et seraient tombées dans le vide ; cette imitation du monde profane constituait d'ailleurs, en elle-même, un de ces renversements des rapports normaux qui, dans tous les domaines, sont si caractéristiques du désordre moderne. Les conséquences de cette « contamination » sont aujourd'hui si manifestes qu'il faut être aveugle pour ne pas les voir, et pourtant nous doutons fort que beaucoup sachent les rapporter à leur véritable cause ; la manie des « sociétés » est trop invétérée chez la plupart de nos contemporains pour qu'ils conçoivent même la simple possibilité de se passer de certaines formes pure-ment extérieures ; mais, pour cette raison même, c'est peut-être là ce contre quoi devrait tout d'abord réagir quiconque voudrait entreprendre une restauration initiatique sur des bases vraiment sérieuses. Nous n'irons pas plus loin dans ces réflexions préliminaires, car, redisons-le encore une fois, ce n'est pas à nous qu'il appartient d'intervenir activement dans des tentatives de ce genre ; indiquer la voie à ceux qui pourront et voudront s'y engager, c'est là tout ce que nous prétendons à cet égard ; et, du reste, la portée de ce que nous avons à dire est bien loin de se limiter à l'application qui peut en être faite à une forme initiatique particulière, puisqu'il s'agit avant tout des principes fondamentaux qui sont communs à toute initiation, qu'elle soit d'Orient ou d'Occident. L'essence et le but de l'initiation sont, en effet, toujours et partout les mêmes ; les modalités seules dif-fèrent, par adaptation aux temps et aux lieux ; et nous ajou-terons tout de suite, pour que nul ne puisse s'y méprendre, que cette adaptation elle-même, pour être légitime, ne doit jamais être une « innovation », c'est-à-dire le produit d'une fantaisie individuelle quelconque, mais que, comme celle des formes traditionnelles en général, elle doit toujours procéder en définitive d'une origine « non-humaine », sans laquelle il ne saurait y avoir réellement ni tradition ni initiation, mais seulement quelqu'une de ces « parodies » que nous rencontrons si fréquemment dans le monde moderne, qui ne viennent de rien et ne conduisent à rien, et qui ainsi ne représentent véritablement, si l'on peut dire, que le néant pur et simple, quand elles ne sont pas les instruments inconscients de quelque chose de pire encore.

Chapitre I
VOIE INITIATIQUE ET VOIE MYSTIQUE

La confusion entre le domaine ésotérique et initiatique et le domaine mystique, ou, si l'on préfère, entre les points de vue qui leur correspondent respectivement, est une de celles que l'on commet le plus fréquemment aujourd'hui, et cela, semble-t-il, d'une façon qui n'est pas toujours entièrement désintéressée ; il y a là, du reste, une attitude assez nouvelle, ou qui du moins, dans certains milieux, s'est beaucoup généralisée en ces dernières années, et c'est pourquoi il nous paraît nécessaire de commencer par nous expliquer nettement sur ce point. Il est maintenant de mode, si l'on peut dire, de qualifier de « mystiques » les doctrines orientales elles-mêmes, y compris celles où il n'y a pas même l'ombre d'une apparence extérieure pouvant, pour ceux qui ne vont pas plus loin, donner lieu à une telle qualification ; l'origine de cette fausse interprétation est naturellement imputable à certains orientalistes, qui peuvent d'ailleurs n'y avoir pas été amenés tout d'abord par une arrière-pensée nettement définie, mais seulement par leur incompréhension et par le parti pris plus ou moins inconscient, qui leur est habituel, de tout ramener à des points de vue occidentaux [1]. Mais d'autres sont venus ensuite, qui se sont emparés de cette assimilation abusive, et qui, voyant le parti qu'ils pourraient en tirer pour leurs propres fins, s'efforcent d'en propager l'idée en dehors du monde spécial, et somme toute assez restreint, des orientalistes et de leur clientèle ; et ceci est plus grave, non pas seulement parce que c'est par là surtout que cette confusion se répand de plus en plus, mais aussi parce qu'il n'est pas difficile d'y apercevoir des marques non équivoques d'une tentative « annexionniste » contre laquelle il importe de se tenir sur ses gardes. En effet, ceux auxquels nous faisons allusion ici sont ceux que l'on peut regarder comme les négateurs les plus « sérieux » de l'ésotérisme, nous voulons dire par là les exotéristes religieux qui se refusent à admettre quoi que ce soit au delà de leur propre domaine, mais qui estiment sans doute cette assimilation ou cette « annexion » plus habile qu'une négation brutale ; et, à voir de quelle manière certains d'entre eux s'appliquent à travestir en « mysticisme » les doctrines les plus nettement initiatiques, il semblerait vraiment que cette tâche revête à leurs yeux un caractère tout particulièrement urgent [2]. À vrai dire, il y aurait pourtant,

---

[1] C'est ainsi que, spécialement depuis que l'orientaliste anglais Nicholson s'est avisé de traduire *taçawwuf* par *mysticism*, il est convenu en Occident que l'ésotérisme islamique est quelque chose d'essentiellement « mystique » ; et même, dans ce cas, on ne parle plus du tout d'ésotérisme, mais uniquement de mysticisme, c'est-à-dire qu'on en est arrivé à une véritable substitution de points de vue. Le plus beau est que, sur des questions de cet ordre, l'opinion des orientalistes, qui ne connaissent ces choses que par les livres, compte manifestement beaucoup plus, aux yeux de l'immense majorité des Occidentaux, que l'avis de ceux qui en ont une connaissance directe et effective !

[2] D'autres s'efforcent aussi de travestir les doctrines orientales en « philosophie »,

Chapitre I

dans ce même domaine religieux auquel appartient le mysticisme, quelque chose qui, à certains égards, pourrait mieux se prêter à un rapprochement, on plutôt à une apparence de rapprochement : c'est ce qu'on désigne par le terme d' « ascétique », car il y a là tout au moins une méthode « active », au lieu de l'absence de méthode et de la « passivité » qui caractérisent le mysticisme et sur lesquelles nous aurons à revenir tout à l'heure [1] ; mais il va de soi que ces similitudes sont tout extérieures, et, d'autre part, cette « ascétique » n'a peut-être que des buts trop visiblement limités pour pouvoir être avantageusement utilisée de cette façon, tandis que, avec le mysticisme, on ne sait jamais très exactement où l'on va, et ce vague même est assurément propice aux confusions. Seulement, ceux qui se livrent à ce travail de propos délibéré, non plus que ceux qui les suivent plus ou moins inconsciemment, ne paraissent pas se douter que, dans tout ce qui se rapporte à l'initiation, il n'y a en réalité rien de vague ni de nébuleux, mais au contraire des choses très précises et très « positives » ; et, en fait, l'initiation est, par sa nature même, proprement incompatible avec le mysticisme.

Cette incompatibilité ne résulte pas, d'ailleurs, de ce qu'implique originellement le mot « mysticisme » lui-même, qui est même manifestement apparenté à l'ancienne désignation des « mystères », c'est-à-dire de quelque chose qui appartient au contraire à l'ordre initiatique ; mais ce mot est de ceux pour lesquels, loin de pouvoir s'en rapporter uniquement à l'étymologie, on est rigoureusement obligé, si l'on veut se faire comprendre, de tenir compte du sens qui leur a été imposé par l'usage, et qui est, en fait, le seul qui s'y attache actuellement. Or chacun sait ce qu'on entend par « mysticisme », depuis bien des siècles déjà, de sorte qu'il n'est plus possible d'employer ce terme pour désigner autre chose ; et c'est cela qui, disons-nous, n'a et ne peut avoir rien de commun avec

---

mais cette fausse assimilation est peut-être, au fond, moins dangereuse que l'autre, en raison de l'étroite limitation du point de vue philosophique lui-même ; ceux-là ne réussissent d'ailleurs guère, par la façon spéciale dont ils présentent ces doctrines, qu'à en faire quelque chose de totalement dépourvu d'intérêt, et ce qui se dégage de leurs travaux est surtout une prodigieuse impression d'« ennui » !

1 Nous pouvons citer, comme exemple d'« ascétique », les *Exercices spirituels* de saint Ignace de Loyola, dont l'esprit est incontestablement aussi peu mystique que possible, et pour lesquels il est au moins vraisemblable qu'il s'est inspiré en partie de certaines méthodes initiatiques, d'origine islamique, mais, bien entendu, en les appliquant à un but entièrement différent.

l'initiation, d'abord parce que ce mysticisme relève exclusivement du domaine religieux, c'est-à-dire exotérique, et ensuite parce que la voie mystique diffère de la voie initiatique par tous ses caractères essentiels, et que cette différence est telle qu'il en résulte entre elles une véritable incompatibilité. Précisons d'ailleurs qu'il s'agit en cela d'une incompatibilité de fait plutôt que de principe, en ce sens qu'il ne s'agit aucunement pour nous de nier la valeur au moins relative du mysticisme, ni de lui contester la place qui peut légitimement lui appartenir dans certaines formes traditionnelles ; la voie initiatique et la voie mystique peuvent donc parfaitement coexister [1], mais ce que nous voulons dire, c'est qu'il est impossible que quelqu'un suive à la fois l'une et l'autre, et cela même sans rien préjuger du but auquel elles peuvent conduire, bien que du reste on puisse déjà pressentir, en raison de la différence profonde des domaines auxquels elles se rapportent, que ce but ne saurait être le même en réalité.

Nous avons dit que la confusion qui fait voir à certains du mysticisme là où il n'y en a pas la moindre trace a son point de départ dans la tendance à tout réduire aux points de vue occidentaux ; c'est que, en effet, le mysticisme proprement dit est quelque chose d'exclusivement occidental et, au fond, de spécifiquement chrétien. À ce propos, nous avons eu l'occasion de faire une remarque qui nous paraît assez curieuse pour que nous la notions ici : dans un livre dont nous avons déjà parlé ailleurs [2], le philosophe Bergson, opposant ce qu'il appelle la « religion statique » et la « religion dynamique », voit la plus haute expression de cette dernière dans le mysticisme, que d'ailleurs il ne comprend guère, et qu'il admire surtout pour ce que nous pourrions y trouver au contraire de vague et même de défectueux sous certains rapports ; mais ce qui peut sembler vraiment étrange de la part d'un « non-chrétien », c'est que, pour lui, le « mysticisme complet », quelque peu satisfaisante que soit l'idée qu'il s'en fait, n'en est pas moins celui des mystiques chrétiens. À la vérité, par une conséquence nécessaire du peu d'estime qu'il éprouve pour la « religion statique », il oublie un

---

[1] Il pourrait être intéressant, à cet égard, de faire une comparaison avec la « voie sèche » et la « voie humide » des alchimistes, mais ceci sortirait du cadre de la présente étude.
[2] Les deux sources de la morale et de la religion. – Voir à ce sujet *Le Règne de la Quantité et les Signes des Temps*, ch. XXXIII.

Chapitre I

peu trop que ceux-ci sont chrétiens avant même d'être mystiques, ou du moins, pour les justifier d'être chrétiens, il pose indûment le mysticisme à l'origine même du Christianisme ; et, pour établir à cet égard une sorte de continuité entre celui-ci et le judaïsme, il en arrive à transformer en « mystiques » les prophètes juifs ; évidemment, du caractère de la mission des prophètes et de la nature de leur inspiration, il n'a pas la moindre idée [1]. Quoi qu'il en soit, si le mysticisme chrétien, si déformée ou amoindrie qu'en soit sa conception, est ainsi à ses yeux le type même du mysticisme, la raison en est, au fond, bien facile à comprendre : c'est que, en fait et à parler strictement, il n'existe guère de mysticisme autre que celui-là ; et même les mystiques qu'on appelle « indépendants », et que nous dirions plus volontiers « aberrants », ne s'inspirent en réalité, fût-ce à leur insu, que d'idées chrétiennes dénaturées et plus ou moins entièrement vidées de leur contenu original. Mais cela aussi, comme tant d'autres choses, échappe à notre philosophe, qui s'efforce de découvrir, antérieurement au Christianisme, des « esquisses du mysticisme futur », alors qu'il s'agit de choses totalement différentes ; il y a là, notamment, sur l'Inde, quelques pages qui témoignent d'une incompréhension inouïe. Il y a aussi les mystères grecs, et ici le rapprochement, fondé sur la parenté étymologique que nous signalions plus haut, se réduit en somme à un bien mauvais jeu de mots ; du reste, Bergson est forcé d'avouer lui-même que « la plupart des mystères n'eurent rien de mystique » ; mais alors pourquoi en parle-t-il sous ce vocable ? Quant à ce que furent ces mystères, il s'en fait la représentation la plus « profane » qui puisse être ; ignorant tout de l'initiation, comment pourrait-il comprendre qu'il y eut là, aussi bien que dans l'Inde, quelque chose qui d'abord n'était nullement d'ordre religieux, et qui ensuite allait incomparablement plus loin que son « mysticisme », et même, il faut bien le dire, que le mysticisme authentique, qui, par là même qu'il se tient dans le domaine purement exotérique, a forcément aussi ses limitations [2] ?

---

1 En fait, on ne peut trouver de mysticisme judaïque proprement dit que dans le Hassidisme, c'est-à-dire à une époque très récente.

2 . Alfred Loisy a voulu répondre à Bergson et soutenir contre lui qu'il n'y a qu'une seule « source » de la morale et de la religion ; en sa qualité de spécialiste de l'« histoire des religions », il préfère les théories de Frazer à celles de Durkheim, et aussi l'idée d'une « évolution » continue à celle d'une « évolution » par mutations brus-

Nous ne nous proposons point présentement d'exposer en détail et d'une façon complète toutes les différences qui séparent en réalité les deux points de vue initiatique et mystique, car cela seul demanderait tout un volume ; notre intention est surtout d'insister ici sur la différence en vertu de laquelle l'initiation, dans son processus même, présente des caractères tout autres que ceux du mysticisme, voire même opposés, ce qui suffit à montrer qu'il y a bien là deux « voies » non seulement distinctes, mais incompatibles dans le sens que nous avons déjà précisé. Ce qu'on dit le plus souvent à cet égard, c'est que le mysticisme est « passif », tandis que l'initiation est « active » ; cela est d'ailleurs très vrai, à la condition de bien déterminer l'acception dans laquelle on doit l'entendre, exactement. Cela signifie surtout que, dans le cas du mysticisme, l'individu se borne à recevoir simplement ce qui se présente à lui, et tel qu'il se présente, sans que lui-même y soit pour rien ; et, disons-le tout de suite, c'est en cela que réside pour lui le danger principal, du fait qu'il est ainsi « ouvert » à toutes les influences, de quelque ordre qu'elles soient, et qu'au surplus, en général et sauf de rares exceptions, il n'a pas la préparation doctrinale qui serait nécessaire pour lui permettre d'établir entre elles une discrimination quelconque [1]. Dans le cas de l'initiation, au contraire, c'est à l'individu qu'appartient l'initiative d'une « réalisation » qui se poursuivra méthodiquement, sous un contrôle rigoureux et incessant, et qui devra normalement aboutir à dépasser les possibilités mêmes de l'individu comme tel ; il est indispensable d'ajouter que cette

---

ques ; à nos yeux, tout cela se vaut exactement ; mais il est du moins un point sur lequel nous devons lui donner raison, et il le doit assurément à son éducation ecclésiastique : grâce à celle-ci il connaît les mystiques beaucoup mieux que Bergson, et il fait remarquer qu'ils n'ont jamais eu le moindre soupçon de quelque chose qui ressemble si peu que ce soit à l'« élan vital » ; évidemment, Bergson a voulu en faire des « bergsoniens » avant la lettre, ce qui n'est guère conforme à la simple vérité historique ; et M. Loisy s'étonne aussi à juste titre de voir Jeanne d'Arc rangée parmi les mystiques. — Signalons en passant, car cela encore est bon à enregistrer, que son livre s'ouvre par un aveu bien amusant : « L'auteur du présent opuscule, déclare-t-il, ne se connaît pas d'inclination particulière pour les questions d'ordre purement spéculatif ». Voilà du moins une assez louable franchise ; et puisque c'est lui-même qui le dit, et de façon toute spontanée, nous l'en croyons bien volontiers sur parole !

[1] C'est aussi ce caractère de « passivité » qui explique, s'il ne les justifie nullement, les erreurs modernes qui tendent à confondre les mystiques, soit avec les médiums et autres « sensitifs », au sens que les « psychistes » donnent à ce mot, soit même avec de simples malades.

initiative ne suffit pas, car il est bien évident que l'individu ne saurait se dépasser lui-même par ses propres moyens, mais, et c'est là ce qui nous importe pour le moment, c'est elle qui constitue obligatoirement le point de départ de toute « réalisation » pour l'initié, tandis que le mystique n'en a aucune, même pour des choses qui ne vont nullement au delà du domaine des possibilités individuelles. Cette distinction peut déjà paraître assez nette, puisqu'elle montre bien qu'on ne saurait suivre à la fois les deux voies initiatique et mystique, mais elle ne saurait cependant suffire ; nous pourrions même dire qu'elle ne répond encore qu'à l'aspect le plus « exotérique » de la question, et, en tout cas, elle est par trop incomplète en ce qui concerne l'initiation, dont elle est fort loin d'inclure toutes les conditions nécessaires ; mais, avant d'aborder l'étude de ces conditions, il nous reste encore quelques confusions à dissiper.

Chapitre II
MAGIE ET MYSTICISME

La confusion de l'initiation avec le mysticisme est surtout le fait de ceux qui veulent, pour des raisons quelconques, nier plus ou moins expressément la réalité de l'initiation elle-même en la réduisant à quelque chose d'autre ; d'un autre côté, dans les milieux qui ont au contraire des prétentions initiatiques injustifiées, comme les milieux occultistes, on a la tendance à regarder comme faisant partie intégrante du domaine de l'initiation, sinon même comme la constituant essentiellement, une foule de choses d'un autre genre qui, elles aussi, lui sont tout à fait étrangères, et parmi lesquelles la magie occupe le plus souvent la première place. Les raisons de cette méprise sont aussi, en même temps, les raisons pour lesquelles la magie présente des dangers spécialement graves pour les Occidentaux modernes, et dont la première est leur tendance à attribuer une importance excessive à tout ce qui est « phénomènes », comme en témoigne par ailleurs le développement qu'ils ont donné aux sciences expérimentales ; s'ils sont si facilement séduits par la magie, et si alors ils s'illusionnent à tel point sur sa portée réelle, c'est qu'elle est bien, elle aussi, une science expérimentale, quoique assez différente, assurément, de celles que l'enseignement universitaire connaît sous cette dénomination. Il ne faut donc pas s'y tromper : il s'agit là d'un ordre de choses qui n'a en lui-même absolument rien de « transcendant » ; et, si une telle science peut, comme toute autre, être légitimée par son rattachement aux principes supérieurs dont tout dépend, suivant la conception générale des sciences traditionnelles, elle ne se placera pourtant alors qu'au dernier rang des applications secondaires et contingentes, parmi celles qui sont le plus éloignées des principes, donc qui doivent être regardées comme les plus inférieures de toutes. C'est ainsi que la magie est considérée dans toutes les civilisations orientales : qu'elle y existe, c'est un fait qu'il n'y a pas lieu de contester, mais elle est fort loin d'y être tenue en honneur comme se l'imaginent trop souvent les Occidentaux, qui prêtent si volontiers aux autres leurs propres tendances et leurs propres conceptions. Au Thibet même aussi bien que dans l'Inde ou en Chine, la pratique de la magie, en tant que « spécialité », si l'on peut dire, est abandonnée à ceux qui sont incapables de s'élever à un ordre supérieur ; ceci, bien entendu, ne veut pas dire que d'autres ne puissent aussi produire parfois, exceptionnellement et pour des raisons particulières, des phénomènes extérieurement semblables aux phénomènes magiques, mais le but et même les moyens mis en œuvre sont alors tout autres en réalité. Du reste, pour s'en tenir à ce qui est connu dans le monde occidental lui-même, que l'on prenne simplement des histoires de saints et de sorciers, et que l'on voie combien de faits similaires se trouvent de part et d'autre ; et cela montre bien que, contrairement à la croyance des modernes « scientistes », les phénomènes, quels qu'ils soient, ne sauraient absolument rien prouver par eux-mêmes [1].

Maintenant, il est évident que le fait de s'illusionner sur la valeur de ces choses et sur l'importance qu'il convient de leur attribuer en augmente considérablement le danger ; ce qui est particulièrement fâcheux pour les Occidentaux qui veulent se mêler de « faire de la magie », c'est l'ignorance complète où ils sont nécessairement, dans l'état actuel des choses et en l'absence de tout enseignement traditionnel, de ce à quoi ils ont affaire en pareil cas. Même en laissant de côté les bateleurs et les charlatans si nombreux à notre époque, qui ne font en somme rien de plus que d'exploiter la crédulité des naïfs, et aussi les simples fantaisistes qui croient pouvoir

---

[1] Cf. Le Règne de la Quantité et les Signes des Temps, ch. XXXIX.

improviser une « science » de leur façon, ceux mêmes qui veulent sérieusement essayer d'étudier ces phénomènes, n'ayant pas de données suffisantes pour les guider, ni d'organisation constituée pour les appuyer et les protéger, en sont réduits à un fort grossier empirisme ; ils agissent véritablement comme des enfants qui, livrés à eux-mêmes, voudraient manier des forces redoutables sans en rien connaître, et, si de déplorables accidents résultent trop souvent d'une pareille imprudence, il n'y a certes pas lieu de s'en étonner outre mesure.

En parlant ici d'accidents, nous voulons surtout faire allusion aux risques de déséquilibre auxquels s'exposent ceux qui agissent ainsi ; ce déséquilibre est en effet une conséquence trop fréquente de la communication avec ce que certains ont appelé le « plan vital », et qui n'est en somme pas autre chose que le domaine de la manifestation subtile, envisagé d'ailleurs surtout dans celles de ses modalités qui sont les plus proches de l'ordre corporel, et par là même les plus facilement accessibles à l'homme ordinaire. L'explication en est simple : il s'agit là exclusivement d'un développement de certaines possibilités individuelles, et même d'un ordre assez inférieur ; si ce développement se produit d'une façon anormale, désordonnée et inharmonique, et au détriment de possibilités supérieures, il est naturel et en quelque sorte inévitable qu'il doive aboutir à un tel résultat, sans même parler des réactions, qui ne sont pas négligeables non plus et qui sont même parfois terribles, des forces de tout genre avec lesquelles l'individu se met inconsidérément en contact. Nous disons « forces », sans chercher à préciser davantage, car cela importe peu pour ce que nous nous proposons ; nous préférons ici ce mot, si vague qu'il soit, à celui d'« entités », qui, du moins pour ceux qui ne sont pas suffisamment habitués à certaines façons symboliques de parler, risque de donner lieu trop facilement à des « personnifications » plus ou moins fantaisistes. Ce « monde intermédiaire » est d'ailleurs, comme nous l'avons souvent expliqué, beaucoup plus complexe et plus étendu que le monde corporel ; mais l'étude de l'un et de l'autre rentre, au même titre, dans ce qu'on peut appeler les « sciences naturelles », au sens le plus vrai de cette expression ; vouloir y voir quelque chose de plus, c'est, nous le répétons, s'illusionner de la plus étrange façon. Il n'y a là absolument rien d'« initiatique », non plus d'ailleurs que de « religieux » ; il s'y rencontre même, d'une façon générale, beaucoup plus d'obstacles que d'appuis pour parvenir à la connaissance véritablement transcendante, qui est tout autre chose que ces sciences contingentes, et qui, sans aucune trace d'un « phénoménisme » quelconque, ne relève que de la pure intuition intellectuelle, qui seule est aussi la pure spiritualité.

Certains, après s'être livrés plus ou moins longtemps à cette recherche des phénomènes extraordinaires ou supposés tels, finissent cependant par s'en lasser, pour une raison quelconque, ou par être déçus par l'insignifiance des résultats qu'ils obtiennent et qui ne répondent pas à leur attente, et, chose assez digne de remarque, il arrive souvent que ceux-là se tournent alors vers le mysticisme [1] ; c'est que, si étonnant que cela puisse sembler à première vue, celui-ci répond encore, quoique sous une autre forme, à des besoins ou à, des aspirations similaires. Assurément, nous sommes bien loin de contester que le mysticisme ait, en lui-même, un caractère notablement plus élevé que la magie ; mais, malgré tout, si l'on va au fond des choses, on peut se rendre compte que, sous un certain rapport tout au moins, la différence est moins grande qu'on ne pourrait le croire : là encore, en effet, il ne s'agit en somme que de « phénomènes », visions ou autres, manifestations sensibles et sentimentales de tout genre, avec lesquelles on demeure toujours exclusivement dans le domaine des possibilités individuelles [2]. C'est dire que les dangers d'illusion et de déséquilibre sont loin d'être dépassés, et, s'ils revêtent ici des formes assez différentes, ils n'en sont peut-être pas moins grands pour cela ; ils sont même aggravés, en un sens, par l'attitude passive du mystique, qui, comme nous le disions plus haut, laisse la porte ouverte à toutes les influences qui peuvent se présenter, tandis que le magicien est tout au moins dé-

---

[1] Il faut dire qu'il est aussi arrivé parfois que d'autres, après être entrés réellement dans la voie initiatique, et non pas seulement dans les illusions de la pseudo-initiation comme ceux dont nous parlons ici, ont abandonné cette voie pour le mysticisme ; les motifs sont naturellement alors assez différents, et principalement d'ordre sentimental, mais, quels qu'ils puissent être, il faut surtout voir, dans de pareils cas, la conséquence d'un défaut quelconque sous le rapport des qualifications initiatiques, du moins en ce qui concerne l'aptitude à réaliser l'initiation effective ; un des exemples les plus typiques qu'on puisse citer en ce genre est celui de L.-Cl. de Saint-Martin.

[2] Bien entendu, cela ne veut nullement dire que les phénomènes dont il s'agit soient uniquement d'ordre psychologique comme le prétendent certains modernes.

fendu jusqu'à un certain point par l'attitude active qu'il s'efforce de conserver à l'égard de ces mêmes influences, ce qui ne veut certes pas dire, d'ailleurs, qu'il y réussisse toujours et qu'il ne finisse pas trop souvent par être submergé par elles. De là vient aussi, d'autre part, que le mystique, presque toujours, est trop facilement dupe de son imagination, dont les productions, sans qu'il s'en doute, viennent souvent se mêler aux résultats réels de ses « expériences » d'une façon à peu près inextricable. Pour cette raison, il ne faut pas s'exagérer l'importance des « révélations » des mystiques, ou, du moins, on ne peut jamais les accepter sans contrôle [1] ; ce qui fait tout l'intérêt de certaines visions, c'est qu'elles sont en accord, sur de nombreux points, avec des données traditionnelles évidemment ignorées du mystique qui a eu ces visions [2] ; mais ce serait une erreur, et même un renversement des rapports normaux, que de vouloir trouver là une « confirmation » de ces données, qui n'en ont d'ailleurs nullement besoin, et qui sont, au contraire, la seule garantie qu'il y a réellement dans les visions en question autre chose qu'un simple produit de l'imagination ou de la fantaisie individuelle.

Chapitre III
ERREURS DIVERSES CONCERNANT L'INITIATION

Nous ne croyons pas superflu, pour déblayer le terrain en quelque sorte, de signaler encore dès maintenant quelques autres erreurs concernant la nature et le but de l'initiation, car tout ce que nous avons eu l'occasion de lire sur ce sujet, pendant bien des années, nous a apporté presque journellement des preuves d'une incompréhension à peu près générale. Naturellement, nous ne pouvons songer à faire ici une sorte de « revue » dans laquelle nous relèverions toutes ces erreurs une à une et dans le détail, ce qui serait par trop fastidieux et dépourvu d'intérêt ; mieux vaut nous borner à considérer certains cas en quelque sorte « typiques », ce qui, en même temps, a l'avantage de nous dispenser de faire des allusions

---

[1] Cette attitude de réserve prudente, qui s'impose en raison de la tendance naturelle des mystiques à la « divagation » au sens propre de ce mot, est d'ailleurs celle que le Catholicisme observe invariablement à leur égard.

[2] On peut citer ici comme exemple les visions d'Anne-Catherine Emmerich.

trop directes à tel auteur ou à telle école, puisqu'il doit être bien entendu que ces remarques ont pour nous une portée tout à fait indépendante de toute question de « personnalités », comme on dit communément, ou plutôt, pour parler un langage plus exact, d'individualités.

Nous rappellerons d'abord, sans y insister outre mesure, les conceptions beaucoup trop répandues suivant lesquelles l'initiation serait quelque chose d'ordre simplement « moral » et « social »[1] ; celles-là sont par trop bornées et « terrestres », si l'on peut s'exprimer ainsi, et, comme nous l'avons dit souvent à d'autres propos, l'erreur la plus grossière est loin d'être toujours la plus dangereuse. Nous dirons seulement, pour couper court à toute confusion, que de telles conceptions ne s'appliquent même pas réellement à cette première partie de l'initiation que l'antiquité désignait sous le nom de « petits mystères » ; ceux-ci, ainsi que nous l'expliquerons plus loin, concernent bien l'individualité humaine, mais dans le développement intégral de ses possibilités, donc au delà de la modalité corporelle dont l'activité s'exerce dans le domaine qui est commun à tous les hommes. Nous ne voyons vraiment pas quelle pourrait être la valeur ou même la raison d'être d'une prétendue initiation qui se bornerait à répéter, en le déguisant sous une forme plus ou moins énigmatique, ce qu'il y a de plus banal dans l'éducation profane, ce qui est le plus vulgairement « à la portée de tout le monde ». D'ailleurs, nous n'entendons nullement nier par là que la connaissance initiatique puisse avoir des applications dans l'ordre social, aussi bien que dans n'importe quel autre ordre ; mais c'est là une tout autre question : d'abord, ces applications contingentes ne constituent aucunement le but de l'initiation, pas plus que les sciences traditionnelles secondaires ne constituent l'essence d'une tradition ; ensuite, elles ont en elles-mêmes un caractère tout différent de ce dont nous venons de parler, car elles partent de principes qui n'ont rien à voir avec des préceptes de « morale » courante, surtout lorsqu'il s'agit de la trop fameuse « morale laïque » chère à tant de nos contemporains, et, au surplus, elles procèdent par

---

[1] Ce point de vue est notamment celui de la majorité des Maçons actuels, et, en même temps, c'est aussi sur le même terrain exclusivement « social » que se placent la plupart de ceux qui les combattent, ce qui prouve bien encore que les organisations initiatiques ne donnent prise aux attaques du dehors que dans la mesure même de leur dégénérescence.

des voies insaisissables aux profanes, en vertu de la nature même des choses ; c'est donc assez loin de ce que quelqu'un appelait un jour, en propres termes, « la préoccupation de vivre convenablement ». Tant qu'on se bornera à « moraliser » sur les symboles, avec des intentions aussi louables qu'on le voudra, on ne fera certes pas œuvre d'initiation ; mais nous reviendrons là-dessus plus loin, quand nous aurons à parler plus particulièrement de l'enseignement initiatique.

Des erreurs plus subtiles, et par suite plus redoutables, se produisent parfois lorsqu'on parle, à propos de l'initiation, d'une « communication » avec des états supérieurs ou des « mondes spirituels » ; et, avant tout, il y a là trop souvent l'illusion qui consiste à prendre pour « supérieur » ce qui ne l'est pas véritablement, simplement parce qu'il apparaît comme plus ou moins extraordinaire ou « anormal ». Il nous faudrait en somme répéter ici tout ce que nous avons déjà dit ailleurs de la confusion du psychique et du spirituel [1], car c'est celle-là qui est le plus fréquemment commise à cet égard ; les états psychiques n'ont, en fait, rien de « supérieur » ni de « transcendant », puisqu'ils font uniquement partie de l'état individuel humain [2] ; et, quand nous parlons d'états supérieurs de l'être, sans aucun abus de langage, nous entendons par là exclusivement les états supra-individuels. Certains vont même encore plus loin dans la confusion et font « spirituel » à peu près synonyme d'« invisible », c'est-à-dire qu'ils prennent pour tel, indistinctement, tout ce qui ne tombe pas sous les sens ordinaires et « normaux » ; nous avons vu qualifier ainsi jusqu'au monde « éthérique », c'est-à-dire, tout simplement, la partie la moins grossière du monde corporel ! Dans ces conditions, il est fort à craindre que la « communication » dont il s'agit ne se réduise en définitive à la « clairvoyance », à la « clairaudience », ou à l'exercice de quelque autre faculté psychique du même genre et non moins insignifiante, même quand elle est réelle. C'est bien là ce qui arrive toujours en fait, et, au fond, toutes les écoles pseudo-initiatiques de l'Occident moderne en sont plus ou moins là ; certaines se donnent même ex-

---

1 Voir Le Règne de la Quantité et les Signes des Temps, ch. XXXV.
2 Suivant la représentation géométrique que nous avons exposée dans *Le Symbolisme de la Croix*, ces modalités d'un même état sont de simples extensions se développant dans le sens horizontal, c'est-à-dire à un même niveau, et non pas dans le sens vertical suivant lequel se marque la hiérarchie des états supérieurs et inférieurs de l'être.

pressément pour but « le développement des pouvoirs psychiques latents dans l'homme » ; nous aurons encore à revenir, par la suite, sur cette question des prétendus « pouvoirs psychiques » et des illusions auxquelles ils donnent lieu.

Mais ce n'est pas tout : admettons que, dans la pensée de certains, il s'agisse vraiment d'une communication avec les états supérieurs ; cela sera encore bien loin de suffire à caractériser l'initiation. En effet, une telle communication est établie aussi par des rites d'ordre purement exotérique, notamment par les rites religieux ; il ne faut pas oublier que, dans ce cas également, des influences spirituelles, et non plus simplement psychiques, entrent réellement en jeu, bien que pour des fins toutes différentes de celles qui se rapportent au domaine initiatique. L'intervention d'un élément « non-humain » peut définir, d'une façon générale, tout ce qui est authentiquement traditionnel ; mais la présence de ce caractère commun n'est pas une raison suffisante pour ne pas faire ensuite les distinctions nécessaires, et en particulier pour confondre le domaine religieux et le domaine initiatique, ou pour voir entre eux tout au plus une simple différence de degré, alors qu'il y a réellement une différence de nature, et même, pouvons-nous dire, de nature profonde. Cette confusion est très fréquente aussi, surtout chez ceux qui prétendent étudier l'initiation « du dehors », avec des intentions qui peuvent être d'ailleurs fort diverses ; aussi est-il indispensable de la dénoncer formellement : l'ésotérisme est essentiellement autre chose que la religion, et non pas la partie « intérieure » d'une religion comme telle, même quand il prend sa base et son point d'appui dans celle-ci comme il arrive dans certaines formes traditionnelles, dans l'Islamisme par exemple [1] ; et l'initiation n'est pas non plus une sorte de religion spéciale réservée à une minorité, comme semblent se l'imaginer, par exemple, ceux qui parlent des mystères antiques en les qualifiant de « religieux » [2]. Il ne nous est pas possible de développer ici toutes les différences qui séparent les deux domaines

---

[1] C'est pour bien marquer ceci et éviter toute équivoque qu'il convient de dire « ésotérisme islamique » ou « ésotérisme chrétien », et non pas, comme le font certains, « Islamisme ésotérique » ou « Christianisme ésotérique » ; il est facile de comprendre qu'il y a là plus qu'une simple nuance.

[2] On sait que l'expression « religion de mystères » est une de celles qui reviennent constamment dans la terminologie spéciale adoptée par les « historiens des religions ».

religieux et initiatique, car, plus encore que lorsqu'il s'agissait seulement du domaine mystique qui n'est qu'une partie du premier, cela nous entraînerait assurément fort loin ; mais il suffira, pour ce que nous envisageons présentement, de préciser que la religion considère l'être uniquement dans l'état individuel humain et ne vise aucunement à l'en faire sortir, mais au contraire à lui assurer les conditions les plus favorables dans cet état même [1], tandis que l'initiation a essentiellement pour but de dépasser les possibilités de cet état et de rendre effectivement possible le passage aux états supérieurs, et même, finalement, de conduire l'être au delà de tout état conditionné quel qu'il soit.

Il résulte de là que, en ce qui concerne l'initiation, la simple communication avec les états supérieurs ne peut pas être regardée comme une fin, mais seulement comme un point de départ : si cette communication doit être établie tout d'abord par l'action d'une influence spirituelle, c'est pour permettre ensuite une prise de possession effective de ces états, et non pas simplement, comme dans l'ordre religieux, pour faire descendre sur l'être une « grâce » qui l'y relie d'une certaine façon, mais sans l'y faire pénétrer. Pour exprimer la chose d'une manière qui sera peut-être plus aisément compréhensible, nous dirons que, si par exemple quelqu'un peut entrer en rapport avec les anges, sans cesser pour cela d'être lui-même enfermé dans sa condition d'individu humain, il n'en sera pas plus avancé au point de vue initiatique [2] ; il ne s'agit pas ici de communiquer avec d'autres êtres qui sont dans un état « angélique », mais d'atteindre et de réaliser soi-même un tel état supra-individuel, non pas, bien entendu, en tant qu'individu humain, ce qui serait évidemment absurde, mais en tant que l'être qui se manifeste comme individu humain dans un certain état a aussi en lui les possibilités de tous les autres états. Toute réalisation initiatique est donc essentiellement et purement « intérieure », au contraire de cette « sortie de soi » qui constitue l'« extase » au sens propre et étymologique de ce mot [3] ; et là est, non pas certes la

---

1 Bien entendu, il s'agit ici de l'état humain envisagé dans son intégralité, y compris l'extension indéfinie de ses prolongements extra-corporels.
2 On peut voir par là combien s'illusionnent ceux qui, par exemple, veulent attribuer une valeur proprement initiatique à des écrits comme ceux de Swedenborg.
3 Il va sans dire, d'ailleurs, que cette « sortie de soi » n'a elle-même absolument rien de commun avec la prétendue « sortie en astral » qui joue un si grand rôle dans les

seule différence, mais du moins une des grandes différences qui existent entre les états mystiques, lesquels appartiennent entièrement au domaine religieux, et les états initiatiques. C'est là, en effet, qu'il faut toujours en revenir en définitive, car la confusion du point de vue initiatique avec le point de vue mystique, dont nous avons tenu à souligner dès le début le caractère particulièrement insidieux, est de nature à tromper des esprits qui ne se laisseraient point prendre aux déformations plus grossières des pseudo-initiations modernes, et qui même pourraient peut-être arriver sans trop de difficulté à comprendre ce qu'est vraiment l'initiation, s'ils ne rencontraient sur leur route ces erreurs subtiles qui semblent bien y être mises tout exprès pour les détourner d'une telle compréhension.

Chapitre IV
DES CONDITIONS DE L'INITIATION

Nous pouvons revenir maintenant à la question des conditions de l'initiation, et nous dirons tout d'abord, quoique la chose puisse paraître aller de soi, que la première de ces conditions est une certaine aptitude ou disposition naturelle, sans laquelle tout effort demeurerait vain, car l'individu ne peut évidemment développer que les possibilités qu'il porte en lui dès l'origine ; cette aptitude, qui fait ce que certains appellent l'« initiable », constitue proprement la « qualification » requise par toutes les traditions initiatiques [1]. Cette condition est, du reste, la seule qui soit, en un certain sens, commune à l'initiation et au mysticisme, car il est clair que le mystique doit avoir, lui aussi, une disposition naturelle spéciale, quoique entièrement différente de celle de l'« initiable », voire même opposée par certains côtés ; mais cette condition, pour lui, si elle est également nécessaire, est de plus suffisante ; il n'en est aucune autre qui doive venir s'y ajouter, et les circonstances font tout le reste, faisant passer à leur gré de la « puissance » à l'« acte » telles ou telles des possibilités que comporte la disposition dont il s'agit. Ceci résulte
rêveries occultistes.

1 On verra d'ailleurs, par l'étude spéciale que nous ferons dans la suite de la question des qualifications initiatiques, que cette question présente en réalité des aspects beaucoup plus complexes qu'on ne pourrait le croire au premier abord et si l'on s'en tenait à la seule notion très générale que nous en donnons ici.

Chapitre IV

directement de ce caractère de « passivité » dont nous avons parlé plus haut : il ne saurait en effet, en pareil cas, s'agir d'un effort ou d'un travail personnel quelconque, que le mystique n'aura jamais à effectuer, et dont il devra même se garder soigneusement, comme de quelque chose qui serait en opposition avec sa « voie » [1], tandis que, au contraire, pour ce qui est de l'initiation, et en raison de son caractère « actif », un tel travail constitue une autre condition non moins strictement nécessaire que la première, et sans laquelle le passage de la « puissance » à l'« acte », qui est proprement la « réalisation », ne saurait s'accomplir· en aucune façon [2].

Pourtant, ce n'est pas encore tout : nous n'avons fait en somme que développer la distinction, posée par nous au début, de l'« activité » initiatique et de la « passivité » mystique, pour en tirer cette conséquence que, pour l'initiation, il y a une condition qui n'existe pas et ne saurait exister en ce qui concerne le mysticisme ; mais il est encore une autre condition non moins nécessaire dont nous n'avons pas parlé, et qui se place en quelque sorte entre celles dont il vient d'être question. Cette condition, sur laquelle il faut d'autant plus insister que les Occidentaux, en général, sont assez portés à l'ignorer ou à en méconnaître l'importance, est même, à la vérité, la plus caractéristique de toutes, celle qui permet de définir l'initiation sans équivoque possible, et de ne la confondre avec quoi que ce soit d'autre ; par là, ce cas de l'initiation est beaucoup mieux délimité que ne saurait l'être celui du mysticisme, pour lequel il n'existe rien de tel. Il est souvent bien difficile, sinon tout à fait impossible, de

---

1 Aussi les théologiens voient-ils volontiers, et non sans raison, un « faux mystique » dans celui qui cherche, par un effort quelconque, à obtenir des visions ou d'autres états extraordinaires, cet effort se bornât-il même à l'entretien d'un simple désir.

2 Il résulte de là, entre autres conséquences, que les connaissances d'ordre doctrinal, qui sont indispensables à l'initié, et dont la compréhension théorique est pour lui une condition préalable de toute « réalisation », peuvent faire entièrement défaut au mystique ; de là vient souvent, chez celui-ci, outre la possibilité d'erreurs et de confusions multiples, une étrange incapacité de s'exprimer intelligiblement. Il doit être bien entendu, d'ailleurs, que les connaissances dont il s'agit n'ont absolument rien à voir avec tout ce qui n'est qu'instruction extérieure ou « savoir » profane, qui est ici de nulle valeur, ainsi que nous l'expliquerons encore par la suite, et qui même, étant donné ce qu'est l'éducation moderne, serait plutôt un obstacle qu'une aide en bien des cas ; un homme peut fort bien ne savoir ni lire ni écrire et atteindre néanmoins aux plus hauts degrés de l'initiation, et de tels cas ne sont pas extrêmement rares en Orient, tandis qu'il est des « savants » et même des « génies », suivant la façon de voir du monde profane, qui ne sont « initiables » à aucun degré.

distinguer le faux mysticisme du vrai ; le mystique est, par définition même, un isolé et un « irrégulier », et parfois il ne sait pas lui-même ce qu'il est vraiment ; et le fait qu'il ne s'agit pas chez lui de connaissance à l'état pur, mais que même ce qui est connaissance réelle est toujours affecté par un mélange de sentiment et d'imagination, est encore bien loin de simplifier la question ; en tout cas, il y a là quelque chose qui échappe à tout contrôle, ce que nous pourrions exprimer en disant qu'il n'y a pour le mystique aucun « moyen de reconnaissance »[1]. On pourrait dire aussi que le mystique n'a pas de « généalogie », qu'il n'est tel que par une sorte de « génération spontanée », et nous pensons que ces expressions sont faciles à comprendre sans plus d'explications ; dès lors, comment oserait-on affirmer sans aucun doute que l'un est authentiquement mystique et que l'autre ne l'est pas, alors que cependant toutes les apparences peuvent être sensiblement les mêmes ? Par contre, les contrefaçons de l'initiation peuvent toujours être décelées infailliblement par l'absence de la condition à laquelle nous venons de faire allusion, et qui n'est autre que le rattachement à une organisation traditionnelle régulière.

Il est des ignorants qui s'imaginent qu'on « s'initie » soi-même, ce qui est en quelque sorte une contradiction dans les termes ; oubliant, s'ils l'ont jamais su, que le mot *initium* signifie « entrée » ou « commencement », ils confondent le fait même de l'initiation, entendue au sens strictement étymologique, avec le travail à accomplir ultérieurement pour que cette initiation, de virtuelle qu'elle a été tout d'abord, devienne plus ou moins pleinement effective. L'initiation, ainsi comprise, est ce que toutes les traditions s'accordent à désigner comme la « seconde naissance » ; comment un être pourrait-il bien agir par lui-même avant d'être né[2] ? Nous savons bien ce qu'on pourra objecter à cela : si l'être est vraiment « qualifié », il porte déjà en lui les possibilités qu'il s'agit de développer ; pourquoi, s'il en est ainsi, ne pourrait-il pas les réaliser par son propre effort, sans aucune intervention extérieure ? C'est là, en effet, une chose qu'il est permis d'envisager théoriquement, à la condition de la concevoir comme le cas d'un homme « deux fois né » dès le premier moment de son existence individuelle ;

---

1 Nous n'entendons pas par là des mots ou des signes extérieurs et conventionnels, mais ce dont de tels moyens ne sont en réalité que la représentation symbolique.
2 Rappelons ici l'adage scolastique élémentaire : « pour agir, il faut être ».

mais, s'il n'y a pas à cela d'impossibilité de principe, il n'y en a pas moins une impossibilité de fait, en ce sens que cela est contraire à l'ordre établi pour notre monde, tout au moins dans ses conditions actuelles. Nous ne sommes pas à l'époque primordiale où tous les hommes possédaient normalement et spontanément un état qui est aujourd'hui attaché à un haut degré d'initiation [1] ; et d'ailleurs, à vrai dire, le mot même d'initiation, dans une telle époque, ne pouvait avoir aucun sens. Nous sommes dans le *Kali-Yuga*, c'est-à-dire dans un temps où la connaissance spirituelle est devenue cachée, et où quelques-uns seulement peuvent encore l'atteindre, pourvu qu'ils se placent dans les conditions voulues pour l'obtenir ; or, une de ces conditions est précisément celle dont nous parlons, comme une autre condition est un effort dont les hommes des premiers âges n'avaient non plus nul besoin, puisque le développement spirituel s'accomplissait en eux tout aussi naturellement que le développement corporel. Il s'agit donc d'une condition dont la nécessité s'impose en conformité avec les lois qui régissent notre monde actuel ; et, pour mieux le faire comprendre, nous pouvons recourir ici à une analogie : tous les êtres qui se développeront au cours d'un cycle sont contenus dès le commencement, à l'état de germes subtils, dans l'« Œuf du Monde » ; dès lors, pourquoi ne naîtraient-ils pas à l'état corporel d'eux-mêmes et sans parents ? Cela non plus n'est pas une impossibilité absolue, et on peut concevoir un monde où il en serait ainsi ; mais, en fait, ce monde n'est pas le nôtre. Nous réservons, bien entendu, la question des anomalies ; il se peut qu'il y ait des cas exceptionnels de « génération spontanée », et, dans l'ordre spirituel, nous avons-nous même appliqué tout à l'heure cette expression au cas du mystique ; mais nous avons dit aussi que celui-ci est un « irrégulier », tandis que l'initiation est chose essentiellement « régulière », qui n'a rien à voir avec les anomalies. Encore faudrait-il savoir exactement jusqu'où celles-ci peuvent aller ; elles doivent bien, elles aussi, rentrer en définitive dans quelque loi, car toutes choses ne peuvent exister que comme éléments de l'ordre total et universel. Cela seul, si l'on voulait bien y réfléchir, pourrait suffire pour donner à penser que les états réalisés par le mystique ne sont pas précisément les mêmes que ceux de l'initié, et

---

1 C'est ce qu'indique, dans la tradition hindoue, le mot *Hamsa*, donné comme le nom de la caste unique qui existait à l'origine, et désignant proprement un état qui est *ativarna*, c'est-à-dire au delà de la distinction des castes actuelles.

que, si leur réalisation n'est pas soumise aux mêmes lois, c'est qu'il s'agit effectivement de quelque chose d'autre ; mais nous pouvons maintenant laisser entièrement de côté le cas du mysticisme, sur lequel nous en avons dit assez pour ce que nous nous proposions d'établir, pour ne plus envisager exclusivement que celui de l'initiation.

Il nous reste en effet à préciser le rôle du rattachement à une organisation traditionnelle, qui ne saurait, bien entendu, dispenser en aucune façon du travail intérieur que chacun ne peut accomplir que par soi-même, mais qui est requis, comme condition préalable, pour que ce travail même puisse effectivement porter ses fruits. Il doit être bien compris, dès maintenant, que ceux qui ont été constitués les dépositaires de la connaissance initiatique ne peuvent la communiquer d'une façon plus ou moins comparable à celle dont un professeur, dans l'enseignement profane, communique à ses élèves des formules livresques qu'ils n'auront qu'à emmagasiner dans leur mémoire ; il s'agit ici de quelque chose qui, dans son essence même, est proprement « incommunicable », puisque ce sont des états à réaliser intérieurement. Ce qui peut s'enseigner, ce sont seulement des méthodes préparatoires à l'obtention de ces états ; ce qui peut être fourni du dehors à cet égard, c'est en somme une aide, un appui qui facilite grandement le travail à accomplir, et aussi un contrôle qui écarte les obstacles et les dangers qui peuvent se présenter ; tout cela est fort loin d'être négligeable, et celui qui en serait privé risquerait fort d'aboutir à un échec, mais encore cela ne justifierait-il pas entièrement ce que nous avons dit quand nous avons parlé d'une condition nécessaire. Aussi bien n'est-ce pas là ce que nous avions en vue, du moins d'une façon immédiate ; tout cela n'intervient que secondairement, et en quelque sorte à titre de conséquences, après l'initiation entendue dans son sens le plus strict, tel que nous l'avons indiqué plus haut, et lorsqu'il s'agit de développer effectivement la virtualité qu'elle constitue ; mais encore faut-il, avant tout, que cette virtualité préexiste. C'est donc autrement que doit être entendue la transmission initiatique proprement dite, et nous ne saurions mieux la caractériser qu'en disant qu'elle est essentiellement la transmission d'une influence spirituelle ; nous aurons à y revenir plus amplement, mais, pour le moment, nous nous bornerons à déterminer plus exactement le rôle que joue cette influence, entre l'aptitude naturelle préalablement inhérente à l'individu et le travail de réalisation qu'il accomplira par la suite.

Nous avons fait remarquer ailleurs que les phases de l'initiation, de même que celles du « Grand Œuvre » hermétique qui n'en est au fond qu'une des expressions symboliques, reproduisent celles du processus cosmogonique [1] ; cette analogie, qui se fonde directement sur celle du « microcosme » avec le « macrocosme », permet, mieux que toute autre considération, d'éclairer la question dont il s'agit présentement. On peut dire, en effet, que les aptitudes ou possibilités incluses dans la nature individuelle ne sont tout d'abord, en elles-mêmes, qu'une *materia prima*, c'est-à-dire une pure potentialité, où il n'est rien de développé ou de différencié [2] ; c'est alors l'état chaotique et ténébreux, que le symbolisme initiatique fait précisément correspondre au monde profane, et dans lequel se trouve l'être qui n'est pas encore parvenu à la « seconde naissance ». Pour que ce chaos puisse commencer à prendre forme et à s'organiser, il faut qu'une vibration initiale lui soit communiquée par les puissances spirituelles, que la Genèse hébraïque désigne comme les *Elohim* ; cette vibration, c'est le *Fiat Lux* qui illumine le chaos, et qui est le point de départ nécessaire de tous les développements ultérieurs ; et, au point de vue initiatique, cette illumination est précisément constituée par la transmission de l'influence spirituelle dont nous venons de parler [3]. Dès lors, et par la vertu de cette influence, les possibilités spirituelles de l'être ne sont plus la simple potentialité qu'elles étaient auparavant ; elles sont devenues une virtualité prête à se développer en acte dans les divers stades

[1] Voir *L'Ésotérisme de Dante*, notamment pp, 63-64 et 94.
[2] Il va de soi que ce n'est, à rigoureusement parler, une *materia prima* qu'en un sens relatif, non au sens absolu ; mais cette distinction n'importe pas au point de vue où nous nous plaçons ici, et d'ailleurs il en est de même de la *materia prima* d'un monde tel que le nôtre, qui, étant déjà déterminée d'une certaine façon, n'est en réalité, par rapport à la substance universelle, qu'une *materia secunda* (cf. *Le Règne de la Quantité et les Signes des Temps*, ch. II), de sorte que, même sous ce rapport, l'analogie avec le développement de notre monde à partir du chaos initial est bien vraiment exacte.
[3] De là viennent des expressions comme celles de « donner la lumière » et « recevoir la lumière », employées pour désigner, par rapport à l'initiateur et à l'initié respectivement, l'initiation au sens restreint, c'est-à-dire la transmission même dont il s'agit ici. On remarquera aussi, en ce qui concerne les Elohim, que le nombre septénaire qui leur est attribué est en rapport avec la constitution des organisations initiatiques, qui doit être effectivement une image de l'ordre cosmique lui-même.

de la réalisation initiatique.

Nous pouvons résumer tout ce qui précède en disant que l'initiation implique trois conditions qui se présentent en mode successif, et qu'on pourrait faire correspondre respectivement aux trois termes de « potentialité », de « virtualité » et d'« actualité » : 1° la « qualification », constituée par certaines possibilités inhérentes à la nature propre de l'individu, et qui sont la *materia prima* sur laquelle le travail initiatique devra s'effectuer ; 2° la transmission, par le moyen du rattachement à une organisation traditionnelle, d'une influence spirituelle donnant à l'être l'« illumination » qui lui permettra d'ordonner et de développer ces possibilités qu'il porte en lui ; 3° le travail intérieur par lequel, avec le secours d'« adjuvants » ou de « supports » extérieurs s'il y a lieu et surtout dans les premiers stades, ce développement sera réalisé graduellement, faisant passer l'être, d'échelon en échelon, à travers les différents degrés de la hiérarchie initiatique, pour le conduire au but final de la « Délivrance » ou de l'« Identité Suprême ».

Chapitre V
DE LA RÉGULARITÉ INFORMATIQUE

Le rattachement à une organisation traditionnelle régulière, avons-nous dit, est non seulement une condition nécessaire de l'initiation, mais il est même ce qui constitue l'initiation au sens le plus strict, tel que le définit l'étymologie du mot qui la désigne, et c'est lui qui est partout représenté comme une « seconde naissance », ou comme une « régénération » ; « seconde naissance », parce qu'il ouvre à l'être un monde autre que celui où s'exerce l'activité de sa modalité corporelle, monde qui sera pour lui le champ de développement de possibilités d'un ordre supérieur ; « régénération », parce qu'il rétablit ainsi cet être dans des prérogatives qui étaient naturelles et normales aux premiers âges de l'humanité, alors que celle-ci ne s'était pas encore éloignée de la spiritualité originelle pour s'enfoncer de plus en plus dans la matérialité, comme elle devait le faire au cours des époques ultérieures, et parce qu'il doit le conduire tout d'abord, comme première étape essentielle de sa réalisation, à la restauration en lui de l'« état primordial », qui est la plénitude et la perfection de l'individualité humaine, résidant

Chapitre V

au point central unique et invariable d'où l'être pourra ensuite s'élever aux états supérieurs.

Il nous faut maintenant insister encore à cet égard sur un point capital : c'est que le rattachement dont il s'agit doit être réel et effectif, et qu'un soi-disant rattachement « idéal », tel que certains se sont plu parfois à l'envisager à notre époque, est entièrement vain et de nul effet [1]. Cela est facile à comprendre, puisqu'il s'agit proprement de la transmission d'une influence spirituelle, qui doit s'effectuer selon des lois définies ; et ces lois, pour être évidemment tout autres que celles qui régissent les forces du monde corporel, n'en sont pas moins rigoureuses, et elles présentent même avec ces dernières, en dépit des différences profondes qui les en séparent, une certaine analogie, en vertu de la continuité et de la correspondance qui existent entre tous les états ou les degrés de l'Existence universelle. C'est cette analogie qui nous a permis, par exemple, de parler de « vibration » à propos du *Fiat Lux* par lequel est illuminé et ordonné le chaos des potentialités spirituelles, bien qu'il ne s'agisse nullement là d'une vibration d'ordre sensible comme celles qu'étudient les physiciens, pas plus que la « lumière » dont il est question ne peut être identifiée à celle qui est saisie par la faculté visuelle de l'organisme corporel [2] ; mais ces façons de parler, tout en étant nécessairement symboliques, puisqu'elles sont fondées sur une analogie ou sur une correspondance, n'en sont pas moins légitimes et strictement justifiées, car cette analogie et cette correspondance existent bien réellement dans la nature même des choses et vont même, en un certain sens, beaucoup plus loin qu'on ne pourrait le supposer [3]. Nous aurons à revenir plus amplement

1 Pour des exemples de ce soi-disant rattachement « idéal », par lequel certains vont jusqu'à prétendre faire revivre des formes traditionnelles entièrement disparues, voir *Le Règne de la Quantité et les Signes des Temps*, ch. XXXVI ; nous y reviendrons d'ailleurs un peu plus loin.

2 Des expressions comme celles de « Lumière intelligible » et de « Lumière spirituelle », ou d'autres expressions équivalentes à celles-là, sont d'ailleurs bien connues dans toutes les doctrines traditionnelles, tant occidentales qu'orientales ; et nous rappellerons seulement d'une façon plus particulière, à ce propos, l'assimilation, dans la tradition islamique, de l'Esprit (*Er-Rûh*), dans son essence même, à la Lumière (*En-Nûr*).

3 C'est l'incompréhension d'une telle analogie, prise à tort pour une identité, qui, jointe à la constatation d'une certaine similitude dans les modes d'action et les effets extérieurs, a amené certains à se faire une conception erronée et plus ou moins grossièrement matérialisée, non seulement des influences psychiques ou subtiles,

33

sur ces considérations lorsque nous parlerons des rites initiatiques et de leur efficacité ; pour le moment, il suffit d'en retenir qu'il y a là des lois dont il faut forcément tenir compte, faute de quoi le résultat visé ne pourrait pas plus être atteint qu'un effet physique ne peut être obtenu si l'on ne se place pas dans les conditions requises en vertu des lois auxquelles sa production est soumise ; et, dès lors qu'il s'agit d'une transmission à opérer effectivement, cela implique manifestement un contact réel, quelles que soient d'ailleurs les modalités par lesquelles il pourra être établi, modalités qui seront naturellement déterminées par ces lois d'action des influences spirituelles auxquelles nous venons de faire allusion.

De cette nécessité d'un rattachement effectif résultent immédiatement plusieurs conséquences extrêmement importantes, soit en ce qui concerne l'individu qui aspire à l'initiation, soit en ce qui concerne les organisations initiatiques elles-mêmes ; et ce sont ces conséquences que nous nous proposons d'examiner présentement. Nous savons qu'il en est, et beaucoup même, à qui ces considérations paraîtront fort peu plaisantes, soit parce qu'elles dérangeront l'idée trop commode et trop « simpliste » qu'ils s'étaient formée de l'initiation, soit parce qu'elles détruiront certaines prétentions injustifiées et certaines assertions plus ou moins intéressées, mais dépourvues de toute autorité ; mais ce sont là des choses auxquelles nous ne saurions nous arrêter si peu que ce soit, n'ayant et ne pouvant avoir, ici comme toujours, nul autre souci que celui de la vérité.

Tout d'abord, pour ce qui est de l'individu, il est évident, après ce qui vient d'être dit, que son intention d'être initié, même en admettant qu'elle soit vraiment pour lui l'intention de se rattacher à une tradition dont il peut avoir quelque connaissance « extérieure », ne saurait aucunement suffire par elle-même à lui assurer l'initiation réelle [1]. En effet, il ne s'agit nullement d'« érudition », qui, comme

mais des influences spirituelles elles-mêmes, les assimilant purement et simplement à des forces « physiques », au sens le plus restreint de ce mot, telles que l'électricité ou le magnétisme ; et de cette même incompréhension a pu venir aussi, au moins en partie, l'idée trop répandue de chercher à établir des rapprochements entre les connaissances traditionnelles et les points de vue de la science moderne et profane, idée absolument vaine et illusoire, puisque ce sont là des choses qui n'appartiennent pas au même domaine, et que d'ailleurs le point de vue profane en lui-même est proprement illégitime. — Cf. *Le Règne de la Quantité et les Signes des Temps*, ch. XVIII.
1 Nous entendons par là non seulement l'initiation pleinement effective, mais même

tout ce qui relève du savoir profane, est ici sans aucune valeur ; et il ne s'agit pas davantage de rêve ou d'imagination, non plus que d'aspirations sentimentales quelconques. S'il suffisait, pour pouvoir se dire initié, de lire des livres, fussent-ils les Écritures sacrées d'une tradition orthodoxe, accompagnées même, si l'on veut, de leurs commentaires les plus profondément ésotériques, ou de songer plus ou moins vaguement à quelque organisation passée ou présente à laquelle on attribue complaisamment, et d'autant plus facilement qu'elle est plus mal connue, son propre « idéal » (ce mot qu'on emploie de nos jours à tout propos, et qui, signifiant tout ce qu'on veut, ne signifie véritablement rien au fond), ce serait vraiment trop facile ; et la question préalable de la « qualification » se trouverait même par là entièrement supprimée, car chacun, étant naturellement porté à s'estimer « bien et dûment qualifié », et étant ainsi à la fois juge et partie dans sa propre cause, découvrirait assurément sans peine d'excellentes raisons (excellentes du moins à ses propres yeux et suivant les idées particulières qu'il s'est forgées) pour se considérer comme initié sans plus de formalités, et nous ne voyons même pas pourquoi il s'arrêterait en si bonne voie et hésiterait à s'attribuer d'un seul coup les degrés les plus transcendants. Ceux qui s'imaginent qu'on « s'initie » soi-même, comme nous le disions précédemment, ont-ils jamais réfléchi à ces conséquences plutôt fâcheuses qu'implique leur affirmation ? Dans ces conditions, plus de sélection ni de contrôle, plus de « moyens de reconnaissance », au sens où nous avons déjà employé cette expression, plus de hiérarchie possible, et, bien entendu, plus de transmission de quoi que ce soit ; en un mot, plus rien de ce qui caractérise essentiellement l'initiation et de ce qui la constitue en fait ; et pourtant c'est là ce que certains, avec une étonnante inconscience, osent présenter comme une conception « modernisée » de l'initiation (bien modernisée en effet, et assurément bien digne des « idéaux » laïques, démocratiques et égalitaires), sans même se douter que, au lieu d'avoir tout au moins des initiés « virtuels », ce qui après tout est encore quelque chose, on n'aurait plus ainsi que de simples profanes qui se poseraient indûment en initiés.

Mais laissons là ces divagations, qui peuvent sembler négli-

---

la simple initiation virtuelle, suivant la distinction qu'il y a lieu de faire à cet égard et sur laquelle nous aurons à revenir par la suite d'une façon plus précise.

geables : si nous avons cru devoir en parler quelque peu, c'est que l'incompréhension et le désordre intellectuel qui caractérisent malheureusement notre époque leur permettent de se propager avec une déplorable facilité. Ce qu'il faut bien comprendre, c'est que, dès lors qu'il est question d'initiation, il s'agit exclusivement de choses sérieuses et de réalités « positives », dirions-nous volontiers si les « scientistes » profanes n'avaient tant abusé de ce mot ; qu'on accepte ces choses telles qu'elles sont, ou qu'on ne parle plus du tout d'initiation ; nous ne voyons aucun moyen terme possible entre ces deux attitudes, et mieux vaudrait renoncer franchement à toute initiation que d'en donner le nom à ce qui n'en serait plus qu'une vaine parodie, sans même les apparences extérieures que cherchent du moins encore à sauvegarder certaines autres contrefaçons dont nous aurons à parler tout à l'heure.

Pour revenir à ce qui a été le point de départ de cette digression, nous dirons qu'il faut que l'individu n'ait pas seulement l'intention d'être initié, mais qu'il soit « accepté » par une organisation traditionnelle régulière, ayant qualité pour lui conférer l'initiation [1], c'est-à-dire pour lui transmettre l'influence spirituelle sans le secours de laquelle il lui serait impossible, en dépit de tous ses efforts, d'arriver jamais à s'affranchir des limitations et des entraves du monde profane. Il peut se faire que, en raison de son défaut de « qualification », son intention ne rencontre aucune réponse, si sincère qu'elle puisse être d'ailleurs, car là n'est pas la question, et en tout ceci il ne s'agit nullement de « morale », mais uniquement de règles « techniques » se référant à des lois « positives » (nous répétons ce mot faute d'en trouver un autre plus adéquat) et qui s'imposent avec une nécessité aussi inéluctable que, dans un autre ordre, les conditions physiques et mentales indispensables à l'exercice de certaines professions. En pareil cas, il ne pourra jamais se considérer comme initié, quelles que soient les connais-

---

[1] Par là, nous ne voulons pas dire seulement qu'il doit s'agir d'une organisation proprement initiatique, à l'exclusion de toute autre sorte d'organisation traditionnelle, ce qui est en somme trop évident, mais encore que cette organisation ne doit pas relever d'une forme traditionnelle à laquelle, dans sa partie extérieure, l'individu en question serait étranger ; il y a même des cas où ce qu'on pourrait appeler la « juridiction » d'une organisation initiatique est encore plus limité, comme celui d'une initiation basée sur un métier, et qui ne peut être conférée qu'à des individus appartenant à ce métier ou ayant tout au moins avec lui certains liens bien définis.

sances théoriques qu'il arrivera à acquérir par ailleurs ; et il est du reste à présumer que, même sous ce rapport, il n'ira jamais bien loin (nous parlons naturellement d'une compréhension véritable, quoique encore extérieure, et non pas de la simple érudition, c'est-à-dire d'une accumulation de notions faisant uniquement appel à la mémoire, ainsi que cela a lieu dans l'enseignement profane), car la connaissance théorique elle-même, pour dépasser un certain degré, suppose déjà normalement la « qualification » requise pour obtenir l'initiation qui lui permettra de se transformer, par la « réalisation » intérieure, en connaissance effective, et ainsi nul ne saurait être empêché de développer les possibilités qu'il porte vraiment en lui-même ; en définitive, ne sont écartés que ceux qui s'illusionnent sur leur propre compte, croyant pouvoir obtenir quelque chose qui, en réalité, se trouve être incompatible avec leur nature individuelle.

Passant maintenant à l'autre côté de la question, c'est-à-dire à celui qui se rapporte aux organisations initiatiques elles-mêmes, nous dirons ceci : il est trop évident qu'on ne peut transmettre que ce qu'on possède soi-même ; par conséquent, il faut nécessairement qu'une organisation soit effectivement dépositaire d'une influence spirituelle pour pouvoir la communiquer aux individus qui se rattachent à elle ; et ceci exclut immédiatement toutes les formations pseudo-initiatiques, si nombreuses à notre époque, et dépourvues de tout caractère authentiquement traditionnel. Dans ces conditions, en effet, une organisation initiatique ne saurait être le produit d'une fantaisie individuelle ; elle ne peut être fondée, à la façon d'une association profane, sur l'initiative de quelques personnes qui décident de se réunir en adoptant des formes quelconques ; et, même si ces formes ne sont pas inventées de toutes pièces, mais empruntées à des rites réellement traditionnels dont les fondateurs auraient eu quelque connaissance par « érudition », elles n'en seront pas plus valables pour cela, car, à défaut de filiation régulière, la, transmission de l'influence spirituelle est impossible et inexistante, si bien que, en pareil cas, on n'a affaire qu'à une vulgaire contrefaçon de l'initiation. À plus forte raison en est-il ainsi lorsqu'il ne s'agit que de reconstitutions purement hypothétiques, pour ne pas dire imaginaires, de formes traditionnelles disparues depuis un temps plus ou moins reculé, comme celles de l'Égypte ancienne ou de la Chaldée par exemple ; et, même s'il y avait dans l'emploi de telles formes une volonté sérieuse de se rattacher à la tradition à laquelle elles ont appartenu, elles n'en seraient pas plus efficaces, car on ne peut se rattacher en réalité qu'à quelque chose qui a une existence actuelle, et encore faut-il pour cela, comme nous le disions en ce qui concerne les individus, être « accepté » par les représentants autorisés de la tradition à laquelle on se réfère, de telle sorte qu'une organisation apparemment nouvelle ne pourra être légitime que si elle est comme un prolongement d'une organisation préexistante, de façon à maintenir sans aucune interruption la continuité de la « chaîne » initiatique.

En tout ceci, nous ne faisons en somme qu'exprimer en d'autres termes et plus explicitement ce que nous avons déjà dit plus haut sur la nécessité d'un rattachement effectif et direct et la vanité d'un rattachement « idéal » ; et il ne faut pas, à cet égard, se laisser duper par les dénominations que s'attribuent certaines organisations qui n'y ont aucun droit, mais qui essaient de se donner par là une apparence d'authenticité. Ainsi, pour reprendre un exemple que nous avons déjà cité en d'autres occasions, il existe une multitude de groupements, d'origine toute récente, qui s'intitulent « Rosicruciens », sans avoir jamais eu le moindre contact avec les Rose-Croix, bien entendu, fût-ce par quelque voie indirecte et détournée, et sans même savoir ce que ceux-ci ont été en réalité, puisqu'ils se les représentent presque invariablement comme ayant constitué une « société », ce qui est une erreur grossière et encore bien spécifiquement moderne. Il ne faut voir là, le plus souvent, que le besoin de se parer d'un titre à effet ou la volonté d'en imposer aux naïfs ; mais, même si l'on envisage le cas le plus favorable, c'est-à-dire si l'on admet que la constitution de quelques-unes de ces groupements procède d'un désir sincère de se rattacher « idéalement » aux Rose-Croix, ce ne sera encore là, au point de vue initiatique, qu'un pur néant. Ce que nous disons sur cet exemple particulier s'applique d'ailleurs pareillement à toutes les organisations inventées par les occultistes et autres « néo-spiritualistes » de tout genre et de toute dénomination, organisations qui, quelles que soient leurs prétentions, ne peuvent, en toute vérité, être qualifiées que de « pseudo-initiatiques », car elles n'ont absolument rien de réel à transmettre, et ce qu'elles présentent n'est qu'une contrefaçon, voire même trop souvent une parodie ou une caricature de l'initiation [1].

Ajoutons encore, comme autre conséquence de ce qui précède, que, lors même qu'il s'agit d'une organisation authentiquement initiatique, ses membres n'ont pas le pouvoir d'en changer les formes à leur gré ou de les altérer dans ce qu'elles ont d'essentiel ; cela n'exclut pas certaines possibilités d'adaptation aux circonstances, qui d'ailleurs s'imposent aux individus bien plutôt qu'elles ne dérivent de leur volonté, mais qui, en tout cas, sont limitées par la condition de ne pas porter atteinte aux moyens par lesquels sont assurées la conservation et la transmission de l'influence spirituelle dont l'organisation considérée est dépositaire ; si cette condition n'était pas observée, il en résulterait une véritable rupture avec la tradition, qui ferait perdre à cette organisation sa « régularité ». En outre, une organisation initiatique ne peut valablement incorporer à ses rites des éléments empruntés à des formes traditionnelles autres que celle suivant laquelle elle est régulièrement constituée [2] ; de tels éléments, dont l'adoption aurait un caractère tout artificiel, ne représenteraient que de simples fantaisies superfétatoires, sans au-

---

[1] Des investigations que nous avons dû faire à ce sujet, en un temps déjà lointain, nous ont conduit à une conclusion formelle et indubitable que nous devons exprimer ici nettement, sans nous préoccuper des fureurs qu'elle peut risquer de susciter de divers côtés : si l'on met à part le cas de la survivance possible de quelques rares groupements d'hermétisme chrétien du moyen âge, d'ailleurs extrêmement restreints en tout état de cause, c'est un fait que, de toutes les organisations à prétentions initiatiques qui sont répandues actuellement dans le monde occidental, il n'en est que deux qui, si déchues qu'elles soient l'une et l'autre par suite de l'ignorance et de l'incompréhension de l'immense majorité de leurs membres, peuvent revendiquer une origine traditionnelle authentique et une transmission initiatique réelle ; ces deux organisations, qui d'ailleurs, à vrai dire, n'en furent primitivement qu'une seule, bien qu'à branches multiples, sont le Compagnonnage et la Maçonnerie. Tout le reste n'est que fantaisie ou charlatanisme, même quand il ne sert pas à dissimuler quelque chose de pire ; et, dans cet ordre d'idées, il n'est pas d'invention si absurde ou si extravagante qu'elle n'ait à notre époque quelque chance de réussir et d'être prise au sérieux, depuis les rêveries occultistes sur les « initiations en astral » jusqu'au système américain, d'intentions surtout « commerciales », des prétendues « initiations par correspondance » !

[2] C'est ainsi que, assez récemment, certains ont voulu essayer d'introduire dans la Maçonnerie, qui est une forme initiatique proprement occidentale, des éléments empruntés à des doctrines orientales, dont ils n'avaient d'ailleurs qu'une connaissance tout extérieure ; on en trouvera un exemple cité dans *L'Ésotérisme de Dante*, p. 20.

cune efficacité au point de vue initiatique, et qui par conséquent n'ajouteraient absolument rien de réel, mais dont la présence ne pourrait même être, en raison de leur hétérogénéité, qu'une cause de trouble et de désharmonie ; le danger de tels mélanges est du reste loin d'être limité au seul domaine initiatique, et c'est là un point assez important pour mériter d'être traité à part. Les lois qui président au maniement des influences spirituelles sont d'ailleurs chose trop complexe et trop délicate pour que ceux qui n'en ont pas une connaissance suffisante puissent se permettre impunément d'apporter des modifications plus ou moins arbitraires à des formes rituéliques où tout a sa raison d'être, et dont la portée exacte risque fort de leur échapper.

Ce qui résulte clairement de tout cela, c'est la nullité des initiatives individuelles quant à la constitution des organisations initiatiques, soit en ce qui concerne leur origine même, soit sous le rapport des formes qu'elles revêtent ; et l'on peut remarquer à ce propos que, en fait, il n'existe pas de formes rituéliques traditionnelles auxquelles on puisse assigner comme auteurs des individus déterminés. Il est facile de comprendre qu'il en soit ainsi, si l'on réfléchit que le but essentiel et final de l'initiation dépasse le domaine de l'individualité et ses possibilités particulières, ce qui serait impossible si l'on en était réduit à des moyens d'ordre purement humain ; de cette simple remarque, et sans même aller au fond des choses, on peut donc conclure immédiatement qu'il y faut la présence d'un élément « non-humain », et tel est bien en effet le caractère de l'influence spirituelle dont la transmission constitue l'initiation proprement dite.

Chapitre VI
SYNTHÈSE ET SYNCRÉTISME

Nous disions tout à l'heure qu'il est non seulement inutile, mais parfois même dangereux, de vouloir mélanger des éléments rituéliques appartenant à des formes traditionnelles différentes, et que d'ailleurs ceci n'est pas vrai que pour le seul domaine initiatique auquel nous l'appliquions tout d'abord ; en effet, il en est ainsi en réalité pour tout l'ensemble du domaine traditionnel, et nous ne croyons pas sans intérêt d'envisager ici cette question dans toute sa généralité, bien que cela puisse sembler nous éloigner quelque peu des considérations se rapportant plus directement à l'initiation. Comme le mélange dont il s'agit ne représente d'ailleurs qu'un cas particulier de ce qui peut s'appeler proprement « syncrétisme », nous devrons commencer, à ce propos, par bien préciser ce qu'il faut entendre par là, d'autant plus que ceux de nos contemporains qui prétendent étudier les doctrines traditionnelles sans en pénétrer aucunement l'essence, ceux surtout qui les envisagent d'un point du vue « historique » et de pure érudition, ont le plus souvent une fâcheuse tendance à confondre « synthèse » et « syncrétisme ». Cette remarque s'applique, d'une façon tout à fait générale, à l'étude « profane » des doctrines de l'ordre exotérique aussi bien que de celles de l'ordre ésotérique ; la distinction entre les unes et les autres y est d'ailleurs rarement faite comme elle devrait l'être, et c'est ainsi que la soi-disant « science des religions » traite d'une multitude de choses qui n'ont en réalité rien de « religieux », comme par exemple, ainsi que nous l'indiquions déjà plus haut, les mystères initiatiques de l'antiquité. Cette « science » affirme nettement elle-même son caractère « profane », au pire sens de ce mot, en posant en principe que celui qui est en dehors de toute religion, et qui, par conséquent, ne peut avoir de la religion (nous dirions plutôt de la tradition, sans en spécifier aucune modalité particulière) qu'une connaissance tout extérieure, est seul qualifié pour s'en occuper « scientifiquement ». La vérité est que, sous un prétexte de connaissance désintéressée, se dissimule une intention nettement anti-traditionnelle : il s'agit d'une « critique » destinée avant tout, dans l'esprit de ses promoteurs, et moins consciemment peut-être chez ceux qui les suivent, à détruire toute tradition, en ne voulant, de parti pris, y voir qu'un ensemble de faits psychologiques, sociaux ou autres, mais en tout cas purement humains. Nous n'insisterons d'ailleurs pas davantage là-dessus, car, outre que nous avons en déjà assez souvent l'occasion d'en parler ailleurs, nous ne nous proposons présentement que de signaler une confusion qui, bien que très caractéristique de cette mentalité spéciale, peut évidemment exister aussi indépendamment de cette intention anti-traditionnelle.

Le « syncrétisme », entendu dans son vrai sens, n'est rien de plus qu'une simple juxtaposition d'éléments de provenances diverses, rassemblés « du dehors », pour ainsi dire, sans qu'aucun principe d'ordre plus profond vienne les unifier. Il est évident qu'un tel assemblage ne peut pas constituer réellement une doctrine, pas plus qu'un tas de pierres ne constitue un édifice ; et, s'il en donne parfois l'illusion à ceux qui ne l'envisagent que superficiellement, cette illusion ne saurait résister à un examen tant soit peu sérieux. Il n'est pas besoin d'aller bien loin pour trouver d'authentiques exemples de ce syncrétisme : les modernes contrefaçons de la tradition, comme l'occultisme et le théosophisme, ne sont pas autre chose au fond [1] ; des notions fragmentaires empruntées à différentes formes traditionnelles, et généralement mal comprises et plus ou moins déformées, s'y trouvent mêlées à des conceptions appartenant à la philosophie et à la science profane. Il est aussi des théories philosophiques formées à peu près entièrement de fragments d'autres théories, et ici le syncrétisme prend habituellement le nom d'« éclectisme » ; mais ce cas est en somme moins grave que le précédent, parce qu'il ne s'agit que de philosophie, c'est-à-dire d'une pensée profane qui, du moins, ne cherche pas à se faire passer pour autre chose que ce qu'elle est.

Le syncrétisme, dans tous les cas, est toujours un procédé essentiellement profane, par son « extériorité » même ; et non seulement il n'est point une synthèse, mais, en un certain sens, il en est même tout le contraire. En effet, la synthèse, par définition, part des principes, c'est-à-dire de ce qu'il y a de plus intérieur ; elle va, pourrait-on dire, du centre à la circonférence, tandis que le syncrétisme se tient à la circonférence même, dans la pure multiplicité, en quelque sorte « atomique », et de détail indéfini d'éléments pris un à un, considérés en eux-mêmes et pour eux-mêmes, et séparés de leur principe, c'est-à-dire de leur véritable raison d'être. Le syncrétisme a donc un caractère tout analytique, qu'il le veuille ou non ; il est vrai que nul ne parle si souvent ni si volontiers de synthèse que certains « syncrétistes », mais cela ne prouve qu'une chose : c'est qu'ils sentent que, s'ils reconnaissaient la nature réelle de leurs théories composites, ils avoueraient par là même qu'ils ne sont les dépositaires d'aucune tradition, et que le travail auquel ils ne sont livrés ne diffère en rien de celui que le premier « chercheur » venu pourrait faire en rassemblant tant bien que mal les

---

[1] Cf. Le Règne de la Quantité et les Signes des Temps, ch. XXXVI.

notions variées qu'il aurait puisées dans les livres.

Si ceux-là ont un intérêt évident à faire passer leur syncrétisme pour une synthèse, l'erreur de ceux dont nous parlions au début se produit généralement en sens inverse : quand ils se trouvent en présence d'une véritable synthèse, ils manquent rarement de la qualifier de syncrétisme. L'explication d'une telle attitude est bien simple au fond : s'en tenant au point de vue le plus étroitement profane et le plus extérieur qui se puisse concevoir, ils n'ont aucune conscience de ce qui est d'un autre ordre, et, comme ils ne veulent ou ne peuvent admettre que certaines choses leur échappent, ils cherchent naturellement à tout ramener aux procédés qui sont à la portée de leur propre compréhension. S'imaginant que toute doctrine est uniquement l'œuvre d'un ou de plusieurs individus humains, sans aucune intervention d'éléments supérieurs (car il ne faut pas oublier que c'est là le postulat fondamental de toute leur « science »), ils attribuent à ces individus ce qu'eux-mêmes seraient capables de faire en pareil cas ; et il va d'ailleurs sans dire qu'ils ne se soucient aucunement de savoir si la doctrine qu'ils étudient à leur façon est ou n'est pas l'expression de la vérité, car une telle question, n'étant pas « historique », ne se pose même pas pour eux. Il est même douteux que l'idée leur soit jamais venue qu'il puisse y avoir une vérité d'un autre ordre que la simple « vérité de fait », qui seule peut être objet d'érudition ; quant à l'intérêt qu'une telle étude peut présenter pour eux dans ces conditions, nous devons avouer qu'il nous est tout à fait impossible de nous en rendre compte, tellement cela relève d'une mentalité qui nous est étrangère.

Quoi qu'il en soit, ce qu'il est particulièrement important de remarquer, c'est que la fausse conception qui veut voir du syncrétisme dans les doctrines traditionnelles a pour conséquence directe et inévitable ce qu'on peut appeler la théorie des « emprunts » : quand on constate l'existence d'éléments similaires dans deux formes doctrinales différentes, on s'empresse de supposer que l'une d'elles doit les avoir empruntés à l'autre. Bien entendu, il ne s'agit aucunement là de l'origine commune des traditions, ni de leur filiation authentique, avec la transmission régulière et les adaptations successives qu'elle comporte ; tout cela, échappant entièrement aux moyens d'investigation dont dispose l'historien profane, n'existe littéralement pas pour lui. On veut parler uniquement d'emprunts au sens le plus grossier du mot, d'une sorte de copie ou de plagiat d'une tradition par une autre avec laquelle elle s'est trouvée en contact par suite de circonstances toutes contingentes, d'une incorporation accidentelle d'éléments détachés, ne répondant à aucune raison profonde [1] ; et c'est bien là, effectivement, ce qu'implique la définition même du syncrétisme. Par ailleurs, on ne se demande pas s'il n'est pas normal qu'une même vérité reçoive des expressions plus ou moins semblables ou tout au moins comparables entre elles, indépendamment de tout emprunt, et on ne peut pas se le demander, puisque, comme nous le disions tout à l'heure, on est résolu à ignorer l'existence de cette vérité comme telle. Cette dernière explication serait d'ailleurs insuffisante sans la notion de l'unité traditionnelle primordiale, mais du moins représenterait-elle un certain aspect de la réalité ; ajoutons qu'elle ne doit aucunement être confondue avec une autre théorie, non moins profane que celle des « emprunts », bien que d'un autre genre, et qui fait appel à ce qu'on est convenu de dénommer l'« unité de l'esprit humain », en l'entendant en un sens exclusivement psychologique, où, en fait, une telle unité n'existe pas, et en impliquant, là encore, que toute doctrine n'est qu'un simple produit de cet « esprit humain », si bien que ce « psychologisme » n'envisage pas plus la question de la vérité doctrinale que l'« historicisme » des partisans de l'explication syncrétique [2].

Nous signalerons encore que la même idée du syncrétisme et des « emprunts », appliquée plus spécialement aux Écritures traditionnelles, donne naissance à la recherche de « sources » hypothétiques, ainsi qu'à la supposition des « interpolations », qui est, comme on le sait, une des plus grandes ressources de la « critique » dans son œuvre destructive, dont l'unique but réel est la négation de toute inspiration « supra-humaine ». Ceci se rattache étroitement à l'intention anti-traditionnelle que nous indiquions

---

1 Comme exemple d'application de cette façon de voir à des choses relevant du domaine ésotérique et initiatique, nous pouvons citer la théorie qui veut voir dans le *taçawwuf* islamique un emprunt fait à l'Inde, sous prétexte que des méthodes similaires se rencontrent de part et d'autre ; évidemment, les orientalistes qui soutiennent cette théorie n'ont jamais eu l'idée de se demander si ces méthodes n'étaient pas imposées également dans les deux cas par la nature même des choses, ce qui semblerait pourtant devoir être assez facile à comprendre, du moins pour qui n'a aucune idée préconçue.
2 Cf. Le Règne de la Quantité et les Signes des Temps, ch. XIII.

au début ; et ce qu'il faut surtout en retenir ici, c'est l'incompatibilité de toute explication « humaniste » avec l'esprit traditionnel, incompatibilité qui au fond est d'ailleurs évidente, puisque ne pas tenir compte de l'élément « non-humain », c'est proprement méconnaître ce qui est l'essence même de la tradition, ce sans quoi il n'y a plus rien qui mérite de porter ce nom. D'autre part, il suffit, pour réfuter la conception syncrétiste, de rappeler que toute doctrine traditionnelle a nécessairement pour centre et pour point de départ la connaissance des principes métaphysiques, et que tout ce qu'elle comporte en outre, à titre plus ou moins secondaire, n'est en définitive que l'application de ces principes à différents domaines ; cela revient à dire qu'elle est essentiellement synthétique, et, d'après ce que nous avons expliqué plus haut, la synthèse, par sa nature même, exclut tout syncrétisme.

On peut aller plus loin : s'il est impossible qu'il y ait du syncrétisme dans les doctrines traditionnelles elles-mêmes, il est également impossible qu'il y en ait chez ceux qui les ont véritablement comprises, et qui, par là même, ont forcément compris aussi la vanité d'un tel procédé, ainsi que de tous ceux qui sont le propre de la pensée profane, et n'ont d'ailleurs nul besoin d'y avoir recours. Tout ce qui est réellement inspiré de la connaissance traditionnelle procède toujours « de l'intérieur » et non « de l'extérieur » ; quiconque a conscience de l'unité essentielle de toutes les traditions peut, pour exposer et interpréter la doctrine, faire appel, suivant les cas, à des moyens d'expression provenant de formes traditionnelles diverses, s'il estime qu'il y ait à cela quelque avantage ; mais il n'y aura jamais là rien qui puisse être assimilé de près ou de loin à un syncrétisme quelconque ou à la « méthode comparative » des érudits. D'un côté, l'unité centrale et principielle éclaire et domine tout ; de l'autre, cette unité étant absente ou, pour mieux dire, cachée aux regards du « chercheur » profane, celui-ci ne peut que tâtonner dans les « ténèbres extérieures », s'agitant vainement au milieu d'un chaos que pourrait seul ordonner le *Fiat Lux* initiatique qui, faute de « qualification », ne sera jamais proféré pour lui.

Chapitre VII
CONTRE LE MÉLANGE DES FORMES TRADITIONNELLES

Comme nous l'avons déjà dit ailleurs [1], il y a, suivant la tradition hindoue, deux façons opposées, l'une inférieure et l'autre supérieure, d'être en dehors des castes : on peut être « sans caste » (*avarna*), au sens « privatif », c'est-à-dire au-dessous d'elles ; et l'on peut au contraire être « au delà des castes » (*ativarna*) ou au-dessus d'elles, bien que ce second cas soit incomparablement plus rare que le premier, surtout dans les conditions de l'époque actuelle [2]. D'une manière analogue, on peut être aussi en deçà ou au delà des formes traditionnelles : l'homme « sans religion », par exemple, tel qu'on le rencontre couramment dans le monde occidental moderne, est incontestablement dans le premier cas ; le second, par contre, s'applique exclusivement à ceux qui ont pris effectivement conscience de l'unité et de l'identité fondamentales de toutes les traditions ; et, ici encore, ce second cas ne peut être actuellement que très exceptionnel. Que l'on comprenne bien, d'ailleurs, que, en parlant de conscience effective, nous voulons dire par là que des notions simplement théoriques sur cette unité et cette identité, tout en étant assurément déjà loin d'être négligeables, sont tout à fait insuffisantes pour que quelqu'un puisse estimer avoir dépassé le stade où il est nécessaire d'adhérer à une forme déterminée et de s'y tenir strictement. Ceci, bien entendu, ne signifie nullement que celui qui est dans ce cas ne doit pas s'efforcer en même temps de comprendre les autres formes aussi complètement et aussi profondément que possible, mais seulement que, pratiquement, il ne doit pas faire usage de moyens rituels ou autres appartenant en propre à plusieurs formes différentes, ce qui, comme nous le disions plus haut, serait non seulement inutile et vain, niais même nuisible et dangereux à divers égards [3].

---
1 Le Règne de la Quantité et les Signes des Temps, ch. IX.
2 C'était au contraire, d'après ce que nous avons indiqué dans une note précédente, le cas normal pour les hommes de l'époque primordiale.
3 Ceci doit permettre de mieux comprendre ce que nous disions plus haut de la « juridiction » des organisations initiatiques relevant d'une forme traditionnelle déterminée : l'initiation au sens strict, obtenue par le rattachement à une telle organisation, étant proprement un « commencement », il est évident que celui qui la reçoit

Chapitre VII

Les formes traditionnelles peuvent être comparées à des voies qui conduisent toutes à un même but [1], mais qui, en tant que voies, n'en sont pas moins distinctes ; il est évident qu'on n'en peut suivre plusieurs à la fois, et que, lorsqu'on s'est engagé dans l'une d'elles, il convient de la suivre jusqu'au bout et sans s'en écarter, car vouloir passer de l'une à l'autre serait bien le meilleur moyen de ne pas avancer en réalité, sinon même de risquer de s'égarer tout à fait. Il n'y a que celui qui est parvenu au terme qui, par là même, domine toutes les voies, et cela parce qu'il n'a plus à les suivre ; il pourra donc, s'il y a lieu, pratiquer indistinctement toutes les formes, mais précisément parce qu'il les a dépassées et que, pour lui, elles sont désormais unifiées dans leur principe commun. Généralement, d'ailleurs, il continuera alors à s'en tenir extérieurement à une forme définie, ne serait-ce qu'à titre d'« exemple » pour ceux qui l'entourent et qui ne sont pas parvenus au même point que lui ; mais, si des circonstances particulières viennent à l'exiger, il pourra tout aussi bien participer à d'autres formes, puisque, de ce point où il est, il n'y a plus entre elles aucune différence réelle. Du reste, dès lors que ces formes sont ainsi unifiées pour lui, il ne saurait plus aucunement y avoir en cela mélange ou confusion quelconque, ce qui suppose nécessairement l'existence de la diversité comme telle ; et, encore une fois, il s'agit de celui-là seul qui est effectivement au delà de cette diversité : les formes, pour lui, n'ont plus le caractère de voies ou de moyens, dont il n'a plus besoin, et elles ne subsistent plus qu'en tant qu'expressions de la Vérité une, expressions dont il est tout aussi légitime de se servir suivant les circonstances qu'il l'est de parler en différentes langues pour se faire comprendre de ceux à qui l'on s'adresse [2].

Il y a en somme, entre ce cas et celui d'un mélange illégitime des formes traditionnelles, toute la différence que nous avons indi-

---

est encore bien loin de pouvoir être effectivement au delà des formes traditionnelles.
1 Pour être tout à fait exact, il conviendrait d'ajouter ici : à la condition qu'elles soient complètes, c'est-à-dire qu'elles comportent non seulement la partie exotérique, mais aussi la partie ésotérique et initiatique ; il en est d'ailleurs toujours ainsi en principe, mais, en fait, il peut arriver que, par une sorte de dégénérescence, cette seconde partie soit oubliée et en quelque sorte perdue.
2 C'est précisément là ce que signifie en réalité, au point de vue initiatique, ce qu'on appelle le « don des langues », sur lequel nous reviendrons plus loin.

quée comme étant, d'une façon générale, celle de la synthèse et du syncrétisme, et c'est pourquoi il était nécessaire, à cet égard, de bien préciser celle-ci tout d'abord. En effet, celui qui envisage toutes les formes dans l'unité même de leur principe, comme nous venons de le dire, en a par là même une vue essentiellement synthétique, au sens le plus rigoureux du mot ; il ne peut se placer qu'à l'intérieur de toutes également, et même, devrions-nous dire, au point qui est pour toutes le plus intérieur, puisque c'est véritablement leur centre commun. Pour reprendre la comparaison que nous avons employée tout à l'heure, toutes les voies, partant de points différents, vont en se rapprochant de plus en plus, mais en demeurant toujours distinctes, jusqu'à ce qu'elles aboutissent à ce centre unique [1] ; mais, vues du centre même, elles ne sont plus en réalité qu'autant de rayons qui en émanent et par lesquels il est en relation avec les points multiples de la circonférence [2]. Ces deux sens, inverses l'un de l'autre, suivant lesquels les mêmes voies peuvent être envisagées, correspondent très exactement à ce que sont les points de vue respectifs de celui qui est « en chemin » vers le centre et de celui qui y est parvenu, et dont les états, précisément, sont souvent décrits ainsi, dans le symbolisme traditionnel, comme ceux du « voyageur » et du « sédentaire ». Ce dernier est encore comparable à celui qui, se tenant au sommet d'une montagne, en voit également, et sans avoir à se déplacer, les différents versants, tandis que celui qui gravit cette même montagne n'en voit que la partie la plus proche de lui ; et il est bien évident que la vue qu'en a le premier peut seule être dite synthétique.

D'autre part, celui qui n'est pas au centre est forcément toujours dans une position plus ou moins « extérieure », même à l'égard de sa propre forme traditionnelle, et à plus forte raison à l'égard des autres ; si donc il veut, par exemple, accomplir des rites appartenant à plusieurs formes différentes, prétendant utiliser concur-

---

[1] Dans le cas d'une forme traditionnelle devenue incomplète comme nous l'expliquions plus haut, on pourrait dire que la voie se trouve coupée en un certain point avant d'atteindre le centre, ou, peut-être plus exactement encore, qu'elle est impraticable en fait à partir de ce point, qui marque le passage du domaine exotérique au domaine ésotérique.

[2] Il est bien entendu que, de ce point de vue central, les voies qui, comme telles, ne sont plus praticables jusqu'au bout, ainsi que nous venons de le dire dans la note précédente, ne font aucunement exception.

remment les uns et les autres comme moyens ou « supports » de son développement spirituel, il ne pourra réellement les associer ainsi que « du dehors », ce qui revient à dire que ce qu'il fera ne sera pas autre chose que du syncrétisme, puisque celui-ci consiste justement en un tel mélange d'éléments disparates que rien n'unifie véritablement. Tout ce que nous avons dit contre le syncrétisme en général vaut donc dans ce cas particulier, et même, pourrait-on dire, avec certaines aggravations : tant qu'il ne s'agit que de théories, en effet, il peut, tout en étant parfaitement insignifiant et illusoire et en ne représentant qu'un effort dépensé en pure perte, être du moins encore relativement inoffensif ; mais ici, par le contact direct qui est impliqué avec des réalités d'un ordre plus profond, il risque d'entraîner, pour celui qui agit ainsi, une déviation ou un arrêt de ce développement intérieur pour lequel il croyait au contraire, bien à tort, se procurer par là de plus grandes facilités. Un tel cas est assez comparable à celui de quelqu'un qui, sous prétexte d'obtenir plus sûrement une guérison, emploierait à la fois plusieurs médications dont les effets ne feraient que se neutraliser et se détruire, et qui pourraient même, parfois, avoir entre elles des réactions imprévues et plus ou moins dangereuses pour l'organisme ; il est des choses dont chacune est efficace quand on s'en sert séparément, mais qui n'en sont pas moins radicalement incompatibles.

Ceci nous amène à préciser encore un autre point : c'est que, en outre de la raison proprement doctrinale qui s'oppose à la validité de tout mélange des formes traditionnelles, il est une considération qui, pour être d'un ordre plus contingent, n'en est pas moins fort importante au point de vue qu'on peut appeler « technique ». En effet, en supposant que quelqu'un se trouve dans les conditions voulues pour accomplir des rites relevant de plusieurs formes de telle façon que les uns et les autres aient des effets réels, ce qui implique naturellement qu'il ait tout au moins quelques liens effectifs avec chacune de ces formes, il pourra arriver, et même il arrivera presque inévitablement dans la plupart des cas, que ces rites feront entrer en action non pas seulement des influences spirituelles, mais aussi, et même tout d'abord, des influences psychiques qui, ne s'harmonisant pas entre elles, se heurteront et provoqueront un état de désordre et de déséquilibre affectant plus ou moins gravement celui qui les aura imprudemment suscitées ; on conçoit sans peine qu'un tel danger est de ceux auxquels il ne convient pas de s'exposer inconsidérément. Le choc des influences psychiques est d'ailleurs plus particulièrement à redouter, d'une part, comme conséquence de l'emploi des rites les plus extérieurs, c'est-à-dire de ceux qui appartiennent au côté exotérique de différentes traditions, puisque c'est évidemment sous ce rapport surtout que celles-ci se présentent comme exclusives les unes des autres, la divergence des voies étant d'autant plus grande qu'on les considère plus loin du centre ; et, d'autre part, bien que cela puisse sembler paradoxal à qui n'y réfléchit pas suffisamment, l'opposition est alors d'autant plus violente que les traditions auxquelles il est fait appel ont plus de caractères communs, comme, par exemple, dans le cas de celles qui revêtent exotériquement la forme religieuse proprement dite, car des choses qui sont beaucoup plus différentes n'entrent que difficilement en conflit entre elles, du fait de cette différence même ; dans ce domaine comme dans tout autre, il ne peut y avoir de lutte qu'à la condition de se placer sur le même terrain. Nous n'insisterons pas davantage là-dessus, mais il est à souhaiter que du moins cet avertissement suffise à ceux qui pourraient être tentés de mettre en œuvre de tels moyens discordants ; qu'ils n'oublient pas que le domaine purement spirituel est le seul où l'on soit à l'abri de toute atteinte, parce que les oppositions mêmes n'y ont plus aucun sens, et que, tant que le domaine psychique n'est pas complètement et définitivement dépassé, les pires mésaventures demeurent toujours possibles, même, et nous devrions peut-être dire surtout, pour ceux qui font trop résolument profession de n'y pas croire.

Chapitre VIII
DE LA TRANSMISSION INITIATIQUE

Nous avons dit précédemment que l'initiation proprement dite consiste essentiellement en la transmission d'une influence spirituelle, transmission qui ne peut s'effectuer que par le moyen d'une organisation traditionnelle régulière, de telle sorte qu'on ne saurait parler d'initiation en dehors du rattachement à une telle organisation. Nous avons précisé que la « régularité » devait être entendue comme excluant toutes les organisations pseudo-initiatiques,

Chapitre VIII

c'est-à-dire toutes celles qui, quelles que soient leurs prétentions et de quelque apparence qu'elles se revêtent, ne sont effectivement dépositaires d'aucune influence spirituelle, et ne peuvent par conséquent rien transmettre en réalité. Il est dès lors facile de comprendre l'importance capitale que toutes les traditions attachent à ce qui est désigné comme la « chaîne » initiatique [1], c'est-à-dire à une succession assurant d'une façon ininterrompue la transmission dont il s'agit ; en dehors de cette succession, en effet, l'observation même des formes rituéliques serait vaine, car il y manquerait l'élément vital essentiel à leur efficacité.

Nous reviendrons plus spécialement par la suite sur la question des rites initiatiques, mais nous devons dès maintenant répondre à une objection qui peut se présenter ici : ces rites, dira-t-on, n'ont-ils pas par eux-mêmes une efficacité qui leur est inhérente ? Ils en ont bien une en effet, puisque, s'ils ne sont pas observés, ou s'ils sont altérés dans quelqu'un de leurs éléments essentiels, aucun résultat effectif ne pourra être obtenu ; mais, si c'est bien là une condition nécessaire, elle n'est pourtant pas suffisante, et il faut en outre, pour que ces rites aient leur effet, qu'ils soient accomplis par ceux qui ont qualité pour les accomplir. Ceci, d'ailleurs, n'est nullement particulier aux rites initiatiques, mais s'applique tout aussi bien aux rites d'ordre exotérique, par exemple aux rites religieux, qui ont pareillement leur efficacité propre, mais qui ne peuvent pas davantage être accomplis valablement par n'importe qui ; ainsi, si un rite religieux requiert une ordination sacerdotale, celui qui n'a pas reçu cette ordination aura beau en observer toutes les formes et même y apporter l'intention voulue [2], il n'en obtiendra aucun résultat, parce qu'il n'est pas porteur de l'influence spirituelle qui doit opérer en prenant ces formes rituéliques comme support [3].

---

[1] Ce mot « chaîne » est celui qui traduit l'hébreu *shelsheleth*, l'arabe *silsilah*, et aussi le sanscrit *paramparâ*, qui exprime essentiellement l'idée d'une succession régulière et ininterrompue.

[2] Nous formulons expressément ici cette condition de l'intention pour bien préciser que les rites ne sauraient être un objet d'« expériences » au sens profane de ce mot ; celui qui voudrait accomplir un rite, de quelque ordre qu'il soit d'ailleurs, par simple curiosité et pour en expérimenter l'effet, pourrait être bien sûr d'avance que cet effet sera nul.

[3] Les rites mêmes qui ne requièrent pas spécialement une telle ordination ne peuvent pas non plus être accomplis par tout le monde indistinctement, car l'adhésion expresse à la forme traditionnelle à laquelle ils appartiennent est, dans tous les cas, une

Même dans des rites d'un ordre très inférieur et ne concernant que des applications traditionnelles secondaires, comme les rites d'ordre magique par exemple, où intervient une influence qui n'a plus rien de spirituel, mais qui est simplement psychique (en entendant par là, au sens le plus général, ce qui appartient au domaine des éléments subtils de l'individualité humaine et de ce qui y correspond dans l'ordre « macrocosmique »), la production d'un effet réel est conditionnée dans bien des cas par une certaine transmission ; et la plus vulgaire sorcellerie des campagnes fournirait à cet égard de nombreux exemples [1]. Nous n'avons d'ailleurs pas à insister sur ce dernier point, qui est en dehors de notre sujet ; nous l'indiquons seulement pour faire mieux comprendre que, à plus forte raison, une transmission régulière est indispensable pour permettre d'accomplir valablement les rites impliquant l'action d'une influence d'ordre supérieur, qui peut être dite proprement « non-humaine », ce qui est à la fois le cas des rites initiatiques et celui des rites religieux.

Là est en effet le point essentiel, et il nous faut encore y insister quelque peu : nous avons déjà dit que la constitution d'organisations initiatiques régulières n'est pas à la disposition de simples initiatives individuelles, et l'on peut en dire exactement autant en ce qui concerne les organisations religieuses, parce que, dans l'un et l'autre cas, il faut la présence de quelque chose qui ne saurait venir des individus, étant au delà du domaine des possibilités humaines. On peut d'ailleurs réunir ces deux cas en disant qu'il s'agit ici, en fait, de tout l'ensemble des organisations qui peuvent être qualifiées véritablement de traditionnelles ; on comprendra dès lors, sans même qu'il y ait besoin de faire intervenir d'autres considérations, pourquoi nous nous refusons, ainsi que nous l'avons dit en maintes occasions, à appliquer le nom de tradition à des choses qui ne sont que purement humaines, comme le fait abusivement le langage profane ; il ne sera pas inutile de remarquer que ce mot même de « tradition », dans son sens originel, n'exprime rien d'autre que

---

condition indispensable de leur efficacité.
1 Cette condition de la transmission se retrouve donc jusque dans les déviations de la tradition ou dans ses vestiges dégénérés, et même aussi, devons-nous ajouter, dans la subversion proprement dite qui est le fait de ce que nous avons appelé la « contre initiation ». Cf. à ce propos *Le Règne de la Quantité et les Signes des Temps*, ch. XXXIV et XXXVIII.

Chapitre VIII

l'idée même de transmission que nous envisageons présentement, et c'est d'ailleurs là une question sur laquelle nous reviendrons un peu plus loin.

Maintenant, on pourrait, pour plus de commodité, diviser les organisations traditionnelles en « exotériques » et « ésotériques », bien que ces deux termes, si on voulait les entendre dans leur sens le plus précis, ne s'appliquent peut-être pas partout avec une égale exactitude ; mais, pour ce que nous avons actuellement en vue, il nous suffira d'entendre par « exotériques » les organisations qui, dans une certaine forme de civilisation, sont ouvertes à tous indistinctement, et par « ésotériques » celles qui sont réservées à une élite, ou, en d'autres termes, où ne sont admis que ceux qui possèdent une « qualification » particulière. Ces dernières sont proprement les organisations initiatiques ; quant aux autres, elles ne comprennent pas seulement les organisations spécifiquement religieuses, mais aussi, comme on le voit dans les civilisations orientales, des organisations sociales qui n'ont pas ce caractère religieux, tout en étant pareillement rattachées à un principe d'ordre supérieur, ce qui est dans tous les cas la condition indispensable pour qu'elles puissent être reconnues comme traditionnelles. D'ailleurs, comme nous n'avons pas à envisager ici les organisations exotériques en elles-mêmes, mais seulement pour comparer leur cas à celui des organisations ésotériques ou initiatiques, nous pouvons nous borner à la considération des organisations religieuses, parce que ce sont les seules de cet ordre qui soient connues en Occident, et qu'ainsi ce qui s'y rapporte sera plus immédiatement compréhensible.

Nous dirons donc ceci : toute religion, au vrai sens de ce mot, a une origine « non-humaine » et est organisée de façon à conserver le dépôt d'un élément également « non-humain » qu'elle tient de cette origine ; cet élément, qui est de l'ordre de ce que nous appelons les influences spirituelles, exerce son action effective par le moyen de rites appropriés, et l'accomplissement de ces rites, pour être valable, c'est-à-dire pour fournir un support réel à l'influence dont il s'agit, requiert une transmission directe et ininterrompue au sein de l'organisation religieuse. S'il en est ainsi dans l'ordre simplement exotérique (et il est bien entendu que ce que nous disons ne s'adresse pas aux « critiques » négateurs auxquels nous avons fait allusion précédemment, qui prétendent réduire la religion à un « fait humain », et dont nous n'avons pas à prendre l'opinion en considération, pas plus que tout ce qui ne procède pareillement que des préjugés anti-traditionnels), à plus forte raison devra-t-il en être de même dans un ordre plus élevé, c'est-à-dire dans l'ordre ésotérique. Les termes dont nous venons de nous servir sont assez larges pour s'appliquer encore ici sans aucun changement, en remplaçant seulement le mot de « religion » par celui d'« initiation » ; toute la différence portera sur la nature des influences spirituelles qui entrent en jeu (car il y a encore bien des distinctions à faire dans ce domaine, où nous comprenons en somme tout ce qui se rapporte à des possibilités d'ordre supra-individuel), et surtout sur les finalités respectives de l'action qu'elles exercent dans l'un et l'autre cas.

Si, pour nous faire mieux comprendre encore, nous nous référons plus particulièrement au cas du Christianisme dans l'ordre religieux, nous pourrons ajouter ceci : les rites d'initiation, ayant pour but immédiat la transmission de l'influence spirituelle d'un individu à un autre qui, en principe tout au moins, pourra par la suite la transmettre à son tour, sont exactement comparables sous ce rapport à des rites d'ordination [1] ; et l'on peut même remarquer que les uns et les autres sont semblablement susceptibles de comporter plusieurs degrés, la plénitude de l'influence spirituelle n'étant pas forcément communiquée d'un seul coup avec toutes les prérogatives qu'elle implique, spécialement en ce qui concerne l'aptitude actuelle à exercer telles ou telles fonctions dans l'organisation traditionnelle [2]. Or on sait quelle importance a, pour les

[1] Nous disons « sous ce rapport », car, à un autre point de vue, l'initiation première, en tant que « seconde naissance », serait comparable au rite du baptême ; il va de soi que les correspondances que l'on peut envisager entre des choses appartenant à des ordres aussi différents doivent être forcément assez complexes et ne se laissent pas réduire à une sorte de schéma unilinéaire.

[2] Nous disons « aptitude actuelle » pour préciser qu'il s'agit ici de quelque chose de plus que la « qualification » préalable, qui peut être désignée aussi comme une aptitude ; ainsi, on pourra dire qu'un individu est apte à l'exercice des fonctions sacerdotales s'il n'a aucun des empêchements qui en interdisent l'accès, mais il n'y sera actuellement apte que s'il a reçu effectivement l'ordination. Remarquons aussi, à ce propos, que celle-ci est le seul sacrement pour lequel des « qualifications » particulières soient exigées, en quoi elle est encore comparable à l'initiation, à la condition, bien entendu, de toujours tenir compte de la différence essentielle des deux domaines exotérique et ésotérique.

Églises chrétiennes, la question de la « succession apostolique », et cela se comprend sans peine, puisque, si cette succession venait à être interrompue, aucune ordination ne saurait plus être valable, et, par suite, la plupart des rites ne seraient plus que de vaines formalités sans portée effective [1]. Ceux qui admettent à très juste titre la nécessité d'une telle condition dans l'ordre religieux ne devraient pas avoir la moindre difficulté à comprendre qu'elle ne s'impose pas moins rigoureusement dans l'ordre initiatique, ou, en d'autres termes, qu'une transmission régulière, constituant la « chaîne » dont nous parlions plus haut, y est tout aussi strictement indispensable.

Nous disions tout à l'heure que l'initiation doit avoir une origine « non-humaine », car, sans cela, elle ne pourrait en aucune façon atteindre son but final, qui dépasse le domaine des possibilités individuelles ; c'est pourquoi les véritables rites initiatiques, comme nous l'avons indiqué précédemment, ne peuvent être rapportés à des auteurs humains, et, en fait, on ne leur connaît jamais de tels auteurs [2], pas plus qu'on ne connaît d'inventeurs aux symboles traditionnels, et pour la même raison, car ces symboles sont également « non-humains » dans leur origine et dans leur essence [3] ; et d'ailleurs il y a, entre rites et symboles, des liens fort étroits que nous examinerons plus tard. On peut dire en toute rigueur que, dans des cas comme ceux-là, il n'y a pas d'origine « historique », puisque l'origine réelle se situe dans un monde auquel ne s'appliquent pas les conditions de temps et de lieu qui définissent les

---

1 En fait, les Églises protestantes qui n'admettent pas les fonctions sacerdotales ont supprimé presque tous les rites, ou ne les ont gardés qu'à titre de simples simulacres « commémoratifs » ; et, étant donnée la constitution propre de la tradition chrétienne, ils ne peuvent en effet être rien de plus en pareil cas. On sait d'autre part à quelles discussions la question de la « succession apostolique » donne lieu en ce qui concerne la légitimité de l'Église anglicane ; et il est curieux de noter que les théosophistes eux-mêmes, lorsqu'ils voulurent constituer leur Église « libre-catholique », cherchèrent avant tout à lui assurer le bénéfice d'une succession apostolique régulière.

2 Certaines attributions à des personnages légendaires, ou plus exactement symboliques, ne sauraient aucunement être regardées comme ayant un caractère « historique », mais confirment au contraire pleinement ce que nous disons ici.

3 Les organisations ésotériques islamiques se transmettent un signe de reconnaissance qui, suivant la tradition, fut communiqué au Prophète par l'archange Gabriel lui-même ; on ne saurait indiquer plus nettement l'origine « non-humaine » de l'initiation.

faits historiques comme tels ; et c'est pourquoi ces choses échapperont toujours inévitablement aux méthodes profanes de recherche, qui, en quelque sorte par définition, ne peuvent donner de résultats relativement valables que dans l'ordre purement humain [1].

Dans de telles conditions, il est facile de comprendre que le rôle de l'individu qui confère l'initiation à un autre est bien véritablement un rôle de « transmetteur », au sens le plus exact de ce mot ; il n'agit pas en tant qu'individu, mais en tant que support d'une influence qui n'appartient pas à l'ordre individuel ; il est uniquement un anneau de la « chaîne » dont le point de départ est en dehors et au delà de l'humanité. C'est pourquoi il ne peut agir en son propre nom, mais au nom de l'organisation à laquelle il est rattaché et dont il tient ses pouvoirs, ou, plus exactement encore, au nom du principe que cette organisation représente visiblement. Cela explique d'ailleurs que l'efficacité du rite accompli par un individu soit indépendante de la valeur propre de cet individu comme tel, ce qui est vrai également pour les rites religieux ; et nous ne l'entendons pas au sens « moral », ce qui serait trop évidemment sans importance dans une question qui est en réalité d'ordre exclusivement « technique », mais en ce sens que, même si l'individu considéré ne possède pas le degré de connaissance nécessaire pour comprendre le sens profond du rite et la raison essentielle de ses divers éléments, ce rite n'en aura pas moins son plein effet si, étant régulièrement investi de la fonction de « transmetteur », il l'accomplit en observant toutes les règles prescrites, et avec une intention que suffit à déterminer la conscience de son rattachement à l'organisation traditionnelle. De là dérive immédiatement cette conséquence, que même une organisation où il ne se trouverait plus à un certain moment que ce que nous avons appelé des initiés

---

1 Notons à ce propos que ceux qui, avec des intentions « apologétiques », insistent sur ce qu'ils appellent, d'un terme d'ailleurs assez barbare, l'« historicité » d'une religion, au point d'y voir quelque chose de tout à fait essentiel et même d'y subordonner parfois les considérations doctrinales (alors qu'au contraire les faits historiques eux-mêmes ne valent vraiment qu'en tant qu'ils peuvent être pris comme symboles de réalités spirituelles), commettent une grave erreur au détriment de la « transcendance » de cette religion. Une telle erreur, qui témoigne d'ailleurs d'une conception assez fortement « matérialisée » et de l'incapacité de s'élever à un ordre supérieur, peut être regardée comme une fâcheuse concession au point de vue a « humaniste », c'est-à-dire individualiste et anti-traditionnel, qui caractérise proprement l'esprit occidental moderne.

« virtuels » (et nous reviendrons encore là-dessus par la suite) n'en demeurerait pas moins capable de continuer à transmettre réellement l'influence spirituelle dont elle est dépositaire ; il suffit pour cela que la « chaîne » ne soit pas interrompue ; et, à cet égard, la fable bien connue de « l'âne portant des reliques » est susceptible d'une signification initiatique digne d'être méditée [1].

Par contre, la connaissance même complète d'un rite, si elle a été obtenue en dehors des conditions régulières, est entièrement dépourvue de toute valeur effective ; c'est ainsi, pour prendre un exemple simple (puisque le rite s'y réduit essentiellement à la prononciation d'un mot ou d'une formule), que, dans la tradition hindoue, le *mantra* qui a été appris autrement que de la bouche d'un *guru* autorisé est sans aucun effet, parce qu'il n'est pas « vivifié » par la présence de l'influence spirituelle dont il est uniquement destiné à être le véhicule [2]. Ceci s'étend d'ailleurs, à un degré ou à un autre, à tout ce à quoi est attachée une influence spirituelle : ainsi, l'étude des textes sacrés d'une tradition, faite dans les livres, ne saurait jamais suppléer à leur communication directe ; et c'est pourquoi, là même où les enseignements traditionnels ont été plus ou moins complètement mis par écrit, ils n'en continuent pas moins à être régulièrement l'objet d'une transmission orale, qui, en même temps qu'elle est indispensable pour leur donner leur plein effet (dès lors qu'il ne s'agit pas de s'en tenir à une connaissance simplement théorique), assure la perpétuation de la « chaîne » à laquelle est liée la vie même de la tradition. Autrement, on n'aurait plus affaire qu'à une tradition morte, à laquelle aucun rattachement effectif n'est plus possible ; et, si la connaissance de ce qui reste d'une tradition peut avoir encore un certain intérêt théorique (en dehors, bien entendu, du point de vue de la simple érudition

---

[1] Il est même à remarquer, à ce propos, que les reliques sont précisément un véhicule d'influences spirituelles ; là est la véritable raison du culte dont elles sont l'objet, même si cette raison n'est pas toujours consciente chez les représentants des religions exotériques, qui semblent parfois ne pas se rendre compte du caractère très « positif » des forces qu'ils manient, ce qui d'ailleurs n'empêche pas ces forces d'agir effectivement, même à leur insu, quoique peut-être avec moins d'ampleur que si elles étaient mieux dirigées « techniquement ».

[2] Signalons en passant, à propos de cette « vivification », si l'on peut s'exprimer ainsi, que la consécration des temples, des images et des objets rituels a pour but essentiel d'en faire le réceptacle effectif des influences spirituelles sans la présence desquelles les rites auxquels ils doivent servir seraient dépourvus d'efficacité.

profane, dont la valeur ici est nulle, et en tant qu'elle est susceptible d'aider à la compréhension de certaines vérités doctrinales), elle ne saurait être d'aucun bénéfice direct en vue d'une « réalisation » quelconque [1].

Il s'agit si bien, en tout ceci, de la communication de quelque chose de « vital », que, dans l'Inde, nul disciple ne peut jamais s'asseoir en face du *guru*, et cela afin d'éviter que l'action du *prâna* qui est lié au souffle et à la voix, en s'exerçant trop directement, ne produise un choc trop violent et qui, par suite, pourrait n'être pas sans danger, psychiquement et même physiquement [2]. Cette action est d'autant plus puissante, en effet, que le *prâna* lui-même, en pareil cas, n'est que le véhicule ou le support subtil de l'influence spirituelle qui se transmet du *guru* au disciple ; et le *guru*, dans sa fonction propre, ne doit pas être considéré comme une individualité (celle-ci disparaissant alors véritablement, sauf en tant que simple support), mais uniquement comme le représentant de la tradition même, qu'il incarne en quelque sorte par rapport à son disciple, ce qui constitue bien exactement ce rôle de « transmetteur » dont nous parlions plus haut.

Chapitre IX
TRADITION ET TRANSMISSION

Nous avons fait remarquer plus haut que le mot de « tradition », dans son acception étymologique, n'exprime en somme d'autre idée que celle de transmission ; il n'y a là, au fond, rien que de parfaitement normal et en accord avec l'application qui en est faite quand on parle de « tradition » au sens où nous l'entendons, et ce que nous avons déjà expliqué devrait suffire à le faire comprendre facilement ; pourtant, certains ont soulevé à ce propos une objection qui nous a montré la nécessité d'y insister davantage, afin qu'il ne puisse subsister aucune équivoque sur ce point essentiel. Voici quelle est cette objection : n'importe quoi peut faire l'objet d'une transmission, y compris les choses de l'ordre le plus profane ; alors,

---

1 Ceci complète et précise encore ce que nous disions plus haut de la vanité d'un prétendu rattachement « idéal » aux formes d'une tradition disparue.
2 Là est aussi l'explication de la disposition spéciale des sièges dans une Loge maçonnique, ce dont la plupart des Maçons actuels sont assurément bien loin de se douter.

pourquoi ne pourrait-on parler tout aussi bien de « tradition » pour tout ce qui est ainsi transmis, quelle qu'en soit la nature, au lieu de restreindre l'emploi de ce mot au seul domaine que nous pouvons appeler « sacré » ?

Nous devons faire tout d'abord une remarque importante, et qui réduit déjà beaucoup la portée de cette question : c'est que, si l'on se reportait aux origines, celle-ci n'aurait pas à se poser, la distinction entre « sacré » et « profane » qu'elle implique étant alors inexistante. En effet, comme nous l'avons souvent expliqué, il n'y a pas proprement un domaine profane, auquel un certain ordre de choses appartiendrait par sa nature même ; il y a seulement, en réalité, un point de vue profane, qui n'est que la conséquence et le produit d'une certaine dégénérescence, résultant elle-même de la marche descendante du cycle humain et de son éloignement graduel de l'état principiel. Donc, antérieurement à cette dégénérescence, c'est-à-dire en somme dans l'état normal de l'humanité non encore déchue, on peut dire que tout avait véritablement un caractère traditionnel, parce que tout était envisagé dans sa dépendance essentielle à l'égard des principes et en conformité avec ceux-ci, de telle sorte qu'une activité profane, c'est-à-dire séparée de ces mêmes principes et les ignorant, eût été quelque chose de tout à fait inconcevable, même pour ce qui relève de ce qu'on est convenu d'appeler aujourd'hui la « vie ordinaire », ou plutôt pour ce qui pouvait y correspondre alors, mais qui apparaissait sous un aspect bien différent de ce que nos contemporains entendent par là [1], et à plus forte raison pour ce qui est des sciences, des arts et des métiers, pour lesquels ce caractère traditionnel s'est maintenu intégralement beaucoup plus tard et se retrouve encore dans toute civilisation de type normal, si bien qu'on pourrait dire que leur conception profane est, à part l'exception qu'il y a peut-être lieu de faire jusqu'à un certain point pour l'antiquité dite « classique », exclusivement propre à la seule civilisation moderne, qui ne représente elle-même, au fond, que l'ultime degré de la dégénérescence dont nous venons de parler.

Si maintenant nous considérons l'état de fait postérieur à cette dégénérescence, nous pouvons nous demander pourquoi l'idée de tradition y exclut ce qui est désormais traité comme d'ordre profane, c'est-à-dire ce qui n'a plus de lien conscient avec les principes,

---
[1] Cf. Le Règne de la Quantité et les Signes des Temps, ch. XV.

pour ne s'appliquer qu'à ce qui a gardé son caractère originel, avec l'aspect « transcendant » qu'il comporte. Il ne suffit pas de constater que l'usage l'a voulu ainsi, du moins tant que ne s'étaient pas encore produites les confusions et les déviations toutes modernes sur lesquelles nous avons attiré l'attention en d'autres occasions [1] ; il est vrai que l'usage modifie souvent le sens premier des mots, et qu'il peut notamment y ajouter ou en retrancher quelque chose ; mais cela même, du moins quand il s'agit d'un usage légitime, doit avoir aussi sa raison d'être, et surtout dans un cas comme celui-là, cette raison ne peut pas être indifférente. Nous pouvons d'ailleurs remarquer que ce fait n'est pas limité aux seules langues qui emploient ce mot latin de « tradition » ; en hébreu, le mot *qabbalah*, qui a exactement le même sens de transmission, est pareillement réservé à la désignation de la tradition telle que nous l'entendons, et même d'ordinaire, plus strictement encore, de sa partie ésotérique et initiatique, c'est-à-dire de ce qu'il y a de plus « intérieur » et de plus élevé dans cette tradition, de ce qui en constitue en quelque sorte l'esprit même ; et cela encore montre bien qu'il doit y avoir là quelque chose de plus important et de plus significatif qu'une simple question d'usage au sens où on peut l'entendre quand il s'agit seulement de modifications quelconques du langage courant.

En premier lieu, il y a une indication qui résulte immédiatement de ceci, que, comme nous le disions tout à l'heure, ce à quoi s'applique le nom de tradition, c'est ce qui est en somme, dans son fond même, sinon forcément dans son expression extérieure, resté tel qu'il était à l'origine ; il s'agit donc bien là de quelque chose qui a été transmis, pourrait-on dire, d'un état antérieur de l'humanité à son état présent. En même temps, on peut remarquer que le caractère « transcendant » de tout ce qui est traditionnel implique aussi une transmission dans un autre sens, partant des principes mêmes pour se communiquer à l'état humain ; et ce sens rejoint d'une certaine façon et complète évidemment le précédent. On pourrait même, en reprenant ici les termes que nous avons employés ailleurs [2], parler à la fois d'une transmission « verticale », du supra-humain à l'humain, et d'une transmission « horizontale », à travers les états ou les stades successifs de l'humanité ; la trans-

---
[1] Voir notamment Le Règne de la Quantité et les Signes des Temps, ch. XXXI.
[2] Voir Le Symbolisme de la Croix.

mission verticale est d'ailleurs essentiellement « intemporelle », la transmission horizontale seule impliquant une succession chronologique. Ajoutons encore que la transmission verticale, qui est telle quand on l'envisage de haut en bas comme nous venons de le faire, devient, si on la prend au contraire de bas un haut, une « participation » de l'humanité aux réalités de l'ordre principiel, participation qui, en effet, est précisément assurée par la tradition sous toutes ses formes, puisque c'est là ce par quoi l'humanité est mise en rapport effectif et constant avec ce qui lui est supérieur. La transmission horizontale, de son côté, si on la considère en remontant le cours des temps, devient proprement un « retour aux origines », c'est-à-dire une restauration de l'« état primordial » ; et nous avons déjà indiqué plus haut que cette restauration est précisément une condition nécessaire pour que, de là, l'homme puisse ensuite s'élever effectivement aux états supérieurs.

Il y a encore autre chose : au caractère de « transcendance » qui appartient essentiellement aux principes, et dont tout ce qui y est effectivement rattaché participe par là-même à quelque degré (ce qui se traduit par la présence d'un élément « non-humain » dans tout ce qui est proprement traditionnel), s'ajoute un caractère de « permanence » qui exprime l'immutabilité de ces mêmes principes, et qui se communique pareillement, dans toute la mesure du possible, à leurs applications, alors même que celles-ci se réfèrent à des domaines contingents. Ceci ne veut pas dire, bien entendu, que la tradition ne soit pas susceptible d'adaptations conditionnées par certaines circonstances ; mais, sous ces modifications, la permanence est toujours maintenue quant à l'essentiel ; et, même lorsqu'il s'agit de contingences, ces contingences comme telles sont en quelque sorte dépassées et « transformées » par le fait même de leur rattachement aux principes. Au contraire, quand on se place au point de vue profane, qui se caractérise, d'une façon qui ne peut d'ailleurs être que toute négative, par l'absence d'un tel rattachement, on est, si l'on peut dire, dans la contingence pure, avec tout ce qu'elle comporte d'instabilité et de variabilité incessante, et sans aucune possibilité d'en sortir ; c'est en quelque sorte le « devenir » réduit à lui-même, et il n'est pas difficile de se rendre compte qu'en effet les conceptions profanes de toute nature sont soumises à un changement continuel, non moins que les façons d'agir qui procèdent du même point de vue, et dont ce qu'on appelle la « mode » représente l'image la plus frappante à cet égard. On peut conclure de là que la tradition comprend non seulement tout ce qui vaut d'être transmis, mais même tout ce qui peut l'être véritablement, puisque le reste, ce qui est dépourvu de caractère traditionnel et qui, par conséquent, tombe dans le point de vue profane, est dominé par le changement au point que toute transmission y devient bientôt un « anachronisme » pur et simple, ou une « superstition », au sens étymologique du mot, qui ne répond plus à rien de réel ni de valable.

On doit maintenant comprendre pourquoi tradition et transmission peuvent être regardées, sans aucun abus de langage, comme presque synonymes ou équivalentes, ou pourquoi, tout au moins, la tradition, sous quelque rapport qu'on l'envisage, constitue ce qu'on pourrait appeler la transmission par excellence. D'autre part, si cette idée de transmission est si essentiellement inhérente au point de vue traditionnel que celui-ci ait pu en tirer légitimement sa désignation même, tout ce que nous avons dit précédemment de la nécessité d'une transmission régulière pour ce qui appartient à cet ordre traditionnel, et plus particulièrement à l'ordre initiatique qui en est partie non seulement intégrante, mais même « éminente », s'en trouve encore renforcé et en acquiert même une sorte d'évidence immédiate qui devrait, au regard de la plus simple logique, et sans même faire appel à des considérations plus profondes, rendre décidément impossible toute contestation sur ce point, où d'ailleurs les organisations pseudo-initiatiques ont seules intérêt, précisément parce que cette transmission leur fait défaut, à maintenir l'équivoque et la confusion.

Chapitre X
DES CENTRES INITIATIQUES

Nous pensons en avoir dit assez pour montrer, aussi clairement qu'il est possible de le faire, la nécessité de la transmission initiatique, et pour bien faire comprendre qu'il ne s'agit pas là de choses plus ou moins nébuleuses, mais au contraire de choses extrêmement précises et bien définies, où la rêverie et l'imagination ne sauraient avoir la moindre part, non plus que tout ce qu'on qualifie aujourd'hui de « subjectif » et d'« idéal ». Il nous reste encore, pour compléter ce qui se rapporte à cette question, à parler quelque peu des centres spirituels dont procède, directement ou indirectement, toute transmission régulière, centres secondaires rattachés eux-mêmes au centre suprême qui conserve le dépôt immuable de la Tradition primordiale, dont toutes les formes traditionnelles particulières sont dérivées par adaptation à telles ou telles circonstances définies de temps et de lieu. Nous avons indiqué, dans une autre étude [1], comment ces centres spirituels sont constitués à l'image du centre suprême lui-même, dont ils sont en quelque sorte comme autant de reflets ; nous n'y reviendrons donc pas ici, et nous nous bornerons à envisager certains points qui sont en relation plus immédiate avec les considérations que nous venons d'exposer.

Tout d'abord, il est facile de comprendre que le rattachement au centre suprême soit indispensable pour assurer la continuité de transmission des influences spirituelles depuis les origines mêmes de la présente humanité (nous devrions même dire au delà de ces origines, puisque ce dont il s'agit est « non-humain ») et à travers toute la durée de son cycle d'existence ; il en est ainsi pour tout ce qui a un caractère véritablement traditionnel, même pour les organisations exotériques, religieuses ou autres, tout au moins à leur point de départ ; à plus forte raison en est-il de même dans l'ordre initiatique. En même temps, c'est ce rattachement qui maintient l'unité intérieure et essentielle existant sous la diversité des apparences formelles, et qui est, par conséquent, la garantie fondamentale de l'« orthodoxie », au vrai sens de ce mot. Seulement, il doit être bien entendu que ce rattachement peut ne pas demeurer toujours conscient, et cela n'est que trop évident dans l'ordre exotérique ; par contre, il semble qu'il devrait l'être toujours dans le cas des organisations initiatiques, dont une des raisons d'être est précisément, en prenant pour point d'appui une certaine forme traditionnelle, de permettre de passer au delà de cette forme et de s'élever ainsi de la diversité à l'unité. Ceci, naturellement, ne veut pas dire qu'une telle conscience doive exister chez tous les membres d'une organisation initiatique, ce qui est manifestement impossible et rendrait d'ailleurs inutile l'existence d'une hiérarchie de degrés ; mais elle devrait normalement exister au sommet de

---
[1] Le Roi du Monde.

cette hiérarchie, si tous ceux qui y sont parvenus étaient véritablement des « adeptes », c'est-à-dire des êtres ayant réalisé effectivement la plénitude de l'initiation [1] ; et de tels « adeptes » constitueraient un centre initiatique qui serait constamment en communication consciente avec le centre suprême. Cependant, en fait, il peut arriver qu'il n'en soit pas toujours ainsi, ne serait-ce que par suite d'une certaine dégénérescence que rend possible l'éloignement des origines, et qui peut aller jusqu'au point où, comme nous le disions précédemment, une organisation en arriverait à ne plus comprendre que ce que nous avons appelé des initiés « virtuels », continuant toutefois à transmettre, même s'ils ne s'en rendent plus compte, l'influence spirituelle dont cette organisation est dépositaire. Le rattachement subsiste alors malgré tout par là même que la transmission n'a pas été interrompue, et cela suffit pour que quelqu'un de ceux qui auront reçu l'influence spirituelle dans ces conditions puisse toujours en reprendre conscience s'il a en lui les possibilités requises ; ainsi, même dans ce cas, le fait d'appartenir à une organisation initiatique est loin de ne représenter qu'une simple formalité sans portée réelle, du même genre que l'adhésion à une quelconque association profane, comme le croient trop volontiers ceux qui ne vont pas au fond des choses et qui se laissent tromper par quelques similitudes purement extérieures, lesquelles ne sont d'ailleurs dues, en fait, qu'à l'état de dégénérescence dans lequel se trouvent actuellement les seules organisations initiatiques dont ils peuvent avoir quelque connaissance plus ou moins superficielle.

D'autre part, il importe de remarquer qu'une organisation initiatique peut procéder du centre suprême, non pas directement, mais par l'intermédiaire de centres secondaires et subordonnés, ce qui est même le cas le plus habituel ; comme il y a dans chaque organisation une hiérarchie de degrés, il y a ainsi, parmi les organisations elles-mêmes, ce qu'on pourrait appeler des de-

---

[1] C'est là le seul sens vrai et légitime de ce mot, qui, à l'origine appartenait exclusivement à la terminologie initiatique et plus spécialement rosicrucienne ; mais il faut encore signaler à ce propos un de ces étranges abus de langage si nombreux à notre époque : on en est arrivé, dans l'usage vulgaire, à prendre « adeptes » pour un synonyme d'« adhérents », si bien qu'on applique couramment ce mot à l'ensemble des membres de n'importe quelle organisation, s'agit-il de l'association la plus purement profane qu'il soit possible de concevoir !

grés d'« intériorité » et d'« extériorité » relative ; et il est clair que celles qui sont les plus extérieures, c'est-à-dire les plus éloignées du centre suprême, sont aussi celles où la conscience du rattachement à celui-ci peut se perdre le plus facilement. Bien que le but de toutes les organisations initiatiques soit essentiellement le même, il en est qui se situent en quelque sorte à des niveaux différents quant à leur participation à la Tradition primordiale (ce qui d'ailleurs ne veut pas dire que, parmi leurs membres, il ne puisse pas y en avoir qui aient atteint personnellement un même degré de connaissance effective) ; et il n'y a pas lieu de s'en étonner, si l'on observe que les différentes formes traditionnelles elles-mêmes ne dérivent pas toutes immédiatement de la même source originelle ; la « chaîne » peut compter un nombre plus ou moins grand d'anneaux intermédiaires, sans qu'il y ait pour cela aucune solution de continuité. L'existence de cette superposition n'est pas une des moindres raisons parmi toutes celles qui font la complexité et la difficulté d'une étude quelque peu approfondie de la constitution des organisations initiatiques ; encore faut-il ajouter qu'une telle superposition peut se rencontrer aussi à l'intérieur d'une même forme traditionnelle, ainsi qu'on peut en trouver un exemple particulièrement net dans le cas des organisations appartenant à la tradition extrême-orientale. Cet exemple, auquel nous ne pouvons faire ici qu'une simple allusion, est même peut-être un de ceux qui permettent le mieux de comprendre comment la continuité est assurée à travers les multiples échelons constitués par autant d'organisations superposées, depuis celles qui, engagées dans le domaine de l'action, ne sont que des formations temporaires destinées à jouer un rôle relativement extérieur, jusqu'à celles de l'ordre le plus profond, qui, tout en demeurant dans le « non-agir » principiel, ou plutôt par cela même, donnent à toutes les autres leur direction réelle. À ce propos, nous devons appeler spécialement l'attention sur le fait que, même si certaines de ces organisations, parmi les plus extérieures, se trouvent parfois être en opposition entre elles, cela ne saurait en rien empêcher l'unité de direction d'exister effectivement, parce que la direction en question est au delà de cette opposition, et non point dans le domaine où celle-ci s'affirme. Il y a là, en somme, quelque chose de comparable aux rôles joués par différents acteurs dans une même pièce de théâtre, et qui, alors même qu'ils s'opposent, n'en concourent pas moins à la marche de l'ensemble ; chaque organisation joue de même le rôle auquel elle est destinée dans un plan qui la dépasse ; et ceci peut s'étendre même au domaine exotérique, où, dans de telles conditions, les éléments qui luttent les uns contre les autres n'en obéissent pas moins tous, quoique tout à fait inconsciemment et involontairement, à une direction unique dont ils ne soupçonnent même pas l'existence [1].

Ces considérations font aussi comprendre comment, au sein d'une même organisation, il peut exister en quelque sorte une double hiérarchie, et ceci plus spécialement dans le cas où les chefs apparents ne sont pas conscients eux-mêmes du rattachement à un centre spirituel ; il pourra y avoir alors, en dehors de la hiérarchie visible qu'ils constituent, une autre hiérarchie invisible, dont les membres, sans remplir aucune fonction « officielle », seront cependant ceux qui assureront réellement, par leur seule présence, la liaison effective avec ce centre. Ces représentants des centres spirituels, dans les organisations relativement extérieures, n'ont évidemment pas à se faire connaître comme tels, et ils peuvent prendre telle apparence qui convient le mieux à l'action « de présence » qu'ils ont à exercer, que ce soit celle de simples membres de l'organisation s'ils doivent y jouer un rôle fixe et permanent, ou bien, s'il s'agit d'une influence momentanée ou devant se transporter en des points différents, celle de ces mystérieux « voyageurs » dont l'histoire a gardé plus d'un exemple, et dont l'attitude extérieure est souvent choisie de la façon la plus propre à dérouter les

---

1 D'après la tradition islamique, tout être est naturellement et nécessairement *muslim*, c'est-à-dire soumis à la Volonté divine, à laquelle, en effet, rien ne peut se soustraire ; la différence entre les êtres consiste en ce que, tandis que les uns se conforment consciemment et volontairement à l'ordre universel, les autres l'ignorent ou même prétendent s'y opposer (voir *Le Symbolisme de la Croix*, p. 187). Pour comprendre entièrement le rapport de ceci avec ce que nous venons de dire, il faut remarquer que les véritables centres spirituels doivent être considérés comme représentant la Volonté divine en ce monde ; aussi ceux qui y sont rattachés de façon effective peuvent-ils être regardés comme collaborant consciemment à la réalisation de ce que l'initiation maçonnique désigne comme le « plan du Grand Architecte de l'Univers » ; quant aux deux autres catégories auxquelles nous venons de faire allusion, les ignorants purs et simples sont les profanes, parmi lesquels il faut, bien entendu, comprendre les « pseudo-initiés » de toute sorte, et ceux qui ont la prétention illusoire d'aller contre l'ordre préétabli relèvent, à un titre ou à un autre, de ce que nous avons appelé la « contre-initiation ».

investigateurs, qu'il s'agisse d'ailleurs de frapper l'attention pour des raisons spéciales, ou au contraire de passer complètement inaperçus [1]. On peut comprendre également par là ce que furent véritablement ceux qui, sans appartenir eux-mêmes à aucune organisation connue (et nous entendons par là une organisation revêtue de formes extérieurement saisissables), présidèrent dans certains cas à la formation de telles organisations, ou, par la suite, les inspirèrent et les dirigèrent invisiblement ; tel fut notamment, pendant une certaine période [2], le rôle des Rose-Croix dans le monde occidental, et c'est là aussi le vrai sens de ce que la Maçonnerie du XVIIIe siècle désigna sous le nom de « Supérieurs Inconnus ».

Tout ceci permet d'entrevoir certaines possibilités d'action des centres spirituels, en dehors même des moyens que l'on peut considérer comme normaux, et cela surtout lorsque les circonstances sont elles-mêmes anormales, nous voulons dire dans des conditions telles qu'elles ne permettent plus l'emploi de voies plus directes et d'une régularité plus apparente. C'est ainsi que, sans même parler d'une intervention immédiate du centre suprême, qui est possible toujours et partout, un centre spirituel, quel qu'il soit, peut agir en dehors de sa zone d'influence normale, soit en faveur d'individus particulièrement « qualifiés », mais se trouvant isolés dans un milieu où l'obscurcissement en est arrivé à un tel point que presque rien de traditionnel n'y subsiste plus et que l'initiation ne peut plus y être obtenue, soit en vue d'un but plus général, et aussi plus exceptionnel, comme celui qui consisterait à renouer une « chaîne » initiatique rompue accidentellement. Une telle action se produisant plus particulièrement dans une période ou dans une civilisation où la spiritualité est presque complètement perdue, et où, par conséquent, les choses de l'ordre initiatique sont plus cachées que dans aucun autre cas, on ne devra

---

1 Pour ce dernier cas, qui échappe forcément aux historiens, mais qui est sans doute le plus fréquent, nous citerons seulement deux exemples typiques, très connus dans la tradition taoïste, et dont on pourrait trouver l'équivalent même en Occident : celui des jongleurs et celui des marchands de chevaux.

2 Bien qu'il soit difficile d'apporter ici de grandes précisions, on peut regarder cette période comme s'étendant du XIVe au XVIIe siècle ; on peut donc dire qu'elle correspond à la première partie des temps modernes, et il est dès lors facile de comprendre qu'il s'agissait avant tout d'assurer la conservation de ce qui, dans les connaissances traditionnelles du moyen âge, pouvait être sauvé en dépit des nouvelles conditions du monde occidental.

pas s'étonner que ses modalités soient extrêmement difficiles à définir, d'autant plus que les conditions ordinaires de lieu et parfois même de temps y deviennent pour ainsi dire inexistantes. Nous n'y insisterons donc pas davantage ; mais ce qu'il est essentiel de retenir, c'est que, même s'il arrive qu'un individu apparemment isolé parvienne à une initiation réelle, cette initiation ne pourra jamais être spontanée qu'en apparence, et que, en fait, elle impliquera toujours le rattachement, par un moyen quelconque, à un centre existant effectivement [1] ; en dehors d'un tel rattachement, il ne saurait en aucun cas être question d'initiation.

Si nous revenons à la considération des cas normaux, nous devons dire encore ceci pour éviter toute équivoque sur ce qui précède : en faisant allusion à certaines oppositions, nous n'avons nullement en vue les voies multiples qui peuvent être représentées par autant d'organisations initiatiques spéciales, soit en correspondance avec des formes traditionnelles différentes, soit dans une même forme traditionnelle. Cette multiplicité est rendue nécessaire par le fait même des différences de nature qui existent entre les individus, afin que chacun puisse trouver ce qui, lui étant conforme, lui permettra de développer ses propres possibilités ; si le but est le même pour tous, les points de départ sont indéfiniment diversifiés, et comparables à la multitude des points d'une circonférence, d'où partent autant de rayons qui aboutissent tous au centre unique, et qui sont ainsi l'image des voies mêmes dont il s'agit. Il n'y a en tout cela aucune opposition, mais au contraire une parfaite harmonie ; et, à vrai dire, il ne peut y avoir d'opposition que lorsque certaines organisations sont, du fait des circonstances contingentes, appelées à jouer un rôle en quelque sorte accidentel, extérieur au but essentiel de l'initiation et n'affectant celui-ci en aucune façon.

On pourrait cependant croire, d'après certaines apparences, et on croit souvent en fait, qu'il y a des initiations qui sont, en elles-mêmes, opposées les unes aux autres ; mais c'est là une erreur, et il est bien facile de comprendre pourquoi il ne saurait en être réellement ainsi. En effet, comme il n'y a en principe qu'une Tradition unique, dont toute forme traditionnelle orthodoxe est dérivée, il ne peut y avoir qu'une initiation également unique en son essence,

---

[1] Certains incidents mystérieux de la vie de Jacob Bœhme, par exemple, ne peuvent s'expliquer réellement que de cette façon.

quoique sous des formes diverses et avec des modalités multiples ; là où la « régularité » fait défaut, c'est-à-dire là où il n'y a pas de rattachement à un centre traditionnel orthodoxe, on n'a plus affaire à la véritable initiation, et ce n'est qu'abusivement que ce mot pourra être encore employé en pareil cas. En cela, nous n'entendons pas parler seulement des organisations pseudo-initiatiques dont il a déjà été question précédemment qui ne sont en vérité qu'un pur néant ; mais il est autre chose qui présente un caractère plus sérieux, et qui est précisément ce qui peut donner une apparence de raison à l'illusion que nous venons de signaler : s'il semble qu'il y ait des initiations opposées, c'est que, en dehors de l'initiation véritable, il y a ce qu'on peut appeler la « contre-initiation », à la condition de bien préciser en quel sens exact une telle expression doit être entendue, et dans quelles limites quelque chose peut vraiment s'opposer à l'initiation ; nous nous sommes du reste suffisamment expliqué ailleurs sur cette question pour n'avoir pas besoin d'y revenir ici d'une façon spéciale [1].

Chapitre XI
ORGANISATIONS INITIATIQUES ET SECTES RELIGIEUSES

L'étude des organisations initiatiques est, disions-nous plus haut, chose particulièrement complexe, et il faut ajouter qu'elle est encore compliquée par les erreurs que l'on commet trop souvent à ce sujet, et qui impliquent généralement une méconnaissance plus ou moins complète de leur véritable nature ; parmi ces erreurs, il convient de signaler en premier lieu celle qui fait appliquer le terme de « sectes » à de telles organisations, car il y a là beaucoup plus qu'une simple impropriété de langage. En effet, cette expression de « sectes », en pareil cas, n'est pas seulement à rejeter parce qu'elle est déplaisante et, se prenant toujours en mauvaise part, paraît être le fait d'adversaires, bien que d'ailleurs certains de ceux qui l'emploient aient pu le faire sans intention spécialement hostile, par imitation ou par habitude, comme il en est qui appellent « paganisme » les doctrines de l'antiquité sans même se douter que

---
1 Voir Le Règne de la Quantité et les Signes des Temps, ch. XXXVIII.

ce n'est là qu'un terme injurieux et d'assez basse polémique [1]. En réalité, il y a là une grave confusion entre des choses d'ordre entièrement différent, et cette confusion, chez ceux qui l'ont créée ou qui l'entretiennent, semble bien n'être pas toujours purement involontaire ; elle est due surtout, dans le monde chrétien et même parfois aussi dans le monde islamique [2], à des ennemis ou à des négateurs de l'ésotérisme, qui veulent ainsi, par une fausse assimilation, faire rejaillir sur celui-ci quelque chose du discrédit qui s'attache aux « sectes » proprement dites, c'est-à-dire en somme aux « hérésies », entendues en un sens spécifiquement religieux [3].

Or, par là même qu'il s'agit d'ésotérisme et d'initiation, il ne s'agit aucunement de religion, mais bien de connaissance pure et de « science sacrée », qui, pour avoir ce caractère sacré (lequel n'est certes point le monopole de la religion comme certains paraissent le croire à tort) [4], n'en est pas moins essentiellement science, quoique dans un sens notablement différent de celui que donnent à ce mot les modernes, qui ne connaissent plus que la science profane, dépourvue de toute valeur au point de vue traditionnel, et procédant plus ou moins, comme nous l'avons souvent expliqué, d'une altération de l'idée même de science. Sans doute, et c'est là ce qui rend possible la confusion dont il s'agit, cet ésotérisme a plus de rapports, et

---

1 Fabre d'Olivet, dans ses *Examens des Vers Dorés de Pythagore*, dit très justement à ce sujet : « Le nom de « païen » est un terme injurieux et ignoble, dérivé du latin *paganus*, qui signifie un rustre, un paysan. Quand le Christianisme eut entièrement triomphé du polythéisme grec et romain et que, par l'ordre de l'empereur Théodose, on eut abattu dans les villes les derniers temples dédiés aux Dieux des Nations, il se trouva que les peuples de la campagne persistèrent encore assez longtemps dans l'ancien culte, ce qui fit appeler par dérision *pagani* ceux qui les imitèrent. Cette dénomination, qui pouvait convenir, dans le Ve siècle, aux Grecs et aux Romains qui refusaient de se soumettre à la religion dominante de l'Empire, est fausse et ridicule quand on l'étend à d'autres temps et à d'autres peuples ».

2 Le terme arabe correspondant au mot « secte » est firqah, qui, comme lui, exprime proprement une idée de « division ».

3 On voit que, bien qu'il s'agisse toujours d'une confusion des deux domaines ésotérique et exotérique, il y a là une assez grande différence avec la fausse assimilation de l'ésotérisme au mysticisme dont nous avons parlé en premier lieu, car celle-ci, qui semble d'ailleurs être de date plus récente, tend plutôt à « annexer » l'ésotérisme qu'à le discréditer, ce qui est assurément plus habile et peut donner à penser que certains ont fini par se rendre compte de l'insuffisance d'une attitude de mépris grossier et de négation pure et simple.

4 Il en est qui vont si loin en ce sens qu'ils prétendent qu'il n'est d'autre « science sacrée » que la théologie !

d'une façon plus directe, avec la religion qu'avec toute autre chose extérieure, ne serait-ce qu'en raison du caractère proprement traditionnel qui leur est commun ; dans certains cas, il peut même, ainsi que nous l'indiquions plus haut, prendre sa base et son point d'appui dans une forme religieuse définie ; mais il ne s'en rapporte pas moins à un tout autre domaine que celle-ci, avec laquelle, par conséquent, il ne peut entrer ni en opposition ni en concurrence. Du reste, cela résulte encore du fait qu'il s'agit là, par définition même, d'un ordre de connaissance réservé à une élite, tandis que, par définition également, la religion (ainsi que la partie exotérique de toute tradition, même si elle ne revêt pas cette forme spécifiquement religieuse) s'adresse au contraire à tous indistinctement ; l'initiation, au vrai sens de ce mot, impliquant des « qualifications » particulières, ne peut pas être d'ordre religieux [5]. D'ailleurs, sans même examiner le fond des choses, la supposition qu'une organisation initiatique pourrait faire concurrence à une organisation religieuse est véritablement absurde, car, du fait même de son caractère « fermé » et de son recrutement restreint, elle serait par trop désavantagée à cet égard [6] ; mais là n'est ni son rôle ni son but.

Nous ferons remarquer ensuite que qui dit « secte » dit nécessairement, par l'étymologie même du mot, scission ou division ; et, effectivement, les « sectes » sont bien des divisions engendrées, au sein d'une religion, par des divergences plus ou moins profondes entre ses membres. Par conséquent, les « sectes » sont forcément multiplicité [7], et leur existence implique un éloignement du prin-

5 On pourrait objecter à cela qu'il y a aussi, comme nous le disions plus haut, des « qualifications » requises pour l'ordination sacerdotale ; mais, dans ce cas, il ne s'agit que d'une aptitude à l'exercice de certaines fonctions particulières, tandis que, dans l'autre, les « qualifications » sont nécessaires non pas seulement pour exercer une fonction dans une organisation initiatique, mais bien pour recevoir l'initiation elle-même, ce qui est tout à fait différent.

6 L'organisation initiatique comme telle, par contre, a tout avantage à maintenir son recrutement aussi restreint que possible, car, dans cet ordre, une trop grande extension est, assez généralement, une des causes premières d'une certaine dégénérescence, ainsi que nous l'expliquerons plus loin.

7 Ceci montre la fausseté radicale des conceptions de ceux qui, comme cela se rencontre fréquemment surtout parmi les écrivains « antimaçonniques », parlent de « la Secte », au singulier et avec une majuscule, comme d'une sorte d' « entité » en laquelle leur imagination incarne tout ce à quoi ils ont voué quelque haine ; le fait que les mots arrivent ainsi à perdre complètement leur sens légitime est d'ailleurs, redisons-le encore à ce propos, une des caractéristiques du désordre mental de notre

cipe, dont l'ésotérisme est au contraire, par sa nature même, plus proche que la religion et plus généralement l'exotérisme, même exempts de toute déviation. C'est en effet par l'ésotérisme que s'unifient toutes les doctrines traditionnelles, au-delà des différences, d'ailleurs nécessaires dans leur ordre propre, de leurs formes extérieures ; et, à ce point de vue, non seulement les organisations initiatiques ne sont point des « sectes », mais elles en sont même exactement le contraire.

En outre, les « sectes », schismes ou hérésies, apparaissent toujours comme dérivées d'une religion donnée, dans laquelle elles ont pris naissance, et dont elles sont pour ainsi dire comme des branches irrégulières. Au contraire, l'ésotérisme ne peut aucunement être dérivé de la religion ; là même où il la prend pour support, en tant que moyen d'expression et de réalisation, il ne fait pas autre chose que de la relier effectivement à son principe, et il représente en réalité, par rapport à elle, la Tradition antérieure à toutes les formes extérieures particulières, religieuses ou autres. L'intérieur ne peut être produit par l'extérieur, non plus que le centre par la circonférence, ni le supérieur par l'inférieur, non plus que l'esprit par le corps ; les influences qui président aux organisations traditionnelles vont toujours en descendant et ne remontent jamais, pas plus qu'un fleuve ne remonte vers sa source. Prétendre que l'initiation pourrait être issue de la religion, et à plus forte raison d'une « secte », c'est renverser tous les rapports normaux qui résultent de la nature même des choses [1] ; et l'ésotérisme est véritablement, par rapport à l'exotérisme religieux, ce qu'est l'esprit par rapport au corps, si bien que, lorsqu'une religion a perdu tout point de contact avec l'ésotérisme [2], il n'y reste plus que « lettre morte » et formalisme incompris, car ce qui la vivifiait, c'était la communication effective avec le centre spirituel du monde, et celle-ci ne peut

---

époque.
1 Une erreur similaire, mais encore aggravée, est commise par ceux qui voudraient faire sortir l'initiation de quelque chose de plus extérieur encore, comme une philosophie par exemple ; le monde initiatique exerce son influence « invisible » sur le monde profane, directement ou indirectement, mais par contre, à part le cas anormal d'une grave dégénérescence de certaines organisations, il ne saurait aucunement être influencé par celui-ci.
2 Il faut bien remarquer que, quand nous disons « point de contact », cela implique l'existence d'une limite commune aux deux domaines, et par laquelle s'établit leur communication, mais n'entraîne par là aucune confusion entre eux.

être établie et maintenue consciemment que par l'ésotérisme et par la présence d'une organisation initiatique véritable et régulière.

Maintenant, pour expliquer comment la confusion que nous nous attachons à dissiper a pu se présenter avec assez d'apparence de raison pour se faire accepter d'un assez grand nombre de ceux qui n'envisagent les choses que du dehors, il faut dire ceci : il semble bien que, dans quelques cas, des « sectes » religieuses aient pu prendre naissance du fait de la diffusion inconsidérée de fragments de doctrine ésotérique plus ou moins incomprise ; mais l'ésotérisme en lui-même ne saurait aucunement être rendu responsable de cette sorte de « vulgarisation », ou de « profanation » au sens étymologique du mot, qui est contraire à son essence même, et qui n'a jamais pu se produire qu'aux dépens de la pureté doctrinale. Il a fallu, pour que pareille chose ait lieu, que ceux qui recevaient de tels enseignements les comprissent assez mal, faute de préparation ou peut-être même de « qualification », pour leur attribuer un caractère religieux qui les dénaturait entièrement : et l'erreur ne vient-elle pas toujours, en définitive, d'une incompréhension ou d'une déformation de la vérité ? Tel fut probablement, pour prendre un exemple dans l'histoire du moyen âge, le cas des Albigeois ; mais, si ceux-ci furent « hérétiques », Dante et les « Fidèles d'Amour », qui se tenaient sur le terrain strictement initiatique, ne l'étaient point [1] ; et cet exemple peut encore aider à faire comprendre la différence capitale qui existe entre les « sectes » et les organisations initiatiques. Ajoutons que, si certaines « sectes » ont pu naître ainsi d'une déviation de l'enseignement initiatique, cela même suppose évidemment la préexistence de celui-ci et son indépendance à l'égard des « sectes » en question ; historiquement aussi bien que logiquement, l'opinion contraire apparaît comme parfaitement insoutenable.

Une question resterait encore à examiner : comment et pourquoi a-t-il pu se produire parfois de telles déviations ? Cela risquerait de nous entraîner fort loin, car il va de soi qu'il faudrait, pour y répondre complètement, examiner de près chaque cas particulier ; ce qu'on peut dire d'une façon générale, c'est que tout d'abord, au point de vue le plus extérieur, il semble à peu près impossible, quelques précautions que l'on prenne, d'empêcher complètement

---

[1] Voir à ce sujet *L'Ésotérisme de Dante*, notamment pp. 3-7 et 27-28.

toute divulgation ; et, si les divulgations ne sont en tout cas que partielles et fragmentaires (car elles ne peuvent en somme porter que sur ce qui est relativement le plus accessible), les déformations qui s'ensuivent n'en sont que plus accentuées. À un autre point de vue plus profond, on pourrait peut-être dire aussi qu'il faut que de telles choses aient lieu dans certaines circonstances, comme moyen d'une action devant s'exercer sur la marche des événements ; les « sectes » ont aussi leur rôle à jouer dans l'histoire de l'humanité, même si ce n'est qu'un rôle inférieur, et il ne faut pas oublier que tout désordre apparent n'est en réalité qu'un élément de l'ordre total du monde. Les querelles du monde extérieur perdent d'ailleurs assurément beaucoup de leur importance quand on les envisage d'un point où sont conciliées toutes les oppositions qui les suscitent, ce qui est le cas dès qu'on se place au point de vue strictement ésotérique et initiatique ; mais, précisément pour cela, ce ne saurait être en aucune façon le rôle des organisations initiatiques de se mêler à ces querelles ou, comme on dit communément, d'y « prendre parti », tandis que les « sectes », au contraire, s'y trouvent engagées inévitablement par leur propre nature, et que là est peut-être même, au fond, ce qui fait toute leur raison d'être.

Chapitre XII
ORGANISATIONS INITIATIQUES ET SOCIÉTÉS SECRÈTES

Il est, sur la nature des organisations initiatiques, une autre erreur très fréquente, qui devra nous retenir plus longtemps que celle qui consiste à les assimiler aux « sectes » religieuses, car elle se rapporte à un point qui semble particulièrement difficile à comprendre pour la plupart de nos contemporains, mais que nous considérons comme tout à fait essentiel : c'est que de telles organisations diffèrent totalement, par leur nature même, de tout ce que, de nos jours, on appelle « sociétés » ou « associations », celles-ci étant définies par des caractères extérieurs qui peuvent faire entièrement défaut à celles-là, et qui, même s'ils s'y introduisent parfois, leur demeurent toujours accidentels et ne doivent même y être regardés, ainsi que nous l'avons d'ailleurs indiqué déjà dès le début, que comme l'effet d'une sorte de dégénérescence, ou, si l'on veut, de

« contamination », en ce sens qu'il s'agit là de l'adoption de formes profanes ou tout au moins exotériques, sans aucun rapport avec le but réel de ces organisations. Il est donc tout à fait erroné d'identifier, comme on le fait communément, « organisations initiatiques » et « sociétés secrètes » ; et, tout d'abord, il est bien évident que les deux expressions ne peuvent aucunement coïncider dans leur application, car, en fait, il y a bien des sortes de sociétés secrètes, dont beaucoup n'ont très certainement rien d'initiatique ; il peut s'en constituer par le fait d'une simple initiative individuelle, et pour un but tout à fait quelconque ; nous aurons d'ailleurs à revenir là-dessus par la suite. D'autre part, et c'est là sans doute la cause principale de l'erreur que nous venons de mentionner, s'il arrive qu'une organisation initiatique prenne accidentellement, comme nous le disions tout à l'heure, la forme d'une société, celle-ci sera forcément secrète, dans l'un au moins des sens que l'on donne à ce mot en pareil cas, et que l'on n'a pas toujours soin de distinguer avec une précision suffisante.

Il faut dire, en effet, qu'on paraît, dans l'usage courant, attacher à cette expression de « sociétés secrètes » plusieurs significations assez différentes les unes des autres, et qui ne semblent pas nécessairement liées entre elles, d'où des divergences d'opinion lorsqu'il s'agit de savoir si cette désignation convient réellement à tel ou tel cas particulier. Certains veulent la restreindre aux associations qui dissimulent leur existence, ou tout au moins le nom de leurs membres ; d'autres l'étendent à celles qui sont simplement « fermées », ou qui ne gardent le secret que sur certaines formes spéciales, rituéliques ou non, adoptées par elles, sur certains moyens de reconnaissance réservés à leurs membres, ou autres choses de ce genre ; et, naturellement, les premiers protesteront quand les seconds qualifieront de secrète une association qui effectivement ne saurait rentrer dans leur propre définition. Nous disons « protesteront » parce que, trop souvent, les discussions de cette sorte n'ont point un caractère entièrement désintéressé : quand les adversaires plus ou moins ouvertement déclarés d'une association quelconque la disent secrète, à tort ou à raison, ils y mettent manifestement une intention polémique et plus ou moins injurieuse, comme si le secret ne pouvait avoir à leurs yeux que des motifs « inavouables », et même on peut parfois y discerner comme une sorte de menace à peine déguisée, en ce sens qu'il y a là une allusion voulue à l'« illégalité » d'une telle association, car il est à peine besoin de dire que c'est toujours sur le terrain « social », sinon même plus précisément « politique », que se portent de préférence de semblables discussions. Il est fort compréhensible que, dans ces conditions, les membres ou les partisans de l'association en cause s'efforcent d'établir que l'épithète de « secrète » ne saurait réellement lui convenir, et que, pour cette raison, ils ne veuillent accepter que la définition la plus limitée, celle qui, le plus évidemment, ne saurait lui être applicable. On peut d'ailleurs dire, d'une façon tout à fait générale, que la plupart des discussions n'ont d'autre cause qu'un défaut d'entente sur le sens des termes qu'on emploie ; mais, quand des intérêts quelconques sont en jeu, ainsi qu'il arrive ici, derrière cette divergence dans l'emploi des mots, il est très probable que la discussion pourra se poursuivre indéfiniment sans que les adversaires arrivent jamais à se mettre d'accord. En tout cas, les contingences qui interviennent là-dedans sont assurément fort loin du domaine initiatique, le seul qui nous concerne ; si nous avons cru devoir en dire quelques mots ici, c'est uniquement pour déblayer le terrain en quelque sorte, et aussi parce que cela suffirait à montrer que, dans toutes les querelles se rapportant aux sociétés secrètes ou soi-disant telles, ou ce n'est pas d'organisations initiatiques qu'il s'agit, ou tout au moins ce n'est pas le caractère de celles-ci comme telles qui est en cause, ce qui serait d'ailleurs impossible pour d'autres raisons plus profondes que la suite de notre exposé fera mieux comprendre.

Nous plaçant entièrement en dehors de ces discussions, et à un point de vue qui ne peut être que celui d'une connaissance tout à fait désintéressée, nous pouvons dire ceci : une organisation, qu'elle revête ou non les formes particulières, et d'ailleurs tout extérieures, permettant de la définir comme une société, pourra être qualifiée de secrète, au sens le plus large de ce mot, et sans qu'il s'y attache la moindre intention défavorable [1], lorsque cette organisation possédera un secret, de quelque nature qu'il soit, et que d'ailleurs il soit tel par la force même des choses ou seulement en

---
[1] En fait, l'intention défavorable qu'on y attache communément procède uniquement de ce trait caractéristique de la mentalité moderne que nous avons défini ailleurs comme la « haine du secret » sous toutes ses formes (*Le Règne de la Quantité et les Signes des Temps*, ch. XII).

vertu d'une convention plus ou moins artificielle et plus ou moins expresse. Cette définition est, pensons-nous, assez étendue pour qu'on puisse y faire rentrer tous les cas possibles, depuis celui des organisations initiatiques les plus éloignées de toute manifestation extérieure, jusqu'à celui de simples sociétés à but quelconque, politique ou autre, et n'ayant, comme nous le disions plus haut, rien d'initiatique ni même de traditionnel. C'est donc à l'intérieur du domaine qu'elle embrasse, et en nous basant autant que possible sur ses termes mêmes, que nous devrons faire les distinctions nécessaires, et cela d'une double façon, c'est-à-dire, d'une part, entre les organisations qui sont des sociétés et celles qui ne le sont pas, et, d'autre part, entre celles qui ont un caractère initiatique et celles qui en sont dépourvues, car, du fait de la « contamination » que nous avons signalée, ces deux distinctions ne peuvent pas coïncider exactement ; elles coïncideraient seulement si les contingences historiques n'avaient pas amené, dans certains cas, une intrusion de formes profanes dans des organisations qui, par leur origine et par leur but essentiel, sont cependant de nature incontestablement initiatique.

Sur le premier des deux points que nous venons d'indiquer, il n'y a pas lieu d'insister très longuement, car, en somme, chacun sait assez ce qu'est une « société », c'est-à-dire une association ayant des statuts, des règlements, des réunions à lieu et date fixes, tenant registre de ses membres, possédant des archives, des procès-verbaux de ses séances et autres documents écrits, en un mot entourée de tout un appareil extérieur plus ou moins encombrant [1]. Tout cela, nous le répétons, est parfaitement inutile pour une organisation initiatique, qui, en fait de formes extérieures, n'a besoin de rien d'autre qu'un certain ensemble de rites et de symboles, lesquels, de même que l'enseignement qui les accompagne et les explique, doivent régulièrement se transmettre par tradition orale. Nous rappellerons encore à ce propos que, même s'il arrive parfois que ces choses soient mises par écrit, ce ne peut jamais être qu'à titre de simple « aide-mémoire », et que cela ne saurait en aucun cas dispenser de la transmission orale et directe, puisque seule elle

---

[1] Il ne faut pas oublier de mentionner le côté « financier » exigé par le fait de cet appareil même, car on ne sait que trop que la question des « cotisations » prend une importance considérable dans toutes les sociétés, y compris les organisations initiatiques occidentales qui en ont pris la forme extérieure.

permet la communication d'une influence spirituelle, ce qui est la raison d'être fondamentale de toute organisation initiatique ; un profane qui connaîtrait tous les rites pour en avoir lu la description dans des livres ne serait nullement initié pour cela, car il est bien évident que, par là, l'influence spirituelle attachée à ces rites ne lui aurait été transmise en aucune façon.

Une conséquence immédiate de ce que nous venons de dire, c'est qu'une organisation initiatique, tant qu'elle ne prend pas la forme accidentelle d'une société, avec toutes les manifestations extérieures que comporte celle-ci, est en quelque sorte « insaisissable » au monde profane ; et l'on peut comprendre sans peine qu'elle ne laisse aucune trace accessible aux investigations des historiens ordinaires, dont la méthode a pour caractère essentiel de ne s'en référer qu'aux seuls documents écrits, lesquels sont inexistants en pareil cas. Par contre, toute société, si secrète qu'elle puisse être, présente des « dehors » qui sont forcément à la portée des recherches des profanes, et par lesquels il est toujours possible que ceux-ci arrivent à en avoir connaissance dans une certaine mesure, même s'ils sont incapables d'en pénétrer la nature plus profonde. Il va de soi que cette dernière restriction concerne les organisations initiatiques ayant pris une telle forme, ou, dirions-nous volontiers, dégénérées en sociétés du fait des circonstances et du milieu où elles se trouvent situées ; et nous ajouterons que ce phénomène ne s'est jamais produit aussi nettement que dans le monde occidental moderne, où il affecte tout ce qui subsiste encore d'organisations pouvant revendiquer un caractère authentiquement initiatique même si, comme on ne le constate que trop souvent, ce caractère, dans leur état actuel, en arrive à être méconnu ou incompris de la plupart de leurs membres eux-mêmes. Nous ne voulons pas rechercher ici les causes de cette méconnaissance, qui sont diverses et multiples, et qui tiennent en grande partie à la nature spéciale de la mentalité moderne ; nous signalerons seulement que cette forme de sociétés peut bien y être elle-même pour quelque chose, car, l'extérieur y prenant inévitablement une importance disproportionnée avec sa valeur réelle, l'accidentel finit par masquer complètement l'essentiel ; et, de plus, les similitudes apparentes avec les sociétés profanes peuvent aussi occasionner maintes méprises sur la véritable nature de ces organisations.

Nous ne donnerons de ces méprises qu'un seul exemple, qui touche de plus près au fond même de notre sujet : quand il s'agit d'une société profane, on peut en sortir comme on y est entré, et on se retrouve alors purement et simplement ce qu'on était auparavant ; une démission ou une radiation suffit pour que tout lien soit rompu, ce lien étant évidemment de nature tout extérieure et n'impliquant aucune modification profonde de l'être. Au contraire, dès lors qu'on a été admis dans une organisation initiatique, quelle qu'elle soit, on ne peut jamais, par aucun moyen, cesser d'y être rattaché, puisque l'initiation, par là même qu'elle consiste essentiellement dans la transmission d'une influence spirituelle, est nécessairement conférée une fois pour toutes et possède un caractère proprement ineffaçable ; c'est là un fait d'ordre « intérieur » contre lequel nulle formalité administrative ne peut rien. Mais, partout où il y a société, il y a par là même des formalités administratives, il peut y avoir des démissions et des radiations, par lesquelles on cessera, selon les apparences, de faire partie de la société considérée ; et l'on voit tout de suite l'équivoque qui en résultera dans le cas où celle-ci ne représentera en somme que l'« extériorité » d'une organisation initiatique. Il faudrait donc, en toute rigueur, faire alors, sous ce rapport, une distinction entre la société et l'organisation initiatique comme telle ; et, puisque la première n'est, comme nous l'avons dit, qu'une simple forme accidentelle et « surajoutée », dont la seconde, en elle-même et dans tout ce qui en constitue l'essence, demeure entièrement indépendante, l'application de cette distinction présente en réalité beaucoup moins de difficultés qu'il ne pourrait le sembler au premier abord.

Une autre conséquence à laquelle nous sommes logiquement amené par ces considérations est celle-ci : une société, même secrète, peut toujours être en butte à des atteintes venant de l'extérieur, parce qu'il y a dans sa constitution des éléments qui se situent, si l'on peut dire, au même niveau que celles-ci ; elle pourra ainsi, notamment, être dissoute par l'action d'un pouvoir politique. Par contre, l'organisation initiatique, par sa nature même, échappe à de telles contingences, et aucune force extérieure ne peut la supprimer ; en ce sens-là aussi, elle est véritablement « insaisissable ». En effet, puisque la qualité de ses membres ne peut jamais se perdre ni leur être enlevée, elle conserve une existence effective tant qu'un seul d'entre eux demeure vivant, et seule la mort du dernier entraînera sa disparition ; mais cette éventualité même suppose que ses représentants autorisés auront, pour des raisons dont ils sont seuls juges, renoncé à assurer la continuation de la transmission de ce dont ils sont les dépositaires ; et ainsi la seule cause possible de sa suppression, ou plutôt de son extinction, se trouve nécessairement à son intérieur même.

Enfin, toute organisation initiatique est encore « insaisissable » au point de vue de son secret, celui-ci étant tel par nature et non par convention, et ne pouvant par conséquent en aucun cas être pénétré par les profanes, hypothèse qui impliquerait en elle-même une contradiction, car le véritable secret initiatique n'est rien d'autre que l'« incommunicable », et l'initiation seule peut donner accès à sa connaissance. Mais ceci se rapporte plutôt à la seconde des deux distinctions que nous avons indiquées plus haut, celle des organisations initiatiques et des sociétés secrètes qui n'ont aucunement ce caractère ; cette distinction devrait d'ailleurs, semble-t-il, pouvoir se faire très facilement par la différence même du but que se proposent les unes et les autres ; mais, en fait, la question est plus complexe qu'il ne le paraît ainsi tout d'abord. Il y a cependant un cas qui ne peut faire aucun doute : quand on se trouve en présence d'un groupement constitué pour des fins quelconques et dont l'origine est entièrement connue, dont on sait qu'il a été créé de toutes pièces par des individualités dont on peut citer les noms, et qu'il ne possède par conséquent aucun rattachement traditionnel, on peut être dès lors assuré que ce groupement, quelles que soient d'ailleurs ses prétentions, n'a absolument rien d'initiatique. L'existence de formes rituéliques dans certains de ces groupements n'y change rien, car de telles formes, empruntées ou imitées des organisations initiatiques, ne sont alors qu'une simple parodie dépourvue de toute valeur réelle ; et d'autre part, ceci ne s'applique pas seulement à des organisations dont les fins sont uniquement politiques ou plus généralement « sociales », dans l'un quelconque des sens que l'on peut attribuer à ce mot, mais aussi à toutes ces formations modernes que nous avons appelées pseudo-initiatiques, y compris celles qui invoquent un vague rattachement « idéal » à une tradition quelconque.

Par contre, il peut y avoir doute dès qu'on a affaire à une organisation dont l'origine présente quelque chose d'énigmatique et ne saurait être rapportée à des individualités définies ; en effet, même si ses manifestations connues n'ont évidemment aucun caractère initiatique, il se peut néanmoins qu'elle représente une déviation ou une dégénérescence de quelque chose qui était primitivement tel. Cette déviation, qui peut se produire surtout sous l'influence de préoccupations d'ordre social, suppose que l'incompréhension du but premier et essentiel est devenue générale chez les membres de cette organisation ; elle peut d'ailleurs être plus ou moins complète, et ce qui subsiste encore d'organisations initiatiques en. Occident représente en quelque sorte, dans son état actuel, un stade intermédiaire à cet égard. Le cas extrême sera celui où, les formes rituéliques et symboliques étant cependant conservées, personne n'aura plus la moindre conscience de leur véritable caractère initiatique, si bien qu'on ne les interprétera plus qu'en fonction d'une application contingente quelconque ; que celle-ci soit d'ailleurs légitime ou non, là n'est pas la question, la dégénérescence consistant proprement dans le fait qu'on n'envisage rien au delà de cette application et du domaine plus ou moins extérieur auquel elle se rapporte spécialement. Il est bien clair que, en pareil cas, ceux qui ne voient les choses que « du dehors » seront incapables de discerner ce dont il s'agit en réalité et de faire la distinction entre de telles organisations et celles dont nous parlions en premier lieu, d'autant plus que, lorsque celles-là en sont arrivées à n'avoir plus, consciemment du moins, qu'un but similaire à celui pour lequel celles-ci ont été créées artificiellement, il en résulte une sorte d'« affinité » de fait en vertu de laquelle les unes et les autres peuvent se trouver en contact plus ou moins direct, et même finir parfois par s'entremêler de façon plus ou moins inextricable.

Pour mieux faire comprendre ce que nous venons de dire, il convient de s'appuyer sur des cas précis ; aussi citerons-nous l'exemple de deux organisations qui, extérieurement, peuvent paraître assez comparables entre elles, et qui cependant diffèrent nettement par leurs origines, de telle sorte qu'elles rentrent respectivement dans l'une et l'autre des deux catégories que nous venons de distinguer : les Illuminés de Bavière et les Carbonari. En ce qui concerne les premiers, les fondateurs sont connus, et l'on sait de quelle façon ils ont élaboré le « système » de leur propre initiative, en dehors de tout rattachement à quoi que ce soit de préexistant ; on sait aussi par quels états successifs sont passés les grades et les rituels, dont certains ne furent d'ailleurs jamais pratiqués et n'existèrent que sur le papier ; car tout fut mis par écrit dès le début et à mesure que se développaient et se précisaient les idées des fondateurs, et c'est même là ce qui fit échouer leurs plans, lesquels, bien entendu, se rapportaient exclusivement au domaine social et ne le dépassaient sous aucun rapport. Il n'est donc pas douteux qu'il ne s'agit là que de l'œuvre artificielle de quelques individus, et que les formes qu'ils avaient adoptées ne pouvaient constituer qu'un simulacre ou une parodie d'initiation, le rattachement traditionnel faisant défaut tout autant que le but réellement initiatique était étranger à leurs préoccupations. Si l'on considère au contraire le Carbonarisme, on constate, d'une part, qu'il est impossible de lui assigner une origine « historique » de ce genre, et, d'autre part, que ses rituels présentent nettement le caractère d'une « initiation de métier », apparentée comme telle à la Maçonnerie et au Compagnonnage ; mais, tandis que ceux-ci ont toujours gardé une certaine conscience de leur caractère initiatique, si amoindrie soit-elle par l'intrusion de préoccupations d'ordre contingent, et la part de plus en plus grande qui leur a été faite, il semble bien (quoiqu'on ne puisse jamais être absolument affirmatif à cet égard, un petit nombre de membres, et qui ne sont pas forcément les chefs apparents, pouvant toujours faire exception à l'incompréhension générale sans en rien laisser paraître) [1] que le Carbonarisme ait poussé finalement la dégénérescence à l'extrême, au point de n'être plus rien d'autre en fait que cette simple association de conspirateurs politiques dont on connaît l'action dans l'histoire du XIXe siècle. Les Carbonari se mêlèrent alors à d'autres associations de fondation toute récente et qui n'avaient jamais eu rien d'initiatique, tandis que, d'un autre côté, beaucoup d'entre eux appartenaient en même temps à la Maçonnerie, ce qui peut s'expliquer à la fois par l'affinité des deux organisations et par une certaine dégénérescence de la Maçonnerie elle-même, allant dans le même sens, quoique moins loin, que celle du Carbonarisme. Quant aux Illuminés, leurs rapports avec la Maçonnerie eurent un tout autre caractère : ceux qui y entrèrent ne le firent qu'avec l'intention bien arrêtée d'y ac-

---

1 On ne pourrait d'ailleurs pas leur reprocher une telle attitude si l'incompréhension est devenue telle qu'il soit pratiquement impossible de réagir contre elle.

quérir une influence prépondérante et de s'en servir comme d'un instrument pour la réalisation de leurs desseins particuliers, ce qui échoua d'ailleurs comme tout le reste ; et, pour le dire en passant, on voit assez par là combien ceux qui prétendent faire des Illuminés eux-mêmes une organisation « maçonnique » sont loin de la vérité. Ajoutons encore que l'ambiguïté de cette appellation d'« Illuminés » ne doit aucunement faire illusion : elle n'était prise là que dans une acception strictement « rationaliste », et il ne faut pas oublier que, au XVIIIe siècle, les « lumières » avaient en Allemagne une signification à peu près équivalente à celle de la « philosophie » en France ; c'est dire qu'on ne saurait rien concevoir de plus profane et même de plus formellement contraire à tout esprit initiatique ou seulement traditionnel. Ouvrons encore une parenthèse à propos de cette dernière remarque ; s'il arrive que des idées « philosophiques » et plus ou moins « rationalistes » s'infiltrent dans une organisation initiatique, il ne faut voir là que l'effet d'une erreur individuelle (ou collective) de ses membres, due à leur incapacité de comprendre sa véritable nature, et par conséquent de se garantir de toute « contamination » profane ; cette erreur, bien entendu, n'affecte aucunement le principe même de l'organisation, mais elle est un des symptômes de cette dégénérescence de fait dont nous avons parlé, que celle-ci ait d'ailleurs atteint un degré plus ou moins avancé. Nous en dirons autant du « sentimentalisme » et du « moralisme » sous toutes leurs formes, choses non moins profanes par leur nature même ; le tout est du reste, en général, lié plus ou moins étroitement à une prédominance des préoccupations sociales ; mais c'est surtout quand celles-ci en viennent à prendre une forme spécifiquement « politique », au sens le plus étroit du mot, que la dégénérescence risque de devenir à peu près irrémédiable. Un des phénomènes les plus étranges en ce genre, c'est la pénétration des idées « démocratiques » dans les organisations initiatiques occidentales (et naturellement, nous pensons surtout ici à la Maçonnerie, ou tout au moins à certaines de ses fractions), sans que leurs membres paraissent s'apercevoir qu'il y a là une contradiction pure et simple, et même sous un double rapport : en effet, par définition même, toute organisation initiatique est en opposition formelle avec la conception « démocratique » et « égalitaire », d'abord par rapport au monde profane, vis-à-vis duquel elle constitue, dans l'acception la plus exacte du terme, une « élite » séparée et fermée, et ensuite en elle-même, par la hiérarchie de grades et de fonctions qu'elle établit nécessairement entre ses propres membres. Ce phénomène n'est d'ailleurs qu'une des manifestations de la déviation de l'esprit occidental moderne qui s'étend et pénètre partout, même là où elle devrait rencontrer la résistance la plus irréductible ; et ceci, du reste, ne s'applique pas uniquement au point de vue initiatique, mais tout aussi bien au point de vue religieux, c'est-à-dire en somme à tout ce qui possède un caractère véritablement traditionnel.

Ainsi, à côté des organisations demeurées purement initiatiques, il y a celles qui, pour une raison ou pour une autre, ont dégénéré ou dévié plus ou moins complètement, mais qui demeurent pourtant toujours initiatiques dans leur essence profonde, si incomprise que soit celle-ci dans leur état présent. Il y a ensuite celles qui n'en sont que la contrefaçon ou la caricature, c'est-à-dire les organisations pseudo-initiatiques ; et il y a enfin d'autres organisations à caractère également plus ou moins secret, mais qui n'ont aucune prétention de cet ordre, et qui ne se proposent que des buts n'ayant évidemment aucun rapport avec le domaine initiatique ; mais il doit être bien entendu que, quelles que soient les apparences, les organisations pseudo-initiatiques sont en réalité tout aussi profanes que ces dernières, et qu'ainsi les unes et les autres ne forment vraiment qu'un seul groupe, par opposition à celui des organisations initiatiques, pures ou « contaminées » d'influences profanes. Mais, à tout cela, il faut encore ajouter une autre catégorie, celle des organisations qui relèvent de la « contre-initiation », et qui ont certainement, dans le monde actuel, une importance bien plus considérable qu'on ne serait tenté de le supposer communément ; nous nous bornerons ici à les mentionner, sans quoi notre énumération présenterait une grave lacune, et nous signalerons seulement une nouvelle complication qui résulte de leur existence : il arrive dans certains cas qu'elles exercent une influence plus ou moins directe sur des organisations profanes, et spécialement pseudo-initiatiques [1] ; de là une difficulté de plus pour déterminer exactement le caractère réel de telle ou telle organisation ; mais, bien entendu, nous n'avons pas à nous occuper ici de l'examen des cas particu-

---

[1] Cf. *Le Règne de la Quantité et les Signes des Temps*, ch. XXXVI.

liers, et il nous suffit d'avoir indiqué assez nettement la classification qu'il convient d'établir d'une façon générale.

Pourtant, ce n'est pas tout encore ; il y a des organisations qui, tout en n'ayant en elles-mêmes qu'un but d'ordre contingent, possèdent cependant un véritable rattachement traditionnel, parce qu'elles procèdent d'organisations initiatiques dont elles ne sont en quelque sorte qu'une émanation, et par lesquelles elles sont dirigées « invisiblement », alors même que leurs chefs apparents y sont entièrement étrangers. Ce cas, comme nous l'avons déjà indiqué, se rencontre en particulier dans les organisations secrètes extrême-orientales : constituées uniquement en vue d'un but spécial, celles-là n'ont généralement qu'une existence temporaire, et elles disparaissent sans laisser de traces dès que leur mission est accomplie ; mais elles représentent en réalité le dernier échelon, et le plus extérieur, d'une hiérarchie s'élevant de proche en proche jusqu'aux organisations initiatiques les plus pures et les plus inaccessibles aux regards du monde profane. Il ne s'agit donc plus aucunement ici d'une dégénérescence des organisations initiatiques, mais bien de formations expressément voulues par celles-ci, sans qu'elles-mêmes descendent à ce niveau contingent et se mêlent à l'action qui s'y exerce, et cela pour des fins qui, naturellement, sont bien différentes de tout ce que peut voir ou supposer un observateur superficiel. Nous rappellerons ce que nous avons déjà dit plus haut à ce sujet, que les plus extérieures de ces organisations peuvent se trouver parfois en opposition et même en lutte les unes avec les autres, et avoir néanmoins une direction ou une inspiration commune, cette direction étant au delà du domaine où s'affirme leur opposition et pour lequel seul elle est valable ; et peut-être ceci trouverait-il aussi son application ailleurs qu'en Extrême-Orient, bien qu'une telle hiérarchisation d'organisations superposées ne se rencontre sans doute nulle part d'une façon aussi nette et aussi complète que dans ce qui relève de la tradition taoïste. On a là des organisations d'un caractère « mixte » en quelque sorte, dont on ne peut dire qu'elles soient proprement initiatiques, mais non plus qu'elle soient simplement profanes, puisque leur rattachement aux organisations supérieures leur confère une participation, fut-elle indirecte et inconsciente, à une tradition dont l'essence est purement initiatique [1] ; et quelque chose de cette essence se retrouve toujours dans leurs rites et leurs symboles pour ceux qui savent en pénétrer le sens le plus profond.

Toutes les catégories d'organisations que nous avons envisagées n'ont guère en commun que le seul fait d'avoir un secret, quelle qu'en soit d'ailleurs la nature ; et il va de soi que, de l'une à l'autre, celle-ci peut être extrêmement différente : entre le véritable secret initiatique et un dessein politique qu'on tient caché, ou encore la dissimulation de l'existence d'une association ou des noms de ses membres pour des raisons de simple prudence, il n'y a évidemment aucune comparaison possible. Encore ne parlons-nous pas de ces groupements fantaisistes, comme il en existe tant de nos jours et notamment dans les pays anglo-saxons, qui, pour « singer » les organisations initiatiques, adoptent des formes qui ne recouvrent absolument rien, qui sont réellement dépourvues de toute portée et même de toute signification, et sur lesquelles elles prétendent garder un secret qui ne se justifie par aucune raison sérieuse, Ce dernier cas n'a d'intérêt qu'en ce qu'il montre assez clairement la méprise qui se produit couramment, dans l'esprit du public profane, sur la nature du secret initiatique ; on s'imagine en effet que celui-ci porte tout simplement sur les rites, ainsi que sur des mots et des signes employés comme moyens de reconnaissance, ce qui en ferait un secret aussi extérieur et artificiel que n'importe quel autre, un secret qui en somme ne serait tel que par convention. Or, si un tel secret existe en fait dans la plupart des organisations initiatiques, il n'y est pourtant qu'un élément tout à fait secondaire et accidentel, et, à vrai dire, il n'a qu'une valeur de symbole par rapport au véritable secret initiatique, qui, lui, est tel par la nature même des choses, et qui par conséquent ne saurait jamais être trahi en aucune façon, étant d'ordre purement intérieur et, comme nous l'avons déjà dit, résidant proprement dans l'« incommunicable ».

Chapitre XIII
DU SECRET INITIATIQUE

Bien que nous venions d'indiquer déjà quelle est la nature essen-

---
1 Rappelons que le Taoïsme représente uniquement le côté ésotérique de la tradition extrême-orientale, son côté exotérique étant constitué par le Confucianisme.

tielle du secret initiatique [1], nous devons apporter encore plus de précisions à cet égard, afin de le distinguer, sans aucune équivoque possible, de tous les autres genres de secrets plus ou moins extérieurs qu'on rencontre dans les multiples organisations qui, pour cette raison, sont qualifiées de « secrètes » au sens le plus général. Nous avons dit, en effet, que cette désignation, pour nous, signifie uniquement que de telles organisations possèdent un secret, de quelque nature qu'il soit, et aussi que, suivant le but qu'elles se proposent, ce secret peut naturellement porter sur les choses les plus diverses et prendre les formes les plus variées ; mais, dans tous les cas, un secret quelconque autre que le secret proprement initiatique a toujours un caractère conventionnel ; nous voulons dire par là qu'il n'est tel qu'en vertu d'une convention plus ou moins expresse, et non par la nature même des choses. Au contraire, le secret initiatique est tel parce qu'il ne peut pas ne pas l'être, puisqu'il consiste exclusivement dans l'« inexprimable », lequel, par suite, est nécessairement aussi l'« incommunicable » ; et ainsi, si les organisations initiatiques sont secrètes, ce caractère n'a ici plus rien d'artificiel et ne résulte d'aucune décision plus ou moins arbitraire de la part de qui que ce soit. Ce point est donc particulièrement important pour bien distinguer, d'une part, les organisations initiatiques de toutes les autres organisations secrètes quelconques, et d'autre part, dans les organisations initiatiques elles-mêmes, ce qui constitue l'essentiel de tout ce qui peut venir s'y adjoindre accidentellement ; aussi devons-nous maintenant nous attacher à en développer quelque peu les conséquences.

La première de ces conséquences, que d'ailleurs nous avons déjà indiquée précédemment, c'est que, alors que tout secret d'ordre extérieur peut toujours être trahi, le secret initiatique seul ne peut jamais l'être en aucune façon, puisque, en lui-même et en quelque sorte par définition, il est inaccessible et insaisissable aux profanes et ne saurait être pénétré par eux, sa connaissance ne pouvant être que la conséquence de l'initiation elle-même. En effet, ce secret est de nature telle que les mots ne peuvent l'exprimer ; c'est pourquoi, comme nous aurons à l'expliquer plus complètement par la suite, l'enseignement initiatique ne peut faire usage que de rites et de symboles, qui suggèrent plutôt qu'ils n'expriment au sens or-

---

[1] Voir aussi *Le Règne de la Quantité et les Signes des Temps*, ch. XII.

dinaire de ce mot. À proprement parler, ce qui est transmis par l'initiation n'est pas le secret lui-même, puisqu'il est incommunicable, mais l'influence spirituelle qui a les rites pour véhicule, et qui rend possible le travail intérieur au moyen duquel, en prenant les symboles comme base et comme support, chacun atteindra ce secret et le pénétrera plus ou moins complètement, plus ou moins profondément, selon la mesure de ses propres possibilités de compréhension et de réalisation.

Quoi qu'on puisse penser des autres organisations secrètes, on ne peut donc, en tout cas, faire un reproche aux organisations initiatiques d'avoir ce caractère, puisque leur secret n'est pas quelque chose qu'elles cachent volontairement pour des raisons quelconques, légitimes ou non, et toujours plus ou moins sujettes à discussion et à appréciation comme tout ce qui procède du point de vue profane, mais quelque chose qu'il n'est au pouvoir de personne, quand bien même il le voudrait, de dévoiler et de communiquer à autrui. Quant au fait que ces organisations sont « fermées », c'est-à-dire qu'elles n'admettent pas tout le monde indistinctement, il s'explique simplement par la première des conditions de l'initiation telles que nous les avons exposées plus haut, c'est-à-dire par la nécessité de posséder certaines « qualifications » particulières, faute desquelles aucun bénéfice réel ne peut être retiré du rattachement à une telle organisation. De plus, quand celle-ci devient trop « ouverte » et insuffisamment stricte à cet égard, elle court le risque de dégénérer par suite de l'incompréhension de ceux qu'elle admet ainsi inconsidérément, et qui, surtout lorsqu'ils y deviennent le plus grand nombre, ne manquent pas d'y introduire toute sorte de vues profanes et de détourner son activité vers des buts qui n'ont rien de commun avec le domaine initiatique, comme on ne le voit que trop dans ce qui, de nos jours, subsiste encore d'organisations de ce genre dans le monde occidental.

Ainsi, et c'est là une seconde conséquence de ce que nous avons énoncé au début, le secret initiatique en lui-même et le caractère « fermé » des organisations qui le détiennent (ou, pour parler plus exactement, qui détiennent les moyens par lesquels il est possible à ceux qui sont « qualifiés » d'y avoir accès) sont deux choses tout à fait distinctes et qui ne doivent aucunement être confondues. En ce qui concerne le premier, c'est en méconnaître totalement l'essence et la portée que d'invoquer des raisons de « prudence » comme on le fait parfois ; pour le second, par contre, qui tient d'ailleurs à la nature des hommes en général et non à celle de l'organisation initiatique, on peut jusqu'à un certain point parler de « prudence », en ce sens que, par là, cette organisation se défend, non contre des « indiscrétions » impossibles quant à sa nature essentielle, mais contre ce danger de dégénérescence dont nous venons de parler ; encore n'en est-ce pas là la raison première, celle-ci n'étant autre que la parfaite inutilité d'admettre des individualités pour lesquelles l'initiation ne serait jamais que « lettre morte », c'est-à-dire une formalité vide et sans aucun effet réel, parce qu'elles sont en quelque sorte imperméables à l'influence spirituelle. Quant à la « prudence » vis-à-vis du monde extérieur, ainsi qu'on l'entend le plus souvent, ce ne peut être qu'une considération tout à fait accessoire, encore qu'elle soit assurément légitime en présence d'un milieu plus ou moins consciemment hostile, l'incompréhension profane s'arrêtant rarement à une sorte d'indifférence et ne se changeant que trop facilement en une haine dont les manifestations constituent un danger qui n'a certes rien d'illusoire ; mais ceci ne saurait cependant atteindre l'organisation initiatique elle-même, qui, comme telle, est, ainsi que nous l'avons dit, véritablement « insaisissable ». Aussi les précautions à cet égard s'imposeront-elles d'autant plus que cette organisation sera déjà plus « extériorisée », donc moins purement initiatique ; il est d'ailleurs évident que ce n'est que dans ce cas qu'elle peut arriver à se trouver en contact direct avec le monde profane, qui, autrement, ne pourrait que l'ignorer purement et simplement. Nous ne parlerons pas ici d'un danger d'un autre ordre, pouvant résulter de l'existence de ce que nous avons appelé la « contre-initiation », et auquel de simples mesures extérieures de « prudence » ne sauraient d'ailleurs obvier ; celles-ci ne valent que contre le monde profane, dont les réactions, nous le répétons, ne sont à redouter qu'en tant que l'organisation a pris une forme extérieure telle que celle d'une « société » ou a été entraînée plus ou moins complètement à une action s'exerçant en dehors du domaine initiatique, toutes choses qui ne sauraient être regardées que comme ayant un caractère simplement accidentel et contingent [1].

---

1 Ce que nous venons de dire ici s'applique au monde profane réduit à lui-même, si l'on peut s'exprimer ainsi ; mais il convient d'ajouter qu'il peut aussi, dans certains

Nous arrivons ainsi à dégager encore une autre conséquence de la nature du secret initiatique : il peut arriver en fait, que, outre ce secret qui seul lui est essentiel, une organisation initiatique possède aussi secondairement, et sans perdre aucunement pour cela son caractère propre, d'autres secrets qui ne sont pas du même ordre, mais d'un ordre plus ou moins extérieur et contingent ; et ce sont ces secrets purement accessoires qui, étant forcément les seuls apparents aux yeux de l'observateur du dehors, seront susceptibles de donner lieu à diverses confusions. Ces secrets peuvent provenir de la « contamination » dont nous avons parlé, en entendant par là l'adjonction de buts n'ayant rien d'initiatique, et auxquels peut d'ailleurs être donnée une importance plus ou moins grande, puisque, dans cette sorte de dégénérescence, tous les degrés sont évidemment possibles ; mais il n'en est pas toujours ainsi, et il peut se faire également que de tels secrets se rapportent à des applications contingentes, mais légitimes, de la doctrine initiatique elle-même, applications qu'on juge bon de « réserver » pour des raisons qui peuvent être fort diverses, et qui seraient à déterminer dans chaque cas particulier. Les secrets auxquels nous faisons allusion ici sont, plus spécialement, ceux qui concernent les sciences et les arts traditionnels ; ce qu'on peut dire de la façon la plus générale à cet égard, c'est que, ces sciences et ces arts ne pouvant être vraiment compris en dehors de l'initiation où ils ont leur principe, leur « vulgarisation » ne pourrait avoir que des inconvénients, car elle amènerait inévitablement une déformation ou même une dénaturation, du genre de celle qui a précisément donné naissance aux sciences et aux arts profanes, comme nous l'avons exposé en d'autres occasions.

Dans cette même catégorie de secrets accessoires et non essentiels, on doit ranger aussi un autre genre de secret qui existe très généralement dans les organisations initiatiques, et qui est celui qui occasionne le plus communément, chez les profanes, cette méprise sur laquelle nous avons précédemment appelé l'attention : ce secret est celui qui porte, soit sur l'ensemble des rites et des symboles en usage dans une telle organisation, soit, plus particulièrement encore, et aussi d'une manière plus stricte d'ordinaire, sur certains

---

cas, servir d'instrument inconscient à une action exercée par les représentants de la « contre-initiation ».

mots et certains signes employés par elle comme « moyens de reconnaissance », pour permettre à ses membres de se distinguer des profanes. Il va de soi que tout secret de cette nature n'a qu'une valeur conventionnelle et toute relative, et que, par là même qu'il concerne des formes extérieures, il peut toujours être découvert ou trahi, ce qui risquera d'ailleurs, tout naturellement, de se produire d'autant plus aisément qu'il s'agira d'une organisation moins rigoureusement « fermée » ; aussi doit-on insister sur ceci, que non seulement ce secret ne peut en aucune façon être confondu avec le véritable secret initiatique, sauf par ceux qui n'ont pas la moindre idée de la nature de celui-ci, mais que même il n'a rien d'essentiel, si bien que sa présence ou son absence ne saurait être invoquée pour définir une organisation comme possédant un caractère initiatique ou comme en étant dépourvue. En fait, la même chose, ou quelque chose d'équivalent, existe aussi dans la plupart des autres organisations secrètes quelconques, n'ayant rien d'initiatique, bien que les raisons en soient alors différentes : il peut s'agir, soit d'imiter les organisations initiatiques dans leurs apparences les plus extérieures, comme c'est le cas pour les organisations que nous avons qualifiées de pseudo-initiatiques, voire même pour certains groupements fantaisistes qui ne méritent pas même ce nom, soit tout simplement de se garantir autant que possible contre les indiscrétions, au sens le plus vulgaire de ce mot, ainsi qu'il arrive surtout pour les associations à but politique, ce qui se comprend sans la moindre difficulté. D'autre part, l'existence d'un secret de cette sorte n'a, pour les organisations initiatiques, rien de nécessaire ; et même il a dans celles-ci une importance d'autant moins grande qu'elles ont un caractère plus pur et plus élevé, parce qu'elles sont alors d'autant plus dégagées de toutes les formes extérieures et de tout ce qui n'est pas véritablement essentiel. Il arrive donc ceci, qui peut sembler paradoxal à première vue, mais qui est pourtant très logique au fond : l'emploi de « moyens de reconnaissance » par une organisation est une conséquence de son caractère « fermé » ; mais, dans celles qui sont précisément les plus « fermées » de toutes, ces moyens se réduisent jusqu'à disparaître parfois entièrement, parce qu'alors il n'en est plus besoin, leur utilité étant directement liée à un certain degré d' « extériorité » de l'organisation qui y a recours, et atteignant en quelque sorte son maximum quand celle-ci revêt un aspect « semi-profane », dont la forme de « société » est l'exemple le plus typique, parce que c'est alors que ses occasions de contact avec le monde extérieur sont le plus étendues et multiples, et que, par conséquent, il lui importe le plus de se distinguer de celui-ci par des moyens qui soient eux-mêmes d'ordre extérieur.

L'existence d'un tel secret extérieur et secondaire dans les organisations initiatiques les plus répandues se justifie d'ailleurs encore par d'autres raisons ; certains lui attribuent surtout un rôle « pédagogique », s'il est permis de s'exprimer ainsi ; en d'autres termes, la « discipline du secret » constituerait une sorte d'« entraînement » ou d'exercice faisant partie des méthodes propres à ces organisations ; et l'on pourrait y voir en quelque sorte, à cet égard, comme une forme atténuée et restreinte de la « discipline du silence » qui était en usage dans certaines écoles ésotériques anciennes, notamment chez les Pythagoriciens [1]. Ce point de vue est assurément juste, à la condition de n'être pas exclusif ; et il est à remarquer que, sous ce rapport, la valeur du secret est complètement indépendante de celle des choses sur lesquelles il porte ; le secret gardé sur les choses les plus insignifiantes aura, en tant que « discipline », exactement la même efficacité qu'un secret réellement important en lui-même. Ceci devrait être une réponse suffisante aux profanes qui, à ce propos, accusent les organisations initiatiques de « puérilité », faute d'ailleurs de comprendre que les mots ou les signes sur lesquels le secret est imposé ont une valeur symbolique propre ; s'ils sont incapables d'aller jusqu'à des considérations de ce dernier ordre, celle que nous venons d'indiquer est du moins à leur portée et n'exige certes pas un bien grand effort de compréhension.

Mais, il est, en réalité, une raison plus profonde, basée précisément sur ce caractère symbolique que nous venons de mentionner, et qui fait que ce qu'on appelle « moyens de reconnaissance » n'est pas cela seulement, mais aussi, en même temps, quelque chose de

[1] *Disciplina secreti* ou *disciplina arcani*, disait-on aussi dans l'Église chrétienne des premiers siècles, ce que semblent oublier certains ennemis du « secret » ; mais il faut remarquer que, en latin, le mot *disciplina* a le plus souvent le sens d'« enseignement », qui est d'ailleurs le sens étymologique, et même, par dérivation, ceux de « science » ou de « doctrine », tandis que ce qui est appelé discipline en français n'a qu'une valeur de moyen préparatoire en vue d'un but qui peut être de connaissance comme c'est le cas ici, mais qui peut être aussi d'un tout autre ordre, par exemple simplement « moral » ; c'est même de cette dernière façon que, en fait, on l'entend le plus communément dans le monde profane.

Chapitre XIII

plus : ce sont là véritablement des symboles comme tous les autres, dont la signification doit être méditée et approfondie au même titre, et qui font ainsi partie intégrante de l'enseignement initiatique. Il en est d'ailleurs de même de toutes les formes employées par les organisations initiatiques, et, plus généralement encore, de toutes celles qui ont un caractère traditionnel (y compris les formes religieuses) : elles sont toujours, au fond, autre chose que ce qu'elles paraissent au dehors, et c'est même là ce qui les différencie essentiellement des formes profanes, où l'apparence extérieure est tout et ne recouvre aucune réalité d'un autre ordre. À ce point de vue, le secret dont il s'agit est lui-même un symbole, celui du véritable secret initiatique, ce qui est évidemment bien plus qu'un simple moyen « pédagogique » [1] ; mais, bien entendu, ici pas plus qu'ailleurs, le symbole ne doit en aucune façon être confondu avec ce qui est symbolisé, et c'est cette confusion que commet l'ignorance profane, parce qu'elle ne sait pas voir ce qui est derrière l'apparence, et qu'elle ne conçoit même pas qu'il puisse y avoir là quelque chose d'autre que ce qui tombe sous les sens, ce qui équivaut pratiquement à la négation pure et simple de tout symbolisme.

Enfin, nous indiquerons une dernière considération qui pourrait encore donner lieu à d'autres développements : le secret d'ordre extérieur, dans les organisations initiatiques où il existe, fait proprement partie du rituel, puisque ce qui en est l'objet est communiqué, sous l'obligation correspondante de silence, au cours même de l'initiation à chaque degré ou comme achèvement de celle-ci. Ce secret constitue donc, non seulement un symbole comme nous venons de le dire, mais aussi un véritable rite, avec toute la vertu propre qui est inhérente à celui-ci comme tel ; et du reste, à la vérité, le rite et le symbole sont, dans tous les cas, étroitement liés par leur nature même, ainsi que nous aurons à l'expliquer plus ample-

---

1 On pourrait, si l'on voulait entrer quelque peu dans le détail à cet égard, remarquer par exemple que les « mots sacrés » qui ne doivent jamais être prononcés sont un symbole particulièrement net de l'« ineffable » ou de l'« inexprimable » ; on sait d'ailleurs que quelque chose de semblable se trouve parfois jusque dans l'exotérisme, par exemple pour le Tétragramme dans la tradition judaïque. On pourrait aussi montrer, dans le même ordre d'idées, que certains signes sont en rapport avec la « localisation », dans l'être humain, des « centres » subtils dont l'« éveil » constitue, selon certaines méthodes (notamment les méthodes « tantriques » dans la tradition hindoue), un des moyens d'acquisition de la connaissance initiatique effective.

ment par la suite.

Chapitre XIV
DES QUALIFICATIONS INITIATIQUES

Il nous faut maintenant revenir aux questions qui se rapportent à la condition première et préalable de l'initiation, c'est-à-dire à ce qui est désigné comme les « qualifications » initiatiques ; à vrai dire, ce sujet est de ceux qu'il n'est guère possible de prétendre traiter d'une façon complète, mais du moins pouvons-nous y apporter quelques éclaircissements. Tout d'abord, il doit être bien entendu que ces qualifications sont exclusivement du domaine de l'individualité ; en effet, s'il n'y avait à envisager que la personnalité ou le « Soi », il n'y aurait aucune différence à faire à cet égard entre les êtres, et tous seraient également qualifiés, sans qu'il y ait lieu de faire la moindre exception ; mais la question se présente tout autrement par le fait que l'individualité doit nécessairement être prise comme moyen et comme support de la réalisation initiatique ; il faut par conséquent qu'elle possède les aptitudes requises pour jouer ce rôle, et tel n'est pas toujours le cas. L'individualité n'est ici, si l'on veut, que l'instrument de l'être véritable ; mais, si cet instrument présente certains défauts, il peut être plus ou moins complètement inutilisable, ou même l'être tout à fait pour ce dont il s'agit. Il n'y a d'ailleurs là rien dont on doive s'étonner, si l'on réfléchit seulement que, même dans l'ordre des activités profanes (ou du moins devenues telles dans les conditions de l'époque actuelle), ce qui est possible à l'un ne l'est pas à l'autre, et que, par exemple, l'exercice de tel ou tel métier exige certaines aptitudes spéciales, mentales et corporelles tout à la fois. La différence essentielle est que, dans ce cas, il s'agit d'une activité qui relève tout entière du domaine individuel, qui ne le dépasse en aucune façon ni sous aucun rapport, tandis que, en ce qui concerne l'initiation, le résultat à atteindre est au contraire au delà des limites de l'individualité ; mais, encore une fois, celle-ci n'en doit pas moins être prise comme point de départ, et c'est là une condition à laquelle il est impossible de se soustraire.

On peut encore dire ceci : l'être qui entreprend le travail de réalisation initiatique doit forcément partir d'un certain état de manifestation, celui où il est situé actuellement, et qui comporte tout un ensemble de conditions déterminées : d'une part, les conditions qui sont inhérentes à cet état et qui le définissent d'une façon générale, et, d'autre part, celles qui, dans ce même état, sont particulières à chaque individualité et la différencient de toutes les autres. Il est évident que ce sont ces dernières qui doivent être envisagées en ce qui concerne les qualifications, puisqu'il s'agit là de quelque chose qui, par définition même, n'est pas commun à tous les individus, mais caractérise proprement ceux-là seuls qui appartiennent, virtuellement tout au moins, à l'« élite » entendue dans le sens où nous avons déjà souvent employé ce mot ailleurs, sens que nous préciserons davantage encore par la suite, afin de montrer comment il se rattache directement à la question même de l'initiation.

Maintenant, il faut bien comprendre que l'individualité doit être prise ici telle qu'elle est en fait, avec tous ses éléments constitutifs, et qu'il peut y avoir des qualifications concernant chacun de ces éléments, y compris l'élément corporel lui-même, qui ne doit aucunement être traité, à ce point de vue, comme quelque chose d'indifférent ou de négligeable. Peut-être n'y aurait-il pas besoin de tant y insister si nous ne nous trouvions en présence de la conception grossièrement simplifiée que les Occidentaux modernes se font de l'être humain : non seulement l'individualité est pour eux l'être tout entier, mais encore cette individualité elle-même est réduite à deux parties supposées complètement séparées l'une de l'autre, l'une étant le corps, et l'autre quelque chose d'assez mal défini, qui est désigné indifféremment par les noms les plus divers et parfois les moins appropriés. Or, la réalité est tout autre : les éléments multiples de l'individualité, quelle que soit d'ailleurs la façon dont on voudra les classer, ne sont point ainsi isolés les uns des autres, mais forment un ensemble dans lequel il ne saurait y avoir d'hétérogénéité radicale et irréductible ; et tous, le corps aussi bien que les autres, sont, au même titre, des manifestations ou des expressions de l'être dans les diverses modalités du domaine individuel. Entre ces modalités, il y a des correspondances telles que ce qui se passe dans l'une a normalement sa répercussion dans les autres ; il en résulte que, d'une part, l'état du corps peut influer d'une façon favorable ou défavorable sur les autres modalités, et que, d'autre part, l'inverse n'étant pas moins vrai (et même l'étant davantage encore, car la modalité corporelle est celle dont les possibilités sont les plus restreintes), il peut fournir des signes traduisant sensiblement l'état même de celles-ci [1] ; il est clair que ces deux considérations complémentaires ont l'une et l'autre leur importance sous le rapport des qualifications initiatiques. Tout cela serait parfaitement évident si la notion spécifiquement occidentale et moderne de « matière », le dualisme cartésien et les conceptions plus ou moins « mécanistes » n'avaient tellement obscurci ces choses pour la plupart de nos contemporains [2] ; ce sont ces circonstances contingentes qui obligent à s'attarder à des considérations aussi élémentaires, qu'il suffirait autrement d'énoncer en quelques mots, sans avoir à y ajouter la moindre explication.

Il va de soi que la qualification essentielle, celle qui domine toutes les autres, est une question d'« horizon intellectuel » plus ou moins étendu ; mais il peut arriver que les possibilités d'ordre intellectuel, tout en existant virtuellement dans une individualité, soient, du fait des éléments inférieurs de celle-ci (éléments d'ordre psychique et d'ordre corporel tout à la fois), empêchées de se développer, soit temporairement, soit même définitivement. C'est là la première raison de ce qu'on pourrait appeler les qualifications secondaires ; et il y a encore une seconde raison qui résulte immédiatement de ce que nous venons de dire : c'est que, dans ces éléments, qui sont les plus accessibles à l'observation, on peut trouver des marques de certaines limitations intellectuelles ; dans ce dernier cas, les qualifications secondaires deviennent en quelque sorte des équivalents symboliques de la qualification fondamentale elle-même. Dans le premier cas, au contraire, il peut se faire qu'elles n'aient pas toujours une égale importance : ainsi, il peut y avoir des obstacles s'opposant à toute initiation, même simplement virtuelle, ou seulement à une initiation effective, ou encore au passage à des degrés plus ou moins élevés, ou enfin uniquement à l'exercice de certaines fonctions dans une organisation initiatique (car on peut être apte à recevoir une influence spirituelle sans être pour cela nécessairement apte à la transmettre) ; et il faut ajouter aussi qu'il y a des empêchements spéciaux qui peuvent ne concerner que certaines formes d'initiation.

Sur ce dernier point, il suffit en somme de rappeler que la diver-

---

[1] De là la science qui, dans la tradition islamique, est désignée comme *ilm-ul-firâsah*.
[2] Sur toutes ces questions, voir *Le Règne de la Quantité et les Signes des Temps*.

sité des modes d'initiation, soit d'une forme traditionnelle à une autre, soit à l'intérieur d'une même forme traditionnelle, a précisément pour but de répondre à celle des aptitudes indiiduelles ; elle n'aurait évidemment aucune raison d'être si un mode unique pouvait convenir également à tous ceux qui sont, d'une façon générale, qualifiés pour recevoir l'initiation. Puisqu'il n'en est pas ainsi, chaque organisation initiatique devra avoir sa « technique » particulière, et elle ne pourra naturellement admettre que ceux qui seront capables de s'y conformer et d'en retirer un bénéfice effectif, ce qui suppose, quant aux qualifications, l'application de tout un ensemble de règles spéciales, valables seulement pour l'organisation considérée, et n'excluant aucunement, pour ceux qui seront écartés par là, la possibilité de trouver ailleurs une initiation équivalente, pourvu qu'ils possèdent les qualifications générales qui sont strictement indispensables dans tous les cas. Un des exemples les plus nets que l'on puisse donner à cet égard, c'est le fait qu'il existe des formes d'initiation qui sont exclusivement masculines, tandis qu'il en est d'autres où les femmes peuvent être admises au même titre que les hommes [1] ; on peut donc dire qu'il y a là une certaine qualification qui est exigée dans un cas et qui ne l'est pas dans l'autre, et que cette différence tient aux modes particuliers d'initiation dont il s'agit ; nous y reviendrons d'ailleurs par la suite, car nous avons pu constater que ce fait est généralement fort mal compris à notre époque.

Là où il existe une organisation sociale traditionnelle, même dans l'ordre extérieur, chacun, étant à la place qui convient à sa propre nature individuelle, doit par là même pouvoir trouver aussi plus facilement, s'il est qualifié, le mode d'initiation qui correspond à ses possibilités. Ainsi, si l'on envisage à ce point de vue l'organisation des castes, l'initiation des Kshatriyas ne saurait être identique à celle des Brâhmanes [2], et ainsi de suite ; et, d'une façon plus particulière encore, une certaine forme d'initiation peut être liée à l'exercice d'un métier déterminé, ce qui ne peut avoir toute sa valeur effective que si le métier qu'exerce chaque individu est bien celui auquel il est destiné par les aptitudes inhérentes à sa nature

---

[1] Il y eut même aussi, dans l'antiquité, des formes d'initiation exclusivement féminines.
[2] Nous reviendrons là-dessus plus loin, à propos de la question de l'initiation sacerdotale et de l'initiation royale.

même, de telle sorte que ces aptitudes feront en même temps partie intégrante des qualifications spéciales requises pour la forme d'initiation correspondante.

Au contraire, là où rien n'est plus organisé suivant des règles traditionnelles et normales, ce qui est le cas du monde occidental moderne, il en résulte une confusion qui s'étend à tous les domaines, et qui entraîne inévitablement des complications et des difficultés multiples quant à la détermination précise des qualifications initiatiques, puisque la place de l'individu dans la société n'a plus alors qu'un rapport très lointain avec sa nature, et que même, bien souvent, ce sont uniquement les côtés les plus extérieurs et les moins importants de celle-ci qui sont pris en considération, c'est-à-dire ceux qui n'ont réellement aucune valeur, même secondaire, au point de vue initiatique. Une autre cause de difficultés qui s'ajoute encore à celle-là, et qui en est d'ailleurs solidaire dans une certaine mesure, c'est l'oubli des sciences traditionnelles : les données de certaines d'entre elles pouvant fournir le moyen de reconnaître la véritable nature d'un individu, lorsqu'elles viennent à faire défaut, il n'est jamais possible, par d'autres moyens quelconques, d'y suppléer entièrement et avec une parfaite exactitude ; quoi qu'on fasse à cet égard, il y aura toujours une part plus ou moins grande d'« empirisme » qui pourra donner lieu à bien des erreurs. C'est là, du reste, une des principales raisons de la dégénérescence de certaines organisations initiatiques : l'admission d'éléments non qualifiés, que ce soit par ignorance pure et simple des règles qui devraient les éliminer, ou par impossibilité de les appliquer sûrement, est en effet un des facteurs qui contribuent le plus à cette dégénérescence, et peut même, si elle se généralise, amener finalement la ruine complète d'une telle organisation.

Après ces considérations d'ordre général, il nous faudrait, pour préciser davantage la signification réelle qu'il convient d'attribuer aux qualifications secondaires, donner des exemples bien définis des conditions requises pour l'accession à telle ou telle forme initiatique, et en montrer dans chaque cas le sens et la portée véritables ; mais un tel exposé, quand il doit s'adresser à des Occidentaux, est rendu fort difficile par le fait que ceux-ci, même dans le cas le plus favorable, ne connaissent qu'un nombre extrêmement restreint de ces formes initiatiques, et que des références à toutes les autres risqueraient de rester à peu près entièrement incomprises. Encore tout ce qui subsiste en Occident des anciennes organisations de cet ordre est-il fort amoindri à tous égards, comme nous l'avons déjà dit bien des fois, et il est aisé de s'en rendre compte plus spécialement en ce qui concerne la question même dont il s'agit présentement : si certaines qualifications y sont encore exigées, c'est bien plutôt par la force de l'habitude que par une compréhension quelconque de leur raison d'être ; et, dans ces conditions, il n'y a pas lieu de s'étonner s'il arrive parfois que des membres de ces organisations protestent contre le maintien de ces qualifications, où leur ignorance ne voit qu'une sorte de vestige historique, un reste d'un état de choses disparu depuis longtemps, en un mot un « anachronisme » pur et simple. Cependant, comme on est bien obligé de prendre pour point de départ ce qu'on a le plus immédiatement à sa disposition, cela même peut fournir l'occasion de quelques indications qui, malgré tout, ne sont pas sans intérêt, et qui, bien qu'ayant surtout à nos yeux le caractère de simples « illustrations », n'en sont pas moins susceptibles de donner lieu à des réflexions d'une application plus étendue qu'il ne pourrait le sembler au premier abord.

Il n'y a plus guère dans le monde occidental, comme organisations initiatiques pouvant revendiquer une filiation traditionnelle authentique (condition en dehors de laquelle, rappelons-le encore une fois, il ne saurait être question que de « pseudo-initiation »), que le Compagnonnage et la Maçonnerie, c'est-à-dire des formes initiatiques basées essentiellement sur l'exercice d'un métier, à l'origine tout au moins, et, par conséquent, caractérisées par des méthodes particulières, symboliques et rituelles, en relation directe avec ce métier lui-même [1]. Seulement, il y a ici une distinction à faire : dans le Compagnonnage, la liaison originelle avec le métier s'est toujours maintenue, tandis que, dans la Maçonnerie, elle a disparu en fait ; de là, dans ce dernier cas, le danger d'une méconnaissance plus complète de la nécessité de certaines conditions, pourtant inhérentes à la forme initiatique même dont il s'agit. En effet, dans l'autre cas, il est évident que tout au moins les conditions voulues pour que le métier puisse être exercé effectivement,

---

[1] Nous avons exposé les principes sur lesquels reposent les rapports de l'initiation et du métier dans *Le Règne de la Quantité et des Signes des Temps*, ch. VIII.

et même pour qu'il le soit d'une façon aussi adéquate que possible, ne pourront jamais être perdues de vue, même si l'on n'y envisage rien de plus que cela, c'est-à-dire si l'on ne prend en considération que leur raison extérieure et si l'on oublie leur raison plus profonde et proprement initiatique. Au contraire, là où cette raison profonde n'est pas moins oubliée et où la raison extérieure elle-même n'existe plus, il est assez naturel en somme (ce qui, bien entendu, ne veut point dire légitime) qu'on en arrive à penser que le maintien de semblables conditions ne s'impose en aucune façon, et à ne les regarder que comme des restrictions gênantes, voire même injustes (c'est là une considération dont on abuse beaucoup à notre époque, conséquence de l'« égalitarisme » destructeur de la notion de l'« élite »), apportées à un recrutement que la manie du « prosélytisme » et la superstition démocratique du « grand nombre », traits bien caractéristiques de l'esprit occidental moderne, voudraient faire aussi large que possible, ce qui est bien, comme nous l'avons déjà dit, une des causes les plus certaines et les plus irrémédiables de dégénérescence pour une organisation initiatique.

Au fond, ce qu'on oublie en pareil cas, c'est tout simplement ceci : si le rituel initiatique prend pour « support » le métier, de telle sorte qu'il en est pour ainsi dire dérivé par une transposition appropriée (et sans doute faudrait-il, à l'origine, envisager plutôt les choses en sens inverse, car le métier, au point de vue traditionnel, ne représente véritablement qu'une application contingente des principes auxquels l'initiation se rapporte directement), l'accomplissement de ce rituel, pour être réellement et pleinement valable, exigera des conditions parmi lesquelles se retrouveront celles de l'exercice même du métier, la même transposition s'y appliquant également et cela en vertu des correspondances qui existent entre les différentes modalités de l'être ; et, par là, il apparaît clairement que, comme nous l'avons indiqué plus haut, quiconque est qualifié pour l'initiation, d'une façon générale, ne l'est pas par là même indifféremment pour toute forme initiatique quelle qu'elle soit. Nous devons ajouter que la méconnaissance de ce point fondamental, entraînant la réduction toute profane des qualifications à de simples règles corporatives, apparaît, du moins en ce qui concerne la Maçonnerie, comme liée assez étroitement à une méprise sur le vrai sens du mot « opératif », méprise sur laquelle nous aurons à nous expliquer par la suite avec les développements voulus, car elle donne lieu à des considérations d'une portée initiatique tout à fait générale.

Ainsi, si l'initiation maçonnique exclut notamment les femmes (ce qui, nous l'avons déjà dit, ne signifie nullement que celles-ci soient inaptes à toute initiation), et aussi les hommes qui sont affectés de certaines infirmités, ce n'est point tout simplement parce que, anciennement, ceux qui y étaient admis devaient être capables de transporter des fardeaux ou de monter sur des échafaudages, comme certains l'assurent avec une déconcertante naïveté ; c'est que, pour ceux qui sont ainsi exclus, l'initiation maçonnique comme telle ne saurait être valable, si bien que les effets en seraient nuls par défaut de qualification. On peut dire d'abord, à cet égard, que la connexion avec le métier, si elle a cessé d'exister quant à l'exercice extérieur de celui-ci, n'en subsiste pas moins d'une façon plus essentielle, en tant qu'elle demeure nécessairement inscrite dans la forme même de cette initiation ; si elle venait à en être éliminée, ce ne serait plus l'initiation maçonnique, mais quelque autre chose toute différente ; et, comme il serait d'ailleurs impossible de substituer légitimement une autre filiation traditionnelle à celle qui existe en fait, il n'y aurait même plus alors réellement aucune initiation. C'est pourquoi, là où il reste encore tout au moins, à défaut d'une compréhension plus effective, une certaine conscience plus ou moins obscure de la valeur propre des formes rituéliques, on persiste à considérer les conditions dont nous parlons ici comme faisant partie intégrante des *landmarks* (le terme anglais, dans cette acception « technique », n'a pas d'équivalent exact en français), qui ne peuvent être modifiés en aucune circonstance, et dont la suppression ou la négligence risquerait d'entraîner une véritable nullité initiatique [1].

Maintenant, il y a encore quelque chose de plus : si l'on examine de près la liste des défauts corporels qui sont considérés comme des empêchements à l'initiation, on constatera qu'il en est parmi eux qui ne semblent pas très graves extérieurement, et qui, en tout cas, ne sont pas tels qu'ils puissent s'opposer à ce qu'un homme

---

[1] Ces *landmarks* sont regardés comme existant *from time immemorial*, c'est-à-dire qu'il est impossible de leur assigner aucune origine historique définie.

exerce le métier de constructeur ¹. C'est donc qu'il n'y a là encore qu'une explication partielle, bien qu'exacte dans toute la mesure où elle est applicable, et que, en outre des conditions requises par le métier, l'initiation en exige d'autres qui n'ont plus rien à voir avec celui-ci, mais qui sont uniquement en rapport avec les modalités du travail rituélique, envisagé d'ailleurs non pas seulement dans sa « matérialité », si l'on peut dire, mais surtout comme devant produire des résultats effectifs pour l'être qui l'accomplit. Ceci apparaîtra d'autant plus nettement que, parmi les diverses formulations des *landmarks* (car, bien que non écrits en principe, ils ont cependant été souvent l'objet d'énumérations plus ou moins détaillées), on se reportera aux plus anciennes, c'est-à-dire à une époque où les choses dont il s'agit étaient encore connues, et même, pour quelques-uns tout au moins, connues d'une façon qui n'était pas simplement théorique ou « spéculative », mais réellement « opérative », dans le vrai sens auquel nous faisions allusion plus haut. En faisant cet examen, on pourra même s'apercevoir d'une chose qui, assurément, semblerait aujourd'hui tout à fait extraordinaire à certains s'ils étaient capables de s'en rendre compte : c'est que les empêchements à l'initiation, dans la Maçonnerie, coïncident presque entièrement avec ce que sont, dans l'Église catholique, les empêchements à l'ordination ².

Ce dernier point est encore de ceux qui, pour être bien compris, appellent quelque commentaire, car on pourrait, à première vue, être tenté de supposer qu'il y a là une certaine confusion entre des choses d'ordre différent, d'autant plus que nous avons souvent insisté sur la distinction essentielle qui existe entre les deux domaines initiatique et religieux, et qui, par conséquent, doit se retrouver aussi entre les rites qui se rapportent respectivement à l'un et à l'autre. Cependant, il n'est pas besoin de réfléchir bien longuement pour comprendre qu'il doit y avoir des lois générales conditionnant l'accomplissement des rites, de quelque ordre qu'ils soient, puisqu'il s'agit toujours, en somme, de la mise en œuvre de cer-

---

1 Ainsi, pour donner un exemple précis en ce genre, on ne voit pas en quoi un bègue pourrait être gêné dans l'exercice de ce métier par son infirmité.
2 Il en est ainsi, en particulier, pour ce qu'on appelait au XVIII siècle la « règle de la lettre B », c'est-à-dire pour les empêchements qui sont constitués, de part et d'autre également, par une série d'infirmités et de défauts corporels dont les noms en français, par une coïncidence assez curieuse, commencent tous par cette même lettre B.

taines influences spirituelles, quoique le but en soit naturellement différent suivant les cas. D'un autre côté, on pourrait aussi objecter que, dans le cas de l'ordination, il s'agit proprement de l'aptitude à remplir certaines fonctions [3], tandis que, pour ce qui est de l'initiation, les qualifications requises pour la recevoir sont distinctes de celles qui peuvent être nécessaires pour exercer en outre une fonction dans une organisation initiatique (fonction concernant principalement la transmission de l'influence spirituelle) ; et il est exact que ce n'est pas à ce point de vue des fonctions qu'il faut se placer pour que la similitude soit véritablement applicable. Ce qu'il faut considérer, c'est que, dans une organisation religieuse du type de celle du Catholicisme, le prêtre seul accomplit activement les rites, alors que les laïques n'y participent qu'en mode « réceptif » ; par contre, l'activité dans l'ordre rituélique constitue toujours, et sans aucune exception, un élément essentiel de toute méthode initiatique, de telle sorte que cette méthode implique nécessairement la possibilité d'exercer une telle activité. C'est donc, en définitive, cet accomplissement actif des rites qui exige, en dehors de la qualification proprement intellectuelle, certaines qualifications secondaires, variables en partie suivant le caractère spécial que revêtent ces rites dans telle ou telle forme initiatique, mais parmi lesquelles l'absence de certains défauts corporels joue toujours un rôle important, soit en tant que ces défauts font directement obstacle à l'accomplissement des rites, soit en tant qu'ils sont le signe extérieur de défauts correspondants dans les éléments subtils de l'être. C'est là surtout la conclusion que nous voulions arriver à dégager de toutes ces considérations ; et, au fond, ce qui paraît ici se rapporter plus spécialement à un cas particulier, celui de l'initiation maçonnique, n'a été pour nous que le moyen le plus commode d'exposer ces choses, qu'il nous reste encore à rendre plus précises à l'aide de quelques exemples déterminés d'empêchements dus à des défauts corporels ou à des défauts psychiques manifestés sensiblement par ceux-ci.

Si nous considérons les infirmités ou les simples défauts corporels en tant que signes extérieurs de certaines imperfections d'ordre psychique, il conviendra de faire une distinction entre les défauts

---

3 Ce cas est d'ailleurs, comme nous l'avons fait remarquer précédemment, le seul où des qualifications particulières puissent être exigées dans une organisation traditionnelle d'ordre exotérique.

que l'être présente dès sa naissance, ou qui se développent naturellement chez lui, au cours de son existence, comme des conséquences d'une certaine prédisposition, et ceux qui sont simplement le résultat de quelque accident. Il est évident, en effet, que les premiers traduisent quelque chose qui peut être regardé comme plus strictement inhérent à la nature même de l'être, et qui, par conséquent, est plus grave au point de vue où nous nous plaçons, bien que d'ailleurs, rien ne pouvant arriver à un être qui ne corresponde réellement à quelque élément plus ou moins essentiel de sa nature, les infirmités d'origine apparemment accidentelle elles-mêmes ne puissent pas être regardées comme entièrement indifférentes à cet égard. D'un autre côté, si l'on considère ces mêmes défauts comme obstacles directs à l'accomplissement des rites ou à leur action effective sur l'être, la distinction que nous venons d'indiquer n'a plus à intervenir ; mais il doit être bien entendu que certains défauts qui ne constituent pas de tels obstacles n'en sont pas moins, pour la première raison, des empêchements à l'initiation, et même parfois des empêchements d'un caractère plus absolu, car ils expriment une « déficience » intérieure rendant l'être impropre à toute initiation, tandis qu'il peut y avoir des infirmités faisant seulement obstacle à l'efficacité des méthodes « techniques » particulières à telle ou telle forme initiatique.

Certains pourront s'étonner que nous disions que les infirmités accidentelles ont aussi une correspondance dans la nature même de l'être qui en est atteint; ce n'est pourtant là, en somme, qu'une conséquence directe de ce que sont réellement les rapports de l'être avec l'ambiance dans laquelle il se manifeste : toutes les relations entre les êtres manifestés dans un même monde, ou, ce qui revient au même, toutes leurs actions et réactions réciproques, ne peuvent être réelles que si elles sont l'expression de quelque chose qui appartient à la nature de chacun de ces êtres. En d'autres termes, tout ce qu'un être subit, aussi bien que tout ce qu'il fait, constituant une « modification » de lui-même, doit nécessairement correspondre à quelqu'une des possibilités qui sont dans sa nature, de telle sorte qu'il ne peut rien y avoir qui soit purement accidentel, si l'on entend ce mot au sens d'« extrinsèque » comme on le fait communément. Toute la différence n'est donc ici qu'une différence de degré : il y a des modifications qui représentent quelque chose de plus important ou de plus profond que d'autres ; il y a donc, en quelque sorte, des valeurs hiérarchiques à observer sous ce rapport parmi les diverses possibilités du domaine individuel ; mais, à rigoureusement parler, rien n'est indifférent ou dépourvu de signification, parce que, au fond, un être ne peut recevoir du dehors que de simples « occasions » pour la réalisation, en mode manifesté, des virtualités qu'il porte tout d'abord en lui-même.

Il peut aussi sembler étrange, à ceux qui s'en tiennent aux apparences, que certaines infirmités peu graves au point de vue extérieur aient été toujours et partout considérées comme un empêchement à l'initiation ; un cas typique de ce genre est celui du bégaiement. En réalité, il suffit de réfléchir tant soit peu pour se rendre compte que, dans ce cas, on trouve précisément à la fois l'une et l'autre des deux raisons que nous avons mentionnées ; et en effet, tout d'abord, il y a le fait que la « technique » rituelle comporte presque toujours la prononciation de certaines formules verbales, prononciation qui doit naturellement être avant tout correcte pour être valable, ce que le bégaiement ne permet pas à ceux qui en sont affligés. D'autre part, il y a dans une semblable infirmité le signe manifeste d'une certaine « dérythmie » de l'être, s'il est permis d'employer ce mot ; et d'ailleurs les deux choses sont ici étroitement liées, car l'emploi même des formules auxquelles nous venons de faire allusion n'est proprement qu'une des applications de la « science du rythme » à la méthode initiatique, de sorte que l'incapacité à les prononcer correctement dépend en définitive de la « dérythmie » interne de l'être.

Cette « dérythmie » n'est elle-même qu'un cas particulier de désharmonie ou de déséquilibre dans la constitution de l'individu ; et l'on peut dire, d'une façon générale, que toutes les anomalies corporelles qui sont des marques d'un déséquilibre plus ou moins accentué, si elles ne sont pas forcément toujours des empêchements absolus (car il y a évidemment là bien des degrés à observer), sont tout au moins des indices défavorables chez un candidat à l'initiation. Il peut d'ailleurs se faire que de telles anomalies, qui ne sont pas proprement des infirmités, ne soient pas de nature à s'opposer à l'accomplissement du travail rituélique, mais que cependant, si elles atteignent un degré de gravité indiquant un déséquilibre profond et irrémédiable, elles suffisent à elles seules à disqualifier le candidat, conformément à ce que nous avons déjà expliqué plus haut. Telles sont, par exemple, des dissymétries notables du visage ou des membres ; mais, bien entendu, s'il ne s'agissait que de très légères dissymétries, elles ne pourraient même pas être considérées véritablement comme une anomalie, car, en fait, il n'y a sans doute personne qui présente en tout point une exacte symétrie corporelle. Ceci peut d'ailleurs s'interpréter comme signifiant que, dans l'état actuel de l'humanité tout au moins, aucun individu n'est parfaitement équilibré sous tous les rapports ; et, effectivement, la réalisation du parfait équilibre de l'individualité, impliquant la complète neutralisation de toutes les tendances opposées qui agissent en elle, donc la fixation en son centre même, seul point où ces oppositions cessent de se manifester, équivaut par là même, purement et simplement, à la restauration de l'« état primordial ». On voit donc qu'il ne faut rien exagérer, et que, s'il y a des individus qui sont qualifiés pour l'initiation, ils le sont malgré un certain état de déséquilibre relatif qui est inévitable, mais que précisément l'initiation pourra et devra atténuer si elle produit un résultat effectif, et même faire disparaître si elle arrive à être poussée jusqu'au degré qui correspond à la perfection des possibilités individuelles, c'est-à-dire, comme nous l'expliquerons encore plus loin, jusqu'au terme des « petits mystères » [1].

Nous devons encore faire remarquer qu'il est certains défauts qui, sans être tels qu'ils s'opposent à une initiation virtuelle, peuvent l'empêcher de devenir effective ; il va de soi, d'ailleurs, que c'est ici surtout qu'il y aura lieu de tenir compte des différences de méthodes qui existent entre les diverses formes initiatiques ; mais, dans tous les cas, il y aura des conditions de cette sorte à considérer dès lors qu'on entendra passer du « spéculatif » à l'« opératif ». Un des cas les plus généraux, dans cet ordre, sera notamment celui des défauts qui, comme certaines déviations de la colonne vertébrale, nuisent à la circulation normale des courants subtils dans l'organisme ; il est à peine besoin, en effet, de rappeler le rôle important que jouent ces courants dans la plupart des processus de réalisation, à partir de leur début même, et tant que les possibili-

---

[1] Nous avons signalé ailleurs, à propos des descriptions de l'Antéchrist, et précisément en ce qui concerne les dissymétries corporelles, que certaines disqualifications initiatiques de ce genre peuvent constituer au contraire des qualifications à l'égard de la « contre-initiation » (*Le Règne de la Quantité et les Signes des Temps*, ch. XXXIX).

Chapitre XIV

tés individuelles ne sont pas dépassées. Il convient d'ajouter, pour éviter tonte méprise à cet égard, que, si la mise en action de ces courants est accomplie consciemment dans certaines méthodes [1], il en est d'autres où il n'en est pas ainsi, mais où cependant une telle action n'en existe pas moins effectivement et n'en est même pas moins importante en réalité ; l'examen approfondi de certaines particularités rituéliques, de certains « signes de reconnaissance » par exemple (qui sont en même temps tout autre chose quand on les comprend vraiment), pourrait fournir là-dessus des indications très nettes, bien qu'assurément inattendues pour qui n'est pas habitué à considérer les choses à ce point de vue qui est proprement celui de la « technique » initiatique.

Comme il faut nous borner, nous nous contenterons de ces quelques exemples, peu nombreux sans doute, mais choisis à dessein parmi ceux qui correspondent aux cas les plus caractéristiques et les plus instructifs, de façon à faire comprendre le mieux possible ce dont il s'agit véritablement ; il serait en somme peu utile, sinon tout à fait fastidieux, de les multiplier indéfiniment. Si nous avons tant insisté sur le côté corporel des qualifications initiatiques, c'est qu'il est certainement celui qui risque d'apparaître le moins clairement aux yeux de beaucoup, celui que nos contemporains sont généralement le plus à méconnaître, donc celui sur lequel il y a d'autant plus lieu d'attirer spécialement leur attention. C'est aussi qu'il y avait là une occasion de montrer encore, avec toute la netteté voulue, combien ce qui concerne l'initiation est loin des simples théories plus on moins vagues que voudraient y voir tant de gens qui, par un effet trop commun de la confusion moderne, ont la prétention de parler de choses dont ils n'ont pas la moindre connaissance réelle, mais qu'ils n'en croient que plus facilement pouvoir « reconstruire » au gré de leur imagination ; et, enfin, il est particulièrement facile de se rendre compte, par des considérations « techniques » de cette sorte, que l'initiation est chose totalement différente du mysticisme et ne saurait véritablement avoir le moindre rapport avec lui.

---

[1] En particulier dans les méthodes « tantriques » auxquelles nous avons déjà fait allusion dans une note précédente.

Chapitre XV
DES RITES INITIATIQUES

Nous avons déjà, dans ce qui précède, été amené presque continuellement à faire allusion aux rites, car ils constituent l'élément essentiel pour la transmission de l'influence spirituelle et le rattachement à la « chaîne » initiatique, si bien qu'on peut dire que, sans les rites, il ne saurait y avoir d'initiation en aucune façon. Il nous faut revenir encore sur cette question des rites pour préciser certains points particulièrement importants ; il est d'ailleurs bien entendu que nous ne prétendons point traiter ici complètement des rites en général, de leur raison d'être, de leur rôle, des diverses espèces en lesquelles ils se divisent, car c'est là encore un sujet qui demanderait à lui seul un volume tout entier.

Il importe de remarquer tout d'abord que la présence des rites est un caractère commun à toutes les institutions traditionnelles, de quelque ordre qu'elles soient, exotériques aussi bien qu'ésotériques, en prenant ces termes dans leur sens le plus large comme nous l'avons déjà fait précédemment. Ce caractère est une conséquence de l'élément « non-humain » impliqué essentiellement dans de telles institutions, car on peut dire que les rites ont toujours pour but de mettre l'être humain en rapport, directement ou indirectement, avec quelque chose qui dépasse son individualité et qui appartient à d'autres états d'existence ; il est d'ailleurs évident qu'il n'est pas nécessaire dans tous les cas que la communication ainsi établie soit consciente pour être réelle, car elle s'opère le plus habituellement par l'intermédiaire de certaines modalités subtiles de l'individu, modalités dans lesquelles la plupart des hommes sont actuellement incapables de transférer le centre de leur conscience. Quoi qu'il en soit, que l'effet soit apparent ou non, qu'il soit immédiat ou différé, le rite porte toujours son efficacité en lui-même, à la condition, cela va de soi, qu'il soit accompli conformément aux règles traditionnelles qui assurent sa validité, et hors desquelles il ne serait plus qu'une forme vide et un vain simulacre ; et cette efficacité n'a rien de « merveilleux » ni de « magique », comme certains le disent parfois avec une intention manifeste de dénigrement et de négation, car elle résulte tout simplement des lois nettement définies suivant lesquelles agissent les influences spirituelles, lois dont la « technique » rituelle n'est en somme que l'application et la mise en œuvre [1].

Cette considération de l'efficacité inhérente aux rites, et fondée sur des lois qui ne laissent aucune place à la fantaisie ou à l'arbitraire, est commune à tous les cas sans exception ; cela est vrai pour les rites d'ordre exotérique aussi bien que pour les rites initiatiques, et, parmi les premiers, pour les rites relevant de formes traditionnelles non religieuses aussi bien que pour les rites religieux. Nous devons rappeler encore à ce propos, car c'est là un point des plus importants, que, comme nous l'avons déjà expliqué précédemment, cette efficacité est entièrement indépendante de ce que vaut en lui-même l'individu qui accomplit le rite ; la fonction seule compte ici, et non l'individu comme tel ; en d'autres termes, la condition nécessaire et suffisante est que celui-ci ait reçu régulièrement le pouvoir d'accomplir tel rite ; peu importe qu'il n'en comprenne pas vraiment la signification, et même qu'il ne croie pas à son efficacité, cela ne saurait empêcher le rite d'être valable si toutes les règles prescrites ont été convenablement observées [2].

Cela étant dit, nous pouvons en venir à ce qui concerne plus spécialement l'initiation, et nous noterons d'abord, à cet égard, que son caractère rituel met encore en évidence une des différences fondamentales qui la séparent du mysticisme, pour lequel il n'existe rien de tel, ce qui se comprend sans peine si l'on se reporte

---

[1] Il est à peine besoin de dire que toutes les considérations que nous exposons ici concernent exclusivement les rites véritables, possédant un caractère authentiquement traditionnel, et que nous nous refusons absolument à donner ce nom de rites à ce qui n'en est qu'une parodie, c'est-à-dire à des cérémonies établies en vertu de coutumes purement humaines, et dont l'effet, si tant est qu'elles en aient un, ne saurait en aucun cas dépasser le domaine « psychologique », au sens le plus profane de ce mot ; la distinction des rites et des cérémonies est d'ailleurs assez importante pour que nous la traitions spécialement dans la suite.

[2] C'est donc une grave erreur d'employer, comme nous l'avons vu faire souvent à certain écrivain maçonnique, apparemment fort satisfait de cette « trouvaille » plutôt malencontreuse, l'expression de « jouer au rituel » en parlant de l'accomplissement des rites initiatiques par des individus qui en ignorent le sens et qui ne cherchent même pas à le pénétrer ; une telle expression ne saurait convenir qu'au cas de profanes qui simuleraient les rites, n'ayant pas qualité pour les accomplir valablement ; mais, dans une organisation initiatique, si dégénérée qu'elle puisse être quant à la qualité de ses membres actuels, le rituel n'est pas quelque chose à quoi l'on joue, il est et demeure toujours une chose sérieuse et réellement efficace, même à l'insu de ceux qui y prennent part.

à ce que nous avons dit de son « irrégularité ». On sera peut-être tenté d'objecter que le mysticisme apparaît parfois comme ayant un lien plus ou moins direct avec l'observance de certains rites ; mais ceux-ci ne lui appartiennent nullement en propre, n'étant rien de plus ni d'autre que les rites religieux ordinaires ; et d'ailleurs ce lien n'a aucun caractère de nécessité, car, en fait, il est loin d'exister dans tous les cas, tandis que, nous le répétons, il n'y a pas d'initiation sans rites spéciaux et appropriés. L'initiation, en effet, n'est pas, comme les réalisations mystiques, quelque chose qui tombe d'au delà des nuages, si l'on peut dire, sans qu'on sache comment ni pourquoi ; elle repose au contraire sur des lois scientifiques positives et sur des règles techniques rigoureuses ; on ne saurait trop insister là-dessus, chaque fois que l'occasion s'en présente, pour écarter toute possibilité de malentendu sur sa véritable nature [1].

Quant à la distinction des rites initiatiques et des rites exotériques, nous ne pouvons que l'indiquer ici assez sommairement, car, s'il s'agissait d'entrer dans le détail, cela risquerait de nous entraîner fort loin ; il y aurait lieu, notamment, de tirer toutes les conséquences du fait que les premiers sont réservés et ne concernent qu'une élite possédant des qualifications particulières, tandis que les seconds sont publics et s'adressent indistinctement à tous les membres d'un milieu social donné, ce qui montre bien que, quelles que puissent être parfois les similitudes apparentes, le but ne saurait être le même en réalité [2]. En fait, les rites exotériques n'ont pas pour but, comme les rites initiatiques, d'ouvrir à l'être certaines possibilités de connaissance, ce à quoi tous ne sauraient être aptes : et, d'autre part, il est essentiel de remarquer que, bien que nécessairement ils fassent aussi appel à l'intervention d'un élément d'ordre

---

[1] C'est à cette technique, concernant le maniement des influences spirituelles, que se rapportent proprement des expressions comme celles d'« art sacerdotal » et d'« art royal », désignant les applications respectives des initiations correspondantes ; d'autre part, il s'agit ici de science sacrée et traditionnelle, mais qui, pour être assurément d'un tout autre ordre que la science profane, n'en est pas moins « positive », et l'est même réellement beaucoup plus si l'on prend ce mot dans son véritable sens, au lieu de l'en détourner abusivement comme le font les « scientistes » modernes.

[2] Signalons à ce propos l'erreur des ethnologues et des sociologues qui qualifient très improprement de « rites d'initiation » des rites concernant simplement l'agrégation de l'individu à une organisation sociale extérieure, et pour lesquels le fait d'avoir atteint un certain âge constitue la seule qualification requise ; nous reviendrons d'ailleurs sur ce point par la suite.

Chapitre XV

supra-individuel, leur action n'est jamais destinée à dépasser le domaine de l'individualité. Ceci est très visible dans le cas des rites religieux, que nous pouvons prendre plus particulièrement pour terme de comparaison, parce qu'ils sont les seuls rites exotériques que connaisse actuellement l'Occident : toute religion se propose uniquement d'assurer le « salut » de ses adhérents, ce qui est une finalité relevant encore de l'ordre individuel, et, par définition en quelque sorte, son point de vue ne s'étend pas au delà ; les mystiques eux-mêmes n'envisagent toujours que le « salut » et jamais la « Délivrance », tandis que celle-ci est, au contraire, le but dernier et suprême de toute initiation [1].

Un autre point d'une importance capitale est le suivant : l'initiation, à quelque degré que ce soit, représente pour l'être qui l'a reçue une acquisition permanente, un état que, virtuellement ou effectivement, il a atteint une fois pour toutes, et que rien désormais ne saurait lui enlever [2]. Nous pouvons remarquer qu'il y a là encore une différence très nette avec les états mystiques, qui apparaissent comme quelque chose de passager et même de fugitif, dont l'être sort comme il y est entré, et qu'il peut même ne jamais retrouver, ce qui s'explique par le caractère « phénoménique » de ces états, reçus du dehors, en quelque sorte, au lieu de procéder de l'« intériorité » même de l'être [3]. De là résulte immédiatement cette conséquence, que les rites d'initiation confèrent un caractère définitif et ineffaçable ; il en est d'ailleurs de même, dans un autre ordre, de certains rites religieux, qui, pour cette raison, ne sauraient jamais

---

1 Si l'on dit que, suivant la distinction que nous préciserons plus loin, ceci n'est vrai que des « grands mystères », nous répondrons que les « petits mystères », qui s'arrêtent effectivement aux limites des possibilités humaines, ne constituent par rapport à ceux-ci qu'un stade préparatoire et ne sont pas à eux-mêmes leur propre fin, tandis que la religion se présente comme un tout qui se suffit et ne requiert aucun complément ultérieur.

2 Précisons, pour qu'il n'y ait place à aucune équivoque, que ceci doit s'entendre uniquement des degrés d'initiation, et non des fonctions, qui peuvent n'être conférées que temporairement à un individu, ou que celui-ci peut devenir inapte à exercer pour de multiples raisons ; ce sont là deux choses entièrement distinctes, entre lesquelles on doit bien se garder de faire aucune confusion, la première étant d'ordre purement intérieur, tandis que la seconde se rapporte à une activité extérieure de l'être, ce qui explique la différence que nous venons d'indiquer.

3 Ceci touche à la question de la « dualité » que maintient nécessairement le point de vue religieux, par là même qu'il se rapporte essentiellement à ce que la terminologie hindoue désigne comme le « Non-Suprême ».

être renouvelés pour le même individu, et qui sont par là même ceux qui présentent l'analogie la plus accentuée avec les rites initiatiques, à tel point qu'on pourrait, en un certain sens, les considérer comme une sorte de transposition de ceux-ci dans le domaine exotérique [1].

Une autre conséquence de ce que nous venons de dire, c'est ceci, que nous avons déjà indiqué en passant, mais sur quoi il convient d'insister un peu plus : la qualité initiatique, une fois qu'elle a été reçue, n'est nullement attachée au fait d'être membre actif de telle ou telle organisation ; dès lors que le rattachement à une organisation traditionnelle a été effectué, il ne peut être rompu par quoi que ce soit, et il subsiste alors même que l'individu n'a plus avec cette organisation aucune relation apparente, ce qui n'a qu'une importance tout à fait secondaire à cet égard. Cela seul suffirait, à défaut de toute autre considération, à montrer combien les organisations initiatiques diffèrent profondément des associations profanes, auxquelles elles ne sauraient être assimilées ou même comparées en aucune façon : celui qui se retire d'une association profane ou qui en est exclu n'a plus aucun lien avec elle et redevient exactement ce qu'il était avant d'en faire partie ; au contraire, le lien établi par le caractère initiatique ne dépend en rien de contingences telles qu'une démission ou une exclusion, qui sont d'ordre simplement « administratif », comme nous l'avons déjà dit, et n'affectent que les relations extérieures ; et, si ces dernières sont tout dans l'ordre profane, où une association n'a rien d'autre à donner à ses membres, elles ne sont au contraire dans l'ordre initiatique qu'un moyen tout à fait accessoire, et nullement nécessaire, relativement aux réalités intérieures qui seules importent véritablement. Il suffit, pensons-nous, d'un peu de réflexion pour se rendre compte que tout cela est d'une parfaite évidence ; ce qui est étonnant, c'est de constater, comme nous en avons eu maintes fois l'occasion, une

---

1 On sait que, parmi les sept sacrements du Catholicisme, il en est trois qui sont dans ce cas et ne peuvent être reçus qu'une seule fois : le baptême, la confirmation et l'ordre ; l'analogie du baptême avec une initiation, en tant que « seconde naissance », est évidente, et la confirmation représente en principe l'accession à un degré supérieur ; quant à l'ordre, nous avons déjà signalé les similitudes qu'on peut y trouver en ce qui concerne la transmission des influences spirituelles, et qui sont encore rendues plus frappantes par le fait que ce sacrement n'est pas reçu par tous et requiert, comme nous l'avons dit, certaines qualifications spéciales.

méconnaissance à peu près générale de notions aussi simples et aussi élémentaires [1].

Chapitre XVI
LE RITE ET LE SYMBOLE

Nous avons indiqué précédemment que le rite et le symbole, qui sont l'un et l'autre des éléments essentiels de toute initiation, et qui même, d'une façon plus générale, se retrouvent aussi associés invariablement dans tout ce qui présente un caractère traditionnel, sont en réalité étroitement liés par leur nature même. En effet, tout rite comporte nécessairement un sens symbolique dans tous ses éléments constitutifs, et, inversement, tout symbole produit (et c'est même là ce à quoi il est essentiellement destiné), pour celui qui le médite avec les aptitudes et les dispositions requises, des effets rigoureusement comparables à ceux des rites proprement dits, sous la réserve, bien entendu, qu'il y ait, au point de départ de ce travail de méditation et comme condition préalable, la transmission initiatique régulière, en dehors de laquelle, d'ailleurs, les rites aussi ne seraient qu'un vain simulacre, ainsi qu'il arrive dans les parodies de la pseudo-initiation. Il faut encore ajouter que, lorsqu'il s'agit de rites et de symboles véritablement traditionnels (et ceux qui ne possèdent pas ce caractère ne méritent pas d'être nommés ainsi, n'en étant en réalité que de simples contrefaçons toutes profanes), leur origine est pareillement « non-humaine » ; aussi l'impossibilité de leur assigner un auteur ou un inventeur déterminé, que nous avons déjà signalée, n'est-elle point due à l'ignorance comme peuvent le supposer les historiens ordinaires (quand ils n'en arrivent pas, en désespoir de cause, à y voir le produit d'une sorte de « conscience collective » qui, même si elle existait, serait

---
[1] Pour prendre, à titre d'application de ce qui vient d'être dit en dernier lieu, l'exemple le plus simple et le plus vulgaire en ce qui concerne les organisations initiatiques, il est tout à fait inexact de parler d'un « ex-Maçon » comme on le fait couramment ; un Maçon démissionnaire ou même exclu ne fait plus partie d'aucune Loge ni d'aucune Obédience, mais n'en demeure pas moins Maçon pour cela ; que d'ailleurs lui-même le veuille ou non, cela n'y change rien ; et la preuve en est que, s'il vient ensuite à être « réintégré », on ne l'initie pas de nouveau et on ne le fait pas repasser par les grades qu'il a déjà reçus ; aussi l'expression anglaise d'*unattached Mason* est-elle la seule qui convienne proprement en pareil cas.

en tout cas bien incapable de donner naissance à des choses d'ordre transcendant comme celles dont il s'agit), mais elle est une conséquence nécessaire de cette origine même, qui ne peut être contestée que par ceux qui méconnaissent totalement la vraie nature de la tradition et de tout ce qui en fait partie intégrante, comme c'est bien évidemment le cas à la fois pour les rites et pour les symboles.

Si l'on veut examiner de plus près cette identité foncière du rite et du symbole, on peut dire tout d'abord que le symbole, entendu comme figuration « graphique » ainsi qu'il l'est le plus ordinairement, n'est en quelque sorte que la fixation d'un geste rituel [1]. Il arrive d'ailleurs souvent que le tracé même du symbole doit s'effectuer régulièrement dans des conditions qui lui confèrent tous les caractères d'un rite proprement dit ; on a de ceci un exemple très net, dans un domaine inférieur, celui de la magie (qui est malgré tout une science traditionnelle), avec la confection des figures talismaniques ; et, dans l'ordre qui nous concerne plus immédiatement, le tracé des yantras, dans la tradition hindoue, en est aussi un exemple non moins frappant [2].

Mais ce n'est pas tout, car la notion du symbole à laquelle nous venons de nous référer est, à vrai dire, beaucoup trop étroite : il n'y a pas seulement des symboles figurés ou visuels, il y a aussi des symboles sonores ; nous avons déjà indiqué ailleurs cette distinction de deux catégories fondamentales, qui est, dans la doctrine hindoue, celle du yantra et du mantra [3]. Nous avons même précisé alors que leur prédominance respective caractérisait deux sortes de rites, qui, à l'origine, se rapportent, pour les symboles visuels, aux traditions des peuples sédentaires, et, pour les symboles sonores, à celles des peuples nomades ; il est d'ailleurs bien entendu que, entre les uns et les autres, la séparation ne peut pas être établie d'une façon absolue (et c'est pourquoi nous parlons seulement de prédominance), toutes les combinaisons étant ici possibles, du

[1] Ces considérations se rattachent directement à ce que nous avons appelé la « théorie du geste », à laquelle il nous est arrivé de faire allusion en diverses occasions.
[2] On peut y assimiler, dans l'ancienne Maçonnerie, le tracé du « tableau de la Loge » : (en anglais *tracing board*, et aussi, peut-être par corruption, *trestle-board*), lequel constituait effectivement un véritable *yantra*. Les rites en relation avec la construction des monuments à destination traditionnelle pourraient encore être cités ici en exemple, ces monuments ayant nécessairement en eux-mêmes un caractère symbolique.
[3] Voir *Le Règne de la Quantité et les Signes des Temps*, ch. XXI.

fait des adaptations multiples qui se sont produites au cours des âges et par lesquelles ont été constituées les diverses formes traditionnelles qui nous sont actuellement connues. Ces considérations montrent assez clairement le lien qui existe, d'une façon tout à fait générale, entre les rites et les symboles ; mais nous pouvons ajouter que, dans le cas des mantras, ce lien est plus immédiatement apparent : en effet, tandis que le symbole visuel, une fois qu'il a été tracé, demeure ou peut demeurer à l'état permanent (et c'est pourquoi nous avons parlé de geste fixé), le symbole sonore, par contre, n'est manifesté que dans l'accomplissement même du rite. Cette différence se trouve d'ailleurs atténuée lorsqu'une correspondance est établie entre symboles sonores et symboles visuels ; c'est ce qui arrive avec l'écriture, qui représente une véritable fixation du son (non pas du son lui-même comme tel, bien entendu, mais d'une possibilité permanente de le reproduire) ; et il est à peine besoin de rappeler à ce propos que toute écriture, quant à ses origines tout au moins, est une figuration essentiellement symbolique. Du reste, il n'en est pas autrement de la parole elle-même, à laquelle ce caractère symbolique est non moins inhérent par sa nature propre : il est bien évident que le mot, quel qu'il soit, ne saurait être rien d'autre qu'un symbole de l'idée qu'il est destiné à exprimer ; aussi tout langage, oral aussi bien qu'écrit, ont-il véritablement un ensemble de symboles, et c'est précisément pourquoi le langage, en dépit de toutes les théories « naturalistes » qui ont été imaginées dans les temps modernes pour essayer de l'expliquer, ne peut être une création plus ou moins artificielle de l'homme, ni un simple produit de ses facultés d'ordre individuel [1].

Il est aussi, pour les symboles visuels eux-mêmes, un cas assez comparable à celui des symboles sonores sous le rapport que nous venons d'indiquer : ce cas est celui des symboles qui ne sont pas tracés de façon permanente, mais seulement employés comme signes dans les rites initiatiques (notamment les « signes de reconnaissance » dont nous avons parlé précédemment) [2] et même reli-

---

[1] Il va de soi que la distinction des « langues sacrées » et des « langues profanes » n'intervient que secondairement ; pour les langues aussi bien que pour les sciences et les arts, le caractère profane ne représente jamais que le résultat d'une véritable dégénérescence, qui a d'ailleurs pu se produire plus tôt et plus facilement dans le cas des langues en raison de leur usage plus courant et plus généralisé.

[2] Les « mots » d'usage similaire rentrent naturellement dans la catégorie des sym-

gieux (le « signe de la croix » en est un exemple typique et connu de tous) [1] ; ici, le symbole ne fait réellement qu'un avec le geste rituel lui-même [2]. Il serait d'ailleurs tout à fait inutile de vouloir faire de ces signes une troisième catégorie de symboles, distincte de celles dont nous avons parlé jusqu'ici ; probablement, certains psychologues les envisageraient ainsi et les désigneraient comme des symboles « moteurs » ou par quelque autre expression de ce genre ; mais, étant évidemment faits pour être perçus par la vue, ils rentrent par là même dans la catégorie des symboles visuels ; et ils sont dans celle-ci, en raison de leur « instantanéité », si l'on peut dire, ceux qui présentent la plus grande similitude avec la catégorie complémentaire, celle des symboles sonores. Du reste, le symbole « graphique » lui-même est, nous le répétons, un geste ou un mouvement fixé (le mouvement même ou l'ensemble plus ou moins complexe de mouvements qu'il faut faire pour le tracer, et que les mêmes psychologues, dans leur langage spécial, appelleraient sans doute un « schème moteur ») [3] ; et, pour ce qui est des symboles sonores, on peut dire aussi que le mouvement des organes vocaux, nécessaire à leur production (qu'il s'agisse d'ailleurs de l'émission de la parole ordinaire ou de celle de sons musicaux), constitue en somme un geste au même titre que toutes les autres sortes de mouvements corporels, dont il n'est d'ailleurs jamais possible de l'isoler entièrement [4]. Ainsi, cette notion du geste, prise dans son

boles sonores.
1 Ce signe était d'ailleurs, lui aussi, un véritable « signe de reconnaissance » pour les Chrétiens des premiers temps.
2 Un cas en quelque sorte intermédiaire est celui des figures symboliques qui, tracées au début d'un rite ou dans sa préparation, sont effacées aussitôt après son accomplissement ; il en est ainsi pour beaucoup de yantras, et il en était de même autrefois pour le « tableau de la Loge » dans la Maçonnerie. Cette pratique ne représente pas seulement une précaution prise contre la curiosité profane, explication toujours beaucoup trop « simpliste » et superficielle ; il faut y voir surtout une conséquence du lien même qui unit intimement le symbole au rite, de telle sorte que celui-là n'aurait aucune raison de subsister visiblement en dehors de celui-ci.
3 On le voit très nettement dans un cas comme celui du « signe de reconnaissance » qui, chez les Pythagoriciens, consistait à tracer le pentagramme d'un seul trait.
4 Signalons, en ce qui concerne les rapports du langage avec le geste entendu dans son sens plus ordinaire et restreint, les travaux du R. P. Marcel Jousse, qui, bien qu'ayant un point de départ forcément très différent du nôtre, n'en sont pas moins dignes d'intérêt, à notre point de vue, en ce qu'ils touchent à la question de certains modes d'expression traditionnels, liés généralement à la constitution et à l'usage des langues sacrées, et à peu près entièrement perdus ou oubliés dans les langues

Chapitre XVI

acception la plus étendue (et qui est d'ailleurs plus conforme à ce qu'implique vraiment le mot que l'acception plus restreinte qui lui est donnée par l'usage courant), ramène tous ces cas différents à l'unité, si bien qu'on peut dire que c'est là qu'ils ont au fond leur principe commun ; et ce fait a, dans l'ordre métaphysique, une signification profonde, que nous ne pouvons songer à développer ici, afin de ne pas trop nous écarter du sujet principal de notre étude.

On doit pouvoir comprendre maintenant sans peine que tout rite soit littéralement constitué par un ensemble de symboles : ceux-ci, en effet, ne comprennent pas seulement les objets employés ou les figures représentées, comme on pourrait être tenté de le penser quand on s'en tient à la notion la plus superficielle, mais aussi les gestes effectués et les paroles prononcées (celles-ci n'étant d'ailleurs en réalité, suivant ce que nous venons de dire, qu'un cas particulier de ceux-là), en un mot tous les éléments du rite sans exception ; et ces éléments ont ainsi valeur de symboles par leur nature même, et non pas en vertu d'une signification surajoutée qui leur viendrait des circonstances extérieures et ne leur serait pas vraiment inhérente. On pourrait dire encore que les rites sont des symboles « mis en action », que tout geste rituel est un symbole « agi »[1] ; ce n'est en somme qu'une autre façon d'exprimer la même chose, mettant seulement plus spécialement en évidence le caractère que présente le rite d'être, comme toute action, quelque chose qui s'accomplit forcément dans le temps[2], tandis que le symbole comme tel peut être envisagé d'un point de vue « intemporel ». En ce sens, on pourrait parler d'une certaine prééminence du symbole par rapport au rite ; mais rite et symbole ne sont au fond que deux aspects d'une même réalité ; et celle-ci n'est autre, en définitive, que

---

profanes, qui en sont en somme réduites à la forme de langage la plus étroitement limitée de toutes.

1 Nous noterons particulièrement, à ce point de vue, le rôle joué dans les rites par les gestes que la tradition hindoue appelle *mudrâs*, et qui constituent un véritable langage de mouvements et d'attitudes ; les « attouchements » (en anglais *grips*) employés comme « moyens de reconnaissance » dans les organisations initiatiques, tant en Occident qu'en Orient, ne sont pas autre chose en réalité qu'un cas particulier des *mudrâs*.

2 En sanscrit, le mot karma, qui signifie tout d'abord action en général, s'emploie d'une façon « technique » pour désigner en particulier l'« action rituelle » ; ce qu'il exprime alors directement est ce même caractère du rite que nous indiquons ici.

la correspondance qui relie entre eux tous les degrés de l'Existence universelle, de telle sorte que, par elle, notre état humain peut être mis en communication avec les états supérieurs de l'être.

Chapitre XVII
MYTHES, MYSTÈRES ET SYMBOLES

Les considérations que nous venons d'exposer nous amènent assez naturellement à examiner une autre question connexe, celle des rapports du symbole avec ce qu'on appelle le « mythe » ; à ce sujet, nous devons faire remarquer tout d'abord qu'il nous est arrivé parfois de parler d'une certaine dégénérescence du symbolisme comme ayant donné naissance à la « mythologie », prenant ce dernier mot dans le sens qu'on lui donne habituellement, et qui est en effet exact quand il s'agit de l'antiquité dite « classique », mais qui peut-être ne trouverait pas à s'appliquer valablement en dehors de cette période des civilisations grecque et latine. Aussi pensons-nous qu'il convient, partout ailleurs, d'éviter l'emploi de ce terme, qui ne peut que donner lieu à des équivoques fâcheuses et à des assimilations injustifiées ; mais, si l'usage impose cette restriction, il faut dire cependant que le mot « mythe », en lui-même et dans sa signification originelle, ne contient rien qui marque une telle dégénérescence, assez tardive en somme, et due uniquement à une incompréhension plus ou moins complète de ce qui subsistait d'une tradition fort antérieure. Il convient d'ajouter que, si l'on peut parler de « mythes » en ce qui concerne cette tradition même, à la condition de rétablir le vrai sens du mot et d'écarter tout ce qui s'y attache trop souvent de « péjoratif » dans le langage courant, il n'y avait pas alors, en tout cas, de « mythologie », celle-ci, telle que l'entendent les modernes, n'étant rien de plus qu'une étude entreprise « de l'extérieur », et impliquant par conséquent, pourrait-on dire, une incompréhension au second degré.

La distinction qu'on a voulu parfois établir entre « mythes » et « symboles » n'est pas fondée en réalité : pour certains, tandis que le mythe est un récit présentant un autre sens que celui que les mots qui le composent expriment directement et littéralement, le symbole serait essentiellement une représentation figurative de certaines idées par un schéma géométrique ou par un dessin quelconque ; le symbole serait donc proprement un mode graphique d'expression, et le mythe un mode verbal. Suivant ce que nous avons expliqué précédemment, il y a là, en ce qui concerne la signification donnée au symbole, une restriction tout à fait inacceptable, car toute image qui est prise pour représenter une idée, pour l'exprimer ou la suggérer d'une façon quelconque et à quelque degré que ce soit, est par là même un signe ou, ce qui revient au même, un symbole de cette idée ; peu importe qu'il s'agisse d'une image visuelle ou de toute autre sorte d'image, car cela n'introduit ici aucune différence essentielle et ne change absolument rien au principe même du symbolisme. Celui-ci, dans tous les cas, se base toujours sur un rapport d'analogie ou de correspondance entre l'idée qu'il s'agit d'exprimer et l'image, graphique, verbale ou autre, par laquelle on l'exprime ; à ce point de vue tout à fait général, les mots eux-mêmes, comme nous l'avons déjà dit, ne sont et ne peuvent être autre chose que des symboles. On pourrait même, au lieu de parler d'une idée et d'une image comme nous venons de le faire, parler plus généralement encore de deux réalités quelconques, d'ordres différents, entre lesquelles il existe une correspondance ayant son fondement à la fois dans la nature de l'une et de l'autre : dans ces conditions, une réalité d'un certain ordre peut être représentée par une réalité d'un autre ordre, et celle-ci est alors un symbole de celle-là.

Ayant ainsi rappelé le principe du symbolisme, nous voyons que celui-ci est évidemment susceptible d'une multitude de modalités diverses ; le mythe n'en est qu'un simple cas particulier, constituant une de ces modalités ; on pourrait dire que le symbole est le genre, et que le mythe en est une des espèces. En d'autres termes, on peut envisager un récit symbolique, aussi bien et au même titre qu'un dessin symbolique, ou que beaucoup d'autres choses encore qui ont le même caractère et qui jouent le même rôle ; les mythes sont des récits symboliques, de même que les « paraboles », qui, au fond, n'en diffèrent pas essentiellement [1] ; il ne nous semble pas

---

[1] Il n'est pas sans intérêt de remarquer que ce qu'on appelle dans la Maçonnerie les « légendes » des différents grades rentre dans cette définition des mythes, et que la « mise en action » de ces « légendes » montre bien qu'elles sont véritablement incorporées aux rites mêmes, dont il est absolument impossible de les séparer ; ce que nous avons dit de l'identité essentielle du rite et du symbole s'applique donc encore très nettement en pareil cas.

qu'il y ait là quelque chose qui puisse donner lieu à la moindre difficulté, dès lors qu'on a bien compris la notion générale et fondamentale du symbolisme.

Mais, cela dit, il y a lieu de préciser la signification propre du mot « mythe » lui-même, qui peut nous amener à certaines remarques qui ne sont pas sans importance, et qui se rattachent au caractère et à la fonction du symbolisme envisagé dans le sens plus déterminé où il se distingue du langage ordinaire et s'y oppose même à certains égards. On regarde communément ce mot « mythe » comme synonyme de « fable », en entendant simplement par là une action quelconque, le plus souvent revêtue d'un caractère plus ou moins poétique ; c'est là l'effet de la dégénérescence dont nous parlions tout d'abord, et les Grecs, à la langue desquels ce terme est emprunté, ont certainement eux-mêmes leur part de responsabilité dans ce qui est, à vrai dire, une altération profonde et une déviation du sens primitif. Chez eux, en effet, la fantaisie individuelle commença assez tôt à se donner libre cours dans toutes les formes de l'art, qui, au lieu de demeurer proprement hiératique et symbolique comme chez les Egyptiens et les peuples de l'Orient, prit bientôt par là une tout autre direction, visant beaucoup moins à instruire qu'à plaire, et aboutissant à des productions dont la plupart sont à peu près dépourvues de toute signification réelle, et profonde (sauf ce qui pouvait y subsister encore, fût-ce inconsciemment, d'éléments ayant appartenu à la tradition antérieure), et où, en tout cas, on ne retrouve plus trace de cette science éminemment « exacte » qu'est le véritable symbolisme ; c'est là, en somme, le début de ce qu'on peut appeler l'art profane; et il coïncide sensiblement avec celui de cette pensée également profane qui, due à l'exercice de la même fantaisie individuelle dans un autre domaine, devait être connue sous le nom de « philosophie ». La fantaisie dont il s'agit s'exerça en particulier sur les mythes préexistants : les poètes, qui dès lors, n'étaient plus des écrivains sacrés comme à l'origine et ne possédaient plus l'inspiration « supra-humaine », en les développant et les modifiant au gré de leur imagination, en les entourant d'ornements superflus et vains, les obscurcirent et les dénaturèrent, si bien qu'il devint souvent fort difficile d'en retrouver le sens et d'en dégager les éléments essentiels, sauf peut-être par comparaison avec les symboles similaires qu'on peut rencontrer ailleurs et qui n'ont pas subi la même déformation ; et l'on peut dire que finalement le mythe ne fut plus, au moins pour le grand nombre, qu'un symbole incompris, ce qu'il est resté pour les modernes. Mais ce n'est là que l'abus et, pourrions-nous dire, la « profanation » au sens propre du mot ; ce qu'il faut considérer, c'est que le mythe, avant toute déformation, était essentiellement un récit symbolique, comme nous l'avons dit plus haut, et que c'était là son unique raison d'être ; et, à ce point de vue déjà, « mythe » n'est pas entièrement synonyme de « fable », car ce dernier mot (en latin *fabula*, de *fari*, parler) ne désigne étymologiquement qu'un récit quelconque, sans en spécifier aucunement l'intention ou le caractère ; ici aussi, d'ailleurs, le sens de « fiction » n'est venu s'y attacher qu'ultérieurement. Il y a plus : ces deux termes de « mythe » et « fable », qu'on en est arrivé à prendre pour équivalents, sont dérivés de racines qui ont en réalité une signification tout opposée, car, tandis que la racine de « fable » désigne la parole, celle de « mythe », si étrange que cela puisse sembler à première vue lorsqu'il s'agit d'un récit, désigne au contraire le silence.

En effet, le mot grec *muthos*, « mythe », vient de la racine *mu*, et celle-ci (qui se retrouve dans le latin *mutus*, muet) représente la bouche fermée, et par suite le silence [1] ; c'est là le sens du verbe *muein*, fermer la bouche, se taire (et, par extension, il en arrive à signifier aussi fermer les yeux, au propre et au figuré) ; l'examen de quelques-uns des dérivés de ce verbe est particulièrement instructif. Ainsi, de *muô* (à l'infinitif *muein*) sont dérivés immédiatement deux autres verbes qui n'en diffèrent que très peu par leur forme, *muaô* et *mueô* ; le premier a les mêmes acceptions que *muô*, et il faut y joindre un autre dérivé, *mullô*, qui signifie encore fermer les lèvres, et aussi murmurer sans ouvrir la bouche [2]. Quant à *mueô*, et c'est là ce qu'il y a de plus important, il signifie initier (aux « mystères », dont le nom est tiré aussi de la même racine comme on le verra tout à l'heure, et précisément par l'intermédiaire de *mueô* et *mustês*), et, par suite, à la fois instruire (mais tout d'abord instruire sans paroles, ainsi qu'il en était effectivement dans les mystères) et

---

[1] Le *mutus liber* des hermétistes est littéralement le « livre muet », c'est-à-dire sans commentaire verbal, mais c'est aussi, en même temps, le livre des symboles, en tant que le symbolisme peut être véritablement regardé comme le « langage du silence ».
[2] Le latin *murmur* n'est d'ailleurs que la racine *mu* prolongée par la lettre *r* et répétée, de façon à représenter un bruit sourd et continu produit avec la bouche fermée.

consacrer ; nous devrions même dire en premier lieu consacrer, si l'on entend par « consécration », comme il se doit normalement, la transmission d'une influence spirituelle, ou le rite par lequel celle-ci est régulièrement transmise ; et de cette dernière acception est provenue plus tard pour le même mot, dans le langage ecclésiastique chrétien, celle de conférer l'ordination, qui en effet est bien aussi une « consécration » en ce sens, quoique dans un ordre différent de l'ordre initiatique.

Mais, dira-t-on, si le mot « mythe » a une telle origine, comment se fait-il qu'il ait pu servir à désigner un récit d'un certain genre ? C'est que cette idée de « silence » doit être rapportée ici aux choses qui, en raison de leur nature même, sont inexprimables, tout au moins directement et par le langage ordinaire ; une des fonctions générales du symbolisme est effectivement de suggérer l'inexprimable, de le faire pressentir, ou mieux « assentir », par les transpositions qu'il permet d'effectuer d'un ordre à un autre, de l'inférieur au supérieur, de ce qui est le plus immédiatement saisissable à ce qui ne l'est que beaucoup plus difficilement ; et telle est précisément la destination première des mythes. C'est d'ailleurs ainsi que, même à l'époque « classique », Platon a encore recours à l'emploi des mythes lorsqu'il veut exposer des conceptions qui dépassent la portée de ses moyens dialectiques habituels ; et ces mythes, que certainement il n'a point « inventés », mais seulement « adaptés », car ils portent la marque incontestable d'un enseignement traditionnel (comme la portent aussi certains procédés dont il fait usage pour l'interprétation des mots, et qui sont comparables à ceux du *nirukta* dans la tradition hindoue) [1], ces mythes, disons-nous, sont bien loin de n'être que les ornements littéraires plus ou moins négligeables qu'y voient trop souvent les commentateurs et les « critiques » modernes, pour qui il est assurément beaucoup plus commode de les écarter ainsi sans autre examen que d'en donner une explication même approximative ; ils répondent, tout au contraire, à ce qu'il y a de plus profond dans la pensée de Platon, de plus dégagé des contingences individuelles, et qu'il ne peut, à cause de cette profondeur même, exprimer que symboliquement ; la dialectique contient souvent chez lui une certaine part de « jeu », ce qui est très conforme à la mentalité grecque, mais, quand il l'aban-

---

1 Pour des exemples de ce genre d'interprétation, voir surtout le *Cratyle*.

donne pour le mythe, on peut être sûr que le jeu a cessé et qu'il s'agit de choses ayant en quelque façon un caractère « sacré ».

Dans le mythe, ce qu'on dit est donc autre chose que ce qu'on veut dire ; nous pouvons remarquer en passant que c'est là aussi ce que signifie étymologiquement le mot « allégorie » (de *allo agoreuein*, littéralement « dire autre chose »), qui nous donne encore un autre exemple des déviations de sens dues à l'usage courant, car, en fait, il ne désigne plus actuellement qu'une représentation conventionnelle et « littéraire », d'intention uniquement morale ou psychologique, et qui, le plus souvent, rentre dans la catégorie de ce qu'on appelle communément les « abstractions personnifiées » ; il est à peine besoin de dire que rien ne saurait être plus éloigné du véritable symbolisme. Mais, pour en revenir au mythe, s'il ne dit pas ce qu'il veut dire, il le suggère par cette correspondance analogique qui est le fondement et l'essence même de tout symbolisme ; ainsi, pourrait-on dire, on garde le silence tout en parlant, et c'est de là que le mythe a reçu sa désignation [1].

Il nous reste à attirer l'attention sur la parenté des mots « mythe » et « mystère », issus tous deux de la même racine : le mot grec *mustêrion*, « mystère », se rattache directement, lui aussi, à l'idée du « silence » ; et ceci, d'ailleurs, peut s'interpréter en plusieurs sens différents, mais liés l'un à l'autre, et dont chacun a sa raison d'être à un certain point de vue. Remarquons tout d'abord que, d'après la dérivation que nous avons indiquée précédemment (de *mueô*), le sens principal du mot est celui qui se réfère à l'initiation, et c'est bien ainsi, en effet, qu'il faut entendre ce qui était appelé « mystères » dans l'antiquité grecque. D'autre part, ce qui montre encore le destin vraiment singulier de certains mots, c'est qu'un autre terme étroitement apparenté à ceux que nous venons de

---

[1] On peut remarquer que c'est là ce que signifient aussi ces paroles du Christ, qui confirment bien l'identité foncière du « mythe » et de la « parabole » que nous signalions plus haut : « Pour ceux qui sont du dehors (expression exactement équivalente à celle de « profanes »), je leur parle en paraboles, de sorte qu'en voyant ils ne voient point, et qu'en entendant ils n'entendent point » (*St Matthieu*, XIII, 13 ; *St Marc*, IV, 11-12 ; *St Luc*, VIII, 10). Il s'agit ici de ceux qui ne saisissent que ce qui est dit littéralement, qui sont incapables d'aller au delà pour atteindre l'inexprimable, et à qui, par conséquent, « il n'a pas été donné de connaître le mystère du Royaume des Cieux » ; et l'emploi du mot « mystère », dans cette dernière phrase du texte évangélique, est à noter tout spécialement en rapport avec les considérations qui vont suivre.

mentionner est, comme nous l'avons d'ailleurs indiqué déjà, celui de « mystique », qui, étymologiquement, s'applique à tout ce qui concerne les mystères : *mustikos*, en effet, est l'adjectif de *mustês*, initié ; il équivaut donc originairement à « initiatique » et désigne tout ce qui se rapporte à l'initiation, à sa doctrine et à son objet même (mais dans ce sens ancien, il ne peut jamais être appliqué à des personnes) ; or, chez les modernes, ce même mot « mystique », seul parmi tous ces termes de souche commune, en est arrivé à désigner exclusivement quelque chose qui, comme nous l'avons vu, n'a absolument rien de commun avec l'initiation, et qui a même des caractères opposés à certains égards.

Revenons maintenant aux divers sens du mot « mystère » : au sens le plus immédiat, nous dirions volontiers le plus grossier ou tout au moins le plus extérieur, le mystère est ce dont on ne doit pas parler, ce sur quoi il convient de garder le silence, ou ce qu'il est interdit de faire connaître au dehors ; c'est ainsi qu'on l'entend le plus communément, même lorsqu'il s'agit des mystères antiques ; et, dans l'acception plus courante qu'il a reçue ultérieurement, le mot n'a même guère gardé d'autre sens que celui-là. Pourtant, cette interdiction de révéler certains rites et certains enseignements doit en réalité, tout en faisant la part des considérations d'opportunité qui ont pu assurément y jouer parfois un rôle, mais qui n'ont jamais qu'un caractère purement contingent, être envisagée surtout comme ayant, elle aussi, une valeur de symbole ; nous nous sommes déjà expliqué sur ce point en parlant de la véritable nature du secret initiatique. Comme nous l'avons dit à ce propos, ce qu'on a appelé la « discipline du secret », qui était de rigueur tout aussi bien dans la primitive Église chrétienne que dans les anciens mystères (et les adversaires religieux de l'ésotérisme devraient bien s'en souvenir), est fort loin de nous apparaître uniquement comme une simple précaution contre l'hostilité, du reste très réelle et souvent dangereuse, due à l'incompréhension du monde profane ; nous y voyons d'autres raisons d'un ordre beaucoup plus profond, et qui peuvent être indiquées par les autres sens contenus dans le mot « mystère ». Nous pouvons d'ailleurs ajouter que ce n'est pas par une simple coïncidence qu'il y a une étroite similitude entre les mots « sacré » (*sacratum*) et « secret » (*secretum*) : il s'agit, dans l'un et l'autre cas, de ce qui est mis à part (*secernere*, mettre à part, d'où le participe *secretum*), réservé, séparé du domaine profane ; de même, le lieu consacré est appelé *templum*, dont la racine *tem* (qui se retrouve dans le grec *temnô*, couper, retrancher, séparer, d'où temenos, enceinte sacrée) exprime aussi la même idée ; et la « contemplation », dont le nom provient de la même racine, se rattache encore à cette idée par son caractère strictement « intérieur » [1].

Suivant le second sens du mot « mystère », qui est déjà moins extérieur, il désigne ce qu'on doit recevoir en silence [2], ce sur quoi il ne convient pas de discuter ; à ce point de vue, toutes les doctrines traditionnelles, y compris les dogmes religieux qui en constituent un cas particulier, peuvent être appelées mystères (l'acception de ce mot s'étendant alors à des domaines autres que le domaine initiatique, mais où s'exerce également une influence « non-humaine »), parce que ce sont des vérités qui, par leur nature essentiellement supra-individuelle et supra-rationnelle, sont au-dessus de toute discussion [3]. Or on peut dire, pour relier ce sens au premier, que répandre inconsidérément parmi les profanes les mystères ainsi entendus, c'est inévitablement les livrer à la discussion, procédé profane par excellence, avec tous les inconvénients qui peuvent en résulter et que résume parfaitement ce mot de « profanation » que nous employions déjà précédemment à un autre propos, et qui doit être pris ici dans son acception à la fois la plus littérale et la plus complète ; le travail destructif de la « critique » moderne à l'égard de toute tradition est un exemple trop éloquent de ce que nous voulons dire pour qu'il soit nécessaire d'y insister davantage [4].

---

[1] Il est donc étymologiquement absurde de parler de « contempler » un spectacle extérieur quelconque, comme le font couramment les modernes, pour qui le vrai sens des mots semble, dans tant de cas, être complètement perdu.

[2] On pourra se rappeler encore ici la prescription du silence imposée autrefois aux disciples dans certaines écoles initiatiques, notamment dans l'école pythagoricienne.

[3] Ceci n'est autre chose que l'infaillibilité même qui est inhérente à toute doctrine traditionnelle.

[4] Ce sens du mot « mystère », qui est également attaché au mot « sacré » en raison de ce que nous avons dit plus haut, est marqué très nettement dans ce précepte de l'Évangile : « Ne donnez pas les choses saintes aux chiens, et ne jetez pas les perles devant les pourceaux, de peur qu'ils ne les foulent aux pieds, et que, se retournant contre vous, ils ne vous déchirent » (St Matthieu, VII, 6). On remarquera que les profanes sont représentés ici symboliquement par les animaux considérés comme « impurs », au sens proprement rituel de ce mot.

Enfin, il est un troisième sens, le plus profond de tous, suivant lequel le mystère est proprement l'inexprimable, qu'on ne peut que contempler en silence (et il convient de se rappeler ici ce que nous disions tout à l'heure de l'origine du mot « contemplation ») ; et, comme l'inexprimable est en même temps et par là l'incommunicable, l'interdiction de révéler l'enseignement sacré symbolise, à ce nouveau point de vue, l'impossibilité d'exprimer par des paroles le véritable mystère dont cet enseignement n'est pour ainsi dire que le vêtement, le manifestant et le voilant tout ensemble [1]. L'enseignement concernant l'inexprimable ne peut évidemment que le suggérer à l'aide d'images appropriées, qui seront comme les supports de la contemplation ; d'après ce que nous avons expliqué, cela revient à dire qu'un tel enseignement prend nécessairement la forme symbolique. Tel fut toujours, et chez tous les peuples, un des caractères essentiels de l'initiation aux mystères, par quelque nom qu'on l'ait d'ailleurs désignée ; on peut donc dire que les symboles, et en particulier les mythes lorsque cet enseignement se traduisit en paroles, constituent véritablement, dans leur destination première, le langage même de cette initiation.

Chapitre XVIII
SYMBOLISME ET PHILOSOPHIE

Si le symbolisme est, comme nous venons de l'expliquer, essentiellement inhérent à tout ce qui présente un caractère traditionnel, il est aussi, en même temps, un des traits par lesquels les doctrines traditionnelles, dans leur ensemble (car ceci s'applique à la fois aux deux domaines ésotérique et exotérique), se distinguent, en quelque sorte à première vue, de la pensée profane, à laquelle ce même symbolisme est tout à fait étranger, et cela nécessairement, par là même qu'il traduit proprement quelque chose de « non-humain », qui ne saurait aucunement exister en pareil cas. Pourtant, les philosophes, qui sont les représentants par excellence, si l'on peut dire, de cette pensée profane, mais qui n'en ont pas moins

---

[1] La conception vulgaire des « mystères », surtout quand elle est appliquée au domaine religieux, implique une confusion manifeste entre « inexprimable » et « incompréhensible », confusion qui est tout à fait injustifiée, sauf relativement aux limitations intellectuelles de certaines individualités.

la prétention de s'occuper des choses les plus diverses, comme si leur compétence s'étendait à tout, s'occupent parfois aussi du symbolisme, et il leur arrive alors d'émettre des idées et des théories bien étranges ; c'est ainsi que certains ont voulu constituer une « psychologie du symbolisme », ce qui se rattache à l'erreur spécifiquement moderne qu'on peut désigner par le nom de « psychologisme », et qui n'est elle-même qu'un cas particulier de la tendance à tout réduire à des éléments exclusivement humains. Cependant, il en est aussi quelques-uns qui reconnaissent que le symbolisme ne relève pas de la philosophie ; mais ils entendent donner à cette assertion un sens visiblement défavorable, comme si le symbolisme était à leurs yeux une chose inférieure et même négligeable ; et l'on peut même se demander, à voir la façon dont ils en parlent, s'ils ne le confondent pas tout simplement avec le pseudo-symbolisme de certains littérateurs, prenant ainsi pour la vraie signification du mot ce qui n'en est qu'un emploi tout à fait abusif et détourné. En réalité, si le symbolisme est une « forme de la pensée » comme on le dit, ce qui est vrai en un certain sens, mais n'empêche point qu'il soit aussi et tout d'abord autre chose, la philosophie en est une autre, radicalement différente, opposée même à divers égards. On peut aller plus loin : cette forme de pensée que représente la philosophie ne correspond qu'à un point de vue très spécial et ne saurait, même dans les cas les plus favorables, être valable que dans un domaine fort restreint, dont son plus grand tort, inhérent d'ailleurs à toute pensée profane comme telle, est peut-être de ne pas savoir ou de ne pas vouloir reconnaître les limites ; le symbolisme, ainsi qu'on peut s'en rendre compte par ce que nous avons déjà expliqué, a une tout autre portée ; et, même en ne voyant là rien de plus que deux formes de la pensée (ce qui est proprement confondre l'usage du symbolisme avec son essence même), ce serait encore une grave erreur de vouloir les mettre sur le même plan. Que les philosophes ne soient point de cet avis, cela ne prouve rien ; pour mettre les choses à leur juste place, il faut avant tout les envisager avec impartialité, ce qu'ils ne peuvent faire en l'occurrence ; et, quant à nous, nous sommes persuadés que, en tant que philosophes, ils n'arriveront jamais à pénétrer le sens profond du moindre symbole, parce qu'il y a là quelque chose qui est entièrement en dehors de leur façon de penser et qui dépasse inévitablement leur compréhension.

Ceux qui connaissent déjà tout ce que nous avons dit ailleurs de la philosophie, en maintes occasions, ne peuvent s'étonner de nous voir lui accorder qu'une bien médiocre importance ; du reste, sans même aller au fond des choses, il suffit, pour se rendre compte que sa position ne peut être ici que subalterne en quelque sorte, de se souvenir que tout mode d'expression, quel qu'il soit, a forcément un caractère symbolique, au sens le plus général de ce terme, par rapport à ce qu'il exprime. Les philosophes ne peuvent faire autrement que de se servir de mots, et, ainsi que nous l'avons dit précédemment, ces mots, en eux-mêmes, ne sont et ne peuvent être rien d'autre que des symboles ; c'est donc, d'une certaine façon, la philosophie qui rentre, bien que tout à fait inconsciemment, dans le domaine du symbolisme, et non pas l'inverse.

Cependant, il y a, sous un autre rapport, une opposition entre philosophie et symbolisme, si l'on entend ce dernier dans l'acception plus restreinte qu'on lui donne le plus habituellement, et qui est d'ailleurs aussi celle où nous le prenons lorsque nous le considérons comme proprement caractéristique des doctrines traditionnelles : cette opposition consiste en ce que la philosophie est comme tout ce qui s'exprime dans les formes ordinaires du langage, essentiellement analytique, tandis que le symbolisme proprement dit est essentiellement synthétique. La forme du langage est, par définition même, « discursive » comme la raison humaine dont il est l'instrument propre et dont il suit ou reproduit la marche aussi exactement que possible ; au contraire, le symbolisme proprement dit est véritablement « intuitif », ce qui, tout naturellement, le rend incomparablement plus apte que le langage à servir de point d'appui à l'intuition intellectuelle et supra-rationnelle, et c'est précisément pourquoi il constitue le mode d'expression par excellence de tout enseignement initiatique. Quant à la philosophie, elle représente en quelque sorte le type de la pensée discursive (ce qui, bien entendu, ne veut pas dire que toute pensée discursive ait un caractère spécifiquement philosophique), et c'est ce qui lui impose des limitations dont elle ne saurait s'affranchir ; par contre, le symbolisme, en tant que support de l'intuition transcendante, ouvre des possibilités véritablement illimitées.

La philosophie, par son caractère discursif, est chose exclusivement rationnelle, puisque ce caractère est celui qui appartient en propre à la raison elle-même ; le domaine de la philosophie et ses possibilités ne peuvent donc en aucun cas s'étendre au delà de ce que la raison est capable d'atteindre ; et encore ne représente-t-elle qu'un certain usage assez particulier de cette faculté, car il est évident, ne serait-ce que du fait de l'existence de sciences indépendantes, qu'il y a, dans l'ordre même de la connaissance rationnelle, bien des choses qui ne sont pas du ressort de la philosophie. Il ne s'agit d'ailleurs nullement ici de contester la valeur de la raison dans son domaine propre et tant qu'elle ne prétend pas le dépasser [1] ; mais cette valeur ne peut être que relative, comme ce domaine l'est également ; et, du reste, le mot *ratio* lui-même n'a-t-il pas primitivement le sens de « rapport » ? Nous ne contestons même pas davantage, dans certaines limites, la légitimité de la dialectique, encore que les philosophes en abusent trop souvent ; mais cette dialectique, en tout cas, ne doit jamais être qu'un moyen, non une fin en elle-même, et, en outre, il se peut que ce moyen ne soit pas applicable à tout indistinctement ; seulement, pour se rendre compte de cela, il faut sortir des bornes de la dialectique, et c'est ce que ne peut faire le philosophe comme tel.

En admettant même que la philosophie aille aussi loin que cela lui est théoriquement possible, nous voulons dire jusqu'aux extrêmes limites du domaine de la raison, ce sera encore bien peu en vérité, car, pour nous servir ici d'une expression évangélique, « une seule chose est nécessaire », et c'est précisément cette chose qui lui demeurera toujours interdite, parce qu'elle est au-dessus et au delà de toute connaissance rationnelle. Que peuvent les méthodes discursives du philosophe en face de l'inexprimable, qui est, comme nous l'expliquions plus haut, le « mystère » au sens le plus vrai et le plus profond de ce mot ? Au contraire, le symbolisme, redisons-le encore, a pour fonction essentielle de faire « assentir » cet inexprimable, de fournir le support qui permettra à l'intuition intellectuelle de l'atteindre effectivement ; qui donc, ayant compris cela, oserait encore nier l'immense supériorité du symbolisme et contester que sa portée dépasse incomparablement celle de toute philosophie possible ? Si excellente et si parfaite en

---

[1] Faisons remarquer, à ce propos, que « supra-rationnel » n'est aucunement synonyme d'« irrationnel » : ce qui est au-dessus de la raison ne lui est point contraire, mais lui échappe purement et simplement.

son genre que puisse être une philosophie (et ce n'est certes pas aux philosophies modernes que nous pensons en admettant une pareille hypothèse), ce n'est pourtant encore « que de la paille » ; le mot est de saint Thomas d'Aquin lui-même, qui cependant, on le reconnaîtra, ne devait pas être porté à déprécier outre mesure la pensée philosophique, mais qui du moins avait conscience de ses limitations.

Mais il y a encore autre chose : en considérant le symbolisme comme une « forme de pensée », on ne l'envisage en somme que sous le rapport purement humain, qui est du reste évidemment le seul sous lequel une comparaison avec la philosophie soit possible ; on doit sans doute l'envisager ainsi, en tant qu'il est un mode d'expression à l'usage de l'homme, mais, à la vérité, cela est fort loin d'être suffisant et, ne touchant aucunement à son essence, ne représente même que le côté le plus extérieur de la question. Nous avons déjà assez insisté sur le côté « non-humain » du symbolisme pour qu'il ne soit pas nécessaire d'y revenir encore bien longuement ; il suffit en somme de constater qu'il a son fondement dans la nature même des êtres et des choses, qu'il est en parfaite conformité avec les lois de cette nature, et de réfléchir que les lois naturelles ne sont elles-mêmes au fond qu'une expression et comme une extériorisation, si l'on peut dire, de la Volonté divine ou principielle. Le véritable fondement du symbolisme, c'est, comme nous l'avons déjà dit, la correspondance qui existe entre tous les ordres de réalité, qui les relie l'un à l'autre, et qui s'étend, par conséquent, de l'ordre naturel pris dans son ensemble à l'ordre surnaturel lui-même ; en vertu de cette correspondance, la nature tout entière n'est elle-même qu'un symbole, c'est-à-dire qu'elle ne reçoit sa vraie signification que si on la regarde comme un support pour nous élever à la connaissance des vérités surnaturelles, ou « métaphysiques » au sens propre et étymologique de ce mot, ce qui est précisément la fonction essentielle du symbolisme, et ce qui est aussi la raison d'être profonde de toute science traditionnelle [1]. Par là même, il y a nécessairement dans le symbolisme quelque chose dont l'origine remonte plus haut et plus loin que l'humanité, et l'on pourrait dire que cette origine est dans l'œuvre même du Verbe divin : elle est tout d'abord dans la

[1] C'est pourquoi le monde est comme un langage divin pour ceux qui savent le comprendre : suivant l'expression biblique, « *Cœli enarrant gloriam Dei* » (Psaume XIX, 2).

Chapitre XVIII

manifestation universelle elle-même, et elle est ensuite, plus spécialement par rapport à l'humanité, dans la Tradition primordiale qui est bien, elle aussi, « révélation » du Verbe ; cette Tradition, dont toutes les autres ne sont que des formes dérivées, s'incorpore pour ainsi dire dans des symboles qui se sont transmis d'âge en âge sans qu'on puisse leur assigner aucune origine « historique », et le processus de cette sorte d'incorporation symbolique est encore analogue, dans son ordre, à celui de la manifestation [1].

En face de ces titres du symbolisme, qui en font la valeur transcendante, quels sont ceux que la philosophie pourrait bien avoir à revendiquer ? L'origine du symbolisme se confond véritablement avec l'origine des temps, si elle n'est même, en un sens, au delà des temps, puisque ceux-ci ne comprennent en réalité qu'un mode spécial de la manifestation [2] ; il n'est d'ailleurs, comme nous l'avons fait remarquer, aucun symbole authentiquement traditionnel qu'on puisse rapporter à un inventeur humain, dont on puisse dire qu'il a été imaginé par tel ou tel individu; et cela même ne devrait-il pas donner à réfléchir à ceux qui en sont capables ? Toute philosophie, au contraire, ne remonte qu'à une époque déterminée et, en somme, toujours récente, même s'il s'agit de l'antiquité « classique » qui n'est qu'une antiquité fort relative (ce qui prouve bien d'ailleurs que, même humainement, cette forme spéciale de pensée n'a rien d'essentiel) [3] ; elle est l'œuvre d'un homme dont le nom nous est connu aussi bien que la date à laquelle il a vécu, et c'est ce nom même qui sert d'ordinaire à la désigner, ce qui montre bien qu'il n'y a là rien que d'humain et d'individuel. C'est pourquoi nous disions tout à l'heure qu'on ne peut songer à établir une comparaison quelconque entre la philosophie et le symbolisme qu'à la condition de se borner à envisager celui-ci exclusivement du côté

---

1 Nous rappellerons encore une fois à ce propos, pour ne laisser place à aucune équivoque, que nous nous refusons absolument à donner le nom de « tradition » à tout ce qui est purement humain et profane, et, en particulier, à une doctrine philosophique quelle qu'elle soit.

2 Il est donc assez peu compréhensible qu'un certain Rite maçonnique, dont la « régularité » est d'ailleurs très contestable, prétende dater ses documents d'une ère comptée *Ab Origine Symbolismi*.

3 Il y aurait peut-être lieu de se demander pourquoi la philosophie a pris naissance précisément au VIe siècle avant l'ère chrétienne, époque qui présente des caractères assez singuliers à bien des égards, ainsi que nous l'avons fait remarquer en différentes occasions.

humain, puisque, pour tout le reste, on ne saurait trouver dans l'ordre philosophique ni équivalence ni même correspondance de quelque genre que ce soit.

La philosophie est donc, si l'on veut, et pour mettre les choses au mieux, la « sagesse humaine », ou une de ses formes, mais elle n'est en tout cas que cela, et c'est pourquoi nous disons qu'elle est bien peu de chose au fond ; et elle n'est que cela parce qu'elle est une spéculation toute rationnelle, et que la raison est une faculté purement humaine, celle même par laquelle se définit essentiellement la nature individuelle humaine comme telle. « Sagesse humaine », autant dire « sagesse mondaine », au sens ou le « monde » est entendu notamment dans l'Évangile [1] ; nous pourrions encore, dans le même sens, dire tout aussi bien « sagesse profane » ; toutes ces expressions sont synonymes au fond, et elles indiquent clairement que ce dont il s'agit n'est point la véritable sagesse, que ce n'en est tout au plus qu'une ombre assez vaine, et même trop souvent « inversée » [2]. D'ailleurs, en fait, la plupart des philosophies ne sont pas même une ombre de la sagesse, si déformée qu'on la suppose ; elles ne sont, surtout lorsqu'il s'agit des philosophies modernes, d'où les moindres vestiges des anciennes connaissances traditionnelles ont entièrement disparu, que des constructions dépourvues de toute base solide, des assemblages d'hypothèses plus ou moins fantaisistes, et, en tout cas, de simples opinions individuelles sans autorité et sans portée réelle.

Nous pouvons, pour conclure sur ce point, résumer en quelques mots le fond de notre pensée : la philosophie n'est proprement que

---

[1] En sanscrit, le mot *laukika*, « mondain » (adjectif dérivé de loka, « monde »), est pris souvent avec la même acception que dans le langage évangélique, c'est-à-dire en somme avec le sens de « profane », et cette concordance nous paraît très digne de remarque.

[2] Du reste, même à ne considérer que le sens propre des mots, il devrait être évident que *philosophia* n'est point sophia, « sagesse », ce ne peut être normalement, par rapport à celle-ci, qu'une préparation ou un acheminement ; aussi pourrait-on dire que la philosophie devient illégitime dès qu'elle n'a plus pour but de conduire à quelque chose qui la dépasse. C'est d'ailleurs ce que reconnaissaient les scolastiques du moyen âge lorsqu'ils disaient : « *Philosophia ancilla theologiæ* » ; mais, en cela, leur point de vue était encore beaucoup trop restreint, car la théologie, qui ne relève que du domaine exotérique, est extrêmement loin de pouvoir représenter la sagesse traditionnelle dans son intégralité.

du « savoir profane » et ne peut prétendre à rien de plus, tandis que le symbolisme, entendu dans son vrai sens, fait essentiellement partie de la « science sacrée », qui même ne saurait véritablement exister ou du moins s'extérioriser sans lui, car tout moyen d'expression approprié lui fait alors défaut. Nous savons bien que beaucoup de nos contemporains, et même le plus grand nombre, sont malheureusement incapables de faire comme il convient la distinction entre ces deux ordres de connaissance (si tant est qu'une connaissance profane mérite vraiment ce nom) ; mais, bien entendu, ce n'est pas à ceux-là que nous nous adressons, car, comme nous l'avons déjà déclaré assez souvent en d'autres occasions, c'est uniquement de « science sacrée » que nous entendons nous occuper pour notre part.

Chapitre XIX
RITES ET CÉRÉMONIES

Après avoir éclairci, autant qu'il nous était possible, les principales questions se rapportant à la véritable nature du symbolisme, nous pouvons revenir maintenant à ce qui concerne les rites ; il nous reste encore, sur ce sujet, quelques fâcheuses confusions à dissiper. À notre époque, les affirmations les plus extraordinaires sont devenues possibles et se font même accepter couramment, ceux qui les émettent et ceux qui les entendent étant affectés d'un même manque de discernement ; l'observateur des manifestations diverses de la mentalité contemporaine a à constater, à chaque instant, tant de choses de ce genre, dans tous les ordres et dans tous les domaines, qu'il devrait en arriver à ne plus s'étonner de rien. Pourtant, il est bien difficile malgré tout de se défendre d'une certaine stupéfaction quand on voit de prétendus « instructeurs spirituels », que certains croient même revêtus de « missions » plus ou moins exceptionnelles, se retrancher derrière leur « horreur des cérémonies » pour rejeter indistinctement tous les rites, de quelque nature qu'ils soient, et pour s'y déclarer même résolument hostiles. Cette horreur est, en elle-même, une chose parfaitement admissible, légitime même si l'on veut, à la condition d'y faire une large part à une question de préférences individuelles et de ne pas vouloir que tous la partagent forcément ; en tout cas, quant à nous,

nous la comprenons sans la moindre peine ; mais nous ne nous serions certes jamais douté que certains rites puissent être assimilés à des « cérémonies », ni que les rites en général dussent être considérés comme ayant en eux-mêmes un tel caractère, C'est là que réside la confusion, vraiment étrange de la part de ceux qui ont quelque prétention plus ou moins avouée à servir de « guides » à autrui dans un domaine où, précisément, les rites jouent un rôle essentiel et de la plus grande importance, en tant que « véhicules » indispensables des influences spirituelles sans lesquelles il ne saurait être question du moindre contact effectif avec des réalités d'ordre supérieur, mais seulement d'aspirations vagues et inconsistantes, d'« idéalisme » nébuleux et de spéculations dans le vide.

Nous ne nous attarderons pas à rechercher quelle peut être l'origine du mot même de « cérémonie », qui semble assez obscur et sur laquelle les linguistes sont loin de s'accorder [1] ; il est bien entendu que nous le prenons dans le sens qu'il a constamment dans le langage actuel, et qui est suffisamment connu de tout le monde pour qu'il n'y ait pas lieu d'y insister : il s'agit en somme toujours d'une manifestation comportant un plus ou moins grand déploiement de pompe extérieure, quelles que soient les circonstances qui en fournissent l'occasion ou le prétexte dans chaque cas particulier. Il est évident qu'il peut arriver, et qu'il arrive souvent en fait, surtout dans l'ordre exotérique, que des rites soient entourés d'une telle pompe ; mais alors la cérémonie constitue simplement quelque chose de surajouté au rite lui-même, donc d'accidentel et non point d'essentiel par rapport à celui-ci ; nous allons revenir tout à l'heure sur ce point. D'autre part, il est non moins évident qu'il existe aussi, et à notre époque plus que jamais, une multitude de cérémonies qui n'ont qu'un caractère purement profane, donc qui ne sont aucunement liées à l'accomplissement d'un rite quelconque, si on en est venu à les décorer du nom de rites, ce n'est que par un de ces prodigieux abus de langage que nous avons si souvent à dénoncer, et cela s'explique d'ailleurs, au fond, par le

---

[1] Ce mot vient-il des fêtes de Cérès chez les Romains, ou bien, comme d'autres l'ont supposé, du nom d'une ancienne ville d'Italie appelée Céré ? Peu importe au fond, car cette origine, dans tous les cas, peut, comme celle du mot « mystique » dont nous avons eu à parler précédemment, n'avoir que fort peu de rapport avec le sens que le mot a pris dans l'usage courant et qui est le seul dans lequel il soit actuellement possible de l'employer.

Chapitre XIX

fait qu'il y a, sous toutes ces choses, une intention d'instituer en effet des « pseudo-rites » destinés à supplanter les véritables rites religieux, mais qui, naturellement, ne peuvent imiter ceux-ci que d'une façon tout extérieure, c'est-à-dire précisément par leur seul côté « cérémoniel ». Le rite lui-même, dont la cérémonie n'était en quelque sorte qu'une simple « enveloppe », est dès lors entièrement inexistant, puisqu'il ne saurait y avoir de rite profane, ce qui serait une contradiction dans les termes ; et l'on peut se demander si les inspirateurs conscients de ces contrefaçons grossières comptent simplement sur l'ignorance et l'incompréhension générales pour faire accepter une pareille substitution, ou s'ils les partagent eux-mêmes dans une certaine mesure. Nous ne chercherons pas à résoudre cette dernière question, et nous rappellerons seulement, à ceux qui s'étonneraient qu'elle puisse se poser, que l'intelligence des réalités proprement spirituelles, à quelque degré que ce soit, est rigoureusement fermée à la « contre-initiation » [1] ; mais tout ce qui nous importe présentement, c'est le fait même qu'il existe des cérémonies sans rites, aussi bien que des rites sans cérémonies, ce qui suffit pour montrer à quel point il est erroné de vouloir établir entre les deux choses une identification ou une assimilation quelconque.

Nous avons dit souvent que, dans une civilisation strictement traditionnelle, tout a véritablement un caractère rituel, y compris les actions mêmes de la vie courante ; faudrait-il donc supposer pour cela que les hommes doivent y vivre, si l'on peut dire, en état de cérémonie perpétuelle ? Cela est littéralement inimaginable, et il n'y a qu'à formuler la question ainsi pour en faire apparaître aussitôt toute l'absurdité ; il faut même dire plutôt que c'est tout le contraire d'une telle supposition qui est vrai, car les rites, étant alors chose toute naturelle, et n'ayant à aucun degré le caractère d'exception qu'ils semblent présenter quand la conscience de la tradition s'affaiblit et quand le point de vue profane prend naissance et se répand en proportion même de cet affaiblissement, des cérémonies quelconques accompagnant ces rites, et soulignant en quelque sorte ce caractère exceptionnel, n'auraient assurément aucune raison d'être en pareil cas. Si l'on remonte aux origines, le rite n'est pas autre chose que « ce qui est conforme à l'ordre », suivant

---

[1] Voir *Le Règne de la Quantité et les Signes des Temps*, ch. XXXVIII et XL.

l'acceptation du terme sanscrit *rita* [1] ; il est donc ce qui est seul réellement « normal », tandis que la cérémonie, par contre, donne toujours et inévitablement l'impression de quelque chose de plus ou moins, anormal, en dehors du cours habituel et régulier des évènements qui remplissent le reste de l'existence. Cette impression, notons-le en passant, pourrait peut-être contribuer pour une part à expliquer la façon si singulière dont les Occidentaux modernes, qui ne savent plus guère séparer la religion des cérémonies, la considèrent comme quelque chose d'entièrement isolé, qui n'a plus aucun rapport réel avec l'ensemble des autres activités auxquelles ils « consacrent » leur vie.

Toute cérémonie a un caractère artificiel, conventionnel même pour ainsi dire, parce qu'elle n'est, en définitive, que le produit d'une élaboration tout humaine ; même si elle est destinée à accompagner un rite, ce caractère s'oppose à celui du rite lui-même, qui, au contraire, comporte essentiellement un élément « non-humain ». Celui qui accomplit un rite, s'il a atteint un certain degré de connaissance effective, peut et doit même avoir conscience qu'il y a là quelque chose qui le dépasse, qui ne dépend en aucune façon de son initiative individuelle ; mais, pour ce qui est des cérémonies, si elles peuvent en imposer à ceux qui y assistent, et qui s'y trouvent réduits à un rôle de simples spectateurs plutôt que de « participants », il est bien clair que ceux qui les organisent et qui en règlent l'ordonnance savent parfaitement à quoi s'en tenir et se rendent bien compte que toute l'efficacité qu'on peut en attendre est entièrement subordonnée aux dispositions prises par eux-mêmes et à la manière plus ou moins satisfaisante dont elles seront exécutées. En effet, cette efficacité, par là même qu'il n'y a là rien que d'humain, ne peut être d'un ordre vraiment profond, et n'est en somme que purement « psychologique » ; c'est pourquoi l'on peut dire qu'il s'agit bien d'impressionner les assistants ou de leur en imposer par toute sorte de moyens sensibles ; et, dans le langage ordinaire lui-même, un des plus grands éloges qu'on puisse faire d'une cérémonie n'est-il pas justement de la qualifier d'« imposante », sans d'ailleurs que le véritable sens de cette épithète soit généralement bien compris ? Remarquons encore, à ce propos, que ceux qui ne veulent reconnaître aux rites que des

---

1 Cf. *Le Règne de la Quantité et les Signes des Temps*, ch. III et VIII.

effets d'ordre « psychologique » les confondent aussi en cela, peut-être sans s'en apercevoir, avec les cérémonies, et cela parce qu'ils en méconnaissent le caractère « non humain », en vertu duquel leurs effets réels, en tant que rites proprement dits et indépendamment de toute circonstance accessoire, sont au contraire d'un ordre totalement différent de celui-là.

Maintenant, on pourrait se poser cette question : pourquoi adjoindre ainsi des cérémonies aux rites, comme si le « non-humain » avait besoin de cette aide humaine, alors qu'il devrait bien plutôt demeurer aussi dégagé que possible de semblables contingences ? La vérité est qu'il y a là tout simplement une conséquence de la nécessité qui s'impose de tenir compte des conditions de fait qui sont celles de l'humanité terrestre, du moins dans telle, ou telle période de son existence ; il s'agit d'une concession faite à un certain état de déchéance, au point de vue spirituel, des hommes qui sont appelés à participer aux rites ; ce sont ces hommes, et non point les rites, qui ont besoin du secours des cérémonies. Il ne saurait être aucunement question de renforcer ou d'intensifier l'effet même des rites dans leur domaine propre, mais uniquement de les rendre plus accessibles aux individus à qui ils s'adressent, d'y préparer ceux-ci, autant qu'il se peut, en les mettant dans un état émotif et mental approprié ; c'est là tout ce que peuvent faire les cérémonies, et il faut reconnaître qu'elles sont loin d'être inutiles sous ce rapport et que, pour la généralité des hommes, elles remplissent en effet assez bien cet office. C'est aussi pourquoi elles n'ont vraiment de raison d'être que dans l'ordre exotérique, qui s'adresse à tous sans distinction ; s'il s'agit de l'ordre ésotérique ou initiatique, il en va tout autrement, puisque celui-ci doit être réservé à une élite qui, par définition même, n'a pas besoin de ces « adjuvants » tout extérieurs, sa qualification impliquant précisément qu'elle est supérieure à l'état de déchéance qui est celui du plus grand nombre ; aussi l'introduction de cérémonies dans cet ordre, si elle vient cependant à se produire parfois, ne peut-elle s'expliquer que par une certaine dégénérescence des organisations initiatiques où un tel fait a lieu.

Ce que nous venons de dire définit le rôle légitime des cérémonies ; mais, à côté de cela, il y a aussi l'abus et le danger : comme ce qui est purement extérieur est aussi, par la force même des choses, ce qu'il y a de plus immédiatement apparent, il est toujours à craindre que l'accidentel ne fasse perdre de vue l'essentiel, et que les cérémonies ne prennent, aux yeux de ceux qui en sont témoins, beaucoup plus d'importance que les rites, qu'elles dissimulent en quelque sorte sous une accumulation de formes accessoires. Il peut même arriver, ce qui est encore plus grave, que cette erreur soit partagée par ceux qui ont pour fonction d'accomplir les rites en qualité de représentants autorisés d'une tradition, si eux-mêmes sont atteints par cette déchéance spirituelle générale dont nous avons parlé ; et il en résulte alors que, la compréhension vraie ayant disparu, tout se réduit, consciemment du moins, à un « formalisme » excessif et sans raison, qui volontiers s'attachera surtout à maintenir l'éclat des cérémonies et à l'amplifier outre mesure, tenant presque pour négligeable le rite qui serait ramené à l'essentiel, et qui est pourtant tout ce qui devrait compter véritablement. C'est là, pour une forme traditionnelle, une sorte de dégénérescence qui confine à la « superstition » entendue dans son sens étymologique, puisque le respect des formes y survit à leur compréhension, et qu'ainsi la « lettre » étouffe entièrement l'« esprit » ; le « cérémonialisme » n'est point l'observance du rituel, il est plutôt l'oubli de sa valeur profonde et de sa signification réelle, la matérialisation plus ou moins grossière des conceptions qu'on se fait de sa nature et de son rôle, et, finalement, la méconnaissance du « non-humain » au profit de l'humain.

Chapitre XX
À PROPOS DE «MAGIE CÉRÉMONIELLE»

Pour compléter ce qui vient d'être dit sur les cérémonies et sur leurs différences essentielles avec les rites, nous envisagerons encore un cas spécial que nous avons laissé de côté intentionnellement : ce cas est celui où il est question de « cérémonies magiques », et, bien qu'il soit assurément en dehors du sujet principal de notre étude, nous ne croyons pas inutile de le traiter avec quelque détail, puisque la magie est, comme nous l'avons déjà dit, ce qui donne lieu à une bonne partie des équivoques créées et entretenues, au sujet de l'initiation, par une foule de pseudo-initiés de tout genre ; du reste, le terme de « magie » est sans cesse appliqué aujourd'hui à tort et à travers aux choses les plus diverses, et parfois sans le

Chapitre XX

moindre rapport avec ce qu'il désigne réellement. Tout ce qui semble plus ou moins bizarre, tout ce qui sort de l'ordinaire (ou de ce qu'on est convenu de considérer comme tel), est « magique » pour certains ; nous avons déjà signalé l'application que quelques-uns font de cette épithète à l'efficacité propre des rites, le plus souvent d'ailleurs avec l'intention d'en nier la réalité ; et à vrai dire, dans le langage vulgaire, le mot en est même arrivé à n'avoir plus guère d'autre sens que celui-là, Pour d'autres, la « magie » prend l'aspect d'une chose plutôt « littéraire », un peu à la façon dont on parle couramment aussi de la « magie du style » ; et c'est surtout à la poésie (ou tout au moins à certaine poésie, sinon à toute indistinctement) qu'ils veulent attribuer ce caractère « magique ». Dans ce dernier cas, il y a une confusion peut-être moins grossière, mais qu'il importe d'autant plus de dissiper : il est exact que la poésie, à ses origines et avant qu'elle n'ait dégénéré en simple « littérature » et en expression d'une pure fantaisie individuelle, était quelque chose de tout différent, dont la notion peut en somme se rattacher directement à celle des *mantras* [1] ; il pouvait donc y avoir réellement alors une poésie magique, aussi bien qu'une poésie destinée à produire des effets d'un ordre beaucoup plus élevé [2] ; mais, dès lors qu'il s'agit au contraire de poésie profane (et c'est bien celle-ci que les modernes ont en vue inévitablement, puisque, même quand il leur arrive de se trouver en présence de l'autre, ils ne savent pas l'en distinguer et croient encore n'avoir affaire qu'à de la « littérature »), il ne peut plus être question de rien de tel, non plus, quoi qu'on en puisse dire (et ceci est encore un autre abus de langage), que d'« inspiration » au seul véritable sens de ce mot, c'est-à-dire au sens proprement « supra-humain ». Nous ne contestons pas, bien entendu, que la poésie profane, comme d'ailleurs n'importe quelle expression d'idées ou de sentiments quelconques, puisse produire des effets psychologiques ; mais cela est une tout autre question et, précisément, n'a absolument rien à voir avec la magie ; cependant,

---

[1] Les livres sacrés, ou du moins certains d'entre eux, peuvent être des « poèmes » en ce sens, mais ils ne le sont certainement pas au sens « littéraire » où le prétendent les « critiques » modernes, qui veulent encore par là les ramener à un niveau purement humain.

[2] Les seuls vestiges de poésie magique qu'on puisse trouver encore actuellement en Occident font partie de ce que nos contemporains sont convenus d'appeler les « superstitions populaires » ; c'est en effet dans la sorcellerie des campagnes qu'ils se rencontrent surtout.

ce point est à retenir, car il peut y avoir là la source d'une confusion qui, en ce cas, serait simplement corrélative d'une autre erreur que les modernes commettent fréquemment aussi quant à la nature de la magie elle-même, et sur laquelle nous allons avoir à revenir par la suite.

Cela dit, nous rappellerons que la magie est proprement une science, on peut même dire une science « physique » au sens étymologique de ce mot, puisqu'il s'agit des lois et de la production de certains phénomènes (et c'est d'ailleurs, comme nous l'avons déjà indiqué, le caractère « phénoménique » de la magie qui intéresse certains Occidentaux modernes, parce qu'il satisfait leurs tendances « expérimentalistes ») ; seulement, il importe de préciser que les forces qui interviennent ici appartiennent à l'ordre subtil, et non pas à l'ordre corporel, et c'est en cela qu'il serait complètement faux de vouloir assimiler cette science à la « physique » prise dans le sens restreint où l'entendent les modernes, cette erreur se rencontre du reste aussi en fait, puisque certains ont cru pouvoir rapporter les phénomènes magiques à l'électricité ou à des « radiations » quelconques du même ordre. Maintenant, si la magie a ce caractère de science, on se demandera peut-être comment il est possible qu'il soit question de rites magiques, et il faut reconnaître que cela doit être en effet assez embarrassant pour les modernes, étant donnée l'idée qu'ils se font des sciences ; là où ils voient des rites, ils pensent qu'il s'agit nécessairement de tout autre chose, qu'ils cherchent presque toujours à identifier plus ou moins complètement avec la religion ; mais, disons-le nettement tout de suite, les rites magiques n'ont en réalité, quant à leur but propre, aucun point commun avec les rites religieux, ni d'ailleurs (et nous serions même tenté de dire à plus forte raison) avec les rites initiatiques, comme le voudraient, d'un autre côté, les partisans de certaines des conceptions pseudo-initiatiques qui ont cours à notre époque ; et pourtant, quoiqu'ils soient entièrement en dehors de ces catégories, il y a bien véritablement aussi des rites magiques.

L'explication est très simple au fond : la magie est une science, comme nous venons de le dire, mais une science traditionnelle ; or, dans tout ce qui présente ce caractère, qu'il s'agisse de sciences, d'art ou de métiers, il y a toujours, ou du moins dès qu'on ne se borne pas à des études simplement théoriques, quelque chose qui,

Chapitre XX

si on le comprend bien, doit être considéré comme constituant de véritables rites ; et il n'y a point lieu de s'en étonner, car toute action accomplie selon des règles traditionnelles, de quelque domaine qu'elle relève, est réellement une action rituelle, ainsi que nous l'avons déjà indiqué précédemment. Naturellement, ces rites devront, dans chaque cas, être d'un genre spécial, leur « technique » étant forcément appropriée au but particulier auquel ils sont destinés ; c'est pourquoi il faut soigneusement éviter toute confusion et toute fausse assimilation telle que celles que nous avons mentionnées tout à l'heure, et cela aussi bien quant aux rites eux-mêmes que quant aux différents domaines auxquels ils se rapportent respectivement, les deux choses étant d'ailleurs étroitement solidaires ; et les rites magiques ne sont ainsi rien de plus qu'une espèce parmi beaucoup d'autres, au même titre que le sont, par exemple, les rites médicaux qui doivent paraître aussi, aux yeux des modernes, une chose fort extraordinaire et même tout à fait incompréhensible, mais dont l'existence dans les civilisations traditionnelles n'en est pas moins un fait incontestable.

Il convient de rappeler aussi que la magie est, parmi les sciences traditionnelles, une de celles qui appartiennent à l'ordre le plus inférieur, car il est bien entendu qu'ici, tout doit être considéré comme strictement hiérarchisé suivant sa nature et son domaine propre ; sans doute est-ce pour cela qu'elle est, peut-être plus que toute autre, sujette à bien des déviations et des dégénérescences [1]. Il arrive parfois qu'elle prend un développement hors de toute proportion avec son importance réelle, allant jusqu'à étouffer en quelque sorte les connaissances plus hautes et plus dignes d'intérêt, et certaines civilisations antiques sont mortes de cet envahissement de la magie, comme la civilisation moderne risque de mourir de celui de la science, profane, qui représente d'ailleurs une déviation plus grave encore, puisque la magie, malgré tout, est encore une connaissance traditionnelle. Parfois aussi, elle se survit pour ainsi dire à elle-même, sous l'aspect de vestiges plus ou moins informes et incompris, mais encore capables de donner quelques résultats effectifs, et elle peut alors tomber jusqu'au niveau de la basse sorcellerie, ce qui est le cas le plus commun et le plus répandu, ou dégénérer encore de quelque autre façon. Jusqu'ici, nous

---

[1] Cf. *Le Règne de la Quantité et les Signes des Temps*, ch. XXVI et XXVII.

n'avons pas parlé de cérémonies, mais c'est justement là que nous en venons maintenant, car elles constituent le caractère propre d'une de ces dégénérescences de la magie, au point que celle-ci en a reçu sa dénomination même de « magie cérémonielle ».

Les occultistes seraient assurément peu disposés à admettre que cette « magie cérémonielle », la seule qu'ils connaissent et qu'ils essaient de pratiquer, n'est qu'une magie dégénérée, et pourtant c'est ainsi ; et même, sans vouloir aucunement l'assimiler à la sorcellerie, nous pourrions dire qu'elle est encore plus dégénérée que celle-ci à certains égards, quoique d'une autre façon. Expliquons-nous plus nettement là-dessus : le sorcier accomplit certains rites et prononce certaines formules, généralement sans en comprendre le sens, mais en se contentant de répéter aussi exactement que possible ce qui lui a été enseigné par ceux qui les lui ont transmis (ceci est un point particulièrement important dès lors qu'il s'agit de quelque chose qui présente un caractère traditionnel, comme on peut facilement le comprendre par ce que nous avons expliqué précédemment) ; et ces rites et ces formules, qui ne sont le plus souvent que des restes plus ou moins défigurés de choses très anciennes, et qui ne s'accompagnent certes d'aucune cérémonie, n'en ont pas moins, dans bien des cas, une efficacité certaine (nous n'avons ici à faire aucune distinction entre les intentions bénéfiques ou maléfiques qui peuvent présider à leur usage, puisqu'il s'agit uniquement de la réalité des effets obtenus). Par contre, l'occultiste qui fait de la « magie cérémonielle » n'en obtient généralement aucun résultat sérieux, quelque soin qu'il apporte à se conformer à une multitude de prescriptions minutieuses et compliquées, que d'ailleurs il n'a apprises que par l'étude des livres, et non point par le fait d'une transmission quelconque ; il se peut qu'il arrive parfois à s'illusionner, mais c'est là une tout autre affaire ; et l'on pourrait dire qu'il y a, entre les pratiques du sorcier et les siennes, la même différence qu'entre une chose vivante ; fût-elle dans un état de décrépitude, et une chose morte.

Cet insuccès du « magiste » (puisque c'est là le mot dont les occultistes se servent de préférence, l'estimant sans doute plus honorable et moins vulgaire que celui de « magicien ») a une double raison : d'une part, dans la mesure où il peut encore être question de rites en pareil cas, il les simule plutôt qu'il ne les accomplit vraiment, puisqu'il lui manque la transmission qui serait nécessaire pour les « vivifier » et à laquelle la simple intention ne saurait suppléer en aucune façon ; d'autre part, ces rites sont littéralement étouffés sous le « formalisme » vide des cérémonies, car, incapable de discerner l'essentiel de l'accidentel (et les livres auxquels il s'en rapporte seront d'ailleurs fort loin de l'y aider, car tout y est d'ordinaire mêlé inextricablement, peut-être volontairement dans certains cas et involontairement dans d'autres), le « magiste » s'attachera naturellement surtout au côté extérieur qui le frappe davantage et qui est le plus « impressionnant » ; et c'est là, en somme, ce qui justifie le nom même de la « magie cérémonielle ». En fait, la plupart de ceux qui croient ainsi « faire de la magie » ne font en réalité rien de plus ni d'autre que de s'autosuggestionner purement et simplement ; ce qu'il y a de plus curieux ici, c'est que les cérémonies arrivent à en imposer, non pas seulement aux spectateurs, s'il y en a, mais à ceux mêmes qui les accomplissent, et, quand ils sont sincères (nous n'avons à nous occuper que de ce cas, et non de celui ou le charlatanisme intervient), sont véritablement, à la façon des enfants, dupes de leur propre jeu. Ceux-là n'obtiennent donc et ne peuvent obtenir que des effets d'ordre exclusivement psychologique, c'est-à-dire de même nature que ceux que produisent les cérémonies en général, et qui sont du reste, au fond, toute la raison d'être de celles-ci ; mais, même s'ils sont restés assez conscients de ce qui se passe en eux et autour d'eux pour se rendre compte que tout se réduit à cela, ils sont bien loin de se douter que, s'il en est ainsi, ce n'est que du fait de leur incapacité et de leur ignorance. Alors, ils s'ingénient à bâtir des théories, en accord avec les conceptions les plus modernes, et rejoignant directement par là, bon gré mal gré, celles de la « science officielle » elle-même, pour expliquer que la magie et ses effets relèvent entièrement du domaine psychologique, comme d'autres le font aussi pour les rites en général ; le malheur est que ce dont ils parlent n'est point la magie, au point de vue de laquelle de pareils effets sont parfaitement nuls et inexistants, et que, confondant les rites avec les cérémonies, ils confondent aussi la réalité avec ce qui n'en est qu'une caricature ou une parodie ; si les « magistes » eux-mêmes en sont là, comment s'étonner que de semblables confusions aient cours parmi le « grand public » ?

Ces remarques suffiront, d'une part, pour rattacher le cas des cérémonies magiques à ce que nous avons dit tout d'abord des cérémonies en général, et, d'autre part, pour montrer d'où proviennent quelques-unes des principales erreurs modernes concernant la magie. Assurément, « faire de la magie », fût-ce de la façon la plus authentique qui puisse être, n'est pas une occupation qui nous paraisse très digne d'intérêt en elle-même ; mais encore devons-nous reconnaître que c'est là une science dont les résultats, quoi qu'on puisse penser de leur valeur, sont tout aussi réels dans leur ordre que ceux de toute autre science, et n'ont rien de commun avec des illusions et des rêveries « psychologiques ». Il faut tout au moins savoir déterminer la vraie nature de chaque chose et la situer à la place qui lui convient, mais c'est justement là ce dont la plupart de nos contemporains se montrent tout à fait incapables, et ce que nous avons déjà appelé le « psychologisme », c'est-à-dire cette tendance à tout ramener à des interprétations psychologiques dont nous avons ici un exemple très net, n'est pas, parmi les manifestations caractéristiques de leur mentalité, une des moins singulières ni des moins significatives ; ce n'est d'ailleurs, au fond, qu'une des formes les plus récentes qu'ait prises l'« humanisme », c'est-à-dire la tendance plus générale de l'esprit moderne à prétendre tout réduire à des éléments purement humains.

Chapitre XXI
DES PRÉTENDUS «POUVOIRS» PSYCHIQUES

Pour en finir avec la magie et les autres choses du même ordre, nous devons traiter encore une autre question, celle des prétendus « pouvoirs » psychiques, qui d'ailleurs nous ramène plus directement à ce qui concerne l'initiation, ou plutôt les erreurs commises à son sujet, puisqu'il en est, comme nous l'avons dit au début, qui lui assignent expressément pour but « le développement des pouvoirs psychiques latents dans l'homme ». Ce qu'ils appellent ainsi n'est pas autre chose au fond que la faculté de produire des « phénomènes » plus ou moins extraordinaires, et, en fait, la plupart des écoles pseudo-ésotériques ou pseudo-initiatiques de l'Occident moderne ne se proposent rien d'autre ; c'est là une véritable hantise chez la grande majorité de leurs adhérents, qui s'illusionnent sur la valeur de ces « pouvoirs » au point de les prendre pour le signe d'un développement spirituel, voire même pour son aboutissement, alors que, même quand ils ne sont pas un simple mirage de l'imagination, ils relèvent uniquement du domaine psychique qui n'a en réalité rien à voir avec le spirituel, et ils ne sont le plus souvent qu'un obstacle à l'acquisition de toute vraie spiritualité.

Cette illusion sur la nature et la portée des « pouvoirs » en question est le plus souvent associée à cet intérêt excessif pour la « magie » qui a aussi pour cause, ainsi que nous l'avons déjà fait remarquer, la même passion pour les « phénomènes » qui est si caractéristique de la mentalité occidentale moderne ; mais ici s'introduit une autre méprise qu'il est bon de signaler : la vérité est qu'il n'y a pas de « pouvoirs magiques », bien qu'on rencontre à chaque instant cette expression, non seulement chez ceux à qui nous faisons allusion, mais aussi, par un curieux accord dans l'erreur, chez ceux qui s'efforcent de combattre leurs tendances, tout en étant non moins ignorants qu'eux du fond des choses. La magie devrait être traitée comme la science naturelle et expérimentale qu'elle est en réalité ; si bizarres ou exceptionnels que puissent être les phénomènes dont elle s'occupe, ils ne sont pas pour cela plus « transcendants » que d'autres, et le magicien, quand il provoque de tels phénomènes, le fait tout simplement en appliquant la connaissance qu'il a de certaines lois naturelles, celles du domaine subtil auxquelles appartiennent les forces qu'il met en jeu. Il n'y a donc là aucun « pouvoir » extraordinaire, pas plus qu'il n'y en a chez celui qui, ayant étudié une science quelconque, en met les résultats en pratique ; dira-t-on, par exemple, qu'un médecin possède des « pouvoirs » parce que, sachant quel remède convient à telle ou telle maladie, il guérit celle-ci au moyen du remède en question ? Entre le magicien et le possesseur de « pouvoirs » psychiques, il y a une différence assez comparable à celle qui existe, dans l'ordre corporel, entre celui qui accomplit un certain travail à l'aide d'une machine et celui qui le réalise par le seul moyen de la force ou de l'habileté de son organisme ; l'un et l'autre opèrent bien dans le même domaine, mais non pas de la même façon. D'autre part, qu'il s'agisse de magie ou de « pouvoirs », il n'y a là en tout cas, nous le répétons, absolument rien de spirituel ni d'initiatique ; si nous marquons la différence entre les deux choses, ce n'est donc pas que l'une vaille plus que l'autre à notre point de vue ; mais il est toujours nécessaire de savoir exactement de quoi l'on parle et de dissiper les confusions qui ont cours à ce sujet.

Les « pouvoirs » psychiques sont, chez certains individus, quelque chose de tout à fait spontané, l'effet d'une simple disposition naturelle qui se développe d'elle-même ; il est bien évident que, dans ce cas, il n'y a point à en tirer vanité, pas plus que d'une autre aptitude quelconque, puisqu'ils ne témoignent d'aucune « réalisation » voulue, et que même celui qui les possède peut ne pas soupçonner l'existence d'une telle chose : s'il n'a jamais entendu parler d'« initiation », il ne lui viendra certes pas à l'idée de se croire « initié » parce qu'il voit des choses que tout le monde ne voit pas, ou parce qu'il a parfois des rêves « prémonitoires », ou parce qu'il lui arrive de guérir un malade par simple contact, et sans qu'il sache lui-même comment cela peut se faire. Mais il y a aussi le cas où de semblables « pouvoirs » sont acquis ou développés artificiellement, comme résultat de certains « entraînements » spéciaux ; c'est là quelque chose de plus dangereux, car cela va rarement sans provoquer un certain déséquilibre ; et, en même temps, c'est dans ce cas que l'illusion se produit le plus facilement : il y a des gens qui sont persuadés qu'ils ont obtenu certains « pouvoirs », parfaitement imaginaires en fait, soit simplement sous l'influence de leur désir et d'une sorte d'« idée fixe », soit par l'effet d'une suggestion qu'exerce sur eux quelqu'un de ces milieux où se pratiquent d'ordinaire les « entraînements » de ce genre. C'est là surtout qu'on parle d'« initiation » à tort et à travers, en l'identifiant plus ou moins à l'acquisition de ces trop fameux « pouvoirs » ; il n'est donc pas étonnant que des esprits faibles ou des ignorants se laissent en quelque sorte fasciner par de pareilles prétentions, que suffit pourtant à réduire à néant la constatation de l'existence du premier cas dont nous avons parlé, puisque, dans celui-là, il se trouve des « pouvoirs » tout à fait semblables, sinon même souvent plus développés et plus authentiques, sans qu'il y ait la moindre trace d'« initiation » réelle ou supposée. Ce qui est peut-être le plus singulier et le plus difficilement compréhensible, c'est que les possesseurs de ces « pouvoirs » spontanés, s'il leur arrive d'entrer en contact avec ces mêmes milieux pseudo-initiatiques, sont parfois amenées à croire, eux aussi, qu'ils sont des « initiés » ; ils devraient

Chapitre XXI

assurément mieux savoir à quoi s'en tenir sur le caractère réel de ces facultés, qui se rencontrent du reste, à un degré ou à un autre, chez beaucoup d'enfants fort ordinaires par ailleurs, bien que souvent, par la suite, elles disparaissent plus ou moins rapidement. La seule excuse à toutes ces illusions, c'est que nul de ceux qui les provoquent et les entretiennent chez eux-mêmes ou chez les autres n'a la moindre notion de ce qu'est la véritable initiation ; mais bien entendu, cela n'en atténue aucunement le danger, soit quant aux troubles psychiques et même physiologiques qui sont l'accompagnement habituel de ces sortes de choses, soit quant aux conséquences plus éloignées, encore plus graves, d'un développement désordonné de possibilités inférieures qui, comme nous l'avons dit ailleurs, va directement au rebours de la spiritualité [1].

Il est particulièrement important de remarquer que les « pouvoirs » dont il s'agit peuvent fort bien coexister avec l'ignorance doctrinale la plus complète, ainsi qu'il n'est que trop facile de la constater, par exemple, chez la plupart des « clairvoyants » et des « guérisseurs » ; cela seul prouverait suffisamment qu'ils n'ont pas le moindre rapport avec l'initiation, dont le but ne peut être que de pure connaissance. En même temps, cela montre que leur obtention est dépourvue de tout intérêt véritable, puisque celui qui les possède n'en est pas plus avancé dans la réalisation de son être propre, réalisation qui ne fait qu'un avec la connaissance effective elle-même ; ils ne représentent que des acquisitions toutes contingentes et transitoires, exactement comparables en cela au développement corporel, qui du moins ne présente pas les mêmes dangers ; et même les quelques avantages non moins contingents que peut apporter leur exercice ne compensent certainement pas les inconvénients auxquels nous venons de faire allusion. Encore ces avantages ne consistent-ils trop souvent qu'à étonner les naïfs et à se faire admirer d'eux, ou en d'autres satisfactions non moins vaines et puériles ; et faire étalage de ces « pouvoirs » est déjà faire preuve d'une mentalité incompatible avec toute initiation, fût-ce au degré le plus élémentaire ; que dire alors de ceux qui s'en servent pour se faire passer pour des « grands initiés » ? N'insistons pas, car ceci ne relève plus que du charlatanisme, même si les « pouvoirs » en question sont réels dans leur ordre ; ce n'est pas, en effet,

---

1 Voir *Le Règne de la Quantité et les Signes des Temps*, ch. XXXV.

la réalité des phénomènes comme tels qui importe ici surtout, mais bien la valeur et la portée qu'il convient de leur attribuer.

Il n'est pas douteux que, même chez ceux dont la bonne foi est incontestable, la part de la suggestion est fort grande en tout cela ; il n'y a, pour s'en convaincre, qu'à considérer un cas comme celui des « clairvoyants », dont les prétendues « révélations » sont aussi loin que possible de s'accorder entre elles, mais, par contre, sont toujours en rapport avec leurs propres idées ou celles de leur milieu ou de l'école à laquelle ils appartiennent. Supposons cependant qu'il s'agisse de choses tout à fait réelles, ce qui a d'ailleurs plus de chances de se produire quand la « clairvoyance » est spontanée que quand elle a été développée artificiellement ; même dans ce cas, on ne comprend pas pourquoi ce qui est vu ou entendu dans le monde psychique aurait, d'une façon générale, plus d'intérêt ou d'importance que n'en a, dans le monde corporel, ce qu'il arrive à chacun de voir et d'entendre en se promenant dans une rue : gens dont la plupart lui sont inconnus ou indifférents, incidents qui ne le concernent en rien, fragments de conversations incohérentes ou mêmes inintelligibles, et ainsi de suite; cette comparaison est certainement celle qui donne l'idée la plus juste de ce qui se présente en fait au « clairvoyant » volontaire ou involontaire. Le premier est plus excusable de s'y méprendre, en ce sens qu'il doit éprouver quelque peine à reconnaître que tous ses efforts, poursuivis parfois pendant des années, n'aboutissent finalement qu'à un résultat aussi dérisoire ; mais, pour ce qui est du « clairvoyant » spontané, la chose devrait lui paraître toute naturelle, comme elle l'est en effet, et, s'il n'arrivait trop souvent qu'on lui persuade qu'elle est extraordinaire, il ne songerait sans doute jamais à se préoccuper davantage de ce qu'il rencontre dans le domaine psychique que de son analogue du domaine corporel, ni à chercher des significations merveilleuses ou compliquées à ce qui en est tout à fait dépourvu dans l'immense majorité des cas. À vrai dire, il y a bien une raison à tout, même au fait le plus infime et le plus indifférent en apparence, mais elle nous importe si peu que nous n'en tenons aucun compte et n'éprouvons nul besoin de la rechercher, tout au moins quand il s'agit de ce qu'on est convenu d'appeler la « vie ordinaire », c'est-à-dire en somme des événements du monde corporel ; si la même règle était observée à l'égard du monde psychique (qui au

Chapitre XXI

fond n'est pas moins « ordinaire » en lui-même, sinon quant aux perceptions que nous en avons), que de divagations nous seraient épargnées ! Il est vrai qu'il faudrait pour cela un degré d'équilibre mental dont malheureusement les « clairvoyants », même spontanés, ne sont doués que bien rarement, et à plus forte raison ceux qui ont subi les « entraînements » psychiques dont nous parlions plus haut. Quoi qu'il en soit, ce « désintéressement » total à l'égard des phénomènes n'en est pas moins strictement nécessaire à quiconque, se trouvant pourvu de facultés de ce genre, veut malgré cela entreprendre une réalisation d'ordre spirituel ; quant à celui qui n'en est pas pourvu naturellement, bien loin de s'efforcer de les obtenir, il doit estimer au contraire que c'est là pour lui un avantage fort appréciable en vue de cette même réalisation, en ce sens qu'il aura ainsi beaucoup moins d'obstacles à écarter ; nous reviendrons d'ailleurs bientôt sur ce dernier point.

En somme, le mot même de « pouvoirs », quand on l'emploie ainsi, a le grand tort d'évoquer l'idée d'une supériorité que ces choses ne comportent aucunement ; si l'on peut néanmoins l'accepter, ce ne saurait être que comme un simple synonyme de celui de « facultés », qui a du reste, étymologiquement, un sens à peu près identique [1] ; ce sont bien des possibilités de l'être, mais des possibilités qui n'ont rien de « transcendant », puisqu'elles sont tout entières de l'ordre individuel, et que, même dans cet ordre, elles sont bien loin d'être les plus élevées et les plus dignes d'attention. Quant à leur conférer une valeur initiatique quelconque, ne fût-ce qu'à titre simplement auxiliaire ou préparatoire, ce serait là tout l'opposé de la vérité ; et, comme celle-ci seule compte à nos yeux, nous devons dire les choses telles qu'elles sont, sans nous préoccuper de ce qui peut plaire ou déplaire à quiconque ; les possesseurs de « pouvoirs » psychiques auraient assurément grand tort de nous en tenir rigueur, car ils ne feraient par là que nous donner encore plus entièrement raison, en manifestant leur incompréhension et leur défaut de spiritualité : comment, en effet, pourrait-on qualifier autrement le fait de tenir à une prérogative individuelle, ou plutôt à son apparence, au point de la préférer à la connaissance et à la vérité [2] ?

---
1 Ce sens originel du mot « faculté » est aussi celui du terme sanscrit correspondant *indriya*.
2 Qu'on n'aille point opposer, à ce qui vient d'être dit, que les « pouvoirs » spontanés

Chapitre XXII
LE REJET DES « POUVOIRS »

Après avoir montré le peu d'intérêt que présentent en réalité les prétendus « pouvoirs » psychiques, et l'absence de tout rapport entre leur développement et une réalisation d'ordre spirituel ou initiatique, nous devons encore, avant de quitter ce sujet, insister sur le fait que, en vue d'une telle réalisation, ils ne sont pas seulement indifférents et inutiles, mais même véritablement nuisibles dans la plupart des cas. Ils constituent en effet une « distraction » au sens rigoureusement étymologique du mot : l'homme qui se laisse absorber par les multiples activités du monde corporel n'arrivera jamais à « centrer » sa conscience sur des réalités supérieures, ni par conséquent à développer en lui-même les possibilités correspondantes à celles-ci ; à plus forte raison en sera-t-il de même de celui qui s'égarera et se « dispersera » dans la multiplicité, incomparablement plus vaste et plus variée, du monde psychique avec ses indéfinies modalités, et sauf des circonstances exceptionnelles, il est fort probable qu'il ne parviendra jamais à s'en libérer, surtout si, par surcroît, il se fait sur la valeur de ces choses des illusions que du moins l'exercice des activités corporelles ne comporte pas.

C'est pourquoi quiconque a la volonté bien arrêtée de suivre une voie initiatique, non seulement ne doit jamais chercher à acquérir ou à développer ces trop fameux « pouvoirs », mais doit tout au contraire, même s'il arrive qu'ils se présentent à lui spontanément et de façon tout accidentelle, les écarter impitoyablement comme des obstacles propres à le détourner du but unique vers lequel il tend. Ce n'est pas qu'il faille voir là nécessairement, comme certains pourraient le croire trop volontiers, des « tentations » ou des « ruses diaboliques » au sens littéral ; mais il y a néanmoins quelque chose de cela, en ce que le monde de la manifestation individuelle, tant dans l'ordre psychique que dans l'ordre corporel, si ce n'est même peut-être davantage encore, semble en quelque sorte s'efforcer par tous les moyens de retenir celui qui vise à lui

---

pourraient être le résultat de quelque initiation reçue « en astral », si ce n'est dans des e existences antérieures ; il doit être bien entendu que, quand nous parlons de l'initiation, nous entendons parler uniquement de choses sérieuses, et non point de fantasmagories d'un goût douteux.

échapper ; il y a donc là comme une réaction de forces adverses, qui peut d'ailleurs, tout comme bien des difficultés d'un autre ordre, n'être due qu'à une sorte d'hostilité inconsciente du milieu. Bien entendu, puisque l'homme ne peut s'isoler de ce milieu et s'en rendre entièrement indépendant tant qu'il n'est pas parvenu au but, ou tout au moins à l'étape marquée par l'affranchissement des conditions de l'état individuel humain, ceci n'exclut nullement que ces manifestations soient en même temps des résultats très naturels, quoique purement accidentels, du travail intérieur auquel il se livre, et dont les répercussions extérieures prennent parfois les formes les plus inattendues, dépassant de fort loin tout ce que pourraient imaginer ceux qui n'ont pas eu l'occasion de s'en rendre compte par eux-mêmes.

D'autre part, ceux-là mêmes qui possèdent naturellement certaines facultés psychiques anormales sont par là, comme nous l'avons déjà dit, désavantagés d'une certaine façon quant à leur développement spirituel ; non seulement il est indispensable qu'ils s'en désintéressent totalement et n'y attachent aucune importance, mais il peut même leur être nécessaire d'en réduire l'exercice au minimum, sinon de le supprimer tout à fait. En effet, s'il est recommandé de restreindre le plus possible l'usage des sens corporels, du moins pendant certaines périodes de travail plus ou moins prolongées, afin de n'en être pas distrait, la même chose est également vraie de ces facultés psychiques ; et de plus, tandis que l'homme ne pourrait pas vivre s'il arrêtait complètement et indéfiniment l'exercice de ses sens, il n'y a évidemment rien de tel dans l'autre cas, et aucun inconvénient grave ne peut résulter de cette « inhibition » ; tout au contraire, l'être ne peut même qu'y gagner quant à son équilibre organique et mental, et se trouver par suite dans de meilleures conditions pour entreprendre, sans risquer d'être gêné par un état plus ou moins pathologique et anormal, le développement de ses possibilités d'ordre supérieur.

Les producteurs de « phénomènes » extraordinaires sont, le plus souvent, des êtres assez inférieurs sous le rapport intellectuel et spirituel, ou même entièrement déviés par les « entraînements » spéciaux auxquels ils se sont soumis ; il est facile à comprendre que celui qui a passé une partie de sa vie à s'exercer exclusivement à la production d'un « phénomène » quelconque soit dès lors devenu incapable d'autre chose, et que les possibilités d'un autre ordre lui soient désormais irrémédiablement fermées. C'est là ce qui arrive généralement à ceux qui cèdent à l'attrait du domaine psychique : même s'ils avaient tout d'abord entrepris un travail de réalisation initiatique, ils se trouvent alors arrêtés sur cette voie et n'iront pas plus loin, heureux encore s'ils en restent là et ne se laissent pas entraîner peu à peu dans la direction qui, ainsi que nous l'avons expliqué ailleurs, va proprement au rebours de la spiritualité et ne peut aboutir finalement qu'à la « désintégration » de l'être conscient [1] ; mais même en laissant de côté ce cas extrême, le simple arrêt de tout développement spirituel est déjà, assurément, une conséquence assez grave en elle-même et qui devrait donner à réfléchir aux amateurs de « pouvoirs » s'ils n'étaient pas complètement aveuglés par les illusions du « monde intermédiaire ».

On objectera peut-être qu'il est des organisations authentiquement initiatiques qui exercent elles-mêmes certains individus au développement de ces « pouvoirs » ; mais la vérité est que, dans ce cas, les individus dont il s'agit sont de ceux à qui les qualifications initiatiques font défaut, et qui, par contre, ont en même temps des aptitudes spéciales dans l'ordre psychique, si bien que c'est là, en somme tout ce qu'il est réellement possible d'en faire. D'ailleurs, dans de telles conditions, le développement psychique est guidé et contrôlé de façon à présenter le minimum d'inconvénients et de dangers ; ces êtres bénéficient même réellement du lien qui est ainsi établi, quoique à un niveau inférieur, avec une organisation traditionnelle, et celle-ci, de son côté, peut les utiliser pour des buts dont eux-mêmes ne seront pas conscients, non pas parce qu'on les leur dissimule volontairement, mais uniquement parce que, étant donnée la limitation de leurs possibilités, ils seraient tout à fait incapables de les comprendre.

Il va de soi que les dangers dont nous venons de parler n'existent plus pour celui qui est parvenu à un certain degré de la réalisation initiatique ; et l'on peut même dire que celui-là possède implicitement tous les « pouvoirs » sans avoir à les développer spécialement d'une façon quelconque, par là même qu'il domine « par en haut » les forces du monde psychique ; mais, en général, il ne les exerce pas, parce qu'ils ne peuvent plus avoir aucun intérêt pour lui. D'une

---

[1] Voir *Le Règne de la Quantité et les Signes des Temps*, ch. XXXV.

manière analogue, d'ailleurs, celui qui a pénétré certaines sciences traditionnelles dans leur essence profonde se désintéresse aussi entièrement de leur application et n'en fait jamais aucun usage ; la connaissance pure lui suffit, et elle est véritablement la seule chose qui importe, tout le reste n'étant que simples contingences. Du reste, toute manifestation de ces choses est forcément en quelque sorte une « descente », même si celle-ci n'est à vrai dire qu'apparente et ne peut affecter réellement l'être lui-même ; il ne faut pas oublier en effet que le non-manifesté est supérieur au manifesté, et que, par conséquent, le fait de demeurer dans cette « non-manifestation » sera, si l'on peut dire, l'expression la plus adéquate de l'état que l'être a réalisé intérieurement ; c'est ce que certains traduisent symboliquement en disant que « la nuit est préférable au jour », et c'est aussi ce que représente la figure de la tortue retirée à l'intérieur de son écaille. Par suite, s'il arrive qu'un tel être manifeste certains « pouvoirs », ce ne sera, ainsi que nous l'avons déjà indiqué plus haut, que dans des cas tout à fait exceptionnels, et pour des raisons particulières qui échappent nécessairement à l'appréciation du monde extérieur, raisons totalement différentes, bien entendu, de celles que peut avoir l'ordinaire producteur de « phénomènes » ; en dehors de ces cas, son seul mode d'action sera ce que la tradition extrême-orientale désigne comme l'« activité non-agissante », qui est, d'ailleurs, précisément par son caractère de non-manifestation, la plénitude même de l'activité.

Nous rappellerons encore, à ce propos, la parfaite insignifiance des phénomènes en eux-mêmes, puisqu'il peut se faire que des phénomènes tout à fait semblables extérieurement procèdent de causes toutes différentes et qui même ne sont pas du même ordre ; ainsi, il est aisément concevable que l'être qui possède un haut degré spirituel, s'il a à provoquer occasionnellement un phénomène quelconque, n'agira pas en cela de la même façon que celui qui en a acquis la faculté à la suite d'« entraînements » psychiques, et que son action s'exercera selon de tout autres modalités ; la comparaison de la « théurgie » et de la « magie », qu'il serait hors de propos d'entreprendre ici, donnerait lieu aussi à la même remarque. Cette vérité devrait d'ailleurs être reconnue sans peine même par ceux qui se tiennent au seul domaine exotérique, car, si de nombreux cas de « lévitation » ou de « bilocation », par exemple, peuvent être relevés dans l'histoire des saints, il s'en trouve certainement tout autant dans celle des sorciers ; les apparences (c'est-à-dire précisément les « phénomènes » comme tels, au sens propre et étymologique du mot) sont bien exactement les mêmes dans les uns et dans les autres, mais personne n'en conclura que les causes soient aussi les mêmes. Au point de vue simplement théologique, de deux faits semblables en tous points, l'un peut être considéré comme un miracle tandis que l'autre ne le sera pas, et, pour les discerner, il faudra forcément recourir à des marques d'un autre ordre, indépendantes des faits eux-mêmes ; nous pourrions dire, en nous plaçant naturellement à un autre point de vue, qu'un fait sera un miracle s'il est dû à l'action d'une influence spirituelle, et qu'il ne le sera pas s'il n'est dû qu'à celle d'une influence psychique. C'est ce qu'illustre notamment, d'une leçon très nette, la lutte de Moïse et des magiciens de Pharaon, qui, au surplus, représente aussi celle des puissances respectives de l'initiation et de la contre-initiation, du moins dans la mesure et sur le terrain où une telle lutte est effectivement possible ; il est bien entendu que, comme nous avons eu l'occasion de l'expliquer ailleurs, la contre-initiation ne peut exercer son action que dans le domaine psychique, et que tout ce qui est du domaine spirituel lui est, par sa nature même, absolument interdit [1].

Nous pensons en avoir maintenant dit assez sur ce sujet, et, si nous y avons tant insisté, trop même peut-être au gré de certains, c'est que nous n'avons eu que trop souvent à en constater la nécessité ; il faut bien, si peu agréable que cette tâche puisse être parfois, s'efforcer de mettre ceux à qui l'on s'adresse en garde contre des erreurs qu'ils risquent de rencontrer à chaque instant sur leur chemin, et qui sont certes bien loin d'être inoffensives. Pour conclure en quelques mots, nous dirons que l'initiation ne saurait aucunement avoir pour but d'acquérir des « pouvoirs » qui, tout comme le monde même sur lequel ils s'exercent, n'appartiennent en définitive qu'au domaine de la « grande illusion » ; il ne s'agit point, pour l'homme en voie de développement spirituel, de se rattacher encore plus fortement à celle-ci par de nouveaux liens, mais, tout au contraire, de parvenir à s'en libérer entièrement ; et cette libération ne peut être obtenue que par la pure connaissance, à la condi-

---

[1] Voir *Le Règne de la Quantité et les Signes des Temps*, ch. XXXVIII et XXXIX.

tion, bien entendu, que celle-ci ne demeure pas simplement théorique, mais qu'elle puisse au contraire devenir pleinement effective, puisque c'est en cela seul que consiste la « réalisation » même de l'être à tous ses degrés.

Chapitre XXIII
SACREMENTS ET RITES INITIATIQUES

Nous avons dit précédemment que les rites religieux et les rites initiatiques sont d'ordre essentiellement différent et ne peuvent avoir le même but, ce qui résulte nécessairement de la distinction même des deux domaines exotérique et ésotérique auxquels ils se rapportent respectivement ; si des confusions se produisent entre les uns et les autres dans l'esprit de certains, elles sont dues avant tout à une méconnaissance de cette distinction, et elles peuvent l'être aussi, en partie, aux similitudes que ces rites présentent parfois malgré tout, au moins dans leurs formes extérieures, et qui peuvent tromper ceux qui n'observent les choses que « du dehors ». Cependant, la distinction est parfaitement nette lorsqu'il s'agit des rites proprement religieux, qui sont d'ordre exotérique par définition même, et qui par conséquent ne devraient donner lieu à aucun doute ; mais il faut dire qu'elle peut l'être moins dans d'autres cas, comme celui d'une tradition où il n'y a pas de division en un exotérisme et un ésotérisme constituant comme deux aspects séparés, mais où il y a seulement des degrés divers de connaissance, la transition de l'un à l'autre pouvant être presque insensible, ainsi qu'il arrive notamment pour la tradition hindoue ; cette transition graduelle se traduira naturellement dans les rites correspondants, si bien que certains d'entre eux pourront présenter, à certains égards, un caractère en quelque sorte mixte ou intermédiaire.

C'est précisément dans la tradition hindoue qu'on rencontre en effet un des rites au sujet desquels on peut le plus légitimement se poser la question de savoir si leur caractère est ou n'est pas initiatique ; nous voulons parler de l'*upanayama*, c'est-à-dire du rite par lequel un individu est rattaché effectivement à l'une des trois castes supérieures, à laquelle, avant l'accomplissement de ce rite, il n'appartenait que d'une façon qu'on peut dire toute potentielle. Ce cas mérite réellement d'être examiné avec quelque attention, et il faut tout d'abord, pour cela, bien comprendre ce qu'on doit entendre exactement par le terme *samskâra*, qu'on traduit assez habituellement par « sacrement » ; cette traduction nous paraît fort loin d'être satisfaisante, car, suivant une tendance trop commune chez les Occidentaux, elle affirme une identité entre des choses qui, si elles sont en effet comparables sous certains rapports, n'en sont pas moins très différentes au fond. Ce n'est pas, à vrai dire, le sens étymologique du mot « sacrement » lui-même qui donne lieu à cette objection, car il s'agit bien évidemment, dans tous les cas, de quelque chose de « sacré » ; ce sens est d'ailleurs beaucoup trop étendu pour qu'on puisse en tirer une notion quelque peu précise, et si on s'en tenait là, n'importe quel rite pourrait indistinctement être appelé « sacrement » ; mais, en fait, ce mot est devenu inséparable de l'usage spécifiquement religieux et étroitement défini qui en est fait dans la tradition chrétienne, où il désigne quelque chose dont on ne trouve sans doute pas ailleurs l'équivalent exact. Il vaut donc beaucoup mieux se conformer à cet usage pour éviter toute équivoque, et réserver exclusivement l'appellation de « sacrements » à une certaine catégorie de rites religieux appartenant en propre à la forme traditionnelle chrétienne ; c'est alors la notion de « sacrement » qui rentre dans celle de *samskâra* à titre de cas particulier, et non pas l'inverse ; en d'autre termes, on pourra dire que les sacrements chrétiens sont des *samskâras*, mais non pas que les *samskâras* hindous sont des sacrements, car, suivant la logique la plus élémentaire, le nom d'un genre convient à chacune des espèces qui y sont comprises, mais, par contre, le nom d'une de ces espèces ne saurait valablement être appliqué ni à une autre espèce ni au genre tout entier.

Un *samskâra* est essentiellement un rite d'« agrégation » à une communauté traditionnelle ; cette définition, comme on peut le voir immédiatement, est entièrement indépendante de la forme particulière, religieuse ou autre, que peut revêtir la tradition envisagée ; et, dans le Christianisme, cette fonction est remplie par les sacrements, comme elle l'est ailleurs par des *samskâras* d'espèce différente. Nous devons dire cependant que le mot d'« agrégation », que nous venons d'employer, manque quelque peu de précision et même d'exactitude, et cela pour deux raisons : d'abord, si l'on s'en tient rigoureusement à son sens propre, il paraît désigner le rattachement même à la tradition, et alors il ne devrait s'appliquer qu'à un rite unique, celui par lequel ce rattachement est opéré d'une façon effective, tandis qu'il y a en réalité, dans une même tradition, un certain nombre plus ou moins grand de *samskâras* ; il faut donc admettre que l'« agrégation » dont il s'agit comporte une multiplicité de degrés ou de modalités, qui généralement correspondent en quelque sorte aux phases principales de la vie d'un individu. D'autre part, ce même mot d'« agrégation » peut. donner l'idée d'une relation qui reste encore extérieure en un certain sens, comme s'il s'agissait simplement de se joindre à un « groupement » ou d'adhérer à une « société », alors que ce dont il s'agit est d'un tout autre ordre et implique une assimilation qu'on pourrait dire « organique », car il y a là une véritable « transmutation » (*abhisambhava*) opérée dans les éléments subtils de l'individualité. M. Ananda K. Coomaraswamy a proposé, pour rendre *samskâra*, le terme d'« intégration », qui nous paraît en effet bien préférable à celui d'« agrégation » à ces deux points de vue, car il rend bien exactement cette idée d'assimilation, et, en outre, il est facilement compréhensible qu'une « intégration » puisse être plus ou moins complète et profonde, et que, par conséquent, elle soit susceptible de s'effectuer par degrés, ce qui rend bien compte de la multiplicité des *samskâras* à l'intérieur d'une même tradition.

Il faut remarquer qu'une « transmutation » comme celle dont nous parlions tout à l'heure a lieu en fait, non pas seulement dans le cas des *samskâras*, mais aussi dans celui des rites initiatiques (*dîkshâ*) [1] ; c'est là un des caractères que les uns et les autres ont en commun, et qui permettent de les comparer sous certains rapports, quelles que soient par ailleurs leurs différences essentielles.

---

[1] Le mot *dîkshâ* est, en sanscrit, celui qui signifie proprement « initiation », bien que parfois il faille le rendre plutôt par « consécration » (cf., sur la connexion de ces deux idées, ce que nous avons dit plus haut des différents sens du verbe grec *mueô*) ; en effet, dans certains cas, par exemple quand il s'agit d'une personne qui offre un sacrifice, la « consécration » désignée par le terme *dîkshâ* n'a qu'un effet temporaire, étant valable seulement pour la durée du sacrifice lui-même, et devra être renouvelée si, par la suite, la même personne vient à offrir un autre sacrifice, fût-il de la même espèce que le premier ; il est donc impossible de reconnaitre alors à cette « consécration » le caractère d'une initiation au vrai sens de ce mot, puisque, comme nous l'avons déjà dit, toute initiation est nécessairement quelque chose de permanent, qui est acquis une fois, pour toutes et ne saurait jamais se perdre dans quelques circonstances que ce soit.

Il y a en effet également, dans les deux cas, transmission ou communication d'une influence spirituelle, et c'est cette influence qui, « infusée » en quelque sorte par le rite, produit dans l'individualité la « transmutation » en question ; mais il va de soi que les effets pourront en être limités à tel ou tel domaine déterminé, suivant le but propre du rite envisagé ; et c'est précisément par leur but, donc aussi par le domaine ou l'ordre de possibilités dans lequel ils opèrent, que les rites initiatiques diffèrent profondément de tous les autres.

D'autre part, la différence qui est sans doute la plus apparente extérieurement, et par conséquent celle qui devrait pouvoir être reconnue le plus facilement même par des observateurs « du dehors », c'est que les *samskâras* sont communs à tous les individus qui sont rattachés à une même tradition, c'est-à-dire en somme à tous ceux qui appartiennent à un certain « milieu » déterminé, ce qui donne à ces rites un aspect qui peut être dit plus proprement « social », tandis que, par contre, les rites initiatiques, requérant certaines qualifications particulières, sont toujours réservés à une élite plus ou moins restreinte. On peut se rendre compte par là de l'erreur que commettent les ethnologues et les sociologues qui, notamment en ce qui concerne les prétendues « sociétés primitives », emploient inconsidérément le terme d'« initiation », dont ils ne connaissent, évidemment guère le véritable sens ni la portée réelle, pour l'appliquer à des rites auxquels ont accès, à tel ou tel moment de leur existence, tous les membres d'un peuple ou d'une tribu ; ces rites n'ont en réalité aucun caractère initiatique, mais ce sont proprement de véritables *samskâras*. Il peut d'ailleurs naturellement y avoir aussi, dans les mêmes sociétés, des rites authentiquement initiatiques, fussent-ils plus ou moins dégénérés (et peut-être le sont-ils souvent moins qu'on ne serait tenté de le supposer) ; mais, là comme partout, ceux-là ne sont accessibles qu'à certains individus à l'exclusion des autres, ce qui, sans même examiner les choses plus au fond, devrait suffire à rendre toute confusion impossible.

Nous pouvons maintenant en venir au cas plus spécial, que nous avons mentionné tout d'abord, du rite hindou de l'*upa-nayana*, qui consiste essentiellement dans l'investiture du cordon brahmanique (*pavitra* ou *upavîta*), et qui donne régulièrement accès à l'étude des Écritures sacrées ; s'agit-il là d'une initiation ? La question, à ce qu'il semble, pourrait en somme être résolue par le seul fait que ce rite est *samskâra* et non *dîkshâ*, car cela implique que, au point de vue même de la tradition hindoue, qui est évidemment celui qui doit faire autorité, il n'est pas considéré comme initiatique ; mais encore peut-on se demander pourquoi il en est ainsi, en dépit de certaines apparences qui pourraient faire penser le contraire. Nous avons déjà indiqué que ce rite est réservé aux membres des trois premières castes ; mais à vrai dire, cette restriction est inhérente à la constitution même de la société traditionnelle hindoue ; elle ne suffit donc pas pour qu'on puisse parler ici d'initiation, pas plus que, par exemple, le fait que tels ou tels rites sont réservés aux hommes à l'exclusion des femmes ou inversement ne permet par lui-même de leur attribuer un caractère initiatique (il suffit, pour s'en convaincre, de citer le cas de l'ordination chrétienne, qui même requiert en outre d'autres qualifications plus particulières, et qui n'en appartient pas moins incontestablement à l'ordre exotérique). En dehors de cette seule qualification que nous venons de rappeler (et que désigne proprement le tenue *ârya*), nulle autre n'est requise pour l'*upanayana* ; ce rite est donc commun à tous les membres des trois premières castes sans exception, et même il constitue pour eux une obligation encore plus qu'un droit ; or, ce caractère obligatoire, qui est directement lié à ce que nous avons appelé l'aspect « social » des *samskâras*, ne saurait exister dans le cas d'un rite initiatique. Un milieu social, si profondément traditionnel qu'il puisse être, ne peut imposer à aucun de ses membres, quelles que soient ses qualifications, l'obligation d'entrer dans une organisation initiatique ; c'est là quelque chose qui, par sa nature même, ne peut relever d'aucune contrainte plus ou moins extérieure, fût-ce même simplement la contrainte « morale » de ce qu'on est convenu d'appeler « l'opinion publique », qui d'ailleurs ne peut évidemment avoir d'autre attitude légitime que d'ignorer purement et simplement tout ce qui se rapporte à l'initiation, puisque c'est là un ordre de réalités qui, par définition, est fermé à l'ensemble de la collectivité comme telle. Pour ce qui est de l'upanayana, on peut dire que la caste n'est encore que virtuelle ou même potentielle tant que ce rite n'est pas accompli (la qualification requise n'étant proprement que l'aptitude naturelle à faire partie de cette caste), de telle sorte qu'il est nécessaire pour que l'individu puisse occuper une place et une fonction déterminée dans l'organisme social, car, si sa fonction doit avant tout être conforme à sa nature propre, encore faut-il, pour qu'il soit capable de la remplir valablement, que cette nature soit « réalisée » et ne reste pas à l'état de simple aptitude non développée ; il est donc parfaitement compréhensible et normal que le non-accomplissement de ce rite dans les délais prescrits entraîne une exclusion de la communauté, ou, plus exactement encore, qu'il implique en lui-même cette exclusion.

Il y a pourtant encore un point particulièrement important à considérer, car c'est peut-être celui-là surtout qui peut prêter à confusion : l'*upanayana* confère la qualité de *dwija* ou « deux fois né » ; il est donc expressément désigné comme une « seconde naissance », et l'on sait que, d'autre part, cette expression s'applique aussi en un sens très précis à l'initiation. Il est vrai que le baptême chrétien, très différent d'ailleurs de l'*upanayana* à tout autre égard, est également une « seconde naissance », et il est trop évident que ce rite n'a rien de commun avec une initiation ; mais comment se fait-il que le même terme « technique » puisse être appliqué ainsi à la fois dans l'ordre des *samskâras* (y compris les sacrements) et dans l'ordre initiatique ? La vérité est que la « seconde naissance », en elle-même et dans son sens tout à fait général, est proprement une régénération psychique (il faut faire bien attention, en effet, que c'est au domaine psychique qu'elle se réfère directement, et non pas au domaine spirituel, car ce serait alors une « troisième naissance ») ; mais cette régénération peut n'avoir que des effets uniquement psychiques eux-mêmes, c'est-à-dire limités à un ordre plus ou moins spécial de possibilités individuelles, ou elle peut, au contraire, être le point de départ d'une « réalisation » d'ordre supérieur ; c'est seulement dans ce dernier cas qu'elle aura une portée proprement initiatique, tandis que, dans le premier, elle appartient au côté plus « extérieur » des diverses formes traditionnelles, c'est-à-dire à celui auquel tous participent indistinctement [1].

L'allusion que nous venons de faire au baptême soulève une autre

---

[1] La limitation des effets de la régénération accomplie en mode exotérique explique pourquoi elle ne peut en aucune façon tenir lieu de l'initiation ou en dispenser, bien que l'une et l'autre aient en commun le caractère de « seconde naissance » entendu au sens le plus général.

question qui n'est pas sans intérêt : ce rite, à part son caractère de « seconde naissance », présente aussi dans sa forme même une ressemblance avec certains rites initiatiques ; on peut d'ailleurs remarquer que cette forme se rattache à celle des rites de purification par les éléments, sur lesquels nous reviendrons un peu plus loin, rites qui constituent une catégorie très générale et manifestement susceptible d'application dans des domaines fort différents ; mais il est cependant possible qu'il y ait là encore autre chose à envisager. Il n'y a rien d'étonnant, en effet, à ce que des rites exotériques se modèlent en quelque sorte sur des rites ésotériques ou initiatiques ; si les degrés de l'enseignement extérieur ont pu, dans une société traditionnelle, être calqués sur ceux d'une initiation, ainsi que nous l'expliquerons plus tard, à plus forte raison une pareille « extériorisation » a-t-elle pu avoir lieu en ce qui concerne un ordre supérieur à celui-là, bien qu'encore exotérique, nous voulons dire en ce cas celui des rites religieux [1]. En tout cela, la hiérarchie des rapports normaux est rigoureusement respectée, car, suivant ces rapports, les applications d'ordre moins élevé ou plus extérieur doivent procéder de celles qui ont un caractère plus principiel ; si donc nous considérons, pour nous en tenir à ces seuls exemples, des choses telles que la « seconde naissance » ou que la purification par les éléments, c'est leur signification initiatique qui est en réalité la première de toutes, et leurs autres applications doivent en être dérivées plus ou moins directement car il ne saurait y avoir, dans aucune forme traditionnelle, rien de plus principiel que l'initiation et son domaine propre, et c'est dans ce côté « intérieur » que réside véritablement l'esprit même de toute tradition.

Chapitre XXIV
LA PRIÈRE ET L'INCANTATION

Nous venons de voir qu'il y a des cas où la distinction des deux domaines exotérique et ésotérique n'apparaît pas comme absolument tranchée, du fait même de la façon particulière dont sont

[1] On peut remarquer que, à ce point de vue, l'ordination religieuse représente une « extériorisation » de l'initiation sacerdotale, et le sacre des rois une « extériorisation » de l'initiation royale, déterminées l'une et l'autre par des conditions dans lesquelles les fonctions correspondantes ont cessé d'être réservées à des initiés comme elles l'étaient antérieurement.

constituées certaines formes traditionnelles, et qui établit une sorte de continuité entre l'un et l'autre ; par contre, il est d'autres cas où cette distinction est parfaitement nette, et il en est notamment ainsi lorsque l'exotérisme revêt la forme spécifiquement religieuse. Pour donner de ces derniers cas un exemple précis et bien défini, nous envisagerons la différence qui existe entre la prière, dans l'ordre exotérique, et d'autre part, dans l'ordre ésotérique, ce que nous appellerons l'« incantation », employant ce terme à défaut d'un autre plus clair qui manque aux langues occidentales, et nous réservant de le définir exactement par la suite. Quant à la prière, nous devons faire remarquer avant tout que, bien qu'on entende le plus souvent, dans le langage courant, ce mot dans un sens très vague, et qu'on aille même parfois jusqu'à le prendre comme synonyme du terme d'« oraison » dans toute sa généralité, nous pensons qu'il convient de lui garder ou de lui rendre la signification beaucoup plus spéciale et restreinte qu'il tient de son étymologie même, car ce mot « prière » signifie proprement et exclusivement « demande » et ne peut sans abus être employé pour désigner autre chose ; il ne faudra donc pas oublier que c'est dans ce seul sens que nous l'entendrons au cours des considérations qui vont suivre.

Tout d'abord, pour indiquer de quelle façon on peut comprendre la prière, considérons une collectivité quelconque, soit religieuse, soit simplement « sociale » au sens le plus extérieur, voire même au sens entièrement profane ou ce mot est pris le plus habituellement à notre époque [1] : chaque membre de cette collectivité lui est lié dans une certaine mesure, déterminée par l'étendue de la sphère d'action de la collectivité dont il s'agit, et, dans cette même mesure, il doit logiquement participer en retour à certains avantages, uniquement matériels dans certains cas (tels que celui des nations actuelles, par exemple, ou des multiples genres d'associations basées sur une pure et simple solidarité d'intérêts, et il va de soi que ces cas sont proprement, d'une façon générale, ceux où l'on a affaire à des organisations toutes profanes), mais qui peuvent aussi, dans d'autres cas, se rapporter à des modalités extra-corporelles de l'individu, c'est-à-dire à ce qu'on peut, dans son ensemble, appeler <u>le domaine psychique</u> (consolations ou autres faveurs d'ordre sen-

---

[1] Bien entendu, la constatation de l'existence de fait d'organisations sociales purement profanes, c'est-à-dire dépourvues de tout élément présentant un caractère traditionnel, n'implique en aucune façon la reconnaissance de leur légitimité.

Chapitre XXIV

timental, et même quelquefois d'un ordre plus élevé), ou encore, tout en étant matériels, s'obtenir par des moyens en apparence immatériels, disons plus précisément par l'intervention d'éléments n'appartenant pas à l'ordre corporel, mais agissant néanmoins directement sur celui-ci (l'obtention d'une guérison par la prière est un exemple particulièrement net de ce dernier cas). En tout cela, nous parlons des modalités de l'individu seulement, car ces avantages ne peuvent jamais dépasser le domaine individuel, le seul qu'atteignent en fait les collectivités quel que soit leur caractère, qui ne constituent pas des organisations initiatiques (ces dernières étant, comme nous l'avons déjà expliqué précédemment, les seules qui aient expressément pour but d'aller au delà de ce domaine), et qui se préoccupent des contingences et des applications spéciales présentant un intérêt pratique à un point de vue quelconque, et non pas seulement, bien entendu, au sens le plus grossièrement « utilitaire », auquel ne se limitent que les organisations purement profanes, dont le champ d'action ne saurait s'étendre plus loin que le domaine corporel.

On peut donc regarder chaque collectivité comme disposant, en outre des moyens d'action purement matériels au sens ordinaire du mot, c'est-à-dire relevant uniquement de l'ordre corporel, d'une force d'ordre subtil constituée en quelque façon par les apports de tous ses membres passés et présents, et qui, par conséquent, est d'autant plus considérable et susceptible de produire des effets d'autant plus intenses que la collectivité est plus ancienne et se compose d'un plus grand nombre de membres [1] ; il est d'ailleurs évident que cette considération « quantitative » indique essentiellement qu'il s'agit bien du domaine individuel, au delà duquel elle ne saurait plus aucunement intervenir. Chacun des membres pourra, lorsqu'il en aura besoin, utiliser à son profit une partie de cette force, et il lui suffira pour cela de mettre son individualité en harmonie avec l'ensemble de la collectivité dont il fait partie, résultat qu'il obtiendra en se conformant aux règles établies par celle-ci et appropriées aux diverses circonstances qui peuvent se présenter ; ainsi, si l'individu formule alors une demande, c'est en somme, de la façon la plus immédiate tout au moins, à ce qu'on

[1] Ceci peut être vrai même pour des organisations profanes, mais il est évident que celles-ci ne peuvent en tout cas utiliser cette force qu'inconsciemment et pour des résultats d'ordre exclusivement corporel.

pourrait appeler l'esprit de la collectivité (bien que le mot « esprit » soit assurément impropre en pareil cas, puisque, au fond, c'est seulement d'une entité psychique qu'il s'agit) que, consciemment ou non, il adressera cette demande. Cependant, il convient d'ajouter que tout ne se réduit pas uniquement à cela dans tous les cas : dans celui des collectivités appartenant ai une forme traditionnelle authentique et régulière, cas qui est notamment celui des collectivités religieuses, et où l'observation des règles dont nous venons de parler consiste plus particulièrement dans l'accomplissement de certains rites, il y a en outre intervention d'un élément véritablement « non-humain », c'est-à-dire de ce que nous avons appelé proprement une influence spirituelle, mais qui doit d'ailleurs être regardée ici comme « descendant » dans le domaine individuel, et comme y exerçant son action par le moyen de la force collective dans laquelle elle prend son point d'appui [1].

Parfois, la force dont nous venons de parler, ou plus exactement la synthèse de l'influence spirituelle avec cette force collective à laquelle elle s'« incorpore » pour ainsi dire, peut se concentrer sur un « support » d'ordre corporel, tel qu'un lieu ou un objet déterminé, qui joue le rôle d'un véritable « condensateur » [2], et y produire des manifestations sensibles, comme celles que rapporte la Bible hébraïque au sujet de l'Arche d'Alliance et du Temple de Salomon ; on pourrait aussi citer ici comme exemples, à un degré ou à un autre, les lieux de pèlerinage, les tombeaux et les reliques des saints ou d'autres personnages vénérés par les adhérents de telle ou telle forme traditionnelle. C'est là que réside la cause principale des « miracles » qui se produisent dans les diverses religions, car ce sont là des faits dont l'existence est incontestable et ne se limite point à une religion déterminée ; il va sans dire, d'ailleurs, que, en dépit de l'idée qu'on s'en fait vulgairement, ces faits ne doivent pas être considérés comme contraires aux lois naturelles, pas plus que, à un autre point de vue, le « supra-rationnel » ne doit être pris pour

---

[1] On peut remarquer que, dans la doctrine chrétienne, le rôle de l'influence spirituelle correspond à l'action de la « grâce », et celui de la force collective à la « communion des saints ».

[2] En pareil cas, il y a là une constitution comparable à celle d'un être vivant complet, avec un « corps » qui est le « support » dont il s'agit, une « âme » qui est la force collective, et un « esprit » qui est naturellement l'influence spirituelle agissant extérieurement par le moyen des deux autres éléments.

de l'« irrationnel ». En réalité, redisons-le encore, les influences spirituelles ont aussi leurs lois, qui, bien que d'un autre ordre que celles des forces naturelles (tant psychiques que corporelles), ne sont pas sans présenter avec elles certaines analogies ; aussi est-il possible de déterminer des circonstances particulièrement favorables à leur action, que pourront ainsi provoquer et diriger, s'ils possèdent les connaissances nécessaires à cet effet, ceux qui en sont les dispensateurs en raison des fonctions dont ils sont investis dans une organisation traditionnelle. Il importe de remarquer que les « miracles » dont il s'agit ici sont, en eux-mêmes et indépendamment de leur cause qui seule a un caractère « transcendant », des phénomènes purement physiques, perceptibles comme tels par un ou plusieurs des cinq sens externes ; de tels phénomènes sont d'ailleurs les seuls qui puissent être constatés généralement et indistinctement par toute la masse du peuple ou des « croyants » ordinaires, dont la compréhension effective ne s'étend pas au delà des limites de la modalité corporelle de l'individualité.

Les avantages qui peuvent être obtenus par la prière et par la pratique des rites d'une collectivité sociale ou religieuse (rites communs à tous ses membres sans exception, donc d'ordre purement exotérique et n'ayant évidemment aucun caractère initiatique, et en tant qu'ils ne sont pas considérés par ailleurs comme pouvant servir de base à une « réalisation » spirituelle) sont essentiellement relatifs et contingents, mais ne sont pourtant nullement négligeables pour l'individu, qui, comme tel, est lui-même relatif et contingent ; celui-ci aurait donc tort de s'en priver volontairement, s'il est rattaché à quelque organisation capable de les lui procurer. Ainsi, dès lors qu'il faut bien tenir compte de la nature de l'être humain telle qu'elle est en fait, dans l'ordre de réalité auquel elle appartient, il n'est nullement blâmable, même pour celui qui est autre chose qu'un simple « croyant » (en faisant ici entre la « croyance » et la « connaissance » une distinction qui correspond en somme à celle de l'exotérisme et de l'ésotérisme), de se conformer, dans un but intéressé, par là même qu'il est individuel, et en dehors du toute considération proprement doctrinale, aux prescriptions extérieures d'une religion ou d'une législation traditionnelle, pourvu qu'il n'attribue à ce qu'il en attend ainsi que sa juste importance et la place qui lui revient légitimement, et pourvu aussi que la collectivité n'y mette pas des conditions, qui, bien que communément admissibles, constitueraient une véritable impossibilité de fait dans ce cas particulier ; sous ces seules réserves, la prière, qu'elle soit adressée à l'entité collective ou, par son intermédiaire, à l'influence spirituelle qui agit à travers elle, est parfaitement licite, même au regard de l'orthodoxie la plus rigoureuse dans le domaine de la pure doctrine [1].

Ces considérations feront mieux comprendre, par la comparaison qu'elles permettent d'établir, ce que nous dirons maintenant au sujet de l'« incantation » ; et il est essentiel de remarquer que ce que nous appelons ainsi n'a absolument rien de commun avec les pratiques magiques auxquelles on donne parfois le même nom [2] ; d'ailleurs, nous nous sommes déjà suffisamment expliqué au sujet de la magie pour qu'aucune confusion ne soit possible et qu'il ne soit pas nécessaire d'y insister davantage. L'incantation dont nous parlons, contrairement à la prière, n'est point une demande, et même elle ne suppose l'existence d'aucune chose extérieure (ce que toute demande suppose forcément), parce que l'extériorité ne peut se comprendre que par rapport à l'individu, que précisément il s'agit ici de dépasser ; elle est une aspiration de l'être vers l'Universel, afin d'obtenir ce que nous pourrions appeler, dans un langage d'apparence quelque peu « théologique », une grâce spirituelle, c'est-à-dire, au fond, une illumination intérieure qui, naturellement, pourra être plus ou moins complète suivant les cas. Ici, l'action de l'influence spirituelle doit être envisagée à l'état pur, si l'on peut s'exprimer ainsi ; l'être, au lieu de chercher à la faire descendre sur lui comme il le fait dans le cas de la prière, tend au contraire à s'élever lui-même vers elle. Cette incantation, qui est ainsi définie comme une opération tout intérieure en principe, peut cependant, dans un grand nombre de cas, être exprimée et « supportée » extérieurement par des paroles ou des gestes, consti-

1 Il est bien entendu que « prière » n'est aucunement synonyme d'« adoration » ; on peut fort bien demander des bienfaits à quelqu'un sans le « diviniser » pour cela en aucune façon.
2 Ce mot « incantation » a subi dans l'usage courant une dégénérescence semblable à celle du mot « charme », qui est aussi employé communément dans la même acception, alors que le latin *carmen* dont il dérive désignait, à l'origine, la poésie prise dans son sens proprement « sacré » ; il n'est peut-être pas sans intérêt de remarquer que ce mot *carmen* présente une étroite similitude avec le sanscrit *karma*, entendu au sens d'« action rituelle » comme nous l'avons déjà dit.

Chapitre XXIV

tuant certains rites initiatiques, tels que le *mantra* dans la tradition hindoue ou le *dhikr* dans la tradition islamique, et que l'on doit considérer comme déterminant des vibrations rythmiques qui ont une répercussion à travers un domaine plus ou moins étendu dans la série indéfinie des états de l'être. Que le résultat obtenu effectivement soit plus ou moins complet, comme nous le disions tout à l'heure, le but final à atteindre est toujours la réalisation en soi de l'« Homme Universel », par la communion parfaite de la totalité des états, harmoniquement et conformément hiérarchisée, en épanouissement intégral dans les deux sens de l'« ampleur » et de l'« exaltation », c'est-à-dire à la fois dans l'expansion horizontale des modalités de chaque état et dans la superposition verticale des différents états, suivant la figuration géométrique que nous avons exposée ailleurs en détail [1].

Ceci nous amène à établir une autre distinction, en considérant les divers degrés auxquels on peut parvenir suivant l'étendue du résultat obtenu en tendant vers ce but ; et tout d'abord, au bas et en dehors de la hiérarchie ainsi établie, il faut mettre la foule des « profanes », c'est-à-dire, au sens où ce mot doit être pris ici, de tous ceux qui, comme les simples croyants des religions, ne peuvent obtenir de résultats actuels que par rapport à leur individualité corporelle, et dans les limites de cette portion ou de cette modalité spéciale de l'individualité, puisque leur conscience effective ne va ni plus loin ni plus haut que le domaine renfermé dans ces limites restreintes. Pourtant, parmi ces croyants, il en est, en petit nombre d'ailleurs, qui acquièrent quelque chose de plus (et c'est là le cas de certains mystiques, que l'on pourrait considérer en ce sens comme plus « intellectuels » que les autres) : sans sortir de leur individualité, mais dans des « prolongements » de celle-ci, ils perçoivent indirectement certaines réalités d'ordre supérieur, non pas telles qu'elles sont en elles-mêmes, mais traduites symboliquement et revêtues de formes psychiques ou mentales. Ce sont encore là des phénomènes (c'est-à-dire, au sens étymologique, des apparences, toujours relatives et illusoires en tant que formelles), mais des phénomènes suprasensibles, qui ne sont pas constatables pour tous, et qui peuvent entraîner chez ceux qui les perçoivent quelques certitudes, toujours incomplètes, fragmentaires et dis-

---
1 Voir *Le Symbolisme de la Croix*.

persées, mais pourtant supérieures à la croyance pure et simple à laquelle elles se substituent ; ce résultat s'obtient d'ailleurs passivement, c'est-à-dire sans intervention de la volonté, et par les moyens ordinaires qu'indiquent les religions, en particulier par la prière et l'accomplissement des œuvres prescrites, car tout cela ne sort pas encore du domaine de l'exotérisme.

À un degré beaucoup plus élevé, et même déjà profondément séparé de celui-là, se placent ceux qui, ayant étendu leur conscience jusqu'aux extrêmes limites de l'individualité intégrale, arrivent à percevoir directement les états supérieurs de leur être sans cependant y participer effectivement ; ici, nous sommes dans le domaine initiatique, mais cette initiation, réelle et effective quant à l'extension de l'individualité dans ses modalités extracorporelles, n'est encore que théorique et virtuelle par rapport aux états supérieurs, puisqu'elle n'aboutit pas actuellement à la possession de ceux-ci. Elle produit des certitudes incomparablement plus complètes, plus développées et plus cohérentes que dans le cas précédent, car elle n'appartient plus au domaine phénoménique ; pourtant, celui qui les acquiert peut être comparé à un homme qui ne connaît la lumière que par les rayons qui parviennent jusqu'à lui (dans le cas précédent, il ne la connaissait que par des reflets, ou des ombres projetées dans le champ de sa conscience individuelle restreinte, comme les prisonniers de la caverne symbolique de Platon), tandis que, pour connaître parfaitement la lumière dans sa réalité intime et essentielle, il faut remonter jusqu'à sa source, et s'identifier avec cette source même [1]. Ce dernier cas est celui qui correspond à la plénitude de l'initiation réelle et effective, c'est-à-dire à la prise de possession consciente et volontaire de la totalité des états de l'être, selon les deux sens que nous avons indiqués ; c'est là le résultat complet et final de l'incantation, bien différent, comme l'on voit, de tous ceux que les mystiques peuvent atteindre par la prière, car il n'est pas autre chose que la perfection même de la connaissance métaphysique pleinement réalisée ; le *Yogî* de la tradition hindoue, ou le *Çûfî* de la tradition islamique, si l'on entend ces termes dans leur sens strict et véritable, est celui qui est parvenu à ce degré

---

1 C'est ce que la tradition islamique désigne comme haqqul-*yaqîn*, tandis que le degré précédent, qui correspond à la « vue » sans identification, est appelé *aynul-yaqîn*, et que le premier, celui que les simples croyants peuvent obtenir à l'aide de l'enseignement. traditionnel exotérique, est *ilmul-yaqîn*.

suprême, et qui a ainsi réalisé dans son être la totale possibilité de l'« Homme Universel ».

Chapitre XXV
DES ÉPREUVES INITIATIQUES

Nous envisagerons maintenant la question de ce qu'on appelle les « épreuves » initiatiques, qui ne sont en somme qu'un cas particulier des rites de cet ordre, mais un cas assez important pour mériter d'être traité à part, d'autant plus qu'il donne lieu encore à bien des conceptions erronées ; le mot même d'« épreuves », qui est employé en de multiples sens, est peut-être pour quelque chose dans ces équivoques, à moins pourtant que certaines des acceptions qu'il a prises couramment ne proviennent déjà de confusions préalables, ce qui est également fort possible. On ne voit pas très bien, en effet, pourquoi on qualifie communément d'« épreuve » tout événement pénible, ni pourquoi on dit de quelqu'un qui souffre qu'il est « éprouvé » ; il est difficile de voir là autre chose qu'un simple abus de langage, dont il pourrait d'ailleurs n'être pas sans intérêt de rechercher l'origine. Quoi qu'il en soit, cette idée vulgaire des « épreuves de la vie » existe, même si elle ne répond à rien de nettement défini, et c'est elle surtout qui a donné naissance à de fausses assimilations en ce qui concerne les épreuves initiatiques, à tel point que certains ont été jusqu'à ne voir dans celles-ci qu'une sorte d'image symbolique de celles-là, ce qui, par un étrange renversement des choses, donnerait à supposer que ce sont les faits de la vie humaine extérieure qui ont une valeur effective et qui comptent véritablement au point de vue initiatique lui-même. Ce serait vraiment trop simple s'il en était ainsi, et alors tous les hommes seraient, sans s'en douter, des candidats à l'initiation ; il suffirait à chacun d'avoir traversé quelques circonstances difficiles, ce qui arrive plus ou moins à tout le monde, pour atteindre cette initiation, dont on serait d'ailleurs bien en peine de dire par qui et au nom de quoi elle serait conférée. Nous pensons en avoir déjà dit assez sur la vraie nature de l'initiation pour n'avoir pas à insister sur l'absurdité de telles conséquences ; la vérité est que la « vie ordinaire », telle qu'on l'entend aujourd'hui, n'a absolument rien à voir avec l'ordre initiatique, puis qu'elle correspond à une conception entièrement profane ; et, si l'on envisageait au contraire la vie humaine suivant une conception traditionnelle et normale, on pourrait dire que c'est elle qui peut être prise comme un symbole, et non pas l'inverse.

Ce dernier point mérite que nous nous y arrêtions un instant : on sait que le symbole doit toujours être d'un ordre inférieur à ce qui est symbolisé (ce qui, rappelons-le en passant, suffit à écarter toutes les interprétations « naturalistes » imaginées par les modernes) ; les réalités du domaine corporel, étant celles de l'ordre le plus bas et le plus étroitement limité, ne sauraient donc être symbolisées par quoi que ce soit, et d'ailleurs elles n'en ont nul besoin, puisqu'elles sont directement et immédiatement saisissables pour tout le monde. Par contre, tout événement ou phénomène quelconque, si insignifiant qu'il soit, pourra toujours, en raison de la correspondance qui existe entre tous les ordres de réalités, être pris comme symbole d'une réalité d'ordre supérieur, dont il est en quelque sorte une expression sensible, par la même qu'il en est dérivé comme une conséquence l'est de son principe ; et à ce titre, si dépourvu de valeur et d'intérêt qu'il soit en lui-même, il pourra présenter une signification profonde à celui qui est capable de voir au delà des apparences immédiates. Il y a là une transposition dont le résultat n'aura évidemment plus rien de commun avec la « vie ordinaire », ni même avec la vie extérieure de quelque façon qu'on l'envisage, celle-ci ayant simplement fourni le point d'appui permettant, à un être doué d'aptitudes spéciales, de sortir de ses limitations ; et ce point d'appui, nous y insistons, pourra être tout à fait quelconque, tout dépendant ici de la nature propre de l'être qui s'en servira. Par conséquent, et ceci nous ramène à l'idée commune des « épreuves », il n'y a rien d'impossible à ce que la souffrance soit, dans certains cas particuliers, l'occasion ou le point de départ d'un développement de possibilités latentes, mais exactement comme n'importe quoi d'autre peut l'être dans d'autres cas ; l'occasion, disons-nous, et rien de plus ; et cela ne saurait autoriser à attribuer à la souffrance en elle-même aucune vertu spéciale et privilégiée, en dépit de toutes les déclamations accoutumées sur ce sujet. Remarquons d'ailleurs que ce rôle tout contingent et accidentel de la souffrance, même ramené ainsi à ses justes proportions, est certainement beaucoup plus restreint dans l'ordre initiatique que dans certaines autres « réalisations » d'un caractère plus extérieur ; c'est surtout chez les mystiques qu'il devient en quelque sorte habituel et paraît acquérir une importance de fait qui peut faire illusion (et, bien entendu, à ces mystiques eux-mêmes tous les premiers), ce qui s'explique sans doute, au moins en partie, par des considérations de nature spécifiquement religieuse [1]. Il faut encore ajouter que la psychologie profane a certainement contribué pour une bonne part à répandre sur tout cela les idées les plus confuses et les plus erronées ; mais en tout cas, qu'il s'agisse de simple psychologie ou de mysticisme, toutes ces choses n'ont absolument rien de commun avec l'initiation.

Cela étant mis au point, il nous faut encore indiquer l'explication d'un fait qui pourrait paraître, aux yeux de certains, susceptible de donner lieu à une objection : bien que les circonstances difficiles ou pénibles soient assurément, comme nous le disions tout à l'heure, communes à la vie de tous les hommes, il arrive assez fréquemment que ceux qui suivent une voie initiatique les voient se multiplier d'une façon inaccoutumée. Ce fait est dû tout simplement à une sorte d'hostilité inconsciente du milieu, à laquelle nous avons déjà eu l'occasion de faire allusion précédemment : il semble que ce monde, nous voulons dire l'ensemble des êtres et des choses mêmes qui constituent le domaine de l'existence individuelle, s'efforce par tous les moyens de retenir celui qui est près de lui échapper ; de telles réactions n'ont en somme rien que de parfaitement normal et compréhensible, et, si déplaisantes qu'elles puissent être, il n'y a certainement pas lieu de s'en étonner. Il s'agit donc là proprement d'obstacles suscités par des forces adverses, et non point, comme on semble parfois se l'imaginer à tort, d'« épreuves » voulues et imposées par les puissances qui président à l'initiation ; il est nécessaire d'en finir une fois pour toutes avec ces fables, assurément beaucoup plus proches des rêveries occultistes que des réalités initiatiques.

Ce qu'on appelle les épreuves initiatiques est quelque chose de tout différent, et il nous suffira maintenant d'un mot pour couper court définitivement à toute équivoque : ce sont essentielle-

[1] Il y aurait d'ailleurs lieu de se demander si cette exaltation de la souffrance est bien vraiment inhérente à la forme spéciale de la tradition chrétienne, ou si elle ne lui a pas plutôt été « surimposée » en quelque sorte par les tendances naturelles du tempérament occidental.

ment des rites, ce que les prétendues « épreuves de la vie » ne sont évidemment en aucune façon ; et elles ne sauraient exister sans ce caractère rituel, ni être remplacées par quoi que ce soit qui ne posséderait pas ce même caractère. On peut voir tout de suite par là que les aspects sur lesquels on insiste généralement le plus sont en réalité tout à fait secondaires : si ces épreuves étaient vraiment destinées, suivant la notion la plus « simpliste », à montrer si un candidat à l'initiation possède les qualités requises, il faut convenir qu'elles seraient fort inefficaces, et l'on comprend que ceux qui s'en tiennent à cette façon de voir soient tentés de les regarder comme sans valeur ; mais, normalement, celui qui est admis à les subir doit déjà avoir été, par d'autres moyens plus adéquats, reconnu « bien et dûment qualifié » ; il faut donc qu'il y ait là tout autre chose. On dirait alors que ces épreuves constituent un enseignement donné sous forme symbolique, et destiné à être médité ultérieurement ; cela est très vrai, mais on peut en dire autant de n'importe quel autre rite, car tous, comme nous l'avons dit précédemment, ont également un caractère symbolique, donc une signification qu'il appartient à chacun d'approfondir selon la mesure de ses propres capacités. La raison d'être essentielle du rite, c'est, ainsi que nous l'avons expliqué en premier lieu, l'efficacité qui lui est inhérente ; cette efficacité est d'ailleurs, cela va de soi, en étroite relation avec le sens symbolique inclus dans sa forme, mais elle n'en est pas moins indépendante d'une compréhension actuelle de ce sens chez ceux qui prennent part au rite. C'est donc à ce point de vue de l'efficacité directe du rite qu'il convient de se placer avant tout ; le reste, quelle qu'en soit l'importance, ne saurait venir qu'au second rang, et tout ce que nous avons dit jusqu'ici est suffisamment explicite à cet égard pour nous dispenser de nous y attarder davantage.

Pour plus de précision, nous dirons que les épreuves sont des rites préliminaires ou préparatoires à l'initiation proprement dite ; elles en constituent le préambule nécessaire, de telle sorte que l'initiation même est comme leur conclusion ou leur aboutissement immédiat. Il est à remarquer qu'elles revêtent souvent la forme de « voyages » symboliques ; nous ne faisons d'ailleurs que noter ce point en passant, car nous ne pouvons songer à nous étendre ici sur le symbolisme du voyage en général, et nous dirons seulement que, sous cet aspect, elles se présentent comme une « recherche » (ou mieux une « queste », comme on disait dans le langage du moyen âge) conduisant l'être des « ténèbres » du monde profane à la « lumière » initiatique ; mais encore cette forme, qui se comprend ainsi d'elle-même, n'est-elle en quelque sorte qu'accessoire, si bien appropriée qu'elle soit à ce dont il s'agit. Au fond, les épreuves sont essentiellement des rites de purification ; et c'est là ce qui donne l'explication véritable de ce mot même d'« épreuves », qui a ici un sens nettement « alchimique », et non point le sens vulgaire qui a donné lieu aux méprises que nous avons signalées. Maintenant, ce qui importe pour connaître le principe fondamental du rite, c'est de considérer que la purification s'opère par les « éléments », au sens cosmologique de ce terme, et la raison peut en être exprimée très facilement en quelques mots : qui dit élément dit simple, et qui dit simple dit incorruptible. Donc, la purification rituelle aura toujours pour « support » matériel les corps qui symbolisent les éléments et qui en portent les désignations (car il doit être bien entendu que les éléments eux-mêmes ne sont nullement des corps prétendus « simples », ce qui est d'ailleurs une contradiction, mais ce à partir de quoi sont formés tous les corps), ou tout au moins l'un de ces corps ; et ceci s'applique également dans l'ordre traditionnel exotérique, notamment en ce qui concerne les rites religieux, où ce mode de purification est usité non seulement pour les êtres humains, mais aussi pour d'autres êtres vivants, pour des objets inanimés, et pour des lieux ou des édifices. Si l'eau semble jouer ici un rôle prépondérant par rapport aux autres corps représentatifs des éléments, il faut dire pourtant que ce rôle n'est pas exclusif ; peut-être pourrait-on expliquer cette prépondérance en remarquant que l'eau est en outre, dans toutes les traditions, plus particulièrement le symbole de la « substance universelle ». Quoi qu'il en soit, il est à peine besoin de dire que les rites dont il s'agit, lustrations, ablutions ou autres (y compris le rite chrétien du baptême, au sujet duquel nous avons déjà indiqué qu'il rentre aussi dans cette catégorie), n'ont, pas plus d'ailleurs que les jeûnes de caractère également rituel ou que l'interdiction de certains aliments, absolument rien à voir avec des prescriptions d'hygiène ou de propreté corporelle, suivant la conception niaise de certains modernes, qui, voulant de parti pris ramener toutes choses à une explication purement humaine, semblent se plaire à choisir toujours l'interprétation la plus grossière qu'il soit possible d'imaginer. Il est vrai que les prétendues explications « psychologiques », si elles sont d'apparence plus subtile, ne valent pas mieux au fond ; toutes négligent pareillement d'envisager la seule chose qui compte en réalité, à savoir que l'action effective des rites n'est pas une « croyance » ni une vue théorique, mais un fait positif.

On peut comprendre maintenant pourquoi, lorsque les épreuves revêtent la forme de « voyages » successifs, ceux-ci sont mis respectivement en rapport avec les différents éléments ; et il nous reste seulement à indiquer en quel sens, au point de vue initiatique, le terme même de « purification » doit être entendu. Il s'agit de ramener l'être à un état de simplicité indifférenciée, comparable, comme nous l'avons dit précédemment, à celui de la *materia prima* (entendue naturellement ici en un sens relatif), afin qu'il soit apte à recevoir la vibration du *Fiat Lux* initiatique ; il faut que l'influence spirituelle dont la transmission va lui donner cette « illumination » première ne rencontre en lui aucun obstacle dû à des « préformations » inharmoniques provenant du monde profane [1] ; et c'est pourquoi il doit être réduit tout d'abord à cet état de *materia prima*, ce qui, si l'on veut bien y réfléchir un instant, montre assez clairement que le processus initiatique et le « Grand Œuvre » hermétique ne sont en réalité qu'une seule et même chose : la conquête de la Lumière divine qui est l'unique essence de toute spiritualité.

Chapitre XXVI
DE LA MORT INITIATIQUE

Une autre question qui semble aussi peu comprise que celle des épreuves de la plupart de ceux de nos contemporains qui ont la prétention de traiter de ces choses, c'est celle de ce qu'on appelle la « mort initiatique » ; ainsi, il nous est arrivé fréquemment de rencontrer, à ce propos, une expression comme celle de « mort fictive », qui témoigne de la plus complète incompréhension des réalités de cet ordre. Ceux qui s'expriment ainsi ne voient évidem-

---

[1] La purification est donc aussi, à cet égard, ce qu'on appellerait en langage kabbalistique une « dissolution des écorces » ; en connexion avec ce point, nous avons également signalé ailleurs la signification symbolique du « dépouillement des métaux » (*Le Règne de la Quantité et les Signes des Temps*, ch. XXII).

Chapitre XXVI

ment que l'extériorité du rite, et n'ont aucune idée des effets qu'il doit produire sur ceux qui sont vraiment qualifiés ; autrement, ils se rendraient compte que cette « mort », bien loin d'être « fictive », est au contraire, en un sens, plus réelle même que la mort entendue au sens ordinaire du mot, car il est évident que le profane qui meurt ne devient pas initié par là même, et la distinction de l'ordre profane (comprenant ici non seulement ce qui est dépourvu du caractère traditionnel, mais aussi tout exotérisme) et de l'ordre initiatique est, à vrai dire, la seule qui dépasse les contingences inhérentes aux états particuliers de l'être et qui ait, par conséquent, une valeur profonde et permanente au point de vue universel. Nous nous contenterons de rappeler, à cet égard, que toutes les traditions insistent sur la différence essentielle qui existe dans les états posthumes de l'être humain selon qu'il s'agit du profane ou de l'initié ; si les conséquences de la mort, prise dans son acception habituelle, sont ainsi conditionnées par cette distinction, c'est donc que le changement qui donne accès à l'ordre initiatique correspond à un degré supérieur de réalité.

Il est bien entendu que le mot de « mort » doit être pris ici dans son sens le plus général, suivant lequel nous pouvons dire que tout changement d'état, quel qu'il soit, est à la fois une mort et une naissance, selon qu'on l'envisage, d'un côté ou de l'autre : mort par rapport à l'état antécédent, naissance par rapport à l'état conséquent. L'initiation est généralement décrite comme une « seconde naissance », ce qu'elle est en effet ; mais cette « seconde naissance » implique nécessairement la mort au monde profane et la suit en quelque sorte immédiatement, puisque ce ne sont là, à proprement parler, que les deux faces d'un même changement d'état. Quant au symbolisme du rite, il sera naturellement basé sur l'analogie qui existe entre tous les changements d'état ; en raison de cette analogie, la mort et la naissance au sens ordinaire symbolisent elles-mêmes la mort et la naissance initiatiques, les images qui leur sont empruntées étant transposées par le rite dans un autre ordre de réalité. Il y a lieu de remarquer notamment, à ce sujet, que tout changement d'état doit être considéré comme s'accomplissant dans les ténèbres, ce qui donne l'explication du symbolisme de la couleur noire en rapport avec ce dont il s'agit [1] : le candidat à l'initia-

---

[1] Cette explication convient également en ce qui concerne les phases du « Grand

tion doit passer par l'obscurité complète avant d'accéder à la « vraie lumière ». C'est dans cette phase d'obscurité que s'effectue ce qui est désigné comme la « descente aux Enfers », dont nous avons parlé plus amplement ailleurs [1] : c'est, pourrait-on dire, comme une sorte de « récapitulation » des états antécédents, par laquelle les possibilités se rapportant à l'état profane seront définitivement épuisées, afin que l'être puisse dès lors développer librement les possibilités d'ordre supérieur qu'il porte en lui, et dont la réalisation appartient proprement au domaine initiatique.

D'autre part, puisque des considérations similaires sont applicables à tout changement d'état, et que les degrés ultérieurs et successifs de l'initiation correspondent naturellement aussi à des changements d'état, on peut dire qu'il y aura encore, pour l'accession à chacun d'eux, mort et naissance, bien que la « coupure », s'il est permis de s'exprimer ainsi, soit moins nette et d'une importance moins fondamentale que pour l'initiation première, c'est-à-dire pour le passage de l'ordre profane à l'ordre initiatique. D'ailleurs, il va de soi que les changements subis par l'être au cours de son développement sont réellement en multitude indéfinie ; les degrés initiatiques conférés rituéliquement, dans quelque forme traditionnelle que ce soit, ne peuvent donc correspondre qu'à une sorte de classification générale des principales étapes à parcourir, et chacun d'eux peut résumer en lui-même tout un ensemble d'étapes secondaires et intermédiaires. Mais il est, dans ce processus, un point plus particulièrement important, où le symbolisme de la mort doit apparaître de nouveau de la façon la plus explicite ; et ceci demande encore quelques explications.

La « seconde naissance », entendue comme correspondant à l'initiation première, est proprement, comme nous l'avons déjà dit, ce qu'on peut appeler une régénération psychique ; et c'est en effet dans l'ordre psychique, c'est-à-dire dans l'ordre où se situent les modalités subtiles de l'être humain, que doivent s'effectuer les premières phases du développement initiatique ; mais celles-ci ne constituent pas un but en elles-mêmes, et elles ne sont encore que préparatoires par rapport à la réalisation de possibilités d'un ordre

---

Œuvre » hermétique, qui, comme nous l'avons déjà indiqué, correspondent strictement à celles de l'initiation.
1 Voir *L'Ésotérisme de Dante*.

plus élevé, nous voulons dire de l'ordre spirituel au vrai sens de ce mot. Le point de processus initiatique auquel nous venons de faire allusion est donc celui qui marquera le passage de l'ordre psychique à l'ordre spirituel ; et ce passage pourra être regardé plus spécialement comme constituant une « seconde mort » et une « troisième naissance »[1]. Il convient d'ajouter que cette « troisième naissance » sera représentée plutôt comme une « résurrection » que comme une naissance ordinaire, parce qu'il ne s'agit plus ici d'un « commencement » au même sens que lors de l'initiation première ; les possibilités déjà développées, et acquises une fois pour toutes, devront se retrouver après ce passage, mais « transformées », d'une façon analogue à celle dont le « corps glorieux » ou « corps de résurrection » représente la « transformation » des possibilités humaines, au delà des conditions limitatives qui définissent le mode d'existence de l'individualité comme telle.

La question, ainsi ramenée à l'essentiel, est en somme assez simple ; ce qui la complique, ce sont, comme il arrive presque toujours, les confusions que l'on commet en y mêlant des considérations qui se rapportent en réalité à tout autre chose. C'est ce qui se produit notamment au sujet de la « seconde mort », à laquelle beaucoup prétendent attacher une signification particulièrement fâcheuse, parce qu'ils ne savent pas faire certaines distinctions essentielles entre les divers cas où cette expression peut être employée. La « seconde mort », d'après ce que nous venons de dire, n'est autre chose que la « mort psychique » ; on peut envisager ce fait comme susceptible de se produire, à plus ou moins longue échéance après la mort corporelle, pour l'homme ordinaire, en dehors de tout processus initiatique ; mais alors cette « seconde mort » ne donnera pas accès au domaine spirituel, et l'être, sortant de l'état humain, passera simplement à un autre état individuel de manifestation. Il y a là une éventualité redoutable pour le profane, qui a tout avantage à être maintenu dans ce que nous avons appelé les « prolongements » de l'état humain, ce qui est d'ailleurs, dans toutes les traditions, la principale raison d'être des rites funéraires. Mais il en va tout autrement pour l'initié, puisque celui-ci ne réalise les possibilités mêmes de l'état humain que pour arriver à le dépasser, et qu'il doit nécessairement sortir de cet état, sans d'ail-

---

[1] Dans le symbolisme maçonnique, ceci correspond à l'initiation au grade de Maître.

leurs avoir besoin pour cela d'attendre la dissolution de l'apparence corporelle, pour passer aux états supérieurs.

Ajoutons encore, pour n'omettre aucune possibilité, qu'il est un autre aspect défavorable de la « seconde mort », qui se rapporte proprement à la « contre-initiation » ; celle-ci, en effet, imite dans ses phases l'initiation véritable, mais ses résultats sont en quelque sorte au rebours de celle-ci, et, évidemment, elle ne peut en aucun cas conduire au domaine spirituel, puisqu'elle ne fait au contraire qu'en éloigner l'être de plus en plus. Lorsque l'individu qui suit cette voie arrive à la « mort psychique », il se trouve dans une situation non pas exactement semblable à celle du profane pur et simple, mais bien pire encore, en raison du développement qu'il a donné aux possibilités les plus inférieures de l'ordre subtil ; mais nous n'y insisterons pas davantage, et nous nous contenterons de renvoyer aux quelques allusions que nous y avons déjà faites en d'autres occasions [1], car, à vrai dire, c'est là un cas qui ne peut présenter d'intérêt qu'à un point de vue très spécial, et qui, en tout état de cause, n'a absolument rien à voir avec la véritable initiation. Le sort des « magiciens noirs », comme on dit communément, ne regarde qu'eux-mêmes, et il serait pour le moins inutile de fournir un aliment aux divagations plus ou moins fantastiques auxquelles ce sujet ne donne lieu que trop souvent déjà ; il ne convient de s'occuper d'eux que pour dénoncer leurs méfaits lorsque les circonstances l'exigent, et pour s'y opposer dans la mesure du possible ; et malheureusement, à une époque comme la nôtre, ces méfaits sont singulièrement plus étendus que ne sauraient l'imaginer ceux qui n'ont pas eu l'occasion de s'en rendre compte directement.

Chapitre XXVII
NOMS PROFANES ET NOMS INITIATIQUES

En parlant précédemment des divers genres de secrets d'ordre plus ou moins extérieur qui peuvent exister dans certaines organisations, initiatiques ou non, nous avons mentionné entre autres le secret portant sur les noms de leurs membres ; et il peut bien sembler, à première vue, que celui-là soit à ranger parmi les simples mesures de précaution destinées à se garantir contre des dangers

[1] Voir *Le Règne de la Quantité et les Signes des Temps*, ch. XXXV et XXXVIII.

pouvant provenir d'ennemis quelconques, sans qu'il y ait lieu d'y chercher une raison plus profonde. En fait, il en est assurément ainsi dans bien des cas, et tout au moins dans ceux où l'on a affaire à des organisations secrètes purement profanes; mais pourtant, quand il s'agit d'organisations initiatiques, il se peut qu'il y ait là autre chose, et que ce secret, comme tout le reste, revête un caractère véritablement symbolique. Il y a d'autant plus d'intérêt à s'arrêter quelque peu sur ce point, que la curiosité des noms est une des manifestations les plus ordinaires de l'« individualisme » moderne, et que, quand elle prétend s'appliquer aux choses du domaine initiatique, elle témoigne encore d'une grave méconnaissance des réalités de cet ordre, et d'une fâcheuse tendance à vouloir les ramener au niveau des contingences profanes. L'« historicisme » de nos contemporains n'est satisfait que s'il met des noms propres sur toutes choses, c'est-à-dire s'il les attribue à des individualités humaines déterminées, suivant la conception la plus restreinte qu'on puisse s'en faire, celle qui a cours dans la vie profane et qui ne tient compte que de la seule modalité corporelle. Cependant, le fait que l'origine des organisations initiatiques ne peut jamais être rapportée à de telles individualités devrait déjà donner à réfléchir à cet égard ; et, quand il s'agit de celles de l'ordre le plus profond, leurs membres mêmes ne peuvent être identifiés, non point parce qu'ils se dissimulent, ce qui, quelque soin qu'ils y mettent, ne saurait être toujours efficace, mais parce que, en toute rigueur, ils ne sont pas des « personnages » au sens où le voudraient les historiens, si bien que quiconque croira pouvoir les nommer sera, par là même, inévitablement dans l'erreur [1]. Avant d'entrer dans de plus amples explications là-dessus, nous dirons que quelque chose d'analogue se retrouve, toutes proportions gardées, à tous les degrés de l'échelle initiatique, même aux plus élémentaires, de sorte que, si une organisation initiatique est réellement ce qu'elle doit être, la désignation d'un quelconque de ses membres par un nom profane, même si elle est exacte « matériellement », sera toujours entachée de fausseté, à peu près comme le serait la confusion entre un acteur et un personnage dont il joue le rôle et dont on s'obstinerait à lui appliquer le nom dans toutes les circonstances de son existence.

Nous avons déjà insisté sur la conception de l'initiation comme

---

1 Ce cas est notamment, en Occident, celui des véritables Rose-Croix.

une « seconde naissance » ; c'est précisément par une conséquence logique immédiate de cette conception que, dans de nombreuses organisations, l'initié reçoit un nouveau nom, différent de son nom profane ; et ce n'est pas là une simple formalité, car ce nom doit correspondre à une modalité également différente de son être, celle dont la réalisation est rendue possible par l'action de l'influence spirituelle transmise par l'initiation ; on peut d'ailleurs remarquer que, même au point de vue exotérique, la même pratique existe, avec une raison analogue, dans certains ordres religieux. Nous aurons donc pour le même être deux modalités distinctes, l'une se manifestant dans le monde profane, et l'autre à l'intérieur de l'organisation initiatique [1] ; et, normalement, chacune d'elles doit avoir son propre nom, celui de l'une ne convenant pas à l'autre, puisqu'elles se situent dans deux ordres réellement différents. On peut aller plus loin : à tout degré d'initiation effective correspond encore une autre modalité de l'être ; celui-ci devrait donc recevoir un nouveau nom pour chacun de ces degrés, et, même si ce nom ne lui est pas donné en fait, il n'en existe pas moins, peut-on dire, comme expression caractéristique de cette modalité, car un nom n'est pas autre chose que cela en réalité. Maintenant, comme ces modalités sont hiérarchisées dans l'être, il en est de même des noms qui les représentent respectivement ; un nom sera donc d'autant plus vrai qu'il correspondra à une modalité d'ordre plus profond, puisque, par là même, il exprimera quelque chose qui sera plus proche de la véritable essence de l'être. C'est donc, contrairement à l'opinion vulgaire, le nom profane qui, étant attaché à la modalité la plus extérieure et à la manifestation la plus superficielle, est le moins vrai de tous ; et il en est surtout ainsi dans une civilisation qui a perdu tout caractère traditionnel, et où un tel nom n'exprime presque plus rien de la nature de l'être. Quant à ce qu'on peut appeler le véritable nom de l'être humain, le plus vrai de tous, nom qui est d'ailleurs proprement un « nombre », au sens pythagoricien et kabbalistique de ce mot, c'est celui qui correspond à la modali-

---

[1] La première doit d'ailleurs être regardée comme n'ayant qu'une existence illusoire par rapport à la seconde, non seulement en raison de la différence des degrés de réalité auxquels elles se rapportent respectivement, mais aussi parce que, comme nous l'avons expliqué un peu plus haut, la « seconde naissance » implique nécessairement la « mort » de l'individualité profane, qui ainsi ne peut plus subsister qu'à titre de simple apparence extérieure.

Chapitre XXVII

té centrale de son individualité, c'est-à-dire à sa restauration dans l'« état primordial », car c'est celui-là qui constitue l'expression intégrale de son essence individuelle.

Il résulte de ces considérations qu'un nom initiatique n'a pas à être connu dans le monde profane, puisqu'il représente une modalité de l'être qui ne saurait se manifester dans celui-ci, de sorte que sa connaissance tomberait en quelque sorte dans le vide, ne trouvant rien à quoi elle puisse s'appliquer réellement. Inversement, le nom profane représente une modalité que l'être doit dépouiller lorsqu'il rentre dans le domaine initiatique, et qui n'est plus alors pour lui qu'un simple rôle qu'il joue à l'extérieur ; ce nom ne saurait donc valoir dans ce domaine, par rapport auquel ce qu'il exprime est en quelque sorte inexistant. Il va de soi, d'ailleurs, que ces raisons profondes de la distinction et pour ainsi dire de la séparation du nom initiatique et du nom profane, comme désignant des « entités » effectivement différentes, peuvent n'être pas conscientes partout où le changement de nom est pratiqué en fait ; il peut se faire que, par suite d'une dégénérescence de certaines organisations initiatiques, on en arrive à tenter de l'y expliquer par des motifs tout extérieurs, par exemple en le présentant comme une simple mesure de prudence, ce qui, en somme, vaut à peu près les interprétations du rituel et du symbolisme dans un sens moral ou politique, et n'empêche nullement qu'il y ait eu tout autre chose à l'origine. Par contre, s'il ne s'agit que d'organisations profanes, ces mêmes motifs extérieurs sont bien réellement valables, et il ne saurait y avoir rien de plus, à moins pourtant qu'il n'y ait aussi, dans certains cas, comme nous l'avons déjà dit à propos des rites, le désir d'imiter les usages des organisations initiatiques, mais, naturellement, sans que cela puisse alors répondre à la moindre réalité ; et ceci montre encore une fois que des apparences similaires peuvent, en fait, recouvrir les choses les plus différentes. Maintenant, tout ce que nous avons dit jusqu'ici de cette multiplicité de noms, représentant autant de modalités de l'être, se rapporte uniquement à des extensions de l'individualité humaine, comprises dans sa réalisation intégrale, c'est-à-dire, initiatiquement, au domaine des « petits mystères », ainsi que nous l'expliquerons par la suite d'une façon plus précise. Quand l'être passe aux « grands mystères », c'est-à-dire à la réalisation d'états supra-individuels, il passe par là même au delà du nom et de la forme, puisque, comme l'enseigne la doctrine hindoue, ceux-ci (*nâma-rûpa*) sont les expressions respectives de l'essence et de la substance de l'individualité. Un tel être, véritablement, n'a donc plus de nom, puisque c'est là une limitation dont il est désormais libéré; il pourra, s'il y a lieu, prendre n'importe quel nom pour se manifester dans le domaine individuel, mais ce nom ne l'affectera en aucune façon et lui sera tout aussi « accidentel » qu'un simple vêtement qu'on peut quitter ou changer à volonté. C'est là l'explication de ce que nous disions plus haut : quand il s'agit d'organisations de cet ordre, leurs membres n'ont pas de nom, et d'ailleurs elles-mêmes n'en ont pas davantage ; dans ces conditions, qu'y a-t-il encore qui puisse donner prise à la curiosité profane ? Si même celle-ci arrive à découvrir quelques noms, ils n'auront qu'une valeur toute conventionnelle ; et cela peut se produire déjà, bien souvent, pour des organisations d'ordre inférieur à celui-là, dans lesquelles seront employées par exemple des « signatures collectives », représentant, soit ces organisations elles-mêmes dans leur ensemble, soit des fonctions envisagées indépendamment des individualités qui les remplissent. Tout cela, nous le répétons, résulte de la nature même des choses d'ordre initiatique, où les considérations individuelles ne comptent pour rien, et n'a point pour but de dérouter certaines recherches, bien que c'en soit là une conséquence de fait ; mais comment les profanes pourraient-ils y supposer autre chose que des intentions telles qu'eux-mêmes peuvent en avoir ?

De là vient aussi, dans bien des cas, la difficulté ou même l'impossibilité d'identifier les auteurs d'œuvres ayant un certain caractère initiatique [1] : ou elles sont entièrement anonymes, ou, ce qui revient au même, elles n'ont pour signature qu'une marque symbolique ou un nom conventionnel ; il n'y a d'ailleurs aucune raison pour que leurs auteurs aient joué dans le monde profane un rôle apparent quelconque. Quand de telles œuvres portent au contraire le nom d'un individu connu par ailleurs comme ayant vécu effecti-

---

1 Ceci est d'ailleurs susceptible d'une application très générale dans toutes les civilisations traditionnelles, du fait que le caractère initiatique y est attaché aux métiers eux-mêmes, de sorte que toute œuvre d'art (ou ce que les modernes appelleraient ainsi), de quelque genre qu'elle soit, en participe nécessairement dans une certaine mesure. Sur cette question, qui est celle du sens supérieur et traditionnel de l'« anonymat », voir *Le Règne de la Quantité et les Signes des Temps*, ch. IX.

Chapitre XXVII

vement, on n'en est peut-être pas beaucoup plus avancé, car ce n'est pas pour cela qu'on saura exactement à qui ou à quoi l'on a affaire : cet individu peut fort bien n'avoir été qu'un porte-parole, voire un masque ; en pareil cas, son œuvre prétendue pourra impliquer des connaissances qu'il n'aura jamais eues réellement ; il peut n'être qu'un initié d'un degré inférieur, ou même un simple profane qui aura été choisi pour des raisons contingentes quelconques [1], et alors ce n'est évidemment pas l'auteur qui importe, mais uniquement l'organisation qui l'a inspiré.

Du reste, même dans l'ordre profane, on peut s'étonner de l'importance attribuée de nos jours à l'individualité d'un auteur et à tout ce qui y touche de près ou de loin ; la valeur de l'œuvre dépend-elle en quelque façon de ces choses ? D'un autre côté, il est facile de constater que le souci d'attacher son nom à une œuvre quelconque se rencontre d'autant moins dans une civilisation que celle-ci est plus étroitement reliée aux principes traditionnels, dont, en effet, l'« individualisme » sous toutes ses formes est véritablement la négation même. On peut comprendre sans peine que tout cela se tient, et nous ne voulons pas y insister davantage, d'autant plus que ce sont là des choses sur lesquelles nous nous sommes déjà souvent expliqué ailleurs ; mais il n'était pas inutile de souligner encore, à cette occasion, le rôle de l'esprit anti-traditionnel, caractéristique de l'époque moderne, comme cause principale de l'incompréhension des réalités initiatiques et de la tendance à les réduire aux points de vue profanes. C'est cet esprit qui, sous des noms tels que ceux d'« humanisme » et de « rationalisme », s'efforce constamment, depuis plusieurs siècles, de tout ramener aux proportions de l'individualité humaine vulgaire, nous voulons dire de la portion restreinte qu'en connaissent les profanes, et de nier tout ce qui dépasse ce domaine étroitement borné, donc en particulier tout ce qui relève de l'initiation, à quelque degré que ce soit. Il est à peine besoin de faire remarquer que les considérations que nous venons d'exposer ici se basent essentiellement sur la doc-

---

[1] Par exemple, il semble bien qu'il en ait été ainsi, au moins en partie, pour les romans du Saint Graal ; c'est aussi à une question de ce genre que se rapportent, au fond, toutes les discussions auxquelles a donné lieu la « personnalité » de Shakespeare, bien que, en fait, ceux s'y sont livrés n'aient jamais su porter cette question sur son véritable terrain, de sorte qu'ils n'ont guère fait que l'embrouiller d'une façon à peu près inextricable.

trine métaphysique des états multiples de l'être, dont elles sont une application directe [1] ; comment cette doctrine pourrait-elle être comprise par ceux qui prétendent faire de l'homme individuel, et même de sa seule modalité corporelle, un tout complet et fermé, un être se suffisant à lui-même, au lieu de n'y voir que ce qu'il est en réalité, la manifestation contingente et transitoire d'un être dans un domaine très particulier parmi la multitude indéfinie de ceux dont l'ensemble constitue l'Existence universelle, et auxquels correspondent, pour ce même être, autant de modalités et d'états différents, dont il lui sera possible de prendre conscience précisément en suivant la voie qui lui est ouverte par l'initiation ?

Chapitre XXVIII
LE SYMBOLISME DU THÉÂTRE

Nous avons comparé tout à l'heure la confusion d'un être avec sa manifestation extérieure et profane à celle qu'on commettrait en voulant identifier un acteur à un personnage dont il joue le rôle ; pour faire comprendre à quel point cette comparaison est exacte, quelques considérations générales sur le symbolisme du théâtre ne seront pas hors de propos ici, bien qu'elles ne s'appliquent pas d'une façon exclusive à ce qui concerne proprement le domaine initiatique. Bien entendu, ce symbolisme peut être rattaché au caractère premier des arts et des métiers, qui possédaient tous une valeur de cet ordre par le fait qu'ils étaient rattachés à un principe supérieur, dont ils dérivaient à titre d'applications contingentes, et qui ne sont devenus profanes, comme nous l'avons expliqué bien souvent, que par suite de la dégénérescence spirituelle de l'humanité au cours de la marche descendante de son cycle historique.

On peut dire, d'une façon générale, que le théâtre est un symbole de la manifestation, dont il exprime aussi parfaitement que possible le caractère illusoire [2] ; et ce symbolisme peut être envisagé, soit au point de vue de l'acteur, soit à celui du théâtre lui-même. L'acteur est un symbole du « Soi » ou de la personnalité se mani-

---
1 Voir, pour l'exposé complet de ce dont il s'agit, notre étude sur *Les États multiples de l'être*.
2 Nous ne disons pas irréel ; il est bien entendu que l'illusion doit être considérée seulement comme une moindre réalité.

festant par une série indéfinie d'états et de modalités, qui peuvent être considérés comme autant de rôles différents ; et il faut noter l'importance qu'avait l'usage antique du masque pour la parfaite exactitude de ce symbolisme [1]. Sous le masque, en effet, l'acteur demeure lui-même dans tous ses rôles, comme la personnalité est « non-affectée » par toutes ses manifestations ; la suppression du masque, au contraire, oblige l'acteur à modifier sa propre physionomie et semble ainsi altérer en quelque façon son identité essentielle. Cependant, dans tous les cas, l'acteur demeure au fond autre chose que ce qu'il paraît être, de même que la personnalité est autre chose que les multiples états manifestés, qui ne sont que les apparences extérieures et changeantes dont elle se revêt pour réaliser, selon les modes divers qui conviennent à leur nature, les possibilités indéfinies qu'elle contient en elle-même dans la permanente actualité de la non-manifestation.

Si nous passons à l'autre point de vue, nous pouvons dire que le théâtre est une image du monde : l'un et l'autre sont proprement une « représentation », car le monde lui-même, n'existant que comme conséquence et expression du Principe, dont il dépend essentiellement en tout ce qu'il est, peut être regardé comme symbolisant à sa façon l'ordre principiel, et ce caractère symbolique lui confère d'ailleurs une valeur supérieure à ce qu'il est en lui-même, puisque c'est par là qu'il participe d'un plus haut degré de réalité [2]. En arabe, le théâtre est désigné par le mot *tamthîl*, qui, comme tous ceux qui dérivent de la même racine *mathl*, a proprement les sens de ressemblance, comparaison, image ou figure ; et certains théologiens musulmans emploient l'expression *âlam tamthîl*, qu'on pourrait traduire par « monde figuré » ou par « monde de représentation », pour désigner tout ce qui, dans les Écritures sacrées, est décrit en termes symboliques et ne devant pas être pris au sens littéral. Il est remarquable que certains appliquent notamment cette expression à ce qui concerne les anges et les démons, qui effectivement « représentent » les états supérieurs et inférieurs de l'être, et qui d'ailleurs ne peuvent évidemment être décrits que

---

1 Il y a d'ailleurs lieu de remarquer que ce masque s'appelait en latin *persona* ; la personnalité est, littéralement, ce qui se cache sous le masque de l'individualité.
2 C'est aussi la considération du monde, soit comme rapporté au Principe, soit seulement dans ce qu'il est en lui-même, qui différencie fondamentalement le point de vue des sciences traditionnelles et celui des sciences profanes.

symboliquement par des termes empruntés au monde sensible ; et, par une coïncidence au moins singulière, on sait, d'autre part, le rôle considérable que jouaient précisément ces anges et ces démons dans le théâtre religieux du moyen âge occidental.

Le théâtre, en effet, n'est pas forcément borné à représenter le monde humain, c'est-à-dire un seul état de manifestation ; il peut aussi représenter en même temps les mondes supérieurs et inférieurs. Dans les « mystères » du moyen âge, la scène était, pour cette raison, divisée en plusieurs étages correspondant aux différents mondes, généralement répartis suivant la division ternaire : ciel, terre, enfer ; et l'action se jouant simultanément dans ces différentes divisions représentait bien la simultanéité essentielle des états de l'être. Les modernes, ne comprenant plus rien à ce symbolisme, en sont arrivés à regarder comme une « naïveté », pour ne pas dire comme une maladresse, ce qui avait précisément ici le sens le plus profond; et ce qui est étonnant, c'est la rapidité avec laquelle est venue cette incompréhension, si frappante chez les écrivains du XVIIe siècle ; cette coupure radicale entre la mentalité du moyen âge et celle des temps modernes n'est certes pas une des moindres énigmes de l'histoire.

Puisque nous venons de parler des « mystères », nous ne croyons pas inutile de signaler la singularité de cette dénomination à double sens : on devrait, en toute rigueur étymologique, écrire « mistères », car ce mot est dérivé du latin *ministerium*, signifiant « office » ou « fonction », ce qui indique nettement à quel point les représentations théâtrales de cette sorte étaient, à l'origine, considérées comme faisant partie intégrante de la célébration des fêtes religieuses [1]. Mais ce qui est étrange, c'est que ce nom se soit contracté et abrégé de façon à devenir exactement homonyme de « mystères » ; et à être finalement confondu avec cet autre mot, d'origine grecque et de dérivation toute différente ; est-ce seulement par allusion aux « mystères » de la religion, mis en scène dans les pièces ainsi désignées, que cette assimilation a pu se produire ? Ceci peut sans doute être une raison assez plausible ; mais d'autre part, si l'on songe que des représentations symboliques analogues

---

[1] C'est également de *ministerium*, au sens de « fonction », qu'est dérivé d'autre part le mot « métier », ainsi que nous l'avons déjà signalé ailleurs (*Le Règne de la Quantité et les Signes des temps*, ch. VIII).

avaient lieu dans les « mystères » de l'antiquité, en Grèce et probablement aussi en Égypte [1], on peut être tenté de voir là quelque chose qui remonte beaucoup plus loin, et comme un indice de la continuité d'une certaine tradition ésotérique et initiatique, s'affirmant au dehors, à intervalles plus ou moins éloignés, par des manifestations similaires, avec l'adaptation requise par la diversité des circonstances de temps et de lieux [2]. Nous avons d'ailleurs eu assez souvent, en d'autres occasions, à signaler l'importance, comme procédé du langage symbolique, des assimilations phonétiques entre des mots philologiquement distincts ; il y a là quelque chose qui, à la vérité, n'a rien d'arbitraire, quoi qu'en puissent penser la plupart de nos contemporains, et qui s'apparente assez directement aux modes d'interprétation relevant du *nirukta* hindou ; mais les secrets de la constitution intime du langage sont si complètement perdus aujourd'hui qu'il est à peine possible d'y faire allusion sans que chacun s'imagine qu'il s'agit de « fausses étymologies », voire même de vulgaires « jeux de mots », et Platon lui-même, qui a parfois eu recours à ce genre d'interprétation, comme nous l'avons noté incidemment à propos des « mythes », ne trouve pas grâce devant la « critique » pseudo-scientifique des esprits bornés par les préjugés modernes.

Pour terminer ces quelques remarques, nous indiquerons encore, dans le symbolisme du théâtre, un autre point de vue, celui qui se rapporte à l'auteur dramatique : les différents personnages, étant des productions mentales de celui-ci, peuvent être regardés comme représentant des modifications secondaires et en quelque sorte des prolongements de lui-même, à peu près de la même façon que les formes subtiles produites dans l'état de rêve [3]. La même considération s'appliquerait d'ailleurs évidemment à la production de toute œuvre d'imagination, de quelque genre qu'elle soit ; mais, dans le cas particulier du théâtre, il y a ceci de spécial que cette production se réalise d'une façon sensible, donnant l'image même de la vie, ainsi que cela a lieu également dans le rêve. L'auteur a

---

1 À ces représentations symboliques, on peut d'ailleurs rattacher directement la « mise en action rituelle des légendes » initiatiques dont nous avons parlé plus haut.
2 L'« extériorisation » en mode religieux, au moyen âge, peut avoir été la conséquence d'une telle adaptation ; elle ne constitue donc pas une objection contre le caractère ésotérique de cette tradition en elle-même.
3 Cf. *Les États multiples de l'être*, ch. VI.

donc, à cet égard, une fonction véritablement « démiurgique », puisqu'il produit un monde qu'il tire tout entier de lui-même ; et il est, en cela, le symbole même de l'Être produisant la manifestation universelle. Dans ce cas aussi bien que dans celui du rêve, l'unité essentielle du producteur des « formes illusoires » n'est pas affectée par cette multiplicité de modifications accidentelles, non plus que l'unité de l'Être n'est affectée par la multiplicité de la manifestation. Ainsi, à quelque point de vue qu'on se place, on retrouve toujours dans le théâtre ce caractère qui est sa raison profonde, si méconnue qu'elle puisse être par ceux qui en ont fait quelque chose de purement profane, et qui est de constituer, par sa nature même, un des plus parfaits symboles de la manifestation universelle.

Chapitre XXIX
«OPÉRATIF» ET «SPÉCULATIF»

Lorsque nous avons traité la question des qualifications initiatiques, nous avons fait allusion à une certaine méprise très répandue sur le sens du mot « opératif », et aussi, par suite, sur celui du mot « spéculatif » qui en est en quelque sorte l'opposé ; et, comme nous le disions alors, il nous paraît qu'il y a lieu d'insister plus spécialement sur ce sujet, parce qu'il y a un étroit rapport entre cette méprise et la méconnaissance générale de ce que doit être réellement l'initiation. Historiquement, si l'on peut dire, la question se pose d'une façon plus particulière à propos de la Maçonnerie, puisque c'est là que les termes dont il s'agit sont employés habituellement ; mais il n'est pas difficile de comprendre qu'elle a au fond une portée beaucoup plus étendue, et qu'il y a même là quelque chose qui, suivant des modalités diverses, est susceptible de s'appliquer à toutes les formes initiatiques ; c'est ce qui en fait toute l'importance au point de vue où nous nous plaçons.

Le point de départ de l'erreur que nous signalons consiste en ceci : du fait que la forme de l'initiation maçonnique est liée à un métier, ce qui d'ailleurs, comme nous l'avons indiqué, est fort loin d'être un cas exceptionnel, et que ses symboles et ses rites, en un mot ses méthodes propres, dans tout ce qu'elles ont de « spécifique », prennent essentiellement leur appui dans le métier de constructeur, on en est arrivé à confondre « opératif » avec « corporatif »,

Chapitre XXIX

s'arrêtant ainsi à l'aspect le plus extérieur et le plus superficiel des choses, ainsi qu'il est naturel pour qui n'a aucune idée ni même aucun soupçon de la « réalisation » initiatique. L'opinion la plus répandue pourrait donc se formuler ainsi : les Maçons « opératifs » étaient exclusivement des hommes de métier ; peu à peu, ils « acceptèrent » parmi eux, à titre honorifique en quelque sorte, des personnes étrangères à l'art de bâtir [1] ; mais, finalement, il arriva que ce second élément devint prédominant, et c'est de là que résulta la transformation de la Maçonnerie « opérative » en Maçonnerie « spéculative », n'ayant plus avec le métier qu'un rapport fictif ou « idéal ». Cette Maçonnerie « spéculative » date, comme on le sait, du début du XVIIIe siècle ; mais certains, constatant la présence de membres non ouvriers dans l'ancienne Maçonnerie « opérative », croient pouvoir en conclure que ceux-là étaient déjà des Maçons « spéculatifs ». Dans tous les cas, on semble penser, d'une façon à peu près unanime, que le changement qui donna naissance à la Maçonnerie « spéculative » marque une supériorité par rapport à ce dont celle-ci est dérivée, comme si elle représentait un « progrès » dans le sens « intellectuel » et répondait à une conception d'un niveau plus élevé ; et on ne se fait pas faute, à cet égard, d'opposer les « spéculations » de la « pensée » aux occupations de métier, comme si c'était là ce dont il s'agit quand on a affaire à des choses qui relèvent, non pas de l'ordre des activités profanes, mais du domaine initiatique.

En fait, il n'y avait anciennement d'autre distinction que celle des Maçons « libres », qui étaient les hommes de métier, s'appelant ainsi à cause des franchises qui avaient été accordées par les souverains à leurs corporations, et sans doute aussi (nous devrions peut-être même dire avant tout) parce que la condition d'homme libre de naissance était une des qualifications requises pour être admis à l'initiation [2], et des Maçons « acceptés », qui, eux, n'étaient pas

1 En fait, ces personnes devaient cependant avoir tout au moins quelque lien indirect avec cet art, ne fût-ce qu'à titre de « protecteurs » (ou *patrons* au sens anglais de ce mot) : c'est d'une façon analogue que, plus tard, les imprimeurs (dont le rituel était constitué, dans sa partie principale, par la « légende » de Faust) « acceptèrent » tous ceux qui avaient quelque rapport avec l'art du livre, c'est-à-dire non seulement les libraires, mais aussi les auteurs eux-mêmes.
2 On ne peut, sans détourner complètement les mots de leur sens légitime, donner une autre interprétation à l'expression « né libre » (free-born) appliquée au candidat à l'initiation, et qui n'a assurément rien à voir avec l'affranchissement de soi-disant

des professionnels, et parmi lesquels une place à part était faite aux ecclésiastiques, qui étaient initiés dans des Loges spéciales [1] pour pouvoir remplir la fonction de « chapelain » dans les Loges ordinaires ; mais les uns et les autres étaient également, bien qu'à des titres différents, des membres d'une seule et même organisation, qui était la Maçonnerie « opérative » ; et comment aurait-il pu en être autrement, alors qu'aucune Loge n'aurait pu fonctionner normalement sans être pourvue d'un « chapelain », donc sans compter tout au moins un Maçon « accepté » parmi ses membres [2] ? Il est exact, par ailleurs, que c'est parmi les Maçons « acceptés » et par leur action que s'est formée la Maçonnerie « spéculative » [3] ; et ceci peut en somme s'expliquer assez simplement par le fait que, n'étant pas rattachés directement au métier, et n'ayant pas, par là même, une base aussi solide pour le travail initiatique sous la forme dont il s'agit, ils pouvaient, plus facilement ou plus complètement que d'autres, perdre de vue une partie de ce que comporte l'initiation, et nous dirons même la partie la plus importante, puisque c'est celle qui concerne proprement la « réalisation » [4]. Encore faut-il ajouter qu'ils étaient peut-être aussi, par leur situation sociale et leurs relations extérieures, plus accessibles à certaines influences du monde profane, politiques, philosophiques ou autres, agissant également dans le même sens, en les « distrayant », dans l'acception propre du mot, du travail initiatique, si même elles n'allaient pas jusqu'à les amener à commettre de fâcheuses confusions entre les deux domaines, ainsi que cela ne s'est vu que trop souvent par

---

« préjugés » quelconques !

1 Ces Loges étaient dites *Lodges of Jakin*, et le « chapelain » lui-même était appelé *Brother Jakin* dans l'ancienne Maçonnerie « opérative ».

2 En réalité, nous devrions même dire qu'elle en comptait obligatoirement deux, l'autre étant un médecin.

3 Ces Maçons n'avaient d'ailleurs pas reçu la totalité des grades « opératifs », et c'est par là que s'explique l'existence, au début de la Maçonnerie « moderne », de certaines lacunes qu'il fallut combler par la suite, ce qui ne put se faire que par l'intervention des survivants de la Maçonnerie « ancienne », beaucoup plus nombreux encore au XVIIIe siècle que ne le croient généralement les historiens.

4 Nous avons déjà marqué cette différence précédemment, à propos de l'état actuel du Compagnonnage et de la Maçonnerie ; les Compagnons appellent volontiers les Maçons « leurs Frères spéculatifs », et, en même temps que cette expression implique la reconnaissance d'une communauté d'origine, il y entre aussi parfois une certaine nuance de dédain qui, à vrai dire, n'est pas entièrement injustifiée, ainsi qu'on pourra le comprendre par les considérations que nous exposons ici.

la suite.

C'est ici que, tout en étant parti de considérations historiques pour la commodité de notre exposé, nous touchons au fond même de la question : le passage de l'« opératif » au « spéculatif », bien loin de constituer un « progrès » comme le voudraient les modernes qui n'en comprennent pas la signification, est exactement tout le contraire au point de vue initiatique ; il implique, non pas forcément une déviation à proprement parler, mais du moins une dégénérescence au sens d'un amoindrissement ; et, comme nous venons de le dire, cet amoindrissement consiste dans la négligence et l'oubli de tout ce qui est « réalisation », car c'est là ce qui est véritablement « opératif », pour ne plus laisser subsister qu'une vue purement théorique de l'initiation. Il ne faut pas oublier, en effet, que « spéculation » et « théorie » sont synonymes; et il est bien entendu que le mot « théorie » ne doit pas être pris ici dans son sens originel de « contemplation », mais uniquement dans celui qu'il a toujours dans le langage actuel, et que le mot « spéculation » exprime sans doute plus nettement, puisqu'il donne, par sa dérivation même, l'idée de quelque chose qui n'est qu'un « reflet », comme l'image vue dans un miroir [1], c'est-à-dire une connaissance indirecte, par opposition à la connaissance effective qui est la conséquence immédiate de la « réalisation », ou qui plutôt ne fait qu'un avec celle-ci. D'un autre côté, le mot « opératif » ne doit pas être considéré exactement comme un équivalent de « pratique », en tant que ce dernier terme se rapporte toujours à l'« action » (ce qui est d'ailleurs strictement conforme à son étymologie), de sorte qu'il ne saurait être employé ici sans équivoque ni impropriété [2] ; en réalité, il s'agit de cet « accomplissement » de l'être qu'est la « réalisation » initiatique, avec tout l'ensemble des moyens de divers ordres qui peuvent être employés en vue de cette fin ; et il n'est pas sans intérêt de remarquer qu'un mot de même origine, celui d'« œuvre », est aussi usité précisément en ce sens dans la terminologie alchimique.

Il est dès lors facile de se rendre compte de ce qui reste dans le cas d'une initiation qui n'est plus que « spéculative » : la transmis-

---

[1] Le mot *speculum*, en latin, signifie en effet « miroir ».
[2] Il y a là, en somme, toute la différence qui existe en grec entre les sens respectifs des deux mots *praxis* et *poèsis*.

sion initiatique subsiste bien toujours, puisque la « chaîne » traditionnelle n'a pas été interrompue ; mais, au lieu de la possibilité d'une initiation effective toutes les fois que quelque défaut individuel ne vient pas y faire obstacle, on n'a plus qu'une initiation virtuelle, et condamnée à demeurer telle par la force même des choses, puisque la limitation « spéculative » signifie proprement que ce stade ne peut plus être dépassé, tout ce qui va plus loin étant de l'ordre « opératif » par définition même. Cela ne veut pas dire, bien entendu, que les rites n'aient plus d'effet en pareil cas, car ils demeurent toujours, et même si ceux qui les accomplissent n'en sont plus conscients, le véhicule de l'influence spirituelle ; mais cet effet est pour ainsi dire « différé » quant à son développement « en acte », et il n'est que comme un germe auquel manquent les conditions nécessaires à son éclosion, ces conditions résidant dans le travail « opératif » par lequel seul l'initiation peut être rendue effective.

À ce propos, nous devons encore insister sur le fait qu'une telle dégénérescence d'une organisation initiatique ne change pourtant rien à sa nature essentielle, et que même la continuité de la transmission suffit pour que, si des circonstances plus favorables se présentaient, une restauration soit toujours possible, cette restauration devant alors nécessairement être conçue comme un retour à l'état « opératif ». Seulement, il est évident que plus une organisation est ainsi amoindrie, plus il y a de possibilités de déviations au moins partielles, qui d'ailleurs peuvent naturellement se produire dans bien des sens différents ; et ces déviations, tout en n'ayant qu'un caractère accidentel, rendent une restauration de plus en plus difficile en fait, bien que, malgré tout, elle demeure encore possible en principe. Quoi qu'il en soit, une organisation initiatique possédant une filiation authentique et légitime, quel que soit l'état plus ou moins dégénéré auquel elle se trouve réduite présentement, ne saurait assurément jamais être confondue avec une pseudo-initiation quelconque, qui n'est en somme qu'un pur néant, ni avec la contre-initiation, qui, elle, est bien quelque chose, mais quelque chose d'absolument négatif, allant directement à l'encontre du but que se propose essentiellement toute véritable initiation [1].

---

[1] Nous avons eu, à diverses reprises, l'occasion de constater que de telles précisions n'étaient nullement superflues ; aussi devons-nous protester formellement contre toute interprétation tendant, par une confusion volontaire ou involontaire, appli-

D'autre part, l'infériorité du point de vue « spéculatif », telle que nous venons de l'expliquer, montre encore, comme par surcroît, que la « pensée », cultivée pour elle-même, ne saurait en aucun cas être le fait d'une organisation initiatique comme telle ; celle-ci n'est point un groupement où l'on doive « philosopher » ou se livrer à des discussions « académiques », non plus qu'à tout autre genre d'occupation profane [1]. La « spéculation » philosophique, quand elle s'introduit ici, est déjà une véritable déviation, tandis que la « spéculation » portant sur le domaine initiatique, si elle est réduite à elle-même au lieu de n'être, comme elle le devrait normalement, qu'une simple préparation au travail « opératif », constitue seulement cet amoindrissement dont nous avons parlé précédemment. Il y a encore là une distinction importante, mais que nous croyons suffisamment claire pour qu'il ne soit pas nécessaire d'y insister davantage ; en somme, on peut dire qu'il y a déviation, plus ou moins grave suivant les cas, toutes les fois qu'il y a confusion entre le point de vue initiatique et le point de vue profane. Ceci ne doit pas être perdu de vue lorsqu'on veut apprécier le degré de dégénérescence auquel une organisation initiatique peut être parvenue ; mais, en dehors de toute déviation, on peut toujours, d'une façon très exacte, appliquer les termes « opératif » et « spéculatif », à l'égard d'une forme initiatique quelle qu'elle soit, et même si elle ne prend pas un métier comme « support », en les faisant correspondre respectivement à l'initiation effective et à l'initiation virtuelle.

Chapitre XXX
INITIATION EFFECTIVE ET INITIATION VIRTUELLE

Bien que la distinction entre l'initiation effective et l'initiation virtuelle puisse déjà être suffisamment comprise à l'aide des consi-

---

quer à une organisation initiatique quelle qu'elle soit ce qui, dans nos écrits, se rapporte en réalité soit à la pseudo-initiation, soit à la contre-initiation.

[1] Nous n'avons jamais pu comprendre ce que voulait dire au juste l'expression de « sociétés de pensée », inventée par certains pour désigner une catégorie de groupements qui parait assez mal définie ; mais ce qu'il y a de sûr, c'est que, même s'il existe réellement quelque chose à quoi cette dénomination puisse convenir, cela ne saurait en tout cas avoir le moindre rapport avec quelque organisation initiatique que ce soit.

dérations qui précèdent, elle est assez importante pour que nous essayions de la préciser encore un peu plus ; et, à cet égard, nous ferons tout d'abord remarquer que, parmi les conditions de l'initiation que nous avons énoncées au début, le rattachement à une organisation traditionnelle régulière (présupposant naturellement la qualification) suffit pour l'initiation virtuelle, tandis que le travail intérieur qui vient ensuite concerne proprement l'initiation effective, qui est en somme, à tous ses degrés, le développement « en acte » des possibilités auxquelles l'initiation virtuelle donne accès. Cette initiation virtuelle est donc l'initiation entendue au sens le plus strict de ce mot, c'est-à-dire comme une « entrée » ou un « commencement » ; bien entendu, cela ne veut nullement dire qu'elle puisse être regardée comme quelque chose qui se suffit à soi-même, mais seulement qu'elle est le point de départ nécessaire de tout le reste ; quand on est entré dans une voie, encore faut-il s'efforcer de la suivre, et même, si on le peut, de la suivre jusqu'au bout. On pourrait tout résumer en ces quelques mots : entrer dans la voie, c'est l'initiation virtuelle ; suivre la voie, c'est l'initiation effective ; mais malheureusement, en fait, beaucoup restent sur le seuil, non pas toujours parce qu'eux-mêmes sont incapables d'aller plus loin, mais aussi, surtout dans les conditions actuelles du monde occidental, par suite de la dégénérescence de certaines organisations qui, devenues uniquement « spéculatives » comme nous venons de l'expliquer, ne peuvent par là même les aider en aucune façon pour le travail « opératif », fût-ce dans ses stades les plus élémentaires, et ne leur fournissent rien qui puisse même leur permettre de soupçonner l'existence d'une « réalisation » quelconque. Pourtant, même dans ces organisations, on parle bien encore, à chaque instant, de « travail » initiatique, ou du moins de quelque chose que l'on considère comme tel ; mais alors on peut légitimement se poser cette question : en quel sens et dans quelle mesure cela correspond-il encore à quelque réalité ?

Pour répondre à cette question, nous rappellerons que l'initiation est essentiellement une transmission, et nous ajouterons que ceci peut s'entendre en deux sens différents : d'une part, transmission d'une influence spirituelle, et, d'autre part, transmission d'un enseignement traditionnel. C'est la transmission de l'influence spirituelle qui doit être envisagée en premier lieu, non seulement parce qu'elle doit logiquement précéder tout enseignement, ce qui est trop évident dès lors qu'on a compris la nécessité du rattachement traditionnel, mais encore et surtout parce que c'est elle qui constitue essentiellement l'initiation au sens strict, si bien que, s'il ne devait s'agir que d'initiation virtuelle, tout pourrait en somme se borner là, sans qu'il y ait lieu d'y adjoindre ultérieurement un enseignement quelconque. En effet, l'enseignement initiatique, dont nous aurons à préciser par la suite le caractère particulier, ne peut être autre chose qu'une aide extérieure apportée au travail intérieur de réalisation, afin de l'appuyer et de le guider autant qu'il est possible ; c'est là, au fond, son unique raison d'être, et c'est en cela seulement que peut consister le côté extérieur et collectif d'un véritable « travail » initiatique, si l'on entend bien réellement celui-ci dans sa signification légitime et normale.

Maintenant, ce qui rend la question un peu plus complexe, c'est que les deux sortes de transmission que nous venons d'indiquer, tout en étant en effet distinctes en raison de la différence de leur nature même, ne peuvent cependant jamais être entièrement séparées l'une de l'autre ; et ceci demande encore quelques explications, bien que nous ayons déjà en quelque sorte traité ce point implicitement lorsque nous avons parlé des rapports étroits qui unissent le rite et le symbole. En effet, les rites sont essentiellement, et avant tout, le véhicule de l'influence spirituelle, qui sans eux ne peut être transmise en aucune façon ; mais en même temps, par là même qu'ils ont, dans tous les éléments qui les constituent, un caractère symbolique, ils comportent nécessairement aussi un enseignement en eux-mêmes, puisque, comme nous l'avons dit, les symboles sont précisément le seul langage qui convient réellement à l'expression des vérités de l'ordre initiatique. Inversement, les symboles sont essentiellement un moyen d'enseignement, et non pas seulement d'enseignement extérieur, mais aussi de quelque chose de plus, en tant qu'ils doivent servir surtout de « supports » à la méditation, qui est tout au moins le commencement d'un travail intérieur ; mais ces mêmes symboles, en tant qu'éléments des rites et en raison de leur caractère « non-humain », sont aussi des « supports » de l'influence spirituelle elle-même. D'ailleurs, si l'on réfléchit que le travail intérieur serait inefficace sans l'action ou, si l'on préfère, sans la collaboration de cette influence spirituelle, on pourra comprendre par là que la méditation sur les symboles prenne elle-même, dans certaines conditions, le caractère d'un véritable rite, et d'un rite qui, cette fois, ne confère plus seulement l'initiation virtuelle, mais permet d'atteindre un degré plus ou moins avancé d'initiation effective.

Par contre, au lieu de se servir des symboles de cette façon, on peut aussi se borner à « spéculer » sur eux, sans se proposer rien de plus ; nous ne voulons certes pas dire par là qu'il soit illégitime d'expliquer les symboles, dans la mesure du possible, et de chercher à développer, par des commentaires appropriés, les différents sens qu'ils contiennent (à la condition, d'ailleurs, de bien se garder en cela de toute « systématisation », qui est incompatible avec l'essence même du symbolisme) ; mais nous voulons dire que cela ne devrait, en tout cas, être regardé que comme une simple préparation à quelque chose d'autre, et c'est justement là ce qui, par définition, échappe forcément au point de vue « spéculatif » comme tel. Celui-ci ne peut que s'en tenir à une étude extérieure des symboles, qui ne saurait évidemment faire passer ceux qui s'y livrent de l'initiation virtuelle à l'initiation effective ; encore s'arrête-t-elle le plus souvent aux significations les plus superficielles, parce que, pour pénétrer plus avant, il faut déjà un degré de compréhension qui, en réalité, suppose tout autre chose que de la simple « érudition » ; et il faut même s'estimer heureux si elle ne s'égare pas plus ou moins complètement dans des considérations « à côté », comme par exemple lorsqu'on veut surtout trouver dans les symboles un prétexte à « moralisation », ou en tirer de prétendues applications sociales, voire même politiques, qui n'ont certes rien d'initiatique ni même de traditionnel. Dans ce dernier cas, on a déjà franchi la limite où le « travail » de certaines organisations cesse entièrement d'être initiatique, fût-ce d'une façon toute « spéculative », pour tomber purement et simplement dans le point de vue profane ; cette limite est aussi, naturellement, celle qui sépare la simple dégénérescence de la déviation, et il n'est que trop facile de comprendre comment la « spéculation », prise pour une fin en elle-même, se prête fâcheusement à glisser de l'une à l'autre d'une façon presque insensible.

Nous pouvons maintenant conclure sur cette question : tant qu'on ne fait que « spéculer », même en se tenant au point de vue initiatique et sans en dévier d'une façon ou d'une autre, on se trouve en quelque sorte enfermé dans une impasse, car on ne saurait en rien dépasser par là l'initiation virtuelle ; et, d'ailleurs, celle-ci existerait tout aussi bien sans aucune « spéculation », puisqu'elle est la conséquence immédiate de la transmission de l'influence spirituelle. L'effet du rite par lequel cette transmission est opérée est « différé », comme nous le disions plus haut, et reste à l'état latent et « enveloppé » tant qu'on ne passe pas du « spéculatif » à l'« opératif » ; c'est dire que les considérations théoriques n'ont de valeur réelle, en tant que travail proprement initiatique, que si elles sont destinées à préparer la « réalisation » ; et elles en sont, en fait, une préparation nécessaire, mais c'est là ce que le point de vue « spéculatif » lui-même est incapable de reconnaître, et ce dont, par conséquent, il ne peut aucunement donner la conscience à ceux qui y bornent leur horizon.

Chapitre XXXI
DE L'ENSEIGNEMENT INITIATIQUE

Nous devons encore revenir sur les caractères qui sont propres à l'enseignement initiatique, et par lesquels il se différencie profondément de tout enseignement profane ; Il s'agit ici de ce qu'on peut appeler l'extériorité de cet enseignement, c'est-à-dire des moyens d'expression par lesquels il peut être transmis dans une certaine mesure et jusqu'à un certain point, à titre de préparation au travail purement intérieur par lequel l'initiation, de virtuelle qu'elle était tout d'abord, deviendra plus ou moins complètement effective. Beaucoup, ne se rendant pas compte de ce que doit être réellement l'enseignement initiatique, n'y voient rien de plus, comme particularité digne de remarque, que l'emploi du symbolisme ; il est d'ailleurs très vrai que celui-ci y joue en effet un rôle essentiel, mais encore faut-il savoir pourquoi il en est ainsi ; or ceux-là, n'envisageant les choses que d'une façon toute superficielle, et s'arrêtant aux apparences et aux formes extérieures, ne comprennent aucunement la raison d'être et même, peut-on dire, la nécessité du symbolisme, que, dans ces conditions, ils ne peuvent trouver qu'étrange et pour le moins inutile. Ils supposent en effet que la doctrine initiatique n'est guère, au fond, qu'une philosophie comme les autres, un peu différente sans doute par sa méthode, mais en tout cas rien de plus, car leur mentalité est ainsi faite qu'ils sont incapables de concevoir autre chose ; et il est bien certain que, pour les raisons que nous avons exposées plus haut, la philosophie n'a rien à voir avec le symbolisme et s'y oppose même en un certain sens. Ceux qui, malgré cette méprise, consentiront tout de même à reconnaître à l'enseignement d'une telle doctrine quelque valeur à un point de vue ou à un autre, et pour des motifs quelconques, qui n'ont habituellement rien d'initiatique, ceux-là même ne pourront jamais arriver qu'à en faire tout au plus une sorte de prolongement de l'enseignement profane, de complément de l'éducation ordinaire, à l'usage d'une élite relative [1]. Or mieux vaut peut-être encore nier totalement sa valeur, ce qui équivaut en somme à l'ignorer purement et simplement, que de le rabaisser ainsi et, trop souvent, de présenter en son nom et à sa place l'expression de vues particulières quelconques, plus ou moins coordonnées, sur toute sorte de choses qui, en réalité, ne sont initiatiques ni en elles-mêmes, ni par la façon dont elles sont traitées ; c'est là proprement cette déviation du travail « spéculatif » à laquelle nous avons déjà fait allusion.

Il est aussi une autre manière d'envisager l'enseignement initiatique qui n'est guère moins fausse que celle-là, bien qu'apparemment toute contraire : c'est celle qui consiste à vouloir l'opposer à l'enseignement profane, comme s'il se situait en quelque sorte au même niveau, en lui attribuant pour objet une certaine science spéciale, plus ou moins vaguement définie, à chaque instant mise en contradiction et en conflit avec les autres sciences, bien que toujours déclarée supérieure à celles-ci par hypothèse et sans que les raisons en soient jamais nettement dégagées. Cette façon de voir est surtout celle des occultistes et autres pseudo-initiés, qui d'ailleurs, en réalité, sont loin de mépriser l'enseignement profane autant qu'ils veulent bien le dire, car ils lui font même de nombreux emprunts plus ou moins déguisés, et, au surplus, cette attitude d'opposition ne s'accorde guère avec la préoccupation constante qu'ils ont, d'un autre côté, de trouver des points de comparaison entre la doctrine traditionnelle, ou ce qu'ils croient être tel, et les sciences modernes ; il est vrai qu'opposition et comparaison sup-

---

[1] Bien entendu, ceux dont il s'agit sont également incapables de concevoir ce qu'est l'élite au seul vrai sens de ce mot, sens qui a aussi une valeur proprement initiatique comme nous l'expliquerons plus loin.

posent également, au fond, qu'il s'agit de choses du même ordre. Il y a là une double erreur : d'une part, la confusion de la connaissance initiatique avec l'étude d'une science traditionnelle plus ou moins secondaire (que ce soit la magie ou toute autre chose de ce genre), et, d'autre part, l'ignorance de ce qui fait la différence essentielle entre le point de vue des sciences traditionnelles et celui des sciences profanes ; mais, après tout ce que nous avons déjà dit, il n'y a pas lieu d'insister plus longuement là-dessus.

Maintenant, si l'enseignement initiatique n'est ni le prolongement de l'enseignement profane, comme le voudraient les uns, ni son antithèse, comme le soutiennent les autres, s'il ne constitue ni un système philosophique ni une science spécialisée, c'est qu'il est en réalité d'un ordre totalement différent ; mais il ne faudrait d'ailleurs pas chercher à en donner une définition à proprement parler, ce qui serait encore le déformer inévitablement. Cela, l'emploi constant du symbolisme dans la transmission de cet enseignement peut déjà suffire à le faire entrevoir, dès lors qu'on admet, comme il est simplement logique de le faire sans même aller jusqu'au fond des choses, qu'un mode d'expression tout différent du langage ordinaire doit être fait pour exprimer des idées également autres que celles qu'exprime ce dernier, et des conceptions qui ne se laissent pas traduire intégralement par des mots, pour lesquelles il faut un langage moins borné, plus universel, parce qu'elles sont elles-mêmes d'un ordre plus universel. Il faut d'ailleurs ajouter que, si les conceptions initiatiques sont essentiellement autres que les conceptions profanes, c'est qu'elles procèdent avant tout d'une autre mentalité que celles-ci [1], dont elles diffèrent moins encore par leur objet que par le point de vue sous lequel elles envisagent cet objet ; et il en est forcément ainsi dès lors que celui-ci ne peut être « spécialisé », ce qui reviendrait à prétendre imposer à la connaissance initiatique une limitation qui est incompatible avec sa nature même. Il est dès lors facile d'admettre que, d'une part, tout ce qui peut être considéré au point de vue profane peut l'être aussi, mais alors d'une tout autre façon et avec une autre compréhension, du point de vue initiatique (car, comme nous l'avons dit

---

[1] En réalité, le mot « mentalité » est insuffisant à cet égard, comme nous le verrons par la suite, mais il ne faut pas oublier qu'il ne s'agit présentement que d'un stade préparatoire à la véritable connaissance initiatique, et dans lequel, par conséquent, il n'est pas encore possible de faire directement appel à l'intellect transcendant.

souvent, il n'y a pas en réalité un domaine profane auquel certaines choses appartiendraient par leur nature, mais seulement un point de vue profane, qui n'est au fond qu'une façon illégitime et déviée d'envisager ces choses) [1], tandis que, d'autre part, il y a des choses qui échappent complètement à tout point de vue profane [2] et qui sont exclusivement propres au seul domaine initiatique.

Que le symbolisme, qui est comme la forme sensible de tout enseignement initiatique, soit en effet réellement un langage plus universel que les langages vulgaires, c'est ce que nous avons déjà expliqué précédemment, et il n'est pas permis d'en douter un seul instant si l'on considère seulement que tout symbole est susceptible d'interprétations multiples, non point en contradiction entre elles, mais au contraire se complétant les unes les autres, et toutes également vraies quoique procédant de points de vue différents; et, s'il en est ainsi, c'est que ce symbole est moins l'expression d'une idée nettement définie et délimitée (à la façon des idées « claires et distinctes » de la philosophie cartésienne, supposées entièrement exprimables par des mots) que la représentation synthétique et schématique de tout un ensemble d'idées et de conceptions que chacun pourra saisir selon ses aptitudes intellectuelles propres et dans la mesure où il est préparé à leur compréhension. Ainsi, le symbole, pour qui parviendra à pénétrer sa signification profonde, pourra faire concevoir incomparablement plus que tout ce qu'il est possible d'exprimer directement ; aussi est-il le seul moyen de transmettre, autant qu'il se peut, tout cet inexprimable qui constitue le domaine propre de l'initiation, ou plutôt, pour parler plus rigoureusement, de déposer les conceptions de cet ordre en germe dans l'intellect de l'initié, qui devra ensuite les faire passer de la

---

1 Ce que nous disons ici pourrait s'appliquer tout aussi bien au point de vue traditionnel en général qu'au point de vue proprement initiatique ; dès lors qu'il s'agit seulement de les distinguer du point de vue profane, il n'y a en somme aucune différence à faire sous ce rapport entre l'un et l'autre.

2 Et même aussi, faut-il ajouter, au point de vue traditionnel exotérique, qui est en somme la façon légitime et normale d'envisager ce qui est déformé par le point de vue profane, de sorte que tous deux se rapportent en quelque sorte à un même domaine, ce qui ne diminue en rien leur différence profonde ; mais, au delà de ce domaine qu'on peut appeler exotérique, puisqu'il est celui qui concerne également et indistinctement tous les hommes, il y a le domaine ésotérique et proprement initiatique, que ne peuvent qu'ignorer entièrement ceux qui se tiennent dans l'ordre exotérique.

puissance à l'acte, les développer et les élaborer par son travail personnel, car nul ne peut rien faire de plus que de l'y préparer en lui traçant, par des formules appropriées, le plan qu'il aura par la suite à réaliser en lui-même pour parvenir à la possession effective de l'initiation qu'il n'a reçue de l'extérieur que virtuellement. Il ne faut d'ailleurs pas oublier que, si l'initiation symbolique, qui n'est que la base et le support de l'initiation effective, est forcément la seule qui puisse être donnée extérieurement, du moins peut-elle être conservée et transmise même par ceux qui n'en comprennent ni sens ni la portée ; il suffit que les symboles soient maintenus intacts pour qu'ils soient toujours susceptibles d'éveiller, en celui qui en est capable, toutes les conceptions dont ils figurent la synthèse. C'est en cela, rappelons-le encore, que réside le vrai secret initiatique, qui est inviolable de sa nature et qui se défend de lui-même contre la curiosité des profanes, et dont le secret relatif de certains signes extérieurs n'est qu'une figuration symbolique ; ce secret, chacun pourra le pénétrer plus ou moins selon l'étendue de son horizon intellectuel, mais, alors même qu'il l'aurait pénétré intégralement, il pourra jamais communiquer effectivement à un autre ce qu'il en aura compris lui-même ; tout au plus pourra-t-il aider à parvenir à cette compréhension ceux-là seuls qui y sont actuellement aptes.

Cela n'empêche nullement que les formes sensibles qui sont en usage pour la transmission de l'initiation extérieure et symbolique aient, même en dehors de leur rôle essentiel comme support et véhicule de l'influence spirituelle, leur valeur propre en tant que moyen d'enseignement ; à cet égard, on peut remarquer (et ceci nous ramène à la connexion intime du symbole avec le rite) qu'elles traduisent les symboles fondamentaux en gestes, en prenant ce mot au sens le plus étendu comme nous l'avons déjà fait précédemment, et que, de cette façon, elles font en quelque sorte « vivre » à l'initié l'enseignement qui lui est présenté [1], ce qui est la manière la plus adéquate et la plus généralement applicable de lui en préparer l'assimilation, puisque toutes les manifestations de l'individualité humaine se traduisent nécessairement, dans ses conditions actuelles d'existence, en des modes divers de l'activité vitale. Il ne faudrait d'ailleurs pas prétendre pour cela faire de la vie, comme

---

[1] De là ce que nous avons appelé la « mise en action » des « légendes « initiatiques ; on pourra aussi se reporter ici à ce que nous avons dit du symbolisme du théâtre.

le voudraient beaucoup de modernes, une sorte de principe absolu ; l'expression d'une idée en mode vital n'est, après tout, qu'un symbole comme les autres, aussi bien que l'est, par exemple, sa traduction en mode spatial, qui constitue un symbole géométrique ou un idéogramme ; mais c'est, pourrait-on dire, un symbole qui, par sa nature particulière, est susceptible de pénétrer plus immédiatement que tout autre à l'intérieur même de l'individualité humaine. Au fond, si tout processus d'initiation présente en ses différentes phases une correspondance, soit avec la vie humaine individuelle, soit même avec l'ensemble de la vie terrestre, c'est que le développement de la manifestation vitale elle-même, particulière ou générale, « microcosmique » ou « macrocosmique », s'effectue suivant un plan analogue à celui que l'initié doit réaliser en lui-même, pour se réaliser lui-même dans la complète expansion de toutes les puissances de son être. Ce sont toujours et partout des plans correspondant à une même conception synthétique, de sorte qu'ils sont principiellement identiques, et, bien que tous différents et indéfiniment variés dans leur réalisation, ils procèdent d'un « archétype » unique, plan universel tracé par la Volonté suprême qui est désignée symboliquement comme le « Grand Architecte de l'Univers ».

Donc tout être tend, consciemment ou non, à réaliser en lui-même, par les moyens appropriés à sa nature particulière, ce que les formes initiatiques occidentales, s'appuyant sur le symbolisme « constructif », appellent le « plan du Grand Architecte de l'Univers » [1], et à concourir par là, selon la fonction qui lui appartient dans l'ensemble cosmique, à la réalisation totale de ce même plan, laquelle n'est en somme que l'universalisation de sa propre réalisation personnelle. C'est au point précis de son développement où un être prend réellement conscience de cette finalité que commence pour lui l'initiation effective, qui doit le conduire par degrés, et selon sa voie personnelle, à cette réalisation intégrale qui s'accomplit, non point dans le développement isolé de certaines facultés spéciales, mais dans le développement complet, harmonique et hiérarchique, de toutes les possibilités impliquées dans l'essence de cet être. D'ailleurs, puisque la fin est nécessairement la même pour

---

[1] Ce symbolisme est d'ailleurs loin d'être exclusivement propre aux seules formes occidentales ; le *Vishwakarma* de la tradition hindoue, en particulier, est exactement la même chose que le « Grand Architecte de l'Univers ».

Chapitre XXXI

tout ce qui a même principe, c'est dans les moyens employés pour y parvenir que réside exclusivement ce qui est propre à chaque être, considéré dans les limites de la fonction spéciale qui est déterminée pour lui par sa nature individuelle, et qui, quelle qu'elle soit, doit être regardée comme un élément nécessaire de l'ordre universel et total ; et, par la nature même des choses, cette diversité des voies particulières subsiste tant que le domaine des possibilités individuelles n'est pas effectivement dépassé.

Ainsi, l'instruction initiatique, envisagée dans son universalité, doit comprendre, comme autant d'applications, en variété indéfinie, d'un même principe transcendant, toutes les voies de réalisation qui sont propres, non seulement à chaque catégorie d'êtres, mais aussi à chaque être individuel considéré en particulier ; et, les comprenant toutes ainsi en elle-même, elle les totalise et les synthétise dans l'unité absolue de la Voie universelle [1]. Donc, si les principes de l'initiation sont immuables, ses modalités peuvent et doivent varier de façon à s'adapter aux conditions multiples et relatives de l'existence manifestée, conditions dont la diversité fait que, mathématiquement en quelque sorte, il ne peut pas y avoir deux choses identiques dans tout l'univers, ainsi que nous l'avons déjà expliqué en d'autres occasions [2]. On peut donc dire qu'il est impossible qu'il y ait, pour deux individus différents, deux initiations exactement semblables, même au point de vue extérieur et rituélique, et à plus forte raison au point de vue du travail intérieur de l'initié ; l'unité et l'immutabilité du principe n'exigent nullement une uniformité et une immobilité qui sont d'ailleurs irréalisables en fait, et qui, en réalité, ne représentent que leur reflet « inversé » au plus bas degré de la manifestation ; et la vérité est que l'enseignement initiatique, impliquant une adaptation à la diversité indéfinie des natures individuelles, s'oppose par là à l'uniformité que l'enseignement profane regarde au contraire comme son « idéal ». Les modifications dont il s'agit se limitent d'ailleurs, bien entendu, à la traduction extérieure de la connaissance initiatique et à son assimilation par telle ou telle individualité, car, dans la mesure où une telle traduction est possible, elle doit forcément tenir compte des relativités et des contingences, tandis que ce qu'elle exprime

---

[1] Cette Voie universelle est le Tao de la tradition extrême-orientale.
[2] Voir notamment *Le Règne de la Quantité et les Signes des Temps*, ch. VII.

en est indépendant dans l'universalité de son essence principielle, comprenant toutes les possibilités dans la simultanéité d'une synthèse unique.

L'enseignement initiatique, extérieur et transmissible dans des formes, n'est en réalité et ne peut être, nous l'avons déjà dit et nous y insistons encore, qu'une préparation de l'individu à acquérir la véritable connaissance initiatique par l'effet de son travail personnel. On peut ainsi lui indiquer la voie à suivre, le plan à réaliser, et le disposer à prendre l'attitude mentale et intellectuelle nécessaire pour parvenir à une compréhension effective et non pas simplement théorique ; on peut encore l'assister et le guider en contrôlant son travail d'une façon constante, mais c'est tout, car nul autre, fût-il un « Maître » dans l'acception la plus complète du mot [1], ne peut faire ce travail pour lui. Ce que l'initié doit forcément acquérir par lui-même, parce que personne ni rien d'extérieur à lui ne peut le lui communiquer, c'est en somme la possession effective du secret initiatique proprement dit ; pour qu'il puisse arriver à réaliser cette possession dans toute son étendue et avec tout ce qu'elle implique, il faut que l'enseignement qui sert en quelque sorte de base et de support à son travail personnel soit constitué de telle façon qu'il s'ouvre sur des possibilités réellement illimitées, et qu'ainsi il lui permette d'étendre indéfiniment ses conceptions, en largeur et en profondeur tout à la fois, au lieu de les enfermer, comme le fait tout point de vue profane, dans les limites plus ou moins étroites d'une théorie systématique ou d'une formule verbale quelconque.

Chapitre XXXII
LES LIMITES DU MENTAL

Nous parlions tout à l'heure de la mentalité nécessaire à l'acquisition de la connaissance initiatique, mentalité toute différente de la mentalité profane, et à la formation de laquelle contribue grandement l'observation des rites et « formes extérieures en usage dans les organisations traditionnelles, sans préjudice de leurs autres effets d'un ordre plus profond ; mais il faut bien comprendre qu'il ne

---

[1] Nous entendons par là ce qu'on appelle un *Guru* dans la tradition hindoue, on un *Sheikh* dans la tradition islamique, et qui n'a rien de commun avec les idées fantastiques qu'on s'en fait dans certains milieux pseudo-initiatiques occidentaux.

s'agit en cela que d'un stade préliminaire, ne correspondant qu'à une préparation encore toute théorique, et non point de l'initiation effective. Il y a lieu, en effet, d'insister sur l'insuffisance du mental à l'égard de toute connaissance d'ordre proprement métaphysique et initiatique ; nous sommes obligé d'employer ce terme de « mental », de préférence à tout autre, comme équivalent du sanscrit manas, parce qu'il s'y rattache par sa racine ; nous entendons donc par là l'ensemble des facultés de connaissance qui sont spécifiquement caractéristiques de l'individu humain (désigné aussi lui-même, dans diverses langues, par des mots ayant la même racine), et dont la principale est la raison.

Nous avons assez souvent précisé la distinction de la raison, faculté d'ordre purement individuel, et de l'intellect pur, qui est au contraire supra-individuel, pour qu'il soit inutile d'y revenir ici ; nous rappellerons seulement que la connaissance métaphysique, au vrai sens de ce mot, étant d'ordre universel, serait impossible s'il n'y avait dans l'être une faculté du même ordre, donc transcendante par rapport à l'individu : cette faculté est proprement l'intuition intellectuelle. En effet, toute connaissance étant essentiellement une identification, il est évident que l'individu, comme tel, ne peut pas atteindre la connaissance de ce qui est au delà du domaine individuel, ce qui serait contradictoire ; cette connaissance n'est possible que parce que l'être qui est un individu humain dans un certain état contingent de manifestation est aussi autre chose en même temps : il serait absurde de dire que l'homme, en tant qu'homme et par ses moyens humains, peut se dépasser lui-même ; mais l'être qui apparaît en ce monde comme un homme est, en réalité, tout autre chose par le principe permanent et immuable qui le constitue dans son essence profonde [1]. Toute connaissance que l'on peut dire vraiment initiatique résulte d'une communication établie consciemment avec les états supérieurs; et c'est à une telle communication que se rapportent nettement, si on les entend dans leur sens véritable et sans tenir compte de l'abus qui en est fait trop souvent dans le langage ordinaire de notre époque, des termes comme ceux d'« inspiration » et de « révélation » [2].

---

1 Il s'agit ici de la distinction fondamentale du « Soi » et du « moi », ou de la personnalité et de l'individualité, qui est au principe même de la théorie métaphysique des états multiples de l'être.
2 Ces deux mots désignent au fond la même chose, envisagée sous deux points de

La connaissance directe de l'ordre transcendant, avec la certitude absolue qu'elle implique, est évidemment, en elle-même, incommunicable et inexprimable ; toute expression, étant nécessairement formelle par définition même, et par conséquent individuelle [1], lui est par là, même inadéquate et ne peut en donner, en quelque sorte, qu'un reflet dans l'ordre humain. Ce reflet peut aider certains êtres à atteindre réellement cette même connaissance, en éveillant en eux les facultés supérieures, mais, comme nous l'avons déjà dit, il ne saurait aucunement les dispenser de faire personnellement ce que nul ne peut faire pour eux ; il est seulement un « support » pour leur travail intérieur. Il y a d'ailleurs, à cet égard, une grande différence à faire, comme moyens d'expression, entre les symboles et le langage ordinaire ; nous avons expliqué précédemment que les symboles, par leur caractère essentiellement synthétique, sont particulièrement aptes à servir de point d'appui à l'intuition intellectuelle, tandis que le langage, qui est essentiellement analytique, n'est proprement que l'instrument de la pensée discursive et rationnelle. Encore faut-il ajouter que les symboles, par leur côté « non-humain », portent en eux-mêmes une influence dont l'action est susceptible d'éveiller directement la faculté intuitive chez ceux qui les méditent de la façon voulue ; mais ceci se rapporte uniquement à leur usage en quelque sorte rituel comme support de méditation, et non point aux commentaires verbaux qu'il est possible de faire sur leur signification, et qui n'en représentent dans tous les cas qu'une étude encore extérieure [2]. Le langage humain étant étroitement lié, par sa constitution même, à l'exercice de la faculté rationnelle, il s'ensuit que tout ce qui est exprimé ou traduit au moyen de ce langage prend forcément, d'une façon plus ou moins explicite, une forme de « raisonnement » ; mais on doit comprendre qu'il ne peut cependant y avoir qu'une similitude tout apparente et extérieure, similitude de forme et non de fond ; entre le raisonnement

---

vue quelque peu différents : ce qui est « inspiration » pour l'être même qui le reçoit devient « révélation » pour les autres êtres à qui il le transmet, dans la mesure où cela est possible, en le manifestant extérieurement par un mode d'expression quelconque.
1 Nous rappellerons que la forme est, parmi les conditions de l'existence manifestée, celle qui caractérise proprement tout état individuel comme tel.
2 Ceci ne veut pas dire, bien entendu, que celui qui explique les symboles en se servant du langage ordinaire n'en a forcément lui-même qu'une connaissance extérieure, mais seulement que celle-ci est tout ce qu'il peut communiquer aux autres par de telles explications.

Chapitre XXXII

ordinaire, concernant les choses du domaine individuel qui sont celles auxquelles il est proprement et directement applicable, et celui qui est destiné à refléter, autant qu'il est possible, quelque chose des vérités d'ordre supra-individuel. C'est pourquoi nous avons dit que l'enseignement initiatique ne devait jamais prendre une forme « systématique », mais devait au contraire toujours s'ouvrir sur des possibilités illimitées, de façon à réserver la part de l'inexprimable, qui est en réalité tout l'essentiel ; et, par là, le langage lui-même, lorsqu'il est appliqué aux vérités de cet ordre, participe en quelque sorte au caractère des symboles proprement dits [1]. Quoi qu'il en soit, celui qui, par l'étude d'un exposé dialectique quelconque, est parvenu à une connaissance théorique de certaines de ces vérités, n'en a pourtant encore aucunement par là une connaissance directe et réelle (ou plus exactement « réalisée »), en vue de laquelle cette connaissance discursive et théorique ne saurait constituer rien de plus qu'une simple préparation.

Cette préparation théorique, si indispensable qu'elle soit en fait, n'a pourtant en elle-même qu'une valeur de moyen contingent et accidentel ; tant qu'on s'en tient là, on ne saurait parler d'initiation effective, même au degré le plus élémentaire. S'il n'y avait rien de plus ni d'autre, il n'y aurait là en somme que l'analogue, dans un ordre plus élevé, de ce qu'est une « spéculation » quelconque se rapportant à un autre domaine [2], car une telle connaissance, simplement théorique, n'est que par le mental, tandis que la connaissance effective est « par l'esprit et l'âme », c'est-à-dire en somme par l'être tout entier. C'est d'ailleurs pourquoi, même en dehors du point de vue initiatique, les simples mystiques, sans dépasser les limites du domaine individuel, sont cependant, dans leur ordre qui est celui de la tradition exotérique, incontestablement supérieurs non seulement aux philosophes, mais même aux théologiens, car la moindre parcelle de connaissance effective vaut incomparable-

[1] Cet usage supérieur du langage est surtout possible quand il s'agit des langues sacrées, qui précisément sont telles parce qu'elles sont constituées de telle sorte qu'elles portent en elles-mêmes ce caractère proprement symbolique ; il est naturellement beaucoup plus difficile avec les langues ordinaires, surtout lorsque celles-ci ne sont employées habituellement que pour exprimer des points de vue profanes comme c'est le cas pour les langues modernes.

[2] On pourrait comparer une telle « spéculation », dans l'ordre ésotérique, non pas à la philosophie qui ne se réfère qu'à un point de vue tout profane, mais plutôt à ce qu'est la théologie dans l'ordre traditionnel exotérique et religieux.

ment plus que tous les raisonnements qui ne procèdent que du mental [1].

Tant que la connaissance n'est que par le mental, elle n'est qu'une simple connaissance « par reflet », comme celle des ombres que voient les prisonniers de la caverne symbolique de Platon, donc une connaissance indirecte et tout extérieure ; passer de l'ombre à la réalité, saisie directement en elle-même, c'est proprement passer de l'« extérieur » à l'« intérieur », et aussi, au point de vue où nous nous plaçons plus particulièrement ici, de l'initiation virtuelle à l'initiation effective. Ce passage implique la renonciation au mental, c'est-à-dire à toute faculté discursive qui est désormais devenue impuissante, puisqu'elle ne saurait franchir les limites qui lui sont imposées par sa nature même [2] ; l'intuition intellectuelle seule est au delà de ces limites, parce qu'elle n'appartient pas à l'ordre des facultés individuelles. On peut, en employant le symbolisme traditionnel fondé sur les correspondances organiques, dire que le centre de la conscience doit être alors transféré du « cerveau » au « cœur » [3] ; pour ce transfert, toute « spéculation » et toute dialectique ne sauraient évidemment plus être d'aucun usage ; et c'est à partir de là seulement qu'il est possible de parler véritablement d'initiation effective. Le point où commence celle-ci est donc bien au delà de celui où finit tout ce qu'il peut y avoir de relativement valable dans quelque « spéculation » que ce soit ; entre l'un et l'autre, il y a un véritable abîme, que la renonciation au mental,

---

[1] Nous devons préciser que cette supériorité des mystiques doit s'entendre exclusivement quant à leur état intérieur, car, d'un autre côté, il peut arriver, comme nous l'avons déjà indiqué plus haut, que, faute de préparation théorique, ils soient incapables d'en exprimer quoi que ce soit d'une façon intelligible ; et, en outre, il faut tenir compte du fait que, en dépit de ce qu'ils ont vraiment « réalisé », ils risquent toujours de s'égarer, par la même qu'ils ne peuvent dépasser les possibilités de l'ordre individuel.

[2] Cette renonciation ne veut aucunement dire que la connaissance dont il s'agit alors soit en quelque façon contraire ou opposée à la connaissance mentale, en tant que celle-ci est valable et légitime dans son ordre relatif, c'est-à-dire dans le domaine individuel ; on ne saurait trop redire, pour éviter toute équivoque à cet égard, que le « supra-rationnel » n'a rien de commun avec l'« irrationnel ».

[3] Il est à peine besoin de rappeler que le « cœur », pris symboliquement pour représenter le centre de l'individualité humaine envisagée dans son intégralité, est toujours mis en correspondance, par toutes les traditions, avec l'intellect pur, ce qui n'a absolument aucun rapport avec la « sentimentalité » que lui attribuent les conceptions profanes des modernes.

comme nous venons de le dire, permet seule de franchir. Celui qui s'attache au raisonnement et ne s'en affranchit pas au moment voulu demeure prisonnier de la forme, qui est la limitation par laquelle se définit l'état individuel ; il ne dépassera donc jamais celui-ci, et il n'ira jamais plus loin que l'« extérieur », c'est-à-dire qu'il demeurera lié au cycle indéfini de la manifestation. Le passage de l'« extérieur » à l'« intérieur », c'est aussi le passage de la multiplicité à l'unité, de la circonférence au centre, au point unique d'où il est possible à l'être humain, restauré dans les prérogatives de l'« état primordial », de s'élever aux états supérieurs [1] et, par la réalisation totale de sa véritable essence, d'être enfin effectivement et actuellement ce qu'il est potentiellement de toute éternité. Celui qui se connaît soi-même dans la « vérité » de l'« Essence » éternelle et infinie [2], celui-là connaît et possède toutes choses en soi-même et par soi-même, car il est parvenu à l'état inconditionné qui ne laisse hors de soi aucune possibilité, et cet état, par rapport auquel tous les autres, si élevés soient-ils, ne sont réellement encore que des stades préliminaires sans aucune commune mesure avec lui [3], cet état qui est le but ultime de toute initiation, est proprement ce qu'on doit entendre par l'« Identité Suprême ».

Chapitre XXXIII
CONNAISSANCE INITIATIQUE ET «CULTURE» PROFANE

Nous avons déjà fait remarquer précédemment qu'il faut bien se garder de toute confusion entre la connaissance doctrinale d'ordre initiatique, même lorsqu'elle n'est encore que théorique et simple-

---

[1] Cf. *L'Ésotérisme de Dante*, pp. 58-61.
[2] Nous prenons ici le mot « vérité » dans le sens du terme arabe *haqîqah*, et le mot « Essence » dans le sens d'*Edh-Dhât*. — À ceci se rapporte dans la tradition islamique ce *hadîth* : « Celui qui se connaît soi-même connaît son Seigneur » (*Man arafa nafsahu faqad arafa Rabbahu*) ; et cette connaissance est obtenue par ce qui est appelé l'« œil du cœur » (*aynul-qalb*), qui n'est autre chose que l'intuition intellectuelle elle-même, ainsi que l'expriment ces paroles d'El-Hallâj : « Je vis mon Seigneur par l'œil de mon cœur, et je dis : qui es-tu ? Il dit : Toi » (*Raaytu Rabbî bi-ayni qalbî, faqultu man anta, qâla anta*).
[3] Ceci ne doit pas s'entendre seulement des états qui ne correspondent qu'à des extensions de l'individualité, mais aussi des états supra-individuels encore conditionnés.

ment préparatoire à la « réalisation », et tout ce qui est instruction purement extérieure ou savoir profane, qui est en réalité sans aucun rapport avec cette connaissance. Cependant, nous devons insister encore plus spécialement sur ce point, car nous n'avons eu que trop souvent à en constater la nécessité : il faut en finir avec le préjugé trop répandu qui veut que ce qu'on est convenu d'appeler la « culture », au sens profane et « mondain », ait une valeur quelconque, ne fût-ce qu'à titre de préparation, vis-à-vis de la connaissance initiatique alors qu'elle n'a et ne peut avoir véritablement aucun point de contact avec celle-ci.

En principe, il s'agit bien là, purement et simplement, d'une absence de rapport : l'instruction profane, à quelque degré qu'on l'envisage, ne peut servir en rien à la connaissance initiatique, et (toutes réserves faites sur la dégénérescence intellectuelle qu'implique l'adoption du point de vue profane lui-même) elle n'est pas non plus incompatible avec elle [1] ; elle apparaît uniquement, à cet égard, comme une chose indifférente, au même titre que l'habileté manuelle acquise dans l'exercice d'un métier mécanique, ou encore que la « culture physique » qui est si fort à la mode de nos jours. Au fond, tout cela est exactement du même ordre pour qui se place au point de vue qui nous occupe ; mais le danger est de se laisser prendre à l'apparence trompeuse d'une prétendue « intellectualité » qui n'a absolument rien à voir avec l'intellectualité pure et véritable, et l'abus constant qui est fait précisément du mot « intellectuel » par nos contemporains suffit à prouver que ce danger n'est que trop réel. Il en résulte souvent, entre autres inconvénients, une tendance à vouloir unir ou plutôt mêler entre elles des choses qui sont d'ordre totalement différent ; sans reparler à ce propos de l'intrusion d'un genre de « spéculation » tout profane dans certaines organisations initiatiques occidentales, nous rappellerons seulement la vanité, que nous avons eu maintes occasions de signaler, de toutes les tentatives faites pour établir un lieu ou une comparaison quelconque entre la science moderne et lu connais-

---

1 Il est évident que, notamment, celui qui reçoit dès son enfance l'instruction profane et « obligatoire » dans les écoles ne saurait en être tenu pour responsable, ni être regardé pour cela comme « disqualifié » pour l'initiation ; toute la question est de savoir quelle « empreinte » il en gardera par la suite, car c'est là ce qui dépend réellement de ses possibilités propres.

sance traditionnelle [1]. Certains vont même, en ce sens, jusqu'à prétendre trouver dans la première des « confirmations » de la seconde, comme si celle-ci, qui repose sur les principes immuables, pouvait tirer le moindre bénéfice d'une conformité accidentelle et tout extérieure avec quelques-uns des résultats hypothétiques et sans cesse changeants de cette recherche incertaine et tâtonnante que les modernes se plaisent à décorer du nom de « science » !

Mais ce n'est pas sur ce côté de la question que nous avons à insister surtout présentement, ni même sur le danger qu'il peut y avoir, lorsqu'on accorde une importance exagérée à ce savoir inférieur (et souvent même tout à fait illusoire), d'y consacrer toute son activité au détriment d'une connaissance supérieure, dont la possibilité même arrivera ainsi à être totalement, méconnue ou ignorée ; On ne sait que trop que ce cas est en effet celui de l'immense majorité de nos contemporains ; et, pour ceux-là, la question d'un rapport avec la connaissance initiatique, ou même traditionnelle en général, ne se pose évidemment plus, puisqu'ils ne soupçonnent même pas l'existence d'une telle connaissance. Mais, sans même aller jusqu'à cet extrême, l'instruction profane peut constituer bien souvent en fait, sinon en principe, un obstacle à l'acquisition de la véritable connaissance, c'est-à-dire tout le contraire d'une préparation efficace, et cela pour diverses raisons sur lesquelles nous devons maintenant nous expliquer un peu plus en détail.

D'abord, l'éducation profane impose certaines habitudes mentales dont il peut être plus ou moins difficile de se défaire par la suite ; il n'est que trop aisé de constater que les limitations et même les déformations qui sont l'ordinaire conséquence de l'enseignement universitaire sont souvent irrémédiables ; et, pour échapper entièrement à cette fâcheuse influence, il faut des positions spéciales qui ne peuvent être qu'exceptionnelles. Nous parlons ici d'une façon tout à fait générale, et nous n'insisterons pas sur tels inconvénients plus particuliers, comme l'étroitesse de vues qui résulte inévitablement de la « spécialisation », ou la « myopie intellectuelle » qui est l'habituel accompagnement de l'« érudition » cultivée pour elle-même ; ce qu'il est essentiel d'observer, c'est que, si la connaissance profane en elle-même est simplement indifférente, les méthodes par lesquelles elle est inculquée sont en réalité la négation même

---

1 Cf. notamment *Le Règne de la Quantité et les Signes des Temps*, ch. XVIII et XXXII.

de celles qui ouvrent l'accès à la connaissance initiatique.

Ensuite, il faut tenir compte, comme d'un obstacle qui est loin d'être négligeable, de cette sorte d'infatuation qui est fréquemment causée par un prétendu savoir, et qui est même, chez bien des gens, d'autant plus accentuée que ce savoir est plus élémentaire, inférieur et incomplet ; d'ailleurs, même sans sortir des contingences de la « vie ordinaire », les méfaits de l'instruction primaire à cet égard sont aisément reconnus de tous ceux que n'aveuglent pas certaines idées préconçues. Il est évident que, de deux ignorants, celui qui se rend compte qu'il ne sait rien est dans une disposition beaucoup plus favorable à l'acquisition de la connaissance que celui qui croit savoir quelque chose ; les possibilités naturelles du premier sont intactes, pourrait-on dire, tandis que celles du second sont comme « inhibées » et ne peuvent plus se développer librement. D'ailleurs, même en admettant une égale bonne volonté chez les deux individus considérés, il n'en resterait pas moins, dans tous les cas, que l'un d'eux aurait tout d'abord à se débarrasser des idées fausses dont son mental est encombré, tandis que l'autre serait tout au moins dispensé de ce travail préliminaire et négatif, qui représente un des sens de ce que l'initiation maçonnique désigne symboliquement comme le « dépouillement des métaux ».

On peut s'expliquer facilement par là un fait que nous avons eu fréquemment l'occasion de constater en ce qui concerne les gens dits « cultivés » ; on sait ce qui est entendu communément par ce mot : il ne s'agit même pas là d'une instruction tant soit peu solide, si limitée et si inférieure qu'en soit la portée, mais d'une « teinture » superficielle de toute sorte de choses, d'une éducation surtout « littéraire », en tout cas purement livresque et verbale, permettant de parler avec assurance de tout, y compris ce qu'on ignore le plus complètement, et susceptible de faire illusion à ceux qui, séduits par ces brillantes apparences, ne s'aperçoivent pas qu'elles ne recouvrent que le néant. Cette « culture » produit généralement, à un autre niveau, des effets assez comparables. À ceux que nous rappelions tout à l'heure au sujet de l'instruction primaire ; il y a certes des exceptions, car il peut arriver que celui qui a reçu une telle « culture » soit doué d'assez heureuses dispositions naturelles pour ne l'apprécier qu'à sa juste valeur et ne point en être dupe lui-même ; mais nous n'exagérons rien en disant que, en dehors de ces exceptions, la grande majorité des gens « cultivés » doivent être comptés parmi ceux dont l'état mental est le plus défavorable à la réception de la véritable connaissance. Il y a chez eux, vis-à-vis de celle-ci, une sorte de résistance souvent inconsciente, parfois aussi voulue ; ceux mêmes qui ne nient pas formellement, de parti pris et *a priori*, tout ce qui est d'ordre ésotérique ou initiatique, témoignent du moins à cet égard d'un manque d'intérêt complet, et il arrive même qu'ils affectent de faire étalage de leur ignorance de ces choses, comme si elle était à leurs propres yeux une des marques de la supériorité que la « culture » est censée leur conférer ! Qu'on ne croie pas qu'il y ait là de notre part la moindre intention caricaturale ; nous ne faisons que dire exactement ce que nous avons vu en maintes circonstances, non seulement en Occident, mais même en Orient, où d'ailleurs ce type de l'homme « cultivé » a heureusement assez peu d'importance, n'ayant fait son apparition que très récemment et comme produit d'une certaine éducation « occidentalisée », d'où il résulte, notons-le en passant, que cet homme « cultivé » est nécessairement en même temps un « moderniste »[1]. La conclusion à tirer de là, c'est que les gens de cette sorte sont tout simplement les moins « initiables » des profanes, et qu'il serait parfaitement déraisonnable de tenir le moindre compte de leur opinion, ne fût-ce que pour essayer d'y adapter la présentation de certaines idées ; du reste, il convient d'ajouter que le souci de l'« opinion publique » en général est une attitude aussi « anti-initiatique » que possible.

Nous devons encore, à cette occasion, préciser un autre point qui se rattache étroitement à ces considérations : c'est que toute connaissance exclusivement « livresque » n'a rien de commun avec la connaissance initiatique, même envisagée à son stade simplement théorique. Cela peut même paraître évident après ce que nous venons de dire, car tout ce qui n'est qu'étude livresque fait incontestablement partie de l'éducation la plus extérieure ; si nous y insistons, c'est qu'on pourrait se méprendre dans le cas où cette étude porte sur des livres dont le contenu est d'ordre initiatique. Celui qui lit de tels livres à la façon des gens « cultivés », ou même celui qui les étudie à la façon des « érudits » et selon les

---

[1] Sur les rapports de ce « modernisme » avec l'opposition à tout ésotérisme, voir *Le Règne de la Quantité et les Signes des Temps*, ch XI.

méthodes profanes, n'en sera pas pour cela plus rapproché de la véritable connaissance, parce qu'il y apporte des dispositions qui ne lui permettent pas d'en pénétrer le sens réel ni de se l'assimiler à un degré quelconque ; l'exemple des orientalistes, avec l'incompréhension totale dont ils font généralement preuve, en est une illustration particulièrement frappante. Tout autre est le cas de celui qui, prenant ces mêmes livres comme « supports » de son travail intérieur, ce qui est le rôle auquel ils sont essentiellement destinés, sait voir au delà des mots et trouve dans ceux-ci une occasion et un point d'appui pour le développement de ses propres possibilités ; ici, on en revient en somme à l'usage proprement symbolique dont le langage est susceptible, et dont nous avons déjà parlé précédemment. Ceci, on le comprendra sans peine, n'a plus rien de commun avec la simple étude livresque, bien que les livres en soient le point de départ ; le fait d'entasser dans sa mémoire des notions verbales n'apporte pas même l'ombre d'une connaissance réelle ; seule compte la pénétration de l'« esprit » enveloppé sous les formes extérieures, pénétration qui suppose que l'être porte en lui-même des possibilités correspondantes, puisque toute connaissance est essentiellement identification ; et, sans cette qualification inhérente à la nature même de cet être, les plus hautes expressions de la connaissance initiatique, dans la mesure où elle est exprimable, et les Écritures sacrées de toutes les traditions elles-mêmes, ne seront jamais que « lettre morte » et *flatus vocis*.

Chapitre XXXIV
MENTALITÉ SCOLAIRE ET PSEUDO-INITIATION

Une des marques caractéristiques de la plupart des organisations pseudo-initiatiques modernes est la façon dont elles usent de certaines comparaisons empruntées à la « vie ordinaire », c'est-à-dire en somme à l'activité profane sous l'une ou l'autre des formes qu'elle revêt le plus couramment dans le monde contemporain. Il ne s'agit même pas là seulement d'analogies qui, malgré la fâcheuse banalité des images ainsi employées et le fait qu'elles sont aussi éloignées que possible de tout symbolisme traditionnel, pourraient encore être plus ou moins valables dans certaines limites ; plus ou moins, disons-nous, car il ne faut pas oublier que, au fond, le point de vue profane comme tel comporte toujours en lui-même quelque chose d'illégitime, en tant qu'il est une véritable négation du point de vue traditionnel ; mais ce qui est plus grave encore, c'est que ces choses sont prises de la façon la plus littérale, allant jusqu'à une sorte d'assimilation de prétendues réalités spirituelles à des formes d'activité qui, du moins dans les conditions actuelles, sont proprement à l'opposé de toute spiritualité. C'est ainsi que, dans certaines écoles occultistes que nous avons connues jadis, il n'était question sans cesse que de « dettes à payer », et cette idée était poussée jusqu'à l'obsession ; dans le théosophisme et ses différents dérivés plus ou moins directs, c'est surtout de « leçons à apprendre » qu'il s'agit constamment, et tout y est décrit en termes « scolaires », ce qui nous ramène encore à la confusion de la connaissance initiatique avec l'instruction profane. L'univers tout entier n'est conçu que comme une vaste école dans laquelle les êtres passent d'une classe à une autre à mesure qu'ils ont « appris leurs leçons » ; la représentation de ces classes successives est d'ailleurs intimement liée à la conception « réincarnationniste », mais ce n'est pas ce point qui nous intéresse présentement, car c'est sur l'erreur inhérente à ces images « scolaires » et sur la mentalité essentiellement profane dont elles procèdent que nous nous proposons d'appeler l'attention, indépendamment de la relation qu'elles peuvent avoir en fait avec telle ou telle théorie particulière.

L'instruction profane, telle qu'elle est constituée dans le monde moderne, et sur laquelle sont modelées toutes les représentations en question, est évidemment une des choses qui présentent au plus haut point le caractère anti-traditionnel ; on peut même dire qu'elle n'est faite en quelque sorte que pour cela, ou du moins que c'est dans ce caractère que réside sa première et principale raison d'être, car il est évident que c'est là un des instruments les plus puissants dont on puisse disposer pour parvenir à la destruction de l'esprit traditionnel. Il est inutile d'insister ici une fois de plus sur ces considérations ; mais il est un autre point qui peut sembler moins évident à première vue, et qui est celui-ci : même si une telle déviation ne s'était pas produite, de semblables représentations « scolaires » seraient encore erronées dès qu'on prétend les appliquer à l'ordre initiatique, car l'instruction extérieure, bien qu'alors elle ne soit pas profane comme elle l'est actuellement, et qu'elle soit au contraire légitime et même traditionnelle dans son ordre, n'en est pas moins, par sa nature et sa destination même, quelque chose d'entièrement différent de ce qui se rapporte au domaine initiatique. Il y aurait donc là, dans tous les cas, une confusion entre l'exotérisme et l'ésotérisme, confusion qui témoigne non seulement d'une ignorance de la véritable nature de l'ésotérisme, mais même d'une perte du sens traditionnel en général, et qui, par conséquent, est bien, en elle-même, une manifestation de la mentalité profane ; mais, pour le faire comprendre mieux encore, il convient de préciser un peu plus que nous ne l'avons fait jusqu'ici certaines des différences profondes qui existent entre l'instruction extérieure et l'initiation, ce qui fera d'ailleurs apparaitre plus nettement un défaut qui se rencontre déjà dans certaines organisations initiatiques authentiques, mais en état de dégénérescence, et qui naturellement se retrouve à plus forte raison, accentué jusqu'à la caricature, dans les organisations pseudo-initiatiques auxquelles nous avons fait allusion.

À ce propos, nous devons dire tout d'abord qu'il y a, dans l'enseignement universitaire lui-même, ou plutôt à son origine, quelque chose qui est beaucoup moins simple et même plus énigmatique qu'on ne le croit d'ordinaire, faute de se poser une question qui devrait pourtant se présenter immédiatement à la pensée de quiconque est capable de la moindre réflexion : s'il est une vérité évidente, en effet, c'est qu'on ne peut pas conférer ou transmettre à d'autres quelque chose qu'on ne possède pas soi-même [1] ; comment donc les grades universitaires ont-ils pu être institués tout d'abord, si ce n'est par l'intervention, sous une forme ou sous une autre, d'une autorité d'ordre supérieur ? Il doit donc y avoir eu là une véritable « extériorisation » [2], qui peut aussi être considérée en

---

1 Nous avons vu un écrivain maçonnique affirmer qu'« il a bien fallu que le premier initié s'initie lui-même », et cela avec l'intention évidente de nier l'origine « non-humaine » de l'initiation ; il serait difficile de pousser l'absurdité plus loin, comme nous l'avons montré en expliquant quelle est la véritable nature de l'initiation ; mais, dans quelque domaine que ce soit, il n'est guère moins absurde de supposer que quelqu'un ait pu se donner à lui-même ce qu'il n'avait pas, et à plus forte raison le transmettre ; nous avons déjà soulevé ailleurs une question de ce genre au sujet du caractère éminemment suspect de la transmission psychanalytique (*Le Règne de la Quantité et les Signes des Temps*, ch. XXXIV).
2 Nous avons déjà parlé d'une telle « extériorisation », dans un autre ordre, à propos du rapport qui existe entre certains rites exotériques et des rites initiatiques.

même temps comme une « descente » dans cet ordre inférieur auquel appartient nécessairement tout enseignement « public », fût-il constitué sur les bases les plus strictement traditionnelles (nous l'appellerions alors volontiers « scolastique », suivant l'usage du moyen âge, pour réserver de préférence au mot « scolaire » le sens profane habituel) ; et c'est d'ailleurs en vertu de cette « descente » que cet enseignement pouvait participer effectivement, dans les limites de son domaine propre, à l'esprit même de la tradition. Cela s'accorde bien, d'une part, avec ce qu'on sait des caractères généraux de l'époque à laquelle remonte l'origine des Universités, c'est-à-dire du moyen âge, et aussi, d'autre part et plus particulièrement, avec le fait trop peu remarqué que la distinction de trois grades universitaires est assez manifestement calquée sur la constitution d'une hiérarchie initiatique [1]. Nous rappelons également, à cet égard, que, comme nous l'avons déjà indiqué ailleurs [2], les sciences du *trivium* et du *quadrivium*, en même temps qu'elles représentaient, dans leur sens exotérique, des divisions d'un programme d'enseignement universitaire, étaient aussi, par une transposition appropriée, mises en correspondance avec des degrés d'initiation [3] ; mais il va de soi qu'une telle correspondance, respectant rigoureusement les rapports normaux des différents ordres, ne saurait en aucune façon impliquer le transport, dans le domaine initiatique, de choses telles qu'un système de classes et d'examens comme celui que comporte forcément l'enseignement extérieur. il est à peine besoin d'ajouter que, les Universités occidentales ayant été, dans les temps modernes, complètement détournées de leur esprit originel, et ne pouvant plus dès lors avoir le moindre lien avec un principe supérieur capable de les légitimer, les grades qui y ont été conservés, au lieu d'être comme une image extérieure de grades initiatiques, n'en sont plus qu'une simple parodie, de même

---

1 Les trois grades de bachelier, de licencié et de docteur reproduisent la division ternaire qui est fréquemment adoptée par les organisations initiatiques, et qui se trouve notamment dans la Maçonnerie avec les trois grades d'Apprenti, de Compagnon et de Maître.
2 Voir *L'Ésotérisme de Dante*, pp. 10-15.
3 On a alors une autre division, non plus ternaire, mais septénaire, qui était notamment en usage dans l'organisation médiévale des « Fidèles d'Amour », et aussi, dans l'antiquité, dans les mystères mithriaques ; dans ces deux cas, les sept degrés ou « échelons » de l'initiation étaient pareillement mis en rapport avec les sept cieux planétaires.

qu'une cérémonie profane est la parodie ou la contrefaçon d'un rite, et que les sciences profanes elles-mêmes sont, sous plus d'un rapport, une parodie des sciences traditionnelles ; ce dernier cas est d'ailleurs tout à fait comparable à celui des grades universitaires, qui, s'ils se sont maintenus d'une façon continue, représentent actuellement un véritable « résidu » de ce qu'ils ont été à l'origine, comme les sciences profanes sont, ainsi que nous l'avons expliqué en plus d'une occasion, un « résidu » des anciennes sciences traditionnelles.

Nous avons tout à l'heure fait allusion aux examens, et c'est sur ce point que nous voudrions maintenant insister quelque peu : ces examens, comme on peut d'ailleurs le constater par leur pratique constante dans les civilisations les plus différentes, sont à leur place et ont leur raison d'être dans l'enseignement extérieur, même traditionnel, où par définition en quelque sorte, on ne dispose d'aucun critère d'un autre ordre ; mais, quand il s'agit au contraire d'un domaine purement intérieur comme celui de l'initiation, ils deviennent complètement vains et inefficaces, et ils ne pourraient normalement jouer tout au plus qu'un rôle exclusivement symbolique, à peu près comme le secret concernant certaines formes rituelles n'est qu'un symbole du véritable secret initiatique ; ils sont d'ailleurs parfaitement inutiles dans une organisation initiatique tant que celle-ci est véritablement tout ce qu'elle doit être. Seulement, en fait, il faut tenir compte de certains cas de dégénérescence, ou personne n'étant plus capable d'appliquer les critères réels (surtout en raison de l'oubli complet des sciences traditionnelles qui seules peuvent les fournir, ainsi que nous l'avons dit à propos des qualifications initiatiques), on y supplée autant qu'on le peut en instituant, pour le passage d'un degré à un autre, des examens plus ou moins similaires dans leur forme, sinon dans leur programme, aux examens universitaires, et qui, comme ceux-ci ne peuvent en somme porter que sur des choses « apprises », de même que, en l'absence d'une autorité intérieure effective, on institue des formes administratives comparables à celles des gouvernements profanes. Ces deux choses, n'étant au fond que deux effets d'une même cause, apparaissent d'ailleurs comme assez étroitement liées entre elles, et on les constate presque toujours simultanément dans les mêmes organisations ; on les retrouve aussi associées l'une à l'autre, non seulement en réalité, mais encore en tant que représentations imaginaires, dans les organisations pseudo-initiatiques : ainsi, les théosophistes, qui usent si volontiers des images « scolaires », conçoivent d'autre part ce qu'ils appellent le « gouvernement occulte du monde » comme divisé en différents « départements », dont les attributions s'inspirent trop manifestement de celles des ministères et des administrations du monde profane. Cette dernière remarque nous amène du reste à reconnaître quelle peut être la principale source des erreurs de ce genre : c'est que les inventeurs d'organisations pseudo-initiatiques, ne connaissant, même du dehors, aucune organisation authentiquement initiatique autre que celles qui sont arrivées à cet état de dégénérescence (et il est tout naturel qu'il en soit ainsi, puisque ce sont les seules qui subsistent encore de nos jours dans le monde occidental), n'ont cru pouvoir faire mieux que de les imiter, et, inévitablement, ils les ont imitées dans ce qu'elles ont de plus extérieur, qui est aussi ce qui est le plus affecté par la dégénérescence en question et où elle s'affirme le plus nettement par des choses comme celles que nous venons d'envisager ; et, non contents d'introduire cette imitation dans la constitution de leurs propres organisations, ils l'ont pour ainsi dire projetée en imagination dans un « autre monde », c'est-à-dire dans la représentation qu'ils se font du monde spirituel ou de ce qu'ils croient être tel. Le résultat est que, tandis que les organisations initiatiques, tant qu'elles n'ont subi aucune déviation, sont constituées à l'image du véritable monde spirituel, la caricature de celui-ci se trouve, inversement, être à l'image des organisations pseudo-initiatiques, qui, elles-mêmes, en voulant copier certaines organisations initiatiques pour s'en donner les apparences, n'en ont pris en réalité que les côtés déformés par des emprunts au monde profane.

Qu'il s'agisse d'organisations initiatiques plus ou moins dégénérées ou d'organisations pseudo-initiatiques, on voit que ce qui se produit ainsi, par l'introduction des formes profanes, est exactement l'inverse de la « descente » que nous envisagions en parlant de l'origine des institutions universitaires, et par laquelle, dans une époque de civilisation traditionnelle, l'exotérique se modelait en quelque façon sur l'ésotérique, et l'inférieur sur le supérieur ; mais la grande différence entre les deux cas est que, dans celui d'une initiation amoindrie ou même déviée jusqu'à un certain point, la présence de ces formes parasites n'empêche pas que la transmission d'une influence spirituelle existe toujours malgré tout, tandis que, dans celui de la pseudo-initiation, il n'y a derrière ces même formes que le vide pur et simple. Ce dont les promoteurs de la pseudo-initiation ne se doutent certes pas, c'est que, en transportant leurs idées « scolaires » et autres choses du même genre jusque dans leur représentation de l'ordre universel, ils ont tout simplement mis eux-mêmes sur celle-ci la marque de leur mentalité profane ; ce qui est le plus regrettable, c'est que ceux à qui ils présentent ces conceptions fantaisistes ne sont pas davantage capables de discerner cette marque, qui, s'ils pouvaient se rendre compte de tout ce qu'elle signifie, devrait suffire à les mettre en garde contre de telles entreprises et même à les en détourner à jamais.

Chapitre XXXV
INITIATION ET « PASSIVITÉ »

Nous avons dit plus haut que tout ce qui relève de la connaissance initiatique ne saurait aucunement être l'objet de discussions quelconques, et que d'ailleurs la discussion en général est, si l'on peut dire, un procédé profane par excellence ; certains ont prétendu tirer de ce fait la conséquence que l'enseignement initiatique devait être reçu « passivement », et ont même voulu en faire un argument dirigé contre l'initiation elle-même. Il y a là encore une équivoque qu'il importe tout particulièrement de dissiper : l'enseignement initiatique, pour être réellement profitable, demande naturellement une attitude mentale « réceptive », mais « réceptivité » n'est aucunement synonyme de « passivité » ; et cet enseignement exige au contraire, de la part de celui qui le reçoit, un effort constant d'assimilation, qui est bien quelque chose d'essentiellement actif, et même au plus haut degré qu'on puisse concevoir. En réalité, c'est bien plutôt à l'enseignement profane qu'on pourrait adresser, avec quelque raison, le reproche de passivité, puisqu'il ne se propose d'autre but que de fournir des données qui doivent être « apprises », bien plutôt que comprises, c'est-à-dire que l'élève doit simplement enregistrer et emmagasiner dans sa mémoire, sans qu'elles soient l'objet d'aucune assimilation réelle ; par le caractère tout extérieur de cet enseignement et de ses résultats, l'activité personnelle et intérieure se trouve évidemment réduite au minimum, si même elle n'est tout à fait inexistante.

Il y a d'ailleurs, au fond de l'équivoque dont il s'agit, quelque chose de beaucoup plus grave encore ; en effet, nous avons souvent remarqué, chez ceux qui prétendent se poser en adversaires de l'ésotérisme, une fâcheuse tendance à la confondre avec ses contrefaçons, et, par suite, à englober dans les mêmes attaques les choses qui sont en réalité les plus différentes, voire même les plus opposées. Il y a là encore, évidemment, un exemple de l'incompréhension moderne ; l'ignorance de tout ce qui touche au domaine ésotérique et initiatique est si complète et si générale, à notre époque, qu'on ne peut s'étonner de rien à cet égard, et ce peut être une excuse, dans bien des cas, pour ceux qui agissent ainsi ; pourtant, on est parfois tenté de se demander si c'est bien là une explication suffisante pour qui veut aller plus au fond des choses. D'abord, il va de soi que cette incompréhension et cette ignorance mêmes rentrent dans le plan de destruction de toute idée traditionnelle dont la réalisation se poursuit à travers toute la période moderne, et que, par conséquent, elles ne peuvent être que voulues et entretenues par les influences subversives qui travaillent à cette destruction ; mais, outre cette considération d'ordre tout à fait général, il semble qu'il y ait encore, dans ce à quoi nous faisons allusion, quelque chose qui répond à un dessein plus précis et nettement défini. En effet, quand on voit confondre délibérément l'initiation avec la pseudo-initiation et même avec la contre-initiation, en mêlant le tout de façon si inextricable que nul ne puisse plus s'y reconnaître, il est vraiment bien difficile, pour peu qu'on soit capable de quelque réflexion, de ne pas se demander, à qui ou à quoi profitent toutes ces confusions. Bien entendu, ce n'est pas une question de bonne ou de mauvaise foi que nous voulons poser ici ; elle n'aurait d'ailleurs qu'une importance très secondaire, car la malfaisance des idées fausses qui sont ainsi répandues ne s'en trouve ni augmentée ni diminuée ; et il est très possible que le parti pris même dont certains font preuve soit uniquement dû à ce qu'ils obéissent inconsciemment à quelque suggestion. Ce qu'il faut en conclure, c'est que les ennemis de la tradition initiatique ne font pas de dupes que parmi ceux qu'ils attirent dans les organisations qu'ils « contrôlent » directement ou indirectement, et que ceux mêmes qui croient les combattre sont quelquefois, en fait, des instruments tout aussi utiles, quoique d'une autre façon, pour les fins qu'ils se proposent. Il est doublement avantageux pour la contre-initiation, quand elle ne peut réussir à dissimuler entièrement ses procédés et ses buts, de faire attribuer les uns et les autres à l'initiation véritable, puisque par là elle nuit incontestablement à celle-ci, et que, en même temps, elle détourne le danger qui la menace elle-même en égarant les esprits qui pourraient se trouver sur la voie de certaines découvertes.

Ces réflexions, nous nous les sommes faites bien des fois [1], et encore, en particulier, à propos d'un livre publié il y a quelques années, en Angleterre, par un ancien membre de certaines organisations d'un caractère essentiellement suspect, nous voulons dire d'organisations pseudo-initiatiques qui sont parmi celles où se distingue le plus nettement la marque d'une influence de la contre-initiation ; bien qu'il les ait quittées et qu'il se soit même tourné ouvertement contre elles, il n'en est pas moins demeuré fortement affecté par l'enseignement qu'il y a reçu, et cela est surtout visible dans la conception qu'il se fait de l'initiation. Cette conception, où domine précisément l'idée de la « passivité », est assez étrange pour mériter d'être relevée plus spécialement ; elle sert d'idée directrice à ce qui veut être une histoire des organisations initiatiques, ou soi-disant telles, depuis l'antiquité jusqu'à nos jours, histoire éminemment fantaisiste, où tout est brouillé de la façon que nous disions tout à l'heure, et qui s'appuie sur de multiples citations hétéroclites et dont la plupart sont empruntées à des « sources » fort douteuses ; mais, comme nous n'avons certes pas l'intention de faire ici une sorte de compte rendu du livre dont il s'agit, ce n'est pas là ce qui nous intéresse présentement, non plus que ce qui est simplement conforme à certaines thèses « convenues » qu'on retrouve invariablement dans tous les ouvrages de ce genre. Nous préférons nous borner, car c'est là ce qu'il y a de plus « instructif » à notre point de vue, à montrer les erreurs impliquées dans l'idée directrice elle-même, erreurs que l'auteur doit manifestement à ses attaches antérieures, si bien qu'il ne fait en somme que contribuer à répandre et à accréditer les vues de ceux dont il se croit devenu l'adversaire,

---

[1] Il y a à cet égard, dans certaines campagnes antimaçonniques, des « dessous » tout à fait extraordinaires.

Chapitre XXXV

et qu'il continue à prendre pour l'initiation ce qu'ils lui ont présenté comme tel, mais qui n'est réellement qu'une des voies pouvant servir à préparer très efficacement des agents ou des instruments pour la contre-initiation.

Naturellement, tout ce dont il s'agit est confiné dans un certain domaine purement psychique, et, par là même, ne saurait avoir aucun rapport avec la véritable initiation, puisque celle-ci est au contraire d'ordre essentiellement spirituel ; il est beaucoup question de « magie » là-dedans, et, comme nous l'avons déjà suffisamment expliqué, des opérations magiques d'un genre quelconque ne constituent nullement un processus initiatique. D'autre part, nous trouvons cette singulière croyance que toute initiation doit reposer sur l'éveil et l'ascension de la force subtile que la tradition hindoue désigne sous le nom de *Kundalinî*, alors que ce n'est là, en fait, qu'une méthode propre à certaines formes initiatiques très particulières ; ce n'est d'ailleurs pas la première fois que nous avons eu à constater, dans ce que nous appellerions volontiers les légendes anti-initiatiques, une sorte de hantise de *Kundalinî* qui est pour le moins curieuse, et dont les raisons, en général, n'apparaissent pas très clairement. Ici, la chose se trouve liée assez étroitement à une certaine interprétation du symbolisme du serpent, pris dans un sens exclusivement « maléfique » ; l'auteur semble n'avoir pas la moindre idée de la double signification de certains symboles, question fort importante que nous avons déjà traitée ailleurs [1]. Quoi qu'il en soit, le *Kundalinî-Yoga*, tel qu'il est pratiqué surtout dans l'initiation tantrique, est assurément tout autre chose que la magie ; mais ce qui est envisagé abusivement sous ce nom, dans le cas qui nous occupe, peut bien n'être que cela ; s'il ne s'agissait que de pseudo-initiation, ce serait même sans doute encore moins que cela, une illusion « psychologique » pure et simple ; mais, si la contre-initiation intervient à quelque degré, il peut très bien y avoir une déviation réelle, et même une sorte d'« inversion », aboutissant à une prise de contact, non point avec un principe transcendant ou avec les états supérieurs de l'être mais tout simplement avec la « lumière astrale » nous dirions plutôt avec le monde des « influences errantes », c'est-à-dire en somme avec la partie la plus inférieure du domaine subtil. L'auteur, qui accepte

---

1 *Le Règne de la Quantité et les Signes des Temps*, ch. XXX.

l'expression de « lumière astrale » [1], désigne ce résultat sous le nom d'« illumination », qui devient ainsi curieusement équivoque ; au lieu de s'appliquer à quelque chose d'ordre purement intellectuel et à l'acquisition d'une connaissance supérieure, comme il le devrait normalement s'il était pris en un sens initiatique légitime, il ne se rapporte qu'à des phénomènes de « clairvoyance » ou à d'autres « pouvoirs » de même catégorie, fort peu intéressants en eux-mêmes, et d'ailleurs surtout négatifs dans ce cas, car il paraît qu'ils servent finalement à rendre celui qui en est affligé accessible aux suggestions émanant de prétendus « Maîtres » inconnus, lesquels, en l'occurrence, ne sont que de sinistres « magiciens noirs ».

Nous admettons très volontiers l'exactitude d'une telle description pour certaines organisations auxiliaires de la contre-initiation, celle-ci ne cherchant guère en effet, d'une façon générale, qu'à faire de leurs membres de simples instruments qu'elle puisse utiliser à son gré ; nous nous demandons seulement, car ce point n'est pas parfaitement clair, quel rôle précis joue le soi-disant « initié » dans les opérations magiques qui doivent amener un semblable résultat, et il semble bien que ce ne puisse être, au fond, que le rôle tout passif d'un « sujet », au sens où les « psychistes » de tout genre entendent ce mot. Mais ce que nous contestons de la façon la plus absolue, c'est que ce même résultat ait quoi que ce soit de commun avec l'initiation, qui exclut au contraire toute passivité ; nous avons déjà expliqué, dès le début, que c'est là une des raisons pour lesquelles elle est incompatible avec le mysticisme ; à plus forte raison l'est-elle avec ce qui implique une passivité d'un ordre incomparablement plus bas que celle des mystiques, et rentrant en somme dans ce qu'on a pris l'habitude, depuis l'invention du spiritisme, de désigner sous le nom vulgaire de « médiumnité ». Peut-être même, disons-le en passant, ce dont il s'agit est-il assez comparable à ce qui fut l'origine réelle de la « médiumnité » et du spiritisme lui-même ; et, d'autre part, quand la « clairvoyance » est obtenue par certains « entraînements » psychiques, même si *Kundalinî* n'y est pour rien, elle a communément pour effet de rendre l'être éminemment « suggestible », comme le prouve la conformité constante, à laquelle nous avons déjà fait allusion plus haut, de ses

---

[1] L'origine de cette expression remonte à Paracelse, mais, en fait, elle est surtout connue par les divagations occultistes auxquelles elle a servi de prétexte.

visions avec les théories spéciales de l'école à laquelle il appartient ; il n'est donc pas difficile de comprendre tout le parti que peuvent en tirer de véritables « magiciens noirs », c'est-à-dire des représentants conscients de la contre-initiation. Il n'est pas plus difficile de se rendre compte que tout cela va directement à l'encontre du but même de l'initiation, qui est proprement de « délivrer » l'être de toutes les contingences, et non point de lui imposer de nouveaux liens venant encore s'ajouter à ceux qui conditionnent naturellement l'existence de l'homme ordinaire ; l'initié n'est pas un « sujet », il est même exactement le contraire ; toute tendance à la passivité ne peut être qu'un obstacle à l'initiation, et, où elle est prédominante, elle constitue une « disqualification » irrémédiable. Au surplus, dans toute organisation initiatique qui a gardé une conscience nette de son véritable but, toutes les pratiques hypnotiques ou autres qui impliquent l'emploi d'un « sujet » sont considérées comme illégitimes et strictement interdites ; et nous ajouterons qu'il est même prescrit de maintenir toujours une attitude active à l'égard des états spirituels transitoires qui peuvent être atteints dans les premiers stades de la « réalisation », afin d'éviter par là tout danger d'« autosuggestion »[1] ; en toute rigueur, au point de vue initiatique, la passivité n'est concevable et admissible que vis-à-vis du Principe suprême exclusivement.

Nous savons bien qu'on pourra objecter à cela que certaines voies initiatiques comportent une soumission plus ou moins complète à un *guru* ; mais cette objection n'est aucunement valable, d'abord parce qu'il s'agit là d'une soumission consentie de plein gré, non d'une sujétion s'imposant à l'insu du disciple, ensuite parce que le *guru* est toujours parfaitement connu de celui-ci, qui est en relation réelle et directe avec lui, et qu'il n'est point un personnage inconnu se manifestant « en astral », c'est-à-dire, toute fantasmagorie à part, agissant par une sorte d'influence « télépathique » pour envoyer des suggestions sans que le disciple qui les reçoit puisse aucunement savoir d'où elles lui viennent. En outre, cette soumission n'a que le caractère d'un simple moyen « pédagogique », pourrait-on dire, d'une nécessité toute transitoire ; non seulement un véritable instructeur spirituel n'en abusera jamais, mais il ne s'en

---

[1] C'est ce qu'un *Sheikh* exprimait un jour par ces mots : « Il faut que l'homme domine le *hâl* (état spirituel non encore stabilisé), et non pas que le *hâl* domine l'homme s (*Lâzim el-insân yarhab el-hâl, wa laysa el-hâl yarkab el-insân*).

servira que pour rendre le disciple capable de s'en affranchir le plus tôt possible, car, s'il est une affirmation invariable en pareil cas, c'est que le véritable *guru* est purement intérieur, qu'il n'est autre que le « Soi » de l'être lui-même, et que le *guru* extérieur ne fait que le représenter tant que l'être ne peut pas encore se mettre en communication consciente avec ce « Soi ». L'initiation doit précisément mener à la conscience pleinement réalisée et effective du « Soi », ce qui ne saurait évidemment être le fait ni d'enfants en tutelle ni d'automates psychiques ; la « chaîne » initiatique n'est pas faite pour lier l'être, mais au contraire pour lui fournir un appui lui permettant de s'élever indéfiniment et de dépasser ses propres limitations d'être individuel et conditionné. Même lorsqu'il s'agit des applications contingentes qui peuvent coexister secondairement avec le but essentiel, une organisation initiatique n'a que faire d'instruments passifs et aveugles, dont la place normale ne saurait être en tout cas que dans le monde profane, puisque toute qualification leur fait défaut ; ce qu'elle doit trouver chez ses membres, à tous les degrés et dans toutes les fonctions, c'est une collaboration consciente et volontaire, impliquant toute la compréhension effective dont chacun est susceptible ; et nulle véritable hiérarchie ne peut se réaliser et se maintenir sur une autre base que celle-là.

Chapitre XXXVI
INITIATION ET « SERVICE »

Parmi les caractères des organisations pseudo-initiatiques modernes, il n'en est peut-être guère de plus général ni de plus frappant que le fait d'attribuer une valeur ésotérique et initiatique à des considérations qui ne peuvent réellement avoir un sens plus ou moins acceptable que dans le domaine le plus purement exotérique ; une telle confusion, qui s'accorde bien avec l'emploi de ces images tirées de la « vie ordinaire » dont nous avons parlé plus haut, est d'ailleurs en quelque sorte inévitable de la part de profanes qui, voulant se faire passer pour ce qu'ils ne sont pas, ont la prétention de parler de choses qu'ils ignorent et dont ils se font naturellement une idée à la mesure de ce qu'ils sont capables de comprendre. Non moins naturellement, les considérations de cette sorte sur lesquelles ils insistent le plus sont toujours en conformité avec les tendances prédominantes de l'époque actuelle, et elles suivent même celles-ci dans leurs variations plus ou moins secondaires ; on pourrait se demander, à ce propos, comment le fait de subir ainsi l'influence du monde profane peut se concilier avec les moindres prétentions initiatiques ; mais, bien entendu, les intéressés ne s'aperçoivent nullement de ce qu'il y a là de contradictoire. On pourrait facilement citer de telles organisations qui, à leurs débuts, donnaient l'illusion d'une sorte d'intellectualité, du moins à ceux qui n'allaient pas au fond des choses, et qui, par la suite, en sont venues à se confiner de plus en plus dans les pires banalités sentimentales ; et il est évident que ce déploiement du sentimentalisme ne fait que correspondre à ce qu'on peut constater aussi présentement dans le « monde extérieur ». On rencontre d'ailleurs, de part et d'autre, exactement les mêmes formules aussi vides que grandiloquentes, dont l'effet relève de ces « suggestions » auxquelles nous avons fait allusion, quoique ceux qui les emploient ne soient certes pas toujours conscients eux-mêmes des fins auxquelles tout cela tend ; et le ridicule qu'elles ont aux yeux de quiconque sait tant soit peu réfléchir se trouve encore accru dans le cas où elles servent à des parodies d'ésotérisme. Ce ridicule est d'ailleurs une véritable « marque » des influences qui agissent réellement derrière tout cela, même si ceux qui leur obéissent sont bien loin de s'en douter ; mais, sans insister davantage sur ces remarques d'ordre général, nous voulons seulement envisager ici un cas qui nous paraît particulièrement significatif, et qui, au surplus, se rattache d'une certaine façon à ce que nous avons indiqué tout à l'heure à propos de la « passivité ».

Dans la phraséologie spéciale des organisations dont il s'agit, il est des mots qui reviennent uniformément avec une insistance toujours croissante : ces mots sont ceux de « service » et de « serviteurs » ; de plus en plus, on les retrouve partout et à tout propos ; il y a là comme une sorte d'obsession, et on peut légitimement se demander à quel genre de « suggestion » ils correspondent encore. Sans doute, il faut faire là une part à la manie occidentale de l'« humilité » ou du moins, pour parler plus exactement, de son étalage extérieur, car la réalité peut ·être bien différente, tout comme lorsque, dans les mêmes milieux, les querelles les plus violentes et les plus haineuses s'accompagnent de grands discours sur la « fraternité universelle ». Il est d'ailleurs bien entendu que, dans ce cas, il s'agit d'une humilité toute « laïque » et « démocratique », en parfait accord avec un « idéal » qui consiste, non pas à élever l'inférieur dans la mesure où il en est capable, mais au contraire à abaisser le supérieur à son niveau ; il est clair, en effet, qu'il faut être pénétré de cet « idéal » moderne, essentiellement anti-hiérarchique, pour ne pas s'apercevoir de ce qu'il y a de déplaisant dans de semblables expressions, même s'il arrive que les intentions qu'elles recouvrent n'aient rien que de louable en elles-mêmes ; il faudrait sans doute, sous ce dernier rapport, distinguer entre les applications très diverses qui peuvent en être faites, mais ce qui nous importe ici, c'est seulement l'état d'esprit que trahissent les mots employés.

Cependant, si ces considérations générales sont également valables dans tous les cas, elles ne suffisent pas quand il s'agit plus spécialement de pseudo-initiation ; il y a alors, en outre, une confusion due à la prépondérance attribuée par les modernes à l'action d'une part, au point de vue social de l'autre, et qui les porte à s'imaginer que ces choses doivent intervenir jusque dans un domaine où elles n'ont que faire en réalité. Par un de ces étranges renversements de tout ordre normal dont notre époque est coutumière, les activités les plus extérieures arrivent à être considérées comme des conditions essentielles de l'initiation, parfois même comme son but, car, si incroyable que cela soit, il en est qui vont jusqu'à ne pas y voir autre chose qu'un moyen de mieux « servir » ; et, qu'on le remarque bien, il y a encore une circonstance aggravante en ce que ces activités sont conçues en fait de la façon la plus profane, étant dépourvues du caractère traditionnel, bien que naturellement tout exotérique, qu'elles pourraient du moins revêtir si elles étaient envisagées à un point de vue religieux ; mais il y a certes bien loin de la religion au simple moralisme « humanitaire » qui est le fait des pseudo-initiés de toute catégorie !

D'autre part, il est incontestable que le sentimentalisme, sous toutes ses formes, dispose toujours à une certaine « passivité » ; c'est par là que nous rejoignons la question que nous avons déjà traitée précédemment, et c'est là aussi que se trouve, très probablement, la raison d'être principale de la « suggestion » que nous avons maintenant en vue, et en tout cas ce qui la rend particulièrement dangereuse. En effet, à force de répéter à quelqu'un qu'il doit « servir » n'importe quoi, fût-ce de vagues entités « idéales », on finit par le mettre dans de telles dispositions qu'il sera prêt à « servir » effectivement, quand l'occasion s'en offrira à lui, tout ce qui prétendra incarner ces entités ou les représenter de façon plus positive ; et les ordres qu'il pourra en recevoir, quel qu'en soit le caractère, et même s'ils vont jusqu'aux pires extravagances, trouveront alors en lui l'obéissance d'un véritable « serviteur ». On comprendra sans peine que ce moyen soit un des meilleurs qu'il est possible de mettre en œuvre pour préparer des instruments que la contre-initiation pourra utiliser à son gré ; et il a encore, par surcroît, l'avantage d'être un des moins compromettants, puisque la « suggestion », dans des cas de ce genre, peut fort bien être exercée par de vulgaires dupes, c'est-à-dire par d'autres instruments inconscients, sans que ceux qui les mènent à leur insu aient jamais besoin d'y intervenir directement.

Qu'on n'objecte pas que, là où il est ainsi question de « service », il pourrait en somme s'agir de ce que la tradition hindoue appellerait une voie de bhakti ; en dépit de l'élément sentimental que celle-ci implique dans une certaine mesure (mais sans pourtant jamais dégénérer pour cela en « sentimentalisme »), c'est là tout autre chose ; et, même si l'on veut rendre *bhakti*, en langage occidental, par « dévotion » comme on le fait le plus ordinairement, bien que ce ne soit là tout au plus qu'une acception dérivée et que le sens premier et essentiel du mot soit en réalité celui de « participation », ainsi que l'a montré M. Ananda K. Coomaraswamy, « dévotion » n'est pas « service », ou, du moins, ce serait exclusivement « service divin », et non pas, comme nous le disions tout à l'heure, « service » de n'importe qui ou de n'importe quoi. Quant au « service » d'un *guru*, si l'on tient à employer ce mot, là où une telle chose existe, qui n'est, redisons-le, qu'à titre de discipline préparatoire, concernant uniquement ce qu'on pourrait appeler les « aspirants », et non point ceux qui sont déjà parvenus à une initiation effective ; et nous voilà encore bien loin du caractère de haute finalité spirituelle attribué si curieusement au « service » par les pseudo-initiés. Enfin, puisqu'il faut tâcher de prévoir toutes les objections possibles, pour ce qui est des liens existant entre les membres d'une organisation initiatique, on ne peut évidemment donner le nom de « service » à l'aide apportée par le supérieur comme tel à l'inférieur, ni plus généralement à des relations où la double hiérarchie des degrés et des fonctions, sur laquelle nous reviendrons encore par la suite, doit toujours être rigoureusement observée.

Nous n'insisterons pas plus longuement sur ce sujet, somme toute assez désagréable ; mais du moins avons-nous cru nécessaire, en voyant à combien de « services » divers et suspects les gens sont aujourd'hui invités de toutes parts, de signaler le danger qui se cache là-dessous et de dire aussi nettement que possible ce qu'il en est. Pour conclure en deux mots, nous ajouterons simplement ceci : l'initié n'a pas à être un « serviteur », ou, du moins, il ne doit l'être que de la Vérité [1].

Chapitre XXXVII
LE DON DES LANGUES

Une question qui se rattache assez directement à celle de l'enseignement initiatique et de ses adaptations est celle de ce qu'on appelle le « don des langues », qui est souvent mentionné parmi les privilèges des véritables Rose-Croix, ou, pour parler plus exactement (car le mot de « privilèges » pourrait trop facilement donner lieu à de fausses interprétations), parmi leurs signes caractéristiques, mais qui est d'ailleurs susceptible d'une application beaucoup plus étendue que celle qui en est faite ainsi à une forme traditionnelle particulière. À vrai dire, il ne semble pas qu'on ait jamais expliqué très nettement ce qu'il faut entendre par là au point de vue proprement initiatique, car beaucoup de ceux qui ont employé cette expression paraissent l'avoir entendue à peu près uniquement en son sens le plus littéral, ce qui est insuffisant, bien que, sans doute, ce sens littéral lui-même puisse être justifié d'une certaine façon. En effet, la possession de certaines clefs du langage peut fournir, pour comprendre et parler les langues les plus diverses, des moyens tout autres que ceux dont on dispose d'ordinaire ; et il est très certain qu'il existe, dans l'ordre des sciences traditionnelles, ce qu'on pourrait appeler une philologie sacrée, entièrement différente de la philologie profane qui a vu le jour dans l'Occident moderne. Cependant, tout en acceptant cette première interprétation et en la situant dans son domaine propre, qui est celui des

---

[1] En arabe *El-Haqq*, qui est, il ne faut pas l'oublier, un des principaux noms divins.

applications contingentes de l'ésotérisme, il est permis de considérer surtout un sens symbolique, d'ordre plus élevé, qui s'y superpose sans la contredire aucunement, et qui s'accorde d'ailleurs avec les données initiatiques communes à toutes les traditions, qu'elles soient d'Orient ou d'Occident.

À ce point de vue, on peut dire que celui qui possède véritablement le « don des langues », c'est celui qui parle à chacun son propre langage, en ce sens qu'il s'exprime toujours sous une forme appropriée aux façons de penser des hommes auxquels il s'adresse. C'est aussi ce à quoi il est fait allusion, d'une manière plus extérieure, lorsqu'il est dit que les Rose-Croix devaient adopter le costume et les habitudes des pays où ils se trouvaient ; et certains ajoutent même qu'ils devaient prendre un nouveau nom chaque fois qu'ils changeaient de pays, comme s'ils revêtaient alors une individualité nouvelle. Ainsi, le Rose-Croix, en vertu du degré spirituel qu'il avait atteint, n'était plus lié exclusivement à aucune forme définie, non plus qu'aux conditions spéciales d'aucun lieu déterminé [1], et c'est pourquoi il était un « Cosmopolite » au vrai sens de ce mot [2]. Le même enseignement se rencontre dans l'ésotérisme islamique : Mohyid-din ibn Arabi dit que « le vrai sage ne se lie à aucune croyance », parce qu'il est au delà de toutes les croyances particulières, ayant obtenu la connaissance de ce qui est leur principe commun ; mais c'est précisément pour cela qu'il peut, suivant les circonstances, parler le langage propre à chaque croyance. Il n'y a d'ailleurs là, quoi que puissent en penser les profanes, ni « opportunisme » ni dissimulation d'aucune sorte ; au contraire, c'est la conséquence nécessaire d'une connaissance qui est supérieure à toute les formes, mais qui ne peut se communiquer (dans la mesure où elle est communicable) qu'à travers des formes, dont chacune, par là même qu'elle est une adaptation spéciale, ne saurait convenir <u>indistinctement</u> à tous les hommes. On peut, pour le comprendre,

---

1 Ni d'aucune époque particulière, pourrions-nous ajouter; mais ceci, qui se réfère directement au caractère de « longévité », demanderait, pour être bien compris, de plus amples explications qui ne peuvent trouver place ici ; nous donnerons d'ailleurs plus loin quelques indications sur cette question de la « longévité ».

2 On sait que ce nom de « Cosmopolite » a servi de signature « couverte » à divers personnages qui, s'ils n'étaient pas eux-mêmes de véritables Rose-Croix, semblent bien avoir tout au moins servi de porte-parole à ceux-ci pour la transmission extérieure de certains enseignements, et qui pouvaient par conséquent s'identifier à eux dans une certaine mesure, en tant qu'ils remplissaient cette fonction particulière.

comparer ce dont il s'agit à la traduction d'une même pensée en des langues diverses : c'est bien toujours la même pensée, qui, en elle-même, est indépendante de toute expression ; mais, chaque fois qu'elle est exprimée en une autre langue, elle devient accessible à des hommes qui, sans cela, n'auraient pu la connaître ; et cette comparaison est d'ailleurs rigoureusement conforme au symbolisme même du « don des langues ».

Celui qui en est arrivé à ce point, c'est celui qui a atteint, par une connaissance directe et profonde (et non pas seulement théorique ou verbale), le fond identique de toutes les doctrines traditionnelles, qui a trouvé, en se plaçant au point central dont elles sont émanées, la vérité une qui s'y cache sous la diversité et la multiplicité des formes extérieures. La différence, en effet, n'est jamais que dans la forme et l'apparence ; le fond essentiel est partout et toujours le même, parce qu'il n'y a qu'une vérité, bien qu'elle ait des aspects multiples suivant les points de vue plus ou moins spéciaux sous lesquels on l'envisage, et que, comme le disent les initiés musulmans, « la doctrine de l'Unité est unique » [1] ; mais il faut une variété de formes pour s'adapter aux conditions mentales de tel ou tel pays, de telle ou telle époque, ou, si l'on préfère, pour correspondre aux divers points de vue particularisés qui sont déterminés par ces conditions ; et ceux qui s'arrêtent à la forme voient surtout les différences, au point de les prendre même parfois pour des oppositions, tandis qu'elles disparaissent au contraire pour ceux qui vont au delà. Ceux-ci peuvent ensuite redescendre dans la forme, mais sans plus en être aucunement affectés, sans que leur connaissance profonde en soit modifiée en quoi que ce soit ; ils peuvent, comme on tire les conséquences d'un principe, réaliser en procédant de haut en bas, de l'intérieur à l'extérieur (et c'est en cela que la véritable synthèse est, comme nous l'avons expliqué précédemment, tout l'opposé du vulgaire « syncrétisme »), toutes les adaptations de la doctrine fondamentale. C'est ainsi que, pour reprendre toujours le même symbolisme, n'étant plus astreints à parler une langue déterminée, ils peuvent les parler toutes, parce qu'ils ont pris connaissance du principe même dont toutes les langues dérivent par adaptation ; ce que nous appelons ici les langues, ce sont toutes les formes traditionnelles, religieuses ou autres, qui

---

1 *Et-tawhîdu wâhidun.*

ne sont en effet que des adaptations de la grande Tradition primordiale et universelle, des vêtements divers de l'unique vérité. Ceux qui ont dépassé toutes les formes particulières et sont parvenus à l'universalité, et qui « savent » ainsi ce que les autres ne font que « croire » simplement, sont nécessairement « orthodoxes » au regard de toute tradition régulière ; et, en même temps, ils sont les seuls qui puissent se dire pleinement et effectivement « catholiques », au sens rigoureusement étymologique de ce mot [1], tandis que les autres ne peuvent jamais l'être que virtuellement, par une sorte d'aspiration qui n'a pas encore réalisé son objet, ou de mouvement qui, tout en étant dirigé vers le centre, n'est pas parvenu à l'atteindre réellement.

Ceux qui sont passés au delà de la forme sont, par là-même, libérés des limitations inhérentes à la condition individuelle de l'humanité ordinaire ; ceux mêmes qui ne sont parvenus qu'au centre de l'état humain, sans avoir encore réalisé effectivement les états supérieurs, sont du moins, en tout cas, affranchis des limitations par lesquelles l'homme déchu de cet « état primordial » dans lequel ils sont réintégrés est lié à une individualité particulière, aussi bien qu'à une forme déterminée, puisque toutes les individualités et toutes les formes du domaine humain ont leur principe immédiat au point même où ils sont placés. C'est pourquoi ils peuvent, comme nous le disions plus haut, revêtir des individualités diverses pour s'adapter à toutes les circonstances ; ces individualités, pour eux, n'ont véritablement pas plus d'importance que de simples vêtements. On peut comprendre par là ce que le changement de nom signifie vraiment, et ceci se rattache naturellement à ce que nous avons exposé précédemment au sujet des noms initiatiques ; d'ailleurs, partout où cette pratique se rencontre, elle représente toujours un changement d'état dans un ordre plus ou moins profond ; dans les ordres monastiques eux-mêmes, sa raison d'être n'est en somme nullement différente au fond, car, là aussi, l'individualité profane [2] doit disparaître pour faire place à un être nouveau, et, même quand le symbolisme n'est plus entièrement compris dans

---

[1] Le mot « catholique », pris ainsi dans son acception originelle revient fréquemment dans les écrits d'inspiration plus ou moins directement rosicrucienne.
[2] En toute rigueur, il faudrait plutôt dire ici la modalité profane de l'individualité, car il est évident que, dans cet ordre exotérique, le changement ne peut être assez profond pour porter sur quelque chose de plus que de simples modalités.

son sens profond, il garde pourtant encore par lui-même une certaine efficacité.

 Si l'on comprend ces quelques indications, on comprendra en même temps pourquoi les vrais Rose-Croix n'ont jamais pu constituer quoi que ce soit qui ressemble de près ou de loin à une « société », ni même une organisation extérieure quelconque ; ils ont pu sans doute, ainsi que le font encore en Orient, et surtout en Extrême-Orient, des initiés d'un degré comparable au leur, inspirer plus ou moins directement, et en quelque sorte invisiblement, des organisations extérieures formées temporairement en vue de tel ou tel but spécial et défini ; mais, bien que ces organisations puissent pour cette raison être dites « rosicruciennes », eux-mêmes ne s'y liaient point et, sauf peut-être dans quelques cas tout à fait exceptionnels, n'y jouaient aucun rôle apparent. Ce qu'on a appelé les Rose-Croix en Occident à partir du XIVe siècle, et qui a reçu d'autres dénominations en d'autres temps et en d'autres lieux, parce que le nom n'a ici qu'une valeur purement symbolique et doit lui-même s'adapter aux circonstances, ce n'est pas une association quelconque, c'est la collectivité des êtres qui sont parvenus à un même état supérieur à celui de l'humanité ordinaire, à un même degré d'initiation effective, dont nous venons d'indiquer un des aspects essentiels, et qui possèdent aussi les mêmes caractères intérieurs, ce qui leur suffit pour se reconnaître entre eux sans avoir besoin pour cela d'aucun signe extérieur. C'est pourquoi ils n'ont d'autre lieu de réunion que « le Temple du Saint-Esprit, qui est partout », de sorte que les descriptions qui en ont parfois été données ne peuvent être entendues que symboliquement ; et c'est aussi pourquoi ils demeurent nécessairement inconnus des profanes parmi lesquels ils vivent, extérieurement semblables à eux, bien qu'entièrement différents d'eux en réalité, parce que leurs seuls signes distinctifs sont purement intérieurs et ne peuvent être perçus que par ceux qui ont atteint le même développement spirituel, de sorte que leur influence, qui est attachée plutôt à une « action de présence » qu'à une activité extérieure quelconque, s'exerce par des voies qui sont totalement incompréhensibles au commun des hommes.

Chapitre XXXVIII
ROSE-CROIX ET ROSICRUCIENS

Puisque nous avons été amené à parler des Rose-Croix, il ne sera peut-être pas inutile, bien que ce sujet se rapporte à un cas particulier plutôt qu'à l'initiation en général, d'ajouter là-dessus quelques précisions, car ce nom de Rose-Croix est, de nos jours, employé d'une façon vague et souvent abusive, et appliqué indistinctement aux personnages les plus différents, parmi lesquels bien peu, sans doute, y auraient réellement droit. Pour éviter toutes ces confusions, il semble que le mieux serait d'établir une distinction nette entre Rose-Croix et Rosicruciens, ce dernier terme pouvant sans inconvénient recevoir une plus large extension que le premier ; et il est probable que la plupart des prétendus Rose-Croix, communément désignés comme tels, ne furent véritablement que des Rosicruciens. Pour comprendre l'utilité et l'importance de cette distinction, il faut tout d'abord se rappeler que, comme nous l'avons déjà dit tout à l'heure, les vrais Rose-Croix n'ont jamais constitué une organisation avec des formes extérieures définies, et qu'il y eut cependant, à partir du début du XVIIe siècle tout au moins, de nombreuses associations qu'on peut qualifier de rosicruciennes [1], ce qui ne veut nullement dire que leurs membres étaient des Rose-Croix ; on peut même être assuré qu'ils ne l'étaient point, et cela du seul fait qu'ils faisaient partie de telles associations, ce qui peut sembler paradoxal et même contradictoire à première vue, mais est pourtant facilement compréhensible d'après les considérations exposées précédemment.

La distinction que nous indiquons est loin de se réduire à une simple question de terminologie, et elle se rattache en réalité à quelque chose qui est d'un ordre beaucoup plus profond, puisque le terme de Rose-Croix est proprement, comme nous l'avons expliqué, la désignation d'un degré initiatique effectif, c'est-à-dire d'un certain état spirituel, dont la possession, évidemment, n'est pas liée d'une façon nécessaire au fait d'appartenir à une certaine organisa-

[1] C'est à une organisation de ce genre qu'appartient notamment Leibnitz ; nous avons parlé ailleurs de l'inspiration manifestement rosicrucienne de certaines de ses conceptions, mais nous avons aussi montré qu'il n'était pas possible de le considérer comme ayant reçu plus qu'une initiation simplement virtuelle, et d'ailleurs incomplète même sous le rapport théorique (voir *Les Principes du Calcul infinitésimal*).

tion définie. Ce qu'il représente, c'est ce qu'on peut appeler la perfection de l'état humain, car le symbole même de la Rose-Croix figure, par les deux éléments dont il est composé, la réintégration de l'être au centre de cet état et la pleine expansion de ses possibilités individuelles à partir de ce centre ; il marque donc très exactement la restauration de l'« état primordial », ou, ce qui revient au même, l'achèvement de l'initiation aux « petits mystères ». D'un autre côté, au point de vue que l'on peut appeler « historique », il faut tenir compte du fait que cette désignation de Rose-Croix, liée expressément à l'usage d'un certain symbolisme, n'a été employée que dans certaines circonstances déterminées de temps et de lieux, hors desquelles il serait illégitime de l'appliquer ; on pourrait dire que ceux qui possédaient le degré dont il s'agit sont apparus comme Rose-Croix dans ces circonstances seulement et pour des raisons contingentes, comme ils ont pu, en d'autres circonstances, apparaître sous d'autres noms et sous d'autres aspects. Cela, bien entendu, ne veut pas dire que le symbole même auquel ce nom se réfère ne puisse être beaucoup plus ancien que l'emploi qui en a été fait ainsi, et même, comme pour tout symbole véritablement traditionnel, il serait sans doute tout à fait vain de lui chercher une origine définie. Ce que nous voulons dire, c'est seulement que le nom tiré du symbole n'a été appliqué à un degré initiatique qu'à partir du XIVe siècle, et, de plus, uniquement dans le monde occidental ; il ne s'applique donc que par rapport à une certaine forme traditionnelle, qui est celle de l'ésotérisme chrétien, ou, plus précisément encore, de l'hermétisme chrétien ; nous reviendrons plus loin sur ce qu'il faut entendre exactement par le terme d'« hermétisme ».

Ce que nous venons de dire est indiqué par la « légende » même de Christian Rosenkreutz, dont le nom est d'ailleurs purement symbolique, et en qui il est bien douteux qu'il faille voir un personnage historique, quoi que certains en aient dit, mais qui apparaît plutôt comme la représentation de ce qu'on peut appeler une « entité collective »[1]. Le sens général de la « légende » de ce fondateur supposé, et en particulier des voyages qui lui sont attribués[2], semble

---

[1] Cette « légende » est en somme du même genre que les autres « légendes » initiatiques auxquelles nous avons déjà fait allusion précédemment.
[2] Nous rappellerons ici l'allusion que nous avons faite plus haut au symbolisme initiatique du voyage ; il y a d'ailleurs, surtout en connexion avec l'hermétisme, bien d'autres voyages, comme ceux de Nicolas Flamel par exemple, qui paraissent bien

être que, après la destruction de l'Ordre du Temple, les initiés à l'ésotérisme chrétien se réorganisèrent, d'accord avec les initiés à l'ésotérisme islamique, pour maintenir, dans la mesure du possible, le lien qui avait été apparemment rompu par cette destruction ; mais cette réorganisation dut se faire d'une façon plus cachée, invisible en quelque sorte, et sans prendre son appui dans une institution connue extérieurement et qui, comme telle, aurait pu être détruite une fois encore [1]. Les vrais Rose-Croix furent proprement les inspirateurs de cette réorganisation, ou, si l'on veut, ce furent les possesseurs du degré initiatique dont nous avons parlé, envisagés spécialement en tant qu'ils jouèrent ce rôle, qui se continua jusqu'au moment où, par suite d'autres événements historiques, le lien traditionnel dont il s'agit fut définitivement rompu pour le monde occidental, ce qui se produisit au cours du XVIIe siècle [2]. Il est dit que les Rose-Croix se retirèrent alors en Orient, ce qui signifie qu'il n'y eut plus désormais en Occident aucune initiation permettant d'atteindre effectivement à ce degré, et aussi que l'action qui s'y était exercée jusqu'alors pour le maintien de l'enseignement traditionnel correspondant cessa de se manifester, tout au moins d'une façon régulière et normale [3].

Quant à savoir quels furent les vrais Rose-Croix, et à dire avec certitude si tel ou tel personnage fut l'un d'eux, cela apparaît comme tout à fait impossible, par le fait même qu'il s'agit essentiellement d'un état spirituel, donc purement intérieur, dont il serait fort imprudent de vouloir juger d'après des signes extérieurs quelconques. De plus, en raison de la nature de leur rôle, ces Rose-Croix n'ont

---

avoir avant tout une signification symbolique.

1 De là le nom de « Collège des Invisibles » donné quelquefois à la collectivité des Rose-Croix.

2 La date précise de cette rupture est marquée, dans l'histoire extérieure de l'Europe, par la conclusion des traités de Westphalie, qui mirent fin à ce qui subsistait encore de la « Chrétienté » médiévale pour y substituer une organisation purement « politique », au sens moderne et profane de ce mot.

3 Il serait tout à fait inutile de chercher à déterminer « géographiquement » le lieu de retraite des Rose-Croix ; de toutes les assertions qu'on rencontre à ce sujet, la plus vraie est certainement celle d'après laquelle ils se retirèrent au « royaume du prêtre Jean », celui-ci n'étant autre chose, comme nous l'avons expliqué ailleurs (*Le Roi du Monde*, pp. 13-15), qu'une représentation du centre spirituel suprême, où sont en effet conservées à l'état latent, jusqu'à la fin du cycle actuel, toutes les formes traditionnelles, qui pour une raison ou pour une autre, ont cessé de se manifester à l'extérieur.

pu, comme tels, laisser aucune trace visible dans l'histoire profane, de sorte que, même si leurs noms pouvaient être connus, ils n'apprendraient sans doute rien à personne ; à cet égard, nous renverrons d'ailleurs à ce que nous avons déjà dit des changements de noms, et qui explique suffisamment ce qu'il peut en être en réalité. Pour ce qui est des personnages dont les noms sont connus, notamment comme auteurs de tels ou tels écrits, et qui sont communément désignés comme Rose-Croix, le plus probable est que, dans bien des cas, ils furent influencés ou inspirés plus ou moins directement par les Rose-Croix, auxquels ils servirent en quelque sorte de porte-parole [1], ce que nous exprimerons en disant qu'ils furent seulement des Rosicruciens, qu'ils aient appartenu ou non à quelqu'un des groupements auxquels on peut donner la même dénomination. Par contre, s'il s'est trouvé exceptionnellement et comme accidentellement qu'un véritable Rose-Croix ait joué un rôle dans les événements extérieurs, ce serait en quelque sorte malgré sa qualité plutôt qu'à cause d'elle, et alors les historiens peuvent être fort loin de soupçonner cette qualité, tellement les deux choses appartiennent à des domaines différents. Tout cela, assurément, est peu satisfaisant pour les curieux, mais ils doivent en prendre leur parti ; bien des choses échappent ainsi aux moyens d'investigation de l'histoire profane, qui forcément, par leur nature même, ne permettent de saisir rien de plus que ce qu'on peut appeler le « dehors » des événements.

Il faut encore ajouter une autre raison pour laquelle les vrais Rose-Croix durent rester toujours inconnus : c'est qu'aucun d'eux ne peut jamais s'affirmer tel, pas plus que, dans l'initiation islamique, aucun Çûfî authentique ne peut se prévaloir de ce titre. Il y a même là une similitude qu'il est particulièrement intéressant de remarquer, quoique, à vrai dire, il n'y ait pas équivalence entre les deux dénominations, car ce qui est impliqué dans le nom de Çûfî est en réalité d'un ordre plus élevé que ce qu'indique celui de Rose-Croix et se réfère à des possibilités qui dépassent celles de l'état humain, même envisagé dans sa perfection ; il devrait même, en toute rigueur, être réservé exclusivement à l'être qui est parvenu à la réalisation de

---

[1] Il est fort douteux qu'un Rose-Croix ait jamais écrit lui-même quoi que ce soit, et, en tout cas, ce ne pourrait être que d'une façon strictement anonyme, sa qualité même lui interdisant de se présenter alors comme un simple individu parlant en son propre nom.

Chapitre XXXVIII

l'« Identité Suprême », c'est-à-dire au but ultime de toute initiation [1] ; mais il va de soi qu'un tel être possède a fortiori le degré qui fait le Rose-Croix et peut, s'il y a lieu, accomplir les fonctions correspondantes. On fait d'ailleurs communément du nom de *Çûfî* le même abus que de celui de Rose-Croix, jusqu'à l'appliquer parfois à ceux qui sont seulement sur la voie qui conduit à l'initiation effective, sans avoir encore atteint même les premiers degrés de celle-ci ; et l'on peut noter à ce propos qu'une pareille extension illégitime est donnée non moins couramment au mot *Yogî* en ce qui concerne la tradition hindoue, si bien que ce mot, qui, lui aussi, désigne proprement celui qui a atteint le but suprême, et qui est ainsi l'exact équivalent de *Çûfî*, en arrive à être appliqué à ceux qui n'en sont encore qu'aux stades préliminaires et même à la préparation la plus extérieure. Non seulement en pareil cas, mais même pour celui qui est arrivé aux degrés les plus élevés, sans pourtant être parvenu au terme final, la désignation qui convient proprement est celle de *mutaçawwuf* ; et, comme le *Çûfî* lui-même n'est marqué par aucune distinction extérieure, cette même désignation sera aussi la seule qu'il pourra prendre ou accepter, non point en vertu de considérations purement humaines comme la prudence ou l'humilité, mais parce que son état spirituel constitue véritablement un secret incommunicable [2]. C'est une distinction analogue à celle-là, dans un ordre plus restreint (puisqu'il ne dépasse pas les bornes de l'état humain), que l'on peut exprimer par les deux termes de Rose-Croix et de Rosicrucien, ce dernier pouvant désigner tout aspirant à l'état de Rose-Croix, à quelque degré qu'il soit parvenu effectivement, et même s'il n'a encore reçu qu'une initiation simplement virtuelle dans la forme à laquelle cette désignation convient proprement en fait. D'autre part, on peut tirer de ce que nous venons de dire une sorte de critérium négatif, en ce sens que, si quelqu'un s'est lui-même déclaré Rose-Croix ou *Çûfî*, on peut dès lors affirmer, sans même avoir besoin d'examiner les choses plus au fond, qu'il ne l'était certainement pas en réalité.

---

1 Il n'est pas sans intérêt d'indiquer que le mot *Çûfî*, par la valeur des lettres qui le composent, équivaut numériquement à *el-hikmah el-ilahiyah*, c'est-à-dire « la sagesse divine ». — La différence du Rose-Croix et du *Çûfî* correspond exactement à celle qui existe, dans le Taoïsme, entre l'« homme véritable » et l'« homme transcendant ».
2 C'est d'ailleurs là, en arabe, un des sens du mot *sirr*, « secret », dans l'emploi particulier qu'en fait la terminologie « technique » de l'ésotérisme.

Un autre critérium négatif résulte du fait que les Rose-Croix ne se lièrent jamais à aucune organisation extérieure ; si quelqu'un est connu comme ayant été membre d'une telle organisation, on peut encore affirmer que, tout au moins tant qu'il en fit activement partie, il ne fut pas un véritable Rose-Croix. Il est d'ailleurs à remarquer que les organisations de ce genre ne portèrent le titre de Rose-Croix que très tardivement, puisqu'on ne le voit apparaître ainsi, comme nous le disions plus haut, qu'au début du XVIIe siècle, c'est-à-dire peu avant le moment où les vrais Rose-Croix se retirèrent de l'Occident ; et il est même visible, par bien des indices, que celles qui se firent alors connaître sous ce titre étaient déjà plus ou moins déviées, ou en tout cas fort éloignées de la source originelle. À plus forte raison en fut-il ainsi pour les organisations qui se constituèrent plus tard encore sous le même vocable, et dont la plupart n'auraient sans doute pu se réclamer, à l'égard des Rose-Croix, d'aucune filiation authentique et régulière, si indirecte fût-elle [1] ; et nous ne parlons pas, bien entendu, des multiples formations pseudo-initiatiques contemporaines qui n'ont de rosicrucien que le nom usurpé, ne possédant aucune trace d'une doctrine traditionnelle quelconque, et ayant simplement adopté, par une initiative tout individuelle de leurs fondateurs, un symbole que chacun interprète suivant sa propre fantaisie, faute d'en connaitre le véritable sens, qui échappe tout aussi complètement à ces prétendus Rosicruciens qu'au premier profane venu.

Il est encore un point sur lequel nous devons revenir pour plus de précision : nous avons dit qu'il dut y avoir, à l'origine du Rosicrucianisme, une collaboration entre des initiés aux deux ésotérismes chrétien et islamique ; cette collaboration dut aussi se continuer par la suite, puisqu'il s'agissait précisément de maintenir le lien entre les initiations d'Orient et d'Occident. Nous irons même plus loin : les mêmes personnages, qu'ils soient venus du Christianisme ou de l'Islamisme, ont pu, s'ils ont vécu en Orient et en Occident (et les allusions constantes à leurs voyages, tout symbolisme à part, donnent à penser que ce dut être le cas de beaucoup d'entre eux), être à la fois Rose-Croix et *Çûfî* (ou *mutaçawwufîn* des degrés supérieurs), l'état spirituel qu'ils avaient atteint impliquant qu'ils étaient

---

1 Il en fut vraisemblablement ainsi, au XVIIIe siècle, pour des organisations telles que celle qui fut connue sous le nom de « Rose-Croix d'Or ».

au-delà des différences qui existent entre les formes extérieures, et qui n'affectent en rien l'unité essentielle et fondamentale de la doctrine traditionnelle. Bien entendu, il n'en convient pas moins de maintenir, entre *Taçawwuf* et Rosicrucianisme, la distinction qui est celle de deux formes différentes d'enseignement traditionnel ; et les Rosicruciens, disciples plus ou moins directs des Rose-Croix, sont uniquement ceux qui suivent la voie spéciale de l'hermétisme chrétien ; mais il ne peut y avoir aucune organisation initiatique pleinement digne de ce nom et possédant la conscience effective de son but qui n'ait, au sommet de sa hiérarchie, des êtres ayant dépassé la diversité des apparences formelles. Ceux-là pourront, suivant les circonstances, apparaître comme Rosicruciens, comme *mutaçawwufîn*, ou dans d'autres aspects encore ; ils sont véritablement le lien vivant entre toutes les traditions, parce que, par leur conscience de l'unité, ils participent effectivement à la grande Tradition primordiale, dont toutes les autres sont dérivées par adaptation aux temps et aux lieux, et qui est une comme la Vérité elle-même.

Chapitre XXXIX
GRANDS MYSTÈRES ET PETITS MYSTÈRES

Nous avons fait allusion à diverses reprises, dans ce qui précède, à la distinction des « grands mystères » et des « petits mystères », désignations empruntées à l'antiquité grecque, mais qui sont en réalité susceptibles d'une application tout à fait générale ; il nous faut maintenant y insister un peu plus, afin de bien préciser comment cette distinction doit être entendue. Ce qu'il faut bien comprendre avant tout, c'est qu'il n'y a pas là des genres d'initiation différents, mais des stades ou des degrés d'une même initiation, si l'on envisage celle-ci comme devant constituer un ensemble complet et être poursuivie jusqu'à son terme ultime ; en principe, les « petits mystères » ne sont donc qu'une préparation aux « grands mystères », puisque leur terme lui-même n'est encore qu'une étape de la voie initiatique. Nous disons en principe, car il est bien évident que, en fait, chaque être ne peut aller que jusqu'au point où s'arrêtent ses possibilités propres ; par conséquent, certains pourront n'être qualifiés que pour les « petits mystères », ou même pour une portion plus ou moins restreinte de ceux-ci ; mais cela veut dire seulement qu'ils ne sont pas capables de suivre la voie initiatique jusqu'au bout, et non pas qu'ils suivent une autre voie que ceux qui peuvent aller plus loin qu'eux.

Les « petits mystères » comprennent tout ce qui se rapporte au développement des possibilités de l'état humain envisagé dans son intégralité ; ils aboutissent donc à ce que nous avons appelé la perfection de cet état, c'est-à-dire à ce qui est désigné traditionnellement comme la restauration de l'« état primordial ». Les « grands mystères » concernent proprement la réalisation des états supra-humains : prenant l'être au point où l'ont, laissé les « petits mystères », et qui est le centre du domaine de l'individualité humaine, ils le conduisent au delà de ce domaine, et à travers les états supra-individuels, mais encore conditionnés, jusqu'à l'état inconditionné qui seul est le véritable but, et qui est désigné comme la « Délivrance finale » ou comme l'« Identité Suprême ». Pour caractériser respectivement ces deux phases, on peut, en appliquant le symbolisme géométrique [1], parler de « réalisation horizontale » et de « réalisation verticale », la première devant servir de base à la seconde; cette base est représentée symboliquement par la terre, qui correspond au domaine humain, et la réalisation supra-humaine est alors décrite comme une ascension à travers les cieux, qui correspondent aux états supérieurs de l'être [2]. Il est d'ailleurs facile de comprendre pourquoi la seconde présuppose nécessairement la première : le point central de l'état humain est le seul où soit possible la communication directe avec les états supérieurs, celle-ci s'effectuant suivant l'axe vertical qui rencontre en ce point le domaine humain ; il faut donc être parvenu d'abord à ce centre pour pouvoir ensuite s'élever, suivant la direction de l'axe, aux états supra-individuels ; et c'est pourquoi, pour employer le langage de Dante, le « Paradis terrestre » est une étape sur la voie qui mène au « Paradis céleste » [3].

---

[1] Voir l'exposé que nous en avons fait dans *Le Symbolisme de la Croix*.
[2] Nous avons expliqué plus amplement cette représentation dans *L'Ésotérisme de Dante*.
[3] Dans la, tradition islamique, les états auxquels aboutissent respectivement les « petits mystères » et les « grands mystères » sont désignés comme l'« homme primordial » (el-insân el-qadîm) et l'« homme universel » (el-insân el-kâmil) ; ces deux termes correspondent donc proprement à l'« homme véritable » et à l'« homme

Chapitre XXXIX

Nous avons cité et expliqué ailleurs un texte dans lequel Dante met le « Paradis céleste » et le « Paradis terrestre » respectivement en rapport avec ce que doivent être, au point de vue traditionnel, le rôle de l'autorité spirituelle et celui du pouvoir temporel, c'est-à-dire, en d'autres termes, avec la fonction sacerdotale et la fonction royale [1] ; nous nous contenterons de rappeler brièvement les conséquences importantes qui se dégagent de cette correspondance au point de vue qui nous occupe présentement. Il en résulte en effet que les « grands mystères » sont en relation directe avec l'« initiation sacerdotale », et les « petits mystères » avec l'« initiation royale » [2] ; si nous employons les termes empruntés à l'organisation hindoue des castes, nous pouvons donc dire que, normalement, les premiers peuvent être regardés comme le domaine propre des Brâhmanes et les seconds comme celui des Kshatriyas [3]. On peut dire encore que le premier de ces deux domaines est d'ordre « surnaturel » ou « métaphysique », tandis que le second est seulement d'ordre « naturel » ou « physique », ce qui correspond bien effectivement aux attributions respectives de l'autorité spirituelle et du pouvoir temporel ; et, d'autre part, ceci permet aussi de caractériser nettement l'ordre de connaissance auquel se réfèrent les « grands mystères » et les « petits mystères » et qu'ils mettent en œuvre pour la partie de la réalisation initiatique qui les concerne : ceux-ci comportent essentiellement la connaissance de la nature (envisagée, cela va sans dire, au point de vue traditionnel et non au point de vue profane qui est celui des sciences modernes), et ceux-là la connaissance de ce qui est au delà de la nature. La connaissance métaphysique pure relève donc proprement des « grands mystères », et la connaissance des sciences traditionnelles des « petits mystères » ; comme la première est d'ailleurs le principe dont dérivent nécessairement toutes les sciences traditionnelles, il en résulte encore que les « pe-

---

transcendant » du Taoïsme, que nous avons rappelés dans une note précédente.
1 Voir *Autorité spirituelle et pouvoir temporel*, ch. VIII. — Ce texte est le passage dans lequel Dante, à la fin du son traité De Monarchia, définit les attributions respectives du Pape et de l'Empereur, qui représentent la plénitude de ces deux fonctions dans la constitution de la « Chrétienté ».
2 Les fonctions sacerdotale et royale comportent l'ensemble des applications dont les principes sont fournis respectivement par les initiations correspondantes, d'où l'emploi des expressions d'« art sacerdotal » et d'« art royal » pour désigner ces applications.
3 Sur ce point, voir aussi Autorité spirituelle et pouvoir temporel, ch. II.

tits mystères » dépendent essentiellement des « grands mystères » et y ont leur principe même, de même que le pouvoir temporel, pour être légitime, dépend de l'autorité spirituelle et a en elle son principe.

Nous venons de parler seulement des Brâhmanes et des Kshatriyas, mais il ne faut pas oublier que les Vaishyas peuvent aussi être qualifiés pour l'initiation; en fait, nous trouvons partout, comme leur étant plus spécialement destinées, les formes initiatiques basées sur l'exercice des métiers, sur lesquelles nous n'avons pas l'intention de revenir longuement, puisque nous en avons suffisamment expliqué ailleurs le principe et la raison d'être [1], et que du reste nous avons dû en reparler ici même à diverses reprises, étant donné que c'est précisément à de telles formes que se rattache tout ce qui subsiste d'organisations initiatiques en Occident. Pour les Vaishyas à plus forte raison encore que pour les Kshatriyas, le domaine initiatique qui leur convient proprement est celui des « petits mystères » ; cette communauté de domaine, si l'on peut dire, a d'ailleurs amené fréquemment des contacts entre les formes d'initiation destinées aux uns et aux autres [2], et, par suite, des relations assez étroites entre les organisations par lesquelles ces formes sont pratiquées respectivement [3]. Il est évident que, au delà de l'état humain, les différences individuelles, sur lesquelles s'appuient essentiellement les initiations de métier, disparaissent entièrement et ne sauraient plus jouer aucun rôle ; dès que l'être est parvenu à l'« état primordial », les différenciations qui donnent naissance aux diverses fonctions « spécialisées » n'existent plus, bien que toutes ces fonctions y aient également leur source, ou plutôt par cela même ; et c'est bien à cette source commune qu'il s'agit en effet de remonter, en allant jusqu'au terme des « petits mystères », pour posséder dans sa plénitude tout ce qui est impliqué par l'exercice d'une fonction quelconque.

---

[1] Voir *Le Règne de la Quantité et les Signes des Temps*, ch. VIII.

[2] En Occident, c'est dans la chevalerie que se trouvaient, au moyen âge, les formes d'initiation propres aux Kshatriyas, ou à ce qui doit être considéré comme l'équivalent aussi exact que possible de ceux-ci.

[3] C'est ce qui explique, pour nous borner à donner ici un seul exemple caractéristique, qu'une expression comme celle d'« art royal » ait pu être employée et conservée jusqu'à nos jours par une organisation comme la Maçonnerie, liée par ses origines à l'exercice d'un métier.

Si nous envisageons l'histoire de l'humanité telle que l'enseignent les doctrines traditionnelles, en conformité avec les lois cycliques, nous devons dire que, à l'origine, l'homme, ayant la pleine possession de son état d'existence, avait naturellement par là même les possibilités correspondant à toutes les fonctions, antérieurement à toute distinction de celles-ci. La division de ces fonctions se produisit dans un stade ultérieur, représentant un état déjà inférieur à l'« état primordial », mais dans lequel chaque être humain, tout en n'ayant plus que certaines possibilités déterminées, avait encore spontanément la conscience effective de ces possibilités. C'est seulement dans une période de plus grande obscuration que cette conscience vint à se perdre ; et, dès lors, l'initiation devint nécessaire pour permettre à l'homme de retrouver, avec cette conscience, l'état antérieur auquel elle est inhérente ; tel est en effet le premier de ses buts, celui qu'elle se propose le plus immédiatement. Cela, pour être possible, implique une transmission remontant, par une « chaîne » ininterrompue, jusqu'à l'état qu'il s'agit de restaurer, et ainsi, de proche en proche, jusqu'à l'« état primordial » lui-même ; et encore, l'initiation ne s'arrêtant pas là, et les « petits mystères » n'étant que la préparation aux « grands mystères », c'est-à-dire à la prise de possession des états supérieurs de l'être, il faut en définitive remonter au delà même des origines de l'humanité ; et c'est pourquoi la question d'une origine « historique » de l'initiation apparaît comme entièrement dépourvue de sens. Il en est d'ailleurs de même en ce qui concerne l'origine des métiers, des arts et des sciences, envisagés dans leur conception traditionnelle et légitime, car tous, à travers des différenciations et des adaptations multiples, mais secondaires, dérivent pareillement de l'« état primordial », qui les contient tous en principe, et, par là, ils se relient aux autres ordres d'existence, au delà de l'humanité même, ce qui est d'ailleurs nécessaire pour qu'ils puissent, chacun à son rang et selon sa mesure, concourir effectivement à la réalisation du « plan du Grand Architecte de l'Univers ».

Nous devons encore ajouter que, puisque les « grands mystères » ont pour domaine la connaissance métaphysique pure, qui est essentiellement une et immuable en raison même de son caractère principiel, c'est seulement dans le domaine des « petits mystères » que des déviations peuvent se produire ; et ceci pourrait rendre compte de bien des faits concernant certaines organisations initiatiques incomplètes. D'une façon générale, ces déviations supposent que le lien normal avec les « grands mystères » a été rompu, de sorte que les « petits mystères » en sont arrivés à être pris pour une fin en eux-mêmes ; et, dans ces conditions, ils ne peuvent même plus aboutir réellement à leur terme, mais se dispersent en quelque sorte dans un développement de possibilités plus ou moins secondaires, développement qui, n'étant plus ordonné en vue d'une fin supérieure, risque dès lors de prendre un caractère « désharmonique » qui constitue précisément la déviation. D'un autre côté, c'est aussi dans ce même domaine des « petits mystères », et là seulement, que la contre-initiation est susceptible de s'opposer à l'initiation véritable et d'entrer en lutte avec elle [1] ; celui des « grands mystères », qui se rapporte aux états supra-humains et à l'ordre purement spirituel, est, par sa nature même, au delà d'une telle opposition, donc entièrement fermé à tout ce qui n'est pas la vraie initiation selon l'orthodoxie traditionnelle. Il résulte de tout cela que la possibilité d'égarement subsiste tant que l'être n'est pas encore réintégré dans l' « état primordial », mais qu'elle cesse d'exister dès qu'il a atteint le centre de l'individualité humaine ; et c'est pourquoi l'on peut dire que celui qui est parvenu à ce point, c'est-à-dire à l'achèvement des « petits mystères », est déjà virtuellement « délivré » [2], bien qu'il ne puisse l'être effectivement que lorsqu'il aura parcouru la voie des « grands mystères » et réalisé finalement l'« Identité Suprême ».

Chapitre XL
INITIATION SACERDOTALE ET INITIATION ROYALE

Bien que ce qui vient d'être dit suffise en somme à caractériser assez nettement l'initiation sacerdotale et l'initiation royale, nous croyons devoir insister encore quelque peu sur la question de leurs rapports, en raison de certaines conceptions erronées que nous avons rencontrées de divers côtés, et qui tendent à présenter chacune de ces deux initiations comme formant par elle-même un

---

1 Cf. *Le Règne de la Quantité et les Signes des Temps*, ch. XXXVIII.
2 Il est ce que la terminologie bouddhique appelle *anâgamî*, c'est-à-dire « celui qui ne retourne pas » à un état de manifestation individuelle.

tout complet, de telle sorte qu'on aurait affaire, non pas à deux degrés hiérarchiques différents, mais à deux types doctrinaux irréductibles. L'intention principale de ceux qui propagent une telle conception paraît être, en général, d'opposer les traditions orientales, qui seraient du type sacerdotal ou contemplatif, et les traditions occidentales, qui seraient du type royal et guerrier ou actif ; et, quand on ne va pas jusqu'à proclamer la supériorité de celles-ci sur celles-là, on prétend tout au moins les mettre sur un pied d'égalité. Ajoutons incidemment que ceci s'accompagne le plus souvent, en ce qui concerne les traditions occidentales, de vues historiques assez fantaisistes sur leur origine, telles, par exemple, que l'hypothèse d'une « tradition méditerranéenne » primitive et unique, qui très probablement n'a jamais existé.

En réalité, à l'origine, et antérieurement à la division des castes, les deux fonctions sacerdotale et royale n'existaient pas à l'état distinct et différencié ; elles étaient contenues l'une et l'autre dans leur principe commun, qui est au delà des castes, et dont celles-ci ne sont sorties que dans une phase ultérieure du cycle de l'humanité terrestre [1]. Il est d'ailleurs évident que, dès que les castes ont été distinguées, toute organisation sociale a dû, sous une forme ou sous une autre, les comporter toutes également, puisqu'elles représentent différentes fonctions qui doivent nécessairement coexister ; on ne peut concevoir une société composée uniquement de Brâhmanes, ni une autre composée uniquement de Kshatriyas. La coexistence de ces fonctions implique normalement leur hiérarchisation, conformément à leur nature propre, et par conséquent celle des individus qui les remplissent ; le Brâhmane est supérieur au Kshatriya par nature, et non point parce qu'il a pris plus ou moins arbitrairement la première place dans la société ; il l'est parce que la connaissance est supérieure à l'action, parce que le domaine « métaphysique » est supérieur au domaine « physique », comme le principe est supérieur à ce qui en dérive ; et de là provient aussi, non moins naturellement, la distinction des « grands mystères », constituant proprement l'initiation sacerdotale, et des « petits mystères », constituant proprement l'initiation royale.

Cela étant, toute tradition, pour être régulière et complète, doit comporter à la fois, dans son aspect ésotérique, les deux initia-

---

[1] Cf. *Autorité spirituelle et pouvoir temporel*, ch. Ier.

tions, ou plus exactement les deux parties de l'initiation, c'est-à-dire les « grands mystères » et les « petits mystères », la seconde étant d'ailleurs essentiellement subordonnée à la première, comme l'indiquent assez clairement les termes mêmes qui les désignent respectivement. Cette subordination n'a pu être niée que par les Kshatriyas révoltés, qui se sont efforcés de renverser les rapports normaux, et qui, dans certains cas, ont pu réussir à constituer une sorte de tradition irrégulière et incomplète, réduite à ce qui correspond au domaine des « petits mystères », le seul dont ils avaient la connaissance et présentent faussement ceux-ci comme la doctrine totale [1]. Dans un pareil cas, l'initiation royale seule subsiste, d'ailleurs dégénérée et déviée par le fait même qu'elle n'est plus rattachée au principe qui la légitimait ; quant au cas contraire, celui où l'initiation sacerdotale seule existerait, il est assurément impossible d'en trouver nulle part le moindre exemple. Cela suffit à remettre les choses au point : s'il y a vraiment deux types d'organisations traditionnelles et initiatiques, c'est que l'un est régulier et normal et l'autre irrégulier et anormal, l'un complet et l'autre incomplet (et, faut-il ajouter, incomplet par en haut) ; il ne saurait en être autrement, et cela d'une façon absolument générale, en Occident aussi bien qu'en Orient.

Certes, dans l'état actuel des choses tout au moins, comme nous l'avons dit en maintes occasions, les tendances contemplatives sont beaucoup plus largement répandues en Orient et les tendances actives (ou plutôt « agissantes » au sens le plus extérieur) en Occident ; mais ce n'est là, malgré tout, qu'une question de proportion, et non pas d'exclusivité. S'il y avait une organisation traditionnelle en Occident (et nous voulons dire ici une organisation traditionnelle intégrale, possédant effectivement les deux aspects ésotérique et exotérique), elle devrait normalement, tout aussi bien que celles de l'Orient, comporter à la fois l'initiation sacerdotale et l'initiation royale, quelles que soient les formes particulières qu'elles puissent prendre pour s'adapter aux conditions du milieu, mais toujours avec reconnaissance de la supériorité de la première sur la seconde, et cela quel que soit d'ailleurs le nombre des individus qui seraient respectivement aptes à recevoir l'une ou l'autre de ces deux initiations, car le nombre n'y fait rien et ne saurait aucune-

---

[1] Cf. *Autorité spirituelle et pouvoir temporel*, ch. III.

Chapitre XL

ment modifier ce qui est inhérent à la nature même des choses [1].

Ce qui peut faire illusion, c'est qu'en Occident, bien que l'initiation royale n'existe pas plus actuellement que l'initiation sacerdotale [2], on retrouve plus facilement les vestiges de la première que ceux de la seconde ; cela tient avant tout aux liens qui existent généralement entre l'initiation royale et les initiations de métier, ainsi que nous l'avons indiqué plus haut, et en raison desquels de tels vestiges peuvent se rencontrer dans les organisations dérivées de ces initiations de métier et qui subsistent encore aujourd'hui dans le monde occidental [3]. Il y a même aussi quelque chose de plus : par un phénomène assez étrange, on voit parfois reparaître, d'une façon plus ou moins fragmentaire, mais néanmoins très reconnaissable, quelque chose de ces traditions diminuées et déviées qui furent, en des circonstances fort diverses de temps et de lieux, le produit de la révolte des Kshatriyas, et dont le caractère « naturaliste » constitue toujours la marque principale [4]. Sans y insister

---

[1] Pour éviter toute équivoque possible, nous devons préciser qu'il serait tout à fait erroné de supposer, d'après ce que nous avons dit de la correspondance respective des deux initiations avec les « grands mystères » et les « petits mystères », que l'initiation sacerdotale ne comporte pas le passage par les « petits mystères » ; mais la vérité est que ce passage peut s'effectuer beaucoup plus rapidement en pareil cas, en raison de ce que les Brâhmanes, par leur nature, sont portés plus directement à la connaissance principielle, et que, par conséquent, ils n'ont pas besoin de s'attarder à un développement détaillé de possibilités contingentes, de sorte que les « petits mystères » peuvent être réduits pour eux au minimum, c'est-à-dire à cela seul qui en constitue l'essentiel et qui vise immédiatement à l'obtention de l'« état primordial ».

[2] Il va de soi que, en tout ceci, nous entendons ces termes au sens le plus général, comme désignant les initiations qui conviennent respectivement à la nature des Kshatriyas et à celle des Brahmanes, car, pour ce qui est de l'exercice des fonctions correspondantes dans l'ordre social, le sacre des rois et l'ordination sacerdotale ne représentent que des « extériorisations », comme nous l'avons déjà dit plus haut, c'est-à-dire qu'ils ne relèvent plus que de l'ordre exotérique et n'impliquent aucune initiation, fût-elle même simplement virtuelle.

[3] On pourrait rappeler notamment, à cet égard, l'existence de grades « chevaleresques » parmi les hauts grades qui se sont superposés à la Maçonnerie proprement dite ; quelle que puisse être en fait leur origine historique plus ou moins ancienne, question sur laquelle il serait toujours possible de discuter indéfiniment sans arriver jamais à aucune solution précise, le principe même de leur existence ne peut réellement s'expliquer que par là, et c'est tout ce qui importe au point de vue ou nous nous plaçons présentement.

[4] Les manifestations de ce genre semblent avoir eu leur plus grande extension à l'époque de la Renaissance, mais, de nos jours encore, elles sont fort loin d'avoir cessé, bien qu'elles aient généralement un caractère très caché et qu'elles soient com-

davantage, nous signalerons seulement la prépondérance accordée fréquemment, en pareil cas, à un certain point de vue « magique » (et il ne faut d'ailleurs pas entendre exclusivement par là la recherche d'effets extérieurs plus ou moins extraordinaires, comme il en est lorsqu'il ne s'agit que de pseudo-initiation), résultat de l'altération des sciences traditionnelles séparées de leur principe métaphysique [1].

Le « mélange des castes », c'est-à-dire en somme la destruction de toute vraie hiérarchie, caractéristique de la dernière période du *Kali-Yuga* [2], rend d'ailleurs plus difficile, surtout pour ceux qui ne vont pas jusqu'au fond des choses, de déterminer exactement la nature réelle d'éléments comme ceux auxquels nous faisons allusion ; et encore ne sommes-nous sans doute pas arrivés au degré le plus extrême de la confusion. Le cycle historique, parti d'un niveau supérieur à la distinction des castes, doit aboutir, par une descente graduelle dont nous avons retracé ailleurs les différentes étapes [3], à un niveau inférieur à cette même distinction, car il y a évidemment comme nous l'avons déjà indiqué plus haut, deux façons opposées d'être en dehors des castes : on peut être au delà ou en deçà, au-dessus de la plus haute ou au-dessous de la plus basse d'entre elles ; et, si le premier de ces deux cas était normalement celui des hommes du début du cycle, le second sera devenu celui de l'immense majorité dans sa phase finale ; on en voit dès maintenant des indices assez nets pour qu'il soit inutile de nous y arrêter davantage, car, à moins d'être complètement aveuglé par certains préjugés, nul ne peut nier que la tendance au nivellement par en bas soit un des caractères les plus frappants de l'époque actuelle [4].

On pourrait cependant objecter ceci : si la fin d'un cycle doit nécessairement coïncider avec le commencement d'un autre, com-

---

plètement ignorées, non seulement du « grand public », mais même de la plupart de ceux qui prétendent se faire une spécialité de l'étude de ce qu'on est convenu d'appeler vaguement les « sociétés secrètes ».

1 Il faut ajouter que ces initiations inférieures et déviées sont naturellement celles qui donnent le plus facilement prise à l'action d'influences émanant de la contre-initiation ; nous rappellerons à ce propos ce que nous avons dit ailleurs sur l'utilisation de tout ce qui présente un caractère de « résidus » en vue d'une œuvre de subversion (voir *Le Règne de la Quantité et les Signes des temps*, ch. XXVI et XXVII).
2 Sur ce sujet, voir notamment le *Vishnu-Purâna*.
3 Voir *Autorité spirituelle et pouvoir temporel*, ch. VII.
4 Cf. *Le Règne de la Quantité et les Signes des Temps*, ch. VII.

ment le point le plus bas pourra-il rejoindre le point le plus haut ? Nous avons déjà répondu ailleurs à cette question [1] : un redressement devra s'opérer en effet, et ne sera possible précisément que lorsque le point le plus bas aura été atteint : ceci se rattache proprement au secret du « renversement des pôles ». Ce redressement devra d'ailleurs être préparé, même visiblement, avant la fin du cycle actuel ; mais il ne pourra l'être que par celui qui, unissant en lui les puissances du Ciel et de la Terre, celles de l'Orient et de l'Occident, manifestera au dehors, à la fois dans le domaine de la connaissance et dans celui de l'action, le double pouvoir sacerdotal et royal conservé à travers les âges, dans l'intégrité de son principe unique, par les détenteurs cachés de la Tradition primordiale. Il serait d'ailleurs vain de vouloir chercher dès maintenant à savoir quand et comment une telle manifestation se produira, et sans doute sera-t-elle fort différente de tout ce qu'on pourrait imaginer à ce sujet ; les « mystères du Pôle » (*el-asrâr-el-qutbâniyah*) sont assurément bien gardés, et rien n'en pourra être connu à l'extérieur avant que le temps fixé ne soit accompli.

Chapitre XLI
QUELQUES CONSIDÉRATIONS
SUR L'HERMÉTISME

Nous avons dit précédemment que les Rose-Croix étaient proprement des êtres parvenus à l'achèvement effectif des « petits mystères », et que l'initiation rosicrucienne, inspirée par eux, était une forme particulière se rattachant à l'hermétisme chrétien ; en rapprochant ceci de ce que nous venons d'expliquer en dernier lieu, on doit pouvoir comprendre déjà que l'hermétisme, d'une façon générale, appartient au domaine de ce qui est désigné comme l'« initiation royale ». Cependant, il sera bon d'apporter encore quelques précisions à ce sujet, car, là encore, bien des confusions se sont introduites, et le mot « hermétisme » lui-même est employé par beaucoup de nos contemporains d'une façon fort vague et incertaine ; nous ne voulons pas seulement parler en cela des occultistes, pour lesquels la chose est trop évidente, mais il en est d'autres qui, tout en étudiant la question d'une façon plus sérieuse,

---
[1] Voir *Le Règne de la Quantité et les Signes des Temps*, ch. XX et XXIII.

paraissent, peut-être à cause de certaines idées préconçues, ne pas s'être rendu très exactement compte de ce dont il s'agit en réalité.

Il faut noter tout d'abord que ce mot « hermétisme » indique qu'il s'agit d'une tradition d'origine égyptienne, revêtue par la suite d'une forme hellénisée, sans doute à l'époque alexandrine, et transmise sous cette forme, au moyen âge, à la fois au monde islamique et au monde chrétien, et, ajouterons-nous, au second en grande partie par l'intermédiaire du premier [1], comme le prouvent les nombreux termes arabes ou arabisés adoptés par les hermétistes européens, à commencer par le mot même d'« alchimie » (*el-kimyâ*) [2]. Il serait donc tout à fait abusif d'étendre cette désignation à d'autres formes traditionnelles, tout autant qu'il le serait, par exemple, d'appeler « Kabbale » autre chose que l'ésotérisme hébraïque [3] ; ce n'est pas, bien entendu, qu'il n'en existe pas d'équivalents ailleurs, et il en existe même si bien que cette science traditionnelle qu'est l'alchimie [4] a son exacte correspondance dans des doctrines comme celles de l'Inde, du Thibet et de la Chine, bien qu'avec des modes d'expression et des méthodes de réalisation naturellement assez différents ; mais, dès lors qu'on prononce le nom d'« hermétisme », on spécifie par là une forme nettement déterminée, dont la provenance ne peut être que gréco-égyptienne. En effet, la doctrine ainsi désignée est par là même rapportée à Hermès, en tant que celui-ci était considéré par les Grecs comme identique au *Thoth* égyptien ; ceci présente d'ailleurs cette doctrine comme essentiellement dérivée d'un enseignement sacerdotal, car *Thoth*, dans son rôle de

---

[1] Ceci est encore à rapprocher de ce que nous avons dit des rapports qu'eut le Rosicrucianisme, à son origine même, avec l'ésotérisme islamique.

[2] Ce mot est arabe dans sa forme, mais non dans sa racine ; il dérive vraisemblablement du nom de *Kêmi* ou « Terre noire » donné à l'ancienne Égypte, ce qui indique encore l'origine de ce dont il s'agit.

[3] La signification du mot *Qabbalah* est exactement la même que celle du mot « tradition » ; mais, ce mot étant hébraïque, il n'y a aucune raison, quand on emploie une langue autre que l'hébreu, de l'appliquer à d'autres formes traditionnelles que celle à laquelle il appartient en propre, et cela ne pourrait que donner lieu à des confusions. De même, le mot *Taçawwuf*, en arabe, peut être pris pour désigner tout ce qui a un caractère ésotérique et initiatique, dans quelque forme traditionnelle que ce soit ; mais, quand on se sert d'une autre langue, il convient de le réserver à la forme islamique à laquelle il appartient par son origine.

[4] Notons dès maintenant qu'il ne faut pas confondre ou identifier purement et simplement alchimie et hermétisme : à proprement parler, celui-ci est une doctrine, et celle-là en est seulement une application.

Chapitre XLI

conservateur et de transmetteur de la tradition, n'est pas autre chose que la représentation même de l'antique sacerdoce égyptien, ou plutôt, pour parler plus exactement, du principe d'inspiration « supra-humaine » dont celui-ci tenait son autorité et au nom duquel il formulait et communiquait la connaissance initiatique. Il ne faudrait pas voir là la moindre contradiction avec le fait que cette doctrine appartient proprement au domaine de l'initiation royale, car il doit être bien entendu que, dans toute tradition régulière et complète, c'est le sacerdoce qui, en vertu de sa fonction essentielle d'enseignement, confère également les deux initiations, directement ou indirectement, et qui assure ainsi la légitimité effective de l'initiation royale elle-même, en la rattachant à son principe supérieur, de la même façon que le pouvoir temporel ne peut tirer sa légitimité que d'une consécration reçue de l'autorité spirituelle [1].

Cela dit, la question principale qui se pose est celle-ci : ce qui s'est maintenu sous ce nom d'« hermétisme » peut-il être regardé comme constituant une doctrine traditionnelle complète en elle-même ? La réponse ne peut être que négative, car il ne s'agit là strictement que d'une connaissance d'ordre non pas métaphysique, mais seulement cosmologique, en entendant d'ailleurs ce mot dans sa double application « macrocosmique » et « microcosmique », car il va de soi que, dans toute conception traditionnelle, il y a toujours une étroite correspondance entre ces deux points de vue. Il n'est donc pas admissible que l'hermétisme, au sens que ce mot a pris dès l'époque alexandrine et gardé constamment depuis lors, représente, fût-ce à titre de « réadaptation », l'intégralité de la tradition égyptienne, d'autant plus que cela serait nettement contradictoire avec le rôle essentiel joué dans celle-ci par le sacerdoce et que nous venons de rappeler ; bien que, à vrai dire, le point de vue cosmologique semble y avoir été particulièrement développé, dans la mesure du moins où il est encore possible actuellement d'en savoir quelque chose de tant soit peu précis, et qu'il soit en tout cas ce qu'il y a de plus apparent dans tous les vestiges qui en subsistent, qu'il s'agisse de textes ou de monuments, il ne faut pas oublier qu'il ne peut jamais être qu'un point de vue secondaire et contingent, une application de la doctrine principielle à la connaissance de ce que nous pouvons appeler le « monde intermédiaire »,

---

1 Cf. *Autorité spirituelle et pouvoir temporel*, ch. II.

c'est-à-dire du domaine de manifestation subtile où se situent les prolongements extra-corporels de l'individualité humaine, ou les possibilités mêmes dont le développement concerne proprement les « petits mystères » [1].

Il pourrait être intéressant, mais sans doute assez difficile, de rechercher comment cette partie de la tradition égyptienne a pu se trouver en quelque sorte isolée et se conserver d'une façon apparemment indépendante, puis s'incorporer à l'ésotérisme islamique et à l'ésotérisme chrétien du moyen âge (ce que n'aurait d'ailleurs pu faire une doctrine complète), au point de devenir véritablement partie intégrante de l'un et de l'autre, et de leur fournir tout un symbolisme qui, par une transposition convenable, a pu même y servir parfois de véhicule à des vérités d'un ordre plus élevé [2]. Nous ne voulons pas entrer ici dans ces considérations historiques fort complexes ; quoi qu'il en soit de cette question particulière, nous rappellerons que les sciences de l'ordre cosmologique sont effectivement celles qui, dans les civilisations traditionnelles, ont été surtout l'apanage des Kshatriyas ou de leurs équivalents, tandis que la métaphysique pure était proprement, comme nous l'avons déjà dit, celui des Brâhmanes. C'est pourquoi, par un effet de la révolte des Kshatriyas contre l'autorité spirituelle des Brâhmanes, on a pu voir se constituer parfois des courants traditionnels incomplets, réduits à ces seules sciences séparées de leur principe transcendant, et même, ainsi que nous l'indiquions plus haut, déviés dans le sens « naturaliste », par négation de la métaphysique et méconnaissance du caractère subordonné de la science « physique » [3], aussi bien (les deux choses se tenant étroitement, comme les ex-

---

[1] Le point de vue cosmologique comprend aussi, bien entendu, la connaissance de la manifestation corporelle, mais il l'envisage surtout en tant qu'elle se rattache à la manifestation subtile comme à son principe immédiat, en quoi il diffère entièrement du point de vue profane de la physique moderne.

[2] Une telle transposition est en effet toujours possible, dès lors que le lien avec un principe supérieur et véritablement transcendant n'est pas rompu, et nous avons dit que le « Grand Œuvre » hermétique lui-même peut être regardé comme une représentation du processus initiatique dans son ensemble ; seulement, il ne s'agit plus alors de l'hermétisme en lui-même, mais bien en tant qu'il peut servir de base à quelque chose d'un autre ordre, d'une façon analogue à celle dont l'exotérisme traditionnel lui-même peut être pris comme base d'une forme initiatique.

[3] Il va de soi que nous prenons ici ce mot dans son sens ancien et strictement étymologique.

Chapitre XLI

plications que nous avons déjà données doivent le faire suffisamment comprendre) que de l'origine essentiellement sacerdotale de tout enseignement initiatique, même plus particulièrement destiné à l'usage des Kshatriyas. Ce n'est pas à dire, assurément, que l'hermétisme constitue en lui-même une telle déviation ou qu'il implique quoi que ce soit d'illégitime, ce qui aurait évidemment rendu impossible son incorporation à des formes traditionnelles orthodoxes ; mais il faut bien reconnaître qu'il peut s'y prêter assez aisément par sa nature même, pour peu qu'il se présente des circonstances favorables à cette déviation [1], et c'est là du reste, plus généralement, le danger de toutes les sciences traditionnelles, lorsqu'elles sont cultivées en quelque sorte pour elles-mêmes, ce qui expose à perdre de vue leur rattachement à l'ordre principiel. L'alchimie, qu'on pourrait définir comme étant pour ainsi dire la « technique » de l'hermétisme, est bien réellement « un art royal », si l'on entend par là un mode d'initiation plus spécialement approprié à la nature des Kshatriyas [2] ; mais cela même marque précisément sa place exacte dans l'ensemble d'une tradition régulièrement constituée, et, en outre, il ne faut pas confondre les moyens d'une réalisation initiatique, quels qu'ils puissent être, avec son but, qui, en définitive, est toujours de connaissance pure.

D'un autre côté, il faut se méfier parfaitement d'une certaine assimilation qu'on tend parfois à établir entre l'hermétisme et la « magie » ; même si l'on veut alors prendre celle-ci dans un sens assez différent de celui où on l'entend d'ordinaire, il est fort à craindre que cela même, qui est en somme un abus de langage, ne puisse que provoquer des confusions plutôt fâcheuses. La magie, dans son sens propre, n'est en effet, comme nous l'avons amplement expliqué, qu'une des plus inférieures parmi toutes les applications de la connaissance traditionnelle, et nous ne voyons pas qu'il puisse y

---

[1] De telles circonstances se sont présentées notamment, en Occident, à l'époque qui marque le passage du moyen âge aux temps modernes, et c'est ce qui explique l'apparition et la diffusion, que nous signalions plus haut, de certaines déviations de ce genre pendant la période de la Renaissance.

[2] Nous avons dit que l'« art royal » est proprement l'application de l'initiation correspondante ; mais l'alchimie a bien en effet le caractère d'une application de la doctrine, et les moyens de l'initiation, si on les envisage en se plaçant à un point de vue en quelque sorte « descendant », sont évidemment une application de son principe même, tandis qu'inversement, au point de vue « ascendant », ils sont le « support » qui permet d'accéder à celui-ci.

avoir le moindre avantage à en évoquer l'idée quand il s'agit en réalité de choses qui, même encore contingentes, sont tout de même d'un niveau notablement plus élevé. Du reste, il se peut qu'il y ait là encore autre chose qu'une simple question de terminologie mal appliquée : ce mot de « magie » exerce sur certains, à notre époque, une étrange fascination, et, comme nous l'avons déjà noté, la prépondérance accordée à un tel point de vue, ne serait-ce même qu'en intention, est encore liée à l'altération des sciences traditionnelles séparées de leur principe métaphysique ; c'est sans doute là l'écueil principal auquel risque de se heurter toute tentative de reconstitution ou de restauration de telles sciences, si l'on ne commence par ce qui est véritablement le commencement sous tous les rapports, c'est-à-dire par le principe même, qui est aussi, en même temps, la fin en vue de quoi tout le reste doit être normalement ordonné.

Un autre point sur lequel il y a lieu d'insister, c'est la nature purement « intérieure » de la véritable alchimie, qui est proprement d'ordre psychique quand on la prend dans son application la plus immédiate, et d'ordre spirituel quand on la transpose dans son sens supérieur ; c'est là, en réalité, ce qui en fait toute la valeur au point de vue initiatique. Cette alchimie n'a donc absolument rien à voir avec les opérations matérielles d'une « chimie » quelconque, au sens actuel de ce mot ; presque tous les modernes se sont étrangement mépris là-dessus, aussi bien ceux qui ont voulu se poser en défenseurs de l'alchimie que ceux qui, au contraire, se sont faits ses détracteurs ; et cette méprise est encore moins excusable chez les premiers que chez les seconds, qui, du moins, n'ont certes jamais prétendu à la possession d'une connaissance traditionnelle quelconque. Il est pourtant bien facile de voir en quels termes les anciens hermétistes parlent des « souffleurs » et « brûleurs de charbon », en lesquels il faut reconnaître les véritables précurseurs des chimistes actuels, si peu flatteur que ce soit pour ces derniers ; et, même au XVIIIe siècle encore, un alchimiste comme Pernéty ne manque pas de souligner en toute occasion la différence de la « philosophie hermétique » et de la « chymie vulgaire ». Ainsi, comme nous l'avons déjà dit bien des fois en montrant le caractère de « résidu » qu'ont les sciences profanes par rapport aux sciences traditionnelles (mais ce sont là des choses tellement étrangères à la mentalité actuelle qu'on ne saurait jamais trop y revenir), ce

Chapitre XLI

qui a donné naissance à la chimie moderne, ce n'est point l'alchimie, avec laquelle elle n'a en somme aucun rapport réel (pas plus que n'en a d'ailleurs l'« hyperchimie » imaginée par quelques occultistes contemporains [1] ; c'en est seulement une déformation ou une déviation, issue de l'incompréhension de ceux qui, profanes dépourvus de toute qualification initiatique et incapables de pénétrer dans une mesure quelconque le vrai sens des symboles, prirent tout à la lettre, suivant l'acception la plus extérieure et la plus vulgaire des termes employés, et, croyant par suite qu'il ne s'agissait en tout cela que d'opérations matérielles, se lancèrent dans une expérimentation plus ou moins désordonnée, et en tout cas assez peu digne d'intérêt à plus d'un égard [2]. Dans le monde arabe également, l'alchimie matérielle a toujours été fort peu considérée, parfois même assimilée à une sorte de sorcellerie, tandis que, par contre, on y tenait fort en honneur l'alchimie « intérieure » et spirituelle, souvent désignée sous le nom de *kimyâ el-saâdah* ou « alchimie de la félicité » [3].

Ce n'est pas à dire, d'ailleurs, qu'il faille nier pour cela la possibilité des transmutations métalliques, qui représentent l'alchimie aux yeux du vulgaire ; mais il faut les réduire à leur juste importance, qui n'est pas plus grande en somme que celle d'expériences « scientifiques » quelconques, et ne pas confondre des choses qui sont d'ordre totalement différent ; on ne voit même pas, a priori, pourquoi il ne pourrait pas arriver que de telles transmutations soient réalisées par des procédés relevant tout simplement de la chimie profane (et, au fond, l'« hyperchimie » à laquelle nous faisions allusion tout à l'heure n'est pas autre chose qu'une tentative de ce genre) [4]. Il y a pourtant un autre aspect de la question : l'être qui est

---

[1] Cette « hyperchimie » est à peu près, par rapport à l'alchimie, ce qu'est l'astrologie moderne dite « scientifique » par rapport à la véritable astrologie traditionnelle (cf. Le Règne de la Quantité et les Signes des Temps, ch. X).
[2] Il existe encore çà et là des pseudo-alchimistes de cette sorte, et nous en avons connu quelques-uns, tant en Orient qu'en Occident ; mais nous pouvons assurer que nous n'en avons jamais rencontré aucun qui ait obtenu des résultats quelconques tant soit peu en rapport avec la somme prodigieuse d'efforts dépensés dans des recherches qui finissaient par absorber toute sa vie !
[3] Il existe notamment un traité d'El-Ghazâli qui porte ce titre.
[4] Rappelons à ce propos que les résultats pratiques obtenus par les sciences profanes ne justifient ni ne légitiment en aucune façon le point de vue même de ces sciences, pas plus qu'ils ne prouvent la valeur des théories formulées par celles-ci et avec les-

arrivé à la réalisation de certains états intérieurs peut, en vertu de la relation analogique du « microcosme » avec le « macrocosme », produire extérieurement des effets correspondants ; il est donc parfaitement admissible que celui qui est parvenu à un certain degré dans la pratique de l'alchimie « intérieure » soit capable par là même d'accomplir des transmutations métalliques ou d'autres choses du même ordre, mais cela à titre de conséquence tout accidentelle, et sans recourir à aucun des procédés de la pseudo-alchimie matérielle, mais uniquement par une sorte de projection au dehors des énergies qu'il porte en lui-même. Il y a d'ailleurs, ici encore, une distinction essentielle à faire : il peut ne s'agir en cela que d'une action d'ordre psychique, c'est-à-dire de la mise en œuvre d'influences subtiles appartenant au domaine de l'individualité humaine, et alors c'est bien encore de l'alchimie matérielle, si l'on veut, mais opérant par des moyens tout différents de ceux de la pseudo-alchimie, qui se rapportent exclusivement au domaine corporel; ou bien, pour un être ayant atteint un degré de réalisation plus élevé, il peut s'agir d'une action extérieure de véritables influences spirituelles, comme celle qui se produit dans les « miracles » des religions et dont nous avons dit quelques mots précédemment. Entre ces deux cas, il y a une différence comparable à celle qui sépare la « théurgie » de la magie (bien que, redisons-le encore, ce ne soit pas de magie qu'il s'agit proprement ici, de sorte que nous n'indiquons ceci qu'à titre de similitude), puisque cette différence est, en somme, celle même de l'ordre spirituel et de l'ordre psychique ; si les effets apparents sont parfois les mêmes de part et d'autre, les causes qui les produisent n'en sont pas moins totalement et profondément différentes. Nous ajouterons d'ailleurs que ceux qui possèdent réellement de tels pouvoirs [1] s'abstiennent soigneusement d'en faire étalage pour étonner la foule, et que même ils n'en font généralement aucun usage, du moins en dehors de certaines circonstances particulières où leur exercice se trouve légitimé par d'autres considérations [2].

---

quelles ils n'ont en réalité qu'un rapport purement « occasionnel ».
1 On peut ici employer sans abus ce mot de « pouvoirs », parce qu'il s'agit de conséquences d'un état intérieur acquis par l'être.
2 On trouve dans la tradition islamique des exemples très nets de ce que nous indiquons ici : ainsi, Seyidnâ Ali avait, dit-on, une connaissance parfaite de l'alchimie sous tous ses aspects, y compris celui qui se rapporte à la production d'effets exté-

Quoi qu'il en soit, ce qu'il ne faut jamais perdre de vue, et ce qui est à la base même de tout enseignement véritablement initiatique, c'est que toute réalisation digne de ce nom est d'ordre essentiellement intérieur, même si elle est susceptible d'avoir à l'extérieur des répercussions de quelque genre que ce soit. L'homme ne peut en trouver les principes qu'en lui-même, et il le peut parce qu'il porte en lui la correspondance de tout ce qui existe, car il ne faut pas oublier que, suivant une formule de l'ésotérisme islamique, « l'homme est le symbole de l'Existence universelle » [1] ; et, s'il parvient à pénétrer jusqu'au centre de son propre être, il atteint par là même la connaissance totale, avec tout ce qu'elle implique par surcroît : « celui qui connaît son Soi connaît son Seigneur » [2], et il connaît alors toutes choses dans la suprême unité du Principe même, en lequel est contenue « éminemment » toute réalité.

Chapitre XLII
TRANSMUTATION ET TRANSFORMATION

Une autre question qui se rapporte encore directement à l'hermétisme est celle de la « longévité », qui a été considérée comme un des caractères des véritables Rose-Croix, et dont il est d'ailleurs parlé, sous une forme ou sous une autre, dans toutes les traditions ; cette « longévité », dont l'obtention est généralement regardée comme constituant un des buts de l'alchimie et comme impliquée dans l'achèvement même du « Grand Œuvre » [3], a plusieurs significations qu'il faut avoir bien soin de distinguer entre elles, car elles se situent en réalité à des niveaux très différents parmi les possibilités de l'être. Le sens le plus immédiat, mais qui, à vrai dire, est loin d'être le plus important, est évidemment celui d'une prolongation

---

rieurs tels que les transmutations métalliques, mais il se refusa toujours à en faire le moindre usage. D'autre part, on raconte que Seyidi Abul-Hassan Esh-Shâdhili, durant son séjour à Alexandrie, transmua en or, à la demande du sultan d'Égypte qui en avait alors un urgent besoin, une grande quantité de métaux vulgaires ; mais il le fit sans avoir recours à aucune opération d'alchimie matérielle ni à aucun moyen d'ordre psychique, et uniquement par l'effet de sa *barakah* ou influence spirituelle.

1 *El-insânu ramzul-wujûd*.
2 C'est le *hadith* que nous avons déjà cité précédemment : *Man arafa nafsahu faqad arafa Rabbahu*.
3 La « pierre philosophale » est en même temps, sous d'autres aspects, l'« élixir de longue vie » et la « médecine universelle ».

de la vie corporelle ; et, pour en comprendre la possibilité, il est bon de se reporter à l'enseignement suivant lequel la durée de la vie humaine a été en diminuant progressivement au cours des différentes phases du cycle parcouru par la présente humanité terrestre depuis ses origines jusqu'à l'époque actuelle [1]. Si l'on regarde le processus initiatique, dans sa partie qui se rapporte aux « petits mystères », comme faisant en quelque sorte remonter à l'homme le cours de ce cycle, ainsi que nous l'avons déjà indiqué, de façon à le conduire, de proche en proche, de l'état présent jusqu'à l' « état primordial », il doit par là même lui faire acquérir, à chaque étape, toutes les possibilités de l'état correspondant, y compris la possibilité d'une vie plus longue que celle de l'homme ordinaire actuel. Que cette possibilité soit réalisée effectivement ou non, c'est là une autre question ; et, en fait, il est dit que celui qui est vraiment devenu capable de prolonger ainsi sa vie n'en fait généralement rien, à moins d'avoir pour cela des raisons d'un ordre très particulier, parce que la chose n'a plus réellement aucun intérêt pour lui (de même que les transmutations métalliques et autres effets de ce genre pour celui qui est capable de les réaliser, ce qui se rapporte en somme au même ordre de possibilités) ; et même il ne peut que trouver avantage à ne pas se laisser attarder par là dans ces étapes qui ne sont encore que préliminaires et fort éloignées du but véritable, car la mise en œuvre de tels résultats secondaires et contingents ne peut jamais, à tous les degrés, que distraire de l'essentiel.

D'autre part, et ceci peut encore contribuer à réduire à sa juste importance la possibilité dont il s'agit, il est dit aussi, dans diverses traditions, que la durée de la vie corporelle ne peut en aucun cas dépasser un maximum de mille ans ; peu importe d'ailleurs que ce nombre doive être pris à la lettre ou qu'il ait plutôt une valeur symbolique, car ce qu'il faut en retenir, c'est que cette durée est en tout cas limitée, et que, par conséquent, la recherche d'une prétendue « immortalité corporelle » ne peut être que parfaitement illusoire [2]. La raison de cette limitation est, au fond, assez facilement compréhensible : toute vie humaine constituant en elle-même un

---
1 Cf. *Le Règne de la Quantité et les Signes des Temps*, ch. XXIII.
2 Nous avons connu certaines écoles soi-disant ésotériques qui se proposaient effectivement pour but l'obtention de l'immortalité corporelle ; il faut dire que, en réalité, il ne s'agissait là que de pseudo-initiation, et même compliquée d'éléments d'un caractère plutôt suspect.

cycle analogue à celui de l'humanité prise dans son ensemble, le temps se « contracte » en quelque sorte pour chaque être à mesure qu'il épuise les possibilités de l'état corporel [1] ; il doit donc nécessairement arriver un moment où il sera pour ainsi dire réduit à un point, et alors l'être ne trouvera littéralement plus en ce monde aucune durée dans laquelle il lui soit possible de vivre, de sorte qu'il n'y aura plus pour lui d'autre issue que de passer à un autre état, soumis à des conditions différentes de celles de l'existence corporelle, même si cet état n'est encore, en réalité, que quelqu'une des modalités extra-corporelles du domaine individuel humain.

Ceci nous amène à envisager les autres sens de la « longévité », qui effectivement se rapportent à des possibilités autres que celles de l'état corporel ; mais, pour bien comprendre ce qu'il en est exactement, il faut tout d'abord préciser nettement la différence qui existe entre la « transmutation » et la « transformation ». Nous prenons toujours le mot « transformation » dans son acception strictement étymologique, qui est celle de « passage au delà de la forme » ; par conséquent, l'être ne pourra être dit « transformé » que s'il est effectivement passé à un état supra-individuel (puisque tout état individuel, quel qu'il soit, est par là même formel) ; il s'agit donc là de quelque chose dont la réalisation appartient essentiellement au domaine des « grands mystères ». Pour ce qui est du corps lui-même, sa « transformation » ne peut être autre chose que sa transposition en mode principiel ; en d'autres termes, ce qu'on peut appeler le corps « transformé », c'est proprement la possibilité corporelle affranchie des conditions limitatives auxquelles elle est soumise quant à son existence en mode individuel (et qui n'ont d'ailleurs, comme toute limitation, qu'un caractère purement négatif), et se retrouvant nécessairement, à son rang et au même titre que toutes les autres possibilités, dans la réalisation totale de l'être [2]. Il est évident que c'est là quelque chose qui dépasse toute

---

1 Il est d'ailleurs d'observation courante que, à mesure que l'homme avance en âge, les années paraissent s'écouler pour lui de plus en plus rapidement, ce qui revient à dire que la durée qu'elles ont réellement pour lui va en diminuant de plus en plus.
2 C'est là le sens supérieur de la « résurrection » et du « corps glorieux », bien que ces termes puissent aussi être employés parfois pour désigner quelque chose qui, en fait, se situe seulement dans les prolongements de l'état humain, mais qui y correspond en quelque façon à ces réalités d'ordre principiel et en est comme un reflet, ce qui est surtout le cas pour certaines possibilités inhérentes à l'« état primordial » comme celles que nous envisagerons un peu plus loin.

conception possible de la « longévité », car celle-ci, par définition même, implique forcément une durée, et ne peut par conséquent pas aller, dans la plus grande extension dont elle soit susceptible, au delà de la « perpétuité » ou de l'indéfinité cyclique, tandis que, au contraire, ce dont il s'agit ici, appartenant à l'ordre principiel, relève par là même de l'éternité qui en est un des attributs essentiels ; avec la « transformation », on est donc au delà de toute durée, et non plus dans une durée quelconque, si indéfiniment prolongée qu'on puisse la supposer.

Par contre, la « transmutation » n'est proprement qu'un changement d'état, à l'intérieur du domaine formel qui comprend tout l'ensemble des états individuels, ou même, plus simplement encore, un changement de modalité, à l'intérieur du domaine individuel humain, ce qui est d'ailleurs le seul cas qu'il y ait lieu de considérer en fait [1] ; avec cette « transmutation », nous revenons donc aux « petits mystères », auxquels se rapportent en effet les possibilités d'ordre extra-corporel dont la réalisation peut être comprise dans le terme de « longévité », bien qu'en un sens différent de celui que nous avons envisagé en premier lieu et qui ne dépassait pas l'ordre corporel lui-même. Là encore, il y a d'autres distinctions à faire, suivant qu'il s'agit d'extensions quelconques de l'individualité humaine ou de sa perfection dans l'« état primordial » ; et, pour commencer par les possibilités de l'ordre le moins élevé, nous dirons tout d'abord qu'il est concevable que, dans certains cas et par certains procédés spéciaux qui relèvent proprement de l'hermétisme ou de ce qui y correspond dans d'autres traditions (car ce dont il s'agit est connu en particulier dans les traditions hindoue et extrême-orientale), les éléments mêmes qui constituent le corps puissent être « transmués » et « subtilisés » de façon à être transférés dans une modalité extra-corporelle, où l'être pourra dès lors exister dans des conditions moins étroitement limitées que celles du domaine corporel, notamment sous le rapport de la durée. En pareil cas, l'être disparaîtra à un certain moment sans laisser derrière lui aucune trace de son corps ; il pourra d'ailleurs, dans des circonstances particulières, reparaître temporairement dans le monde corporel, en raison des « interférences » qui existent entre

[1] Il n'y a en effet aucun intérêt à envisager le passage à d'autres états individuels, puisque la perfection de l'état humain lui-même permet d'accéder directement aux états supra-individuels, ainsi que nous l'avons expliqué précédemment.

Chapitre XLII

celui-ci et les autres modalités de l'état humain ; ainsi peuvent s'expliquer beaucoup de faits que les modernes s'empressent naturellement de qualifier de « légendes » mais dans lesquels il y a pourtant bien quelque réalité [1]. Il ne faut d'ailleurs voir là rien de « transcendant » au véritable sens de ce mot, puisqu'il ne s'agit encore en cela que de possibilités humaines, dont la réalisation, d'ailleurs, ne peut avoir d'intérêt que pour un être qu'elle rend capable de remplir quelque « mission » spéciale ; en dehors de ce cas, ce ne serait en somme qu'une simple « digression » au cours du processus initiatique, et un arrêt plus ou moins prolongé sur la voie qui doit normalement mener à la restauration de l'« état primordial ».

C'est précisément des possibilités de cet « état primordial » qu'il nous reste encore à parler maintenant : puisque l'être qui y est parvenu est déjà virtuellement « délivré », comme nous l'avons dit plus haut, on peut dire qu'il est aussi virtuellement « transformé » par là même ; il est bien entendu que sa « transformation » ne peut être pas effective, puisqu'il n'est pas encore sorti de l'état humain, dont il a seulement réalisé intégralement la perfection ; mais les possibilités qu'il a dès lors acquises reflètent et « préfigurent » en quelque sorte celles de l'être véritablement « transformé », puisque c'est en effet au centre de l'état humain que se reflètent directement les états supérieurs. L'être qui est établi en ce point occupe une position réellement « centrale » par rapport à toutes les conditions de l'état humain, de sorte que, sans être passé au delà, il les domine pourtant d'une certaine façon, au lieu d'être au contraire dominé par elles comme l'est l'homme ordinaire ; et cela est vrai notamment en ce qui concerne la condition temporelle aussi bien que la condition spatiale [2]. De là, il pourra donc, s'il le veut (et il est d'ailleurs bien certain que, au degré spirituel qu'il a atteint, il ne le voudra jamais sans quelque raison profonde), se transporter en un moment quelconque du temps, aussi bien qu'en un lieu quel-

---

[1] Il semble bien que ce cas soit notamment celui de certains Siddhas de l'Inde, qui, à en juger par les descriptions qui sont données de leur séjour, vivent en réalité sur une « autre terre », c'est-à-dire sur l'un des *dwîpas* qui apparaissent successivement à l'extérieur dans les différents *Manvantaras*, et qui, pendant les périodes où ils passent à l'état « non-sensible », subsistent dans les prolongements extra-corporels du domaine humain.

[2] Sur le symbolisme du « milieu des temps » et les relations qui existent à cet égard entre les deux points de vue temporel et spatial, voir *L'Ésotérisme de Dante*, p. 78-87.

conque de l'espace [1] ; si extraordinaire que puisse sembler une telle possibilité, elle n'est pourtant qu'une conséquence immédiate de la réintégration au centre de l'état humain ; et, si cet état de perfection humaine est celui des véritables Rose-Croix, on peut dès lors comprendre ce qu'est en réalité la « longévité » qui est attribuée à ceux-ci, et qui est même quelque chose de plus que ce que ce mot paraît impliquer à première vue, puisqu'elle est proprement le reflet, dans le domaine humain, de l'éternité principielle elle-même, Cette possibilité peut d'ailleurs, dans le cours ordinaire des choses, ne se manifester au dehors en aucune façon ; mais l'être qui l'a acquise la possède désormais d'une manière permanente et immuable, et rien ne saurait la lui faire perdre ; il lui suffit de se retirer du monde extérieur et de rentrer en lui-même, toutes les fois qu'il lui convient de le faire, pour retrouver toujours, au centre de son propre être, la véritable « fontaine d'immortalité ».

Chapitre XLIII
SUR LA NOTION DE L'ÉLITE

Il est un mot que nous avons employé assez fréquemment en d'autres occasions, et dont il nous faut encore préciser ici le sens en nous plaçant plus spécialement au point de vue proprement initiatique, ce que nous n'avions pas fait alors, du moins explicitement : ce mot est celui d'« élite », dont nous nous sommes servi pour désigner quelque chose qui n'existe plus dans l'état actuel du monde occidental, et dont la constitution, ou plutôt la reconstitution, nous apparaissait comme la condition première et essentielle d'un redressement intellectuel et d'une restauration traditionnelle [2]. Ce mot, il faut bien le dire, est encore de ceux dont on abuse étrangement à notre époque, au point de les employer, de la façon la plus courante, dans des acceptions qui n'ont plus rien de commun avec ce qu'ils devraient normalement signifier ; ces déformations, comme nous l'avons fait remarquer à d'autres propos, prennent souvent une véritable allure de caricature et de parodie, et il en

---
1 Cette possibilité, en ce qui concerne l'espace, est ce qu'on désigne sous le nom d'« ubiquité » ; elle est un reflet de l'« omniprésence » principielle, comme la possibilité correspondante en ce qui concerne le temps est un reflet de l'éternité et de l'absolue simultanéité que celle-ci implique essentiellement.
2 Voir *Orient et Occident* et *La Crise du Monde moderne*.

est notamment ainsi lorsqu'il s'agit de mots qui, antérieurement à toute déviation profane, ont été en quelque sorte consacrés par un usage traditionnel, ce qui est bien le cas, comme on va le voir, en ce qui concerne le mot « élite » [1]. De tels mots se rattachent d'une certaine façon, à titre de termes « techniques » au symbolisme initiatique lui-même, et ce n'est pas parce que des profanes s'emparent parfois d'un symbole qu'ils sont incapables de comprendre, le détournent de son sens et en font une application illégitime, que ce symbole cesse d'être en lui-même ce qu'il est véritablement ; il n'y a donc aucune raison valable pour que l'abus qui est fait d'un mot nous oblige à en éviter l'emploi, et d'ailleurs, s'il devait en être ainsi, nous ne voyons pas trop, avec tout le désordre dont témoigne le langage actuel, quels termes pourraient bien rester finalement à notre disposition.

Quand nous avons employé le mot d'« élite » comme nous le disions tout à l'heure, les fausses conceptions auxquelles on l'applique communément ne nous étaient pas encore apparues comme si répandues que nous l'avons constaté depuis lors, et peut-être ne l'étaient-elles réellement pas encore, car tout cela va visiblement en s'aggravant de plus en plus rapidement ; en fait, on n'a jamais tant parlé de « l'élite », à chaque instant et de tous les côtés, que depuis qu'elle n'existe plus, et, bien entendu ce qu'on veut désigner par là n'est jamais l'élite prise dans son vrai sens. Il y a même mieux encore : on en est arrivé maintenant à parler « des élites », terme dans lequel on prétend comprendre tous les individus qui dépassent tant soit peu la « moyenne » dans un ordre d'activité quelconque, fût-il le plus inférieur en lui-même et le plus éloigné de toute intellectualité [2]. Remarquons tout d'abord que le pluriel est ici un véritable non-sens : sans même sortir d'un simple point de vue profane, on pourrait déjà dire que ce mot est de ceux qui ne sont pas susceptibles de pluriel, parce que leur sens est en quelque sorte

---

1 Nous avons signalé plus haut une déformation de ce genre, et particulièrement absurde, au sujet du sens du mot « adepte » ; le mot « initiation » lui-même n'est pas davantage à l'abri de ces abus, car certains s'en servent aujourd'hui pour désigner l'enseignement rudimentaire d'un « savoir » profane quelconque, et on le voit même figurer en tête d'ouvrages qui, en fait, ne relèvent que de la plus basse « vulgarisation ».
2 Il y a même, dans le langage des journalistes, une « élite sportive », ce qui est bien le dernier degré de dégénérescence qu'on puisse faire subir à ce mot !

celui d'un « superlatif », ou encore parce qu'ils impliquent l'idée de quelque chose qui, par sa nature même, n'est pas susceptible de se fragmenter et de se subdiviser ; mais, pour nous, il y a lieu de faire appel ici à quelques autres considérations d'un ordre plus profond.

Parfois, pour plus de précision et pour écarter tout malentendu possible, nous avons employé l'expression d'« élite intellectuelle » ; mais, à vrai dire, il y a là presque un pléonasme, car il n'est même pas concevable que l'élite puisse être autre qu'intellectuelle, ou, si l'on préfère, spirituelle, ces deux mots étant en somme équivalents pour nous, dès lors que nous nous refusons absolument à confondre l'intellectualité vraie avec la « rationalité ». La raison en est que la distinction qui détermine l'élite ne peut, par définition même, s'opérer que « par en haut », c'est-à-dire sous le rapport des possibilités les plus élevées de l'être ; et il est facile de s'en rendre compte en réfléchissant quelque peu au sens propre du mot, tel qu'il résulte directement de son étymologie. En effet, au point de vue proprement traditionnel, ce qui donne à ce mot d'« élite » toute sa valeur, c'est qu'il est dérivé d'« élu » ; et c'est bien là, disons-le nettement, ce qui nous a amené à l'employer comme nous l'avons fait de préférence à tout autre ; mais encore faut-il préciser un peu davantage comment ceci doit être entendu [1]. Il ne faudrait pas croire que nous nous arrêtions là au sens religieux et exotérique qui est sans doute celui où l'on parle le plus habituellement des « élus », bien que ce soit déjà, assurément, quelque chose qui pourrait donner lieu assez aisément à une transposition analogique appropriée à ce dont il s'agit effectivement ; mais il y a encore autre chose, dont on pourrait d'ailleurs trouver une indication jusque dans la parole évangélique bien connue et souvent citée, mais peut-être insuffisamment comprise : *Multi vocati, electi pauci*.

Au fond, nous pourrions dire que l'élite, telle que nous l'entendons, représente l'ensemble de ceux qui possèdent les qualifications requises pour l'initiation, et qui sont naturellement toujours une minorité parmi les hommes ; en un sens, ceux-ci sont tous « appelés », en raison de la situation « centrale » qu'occupe l'être humain dans cet état d'existence, parmi tous les autres êtres qui s'y trouvent

---

[1] Naturellement, nous n'avons pas à nous occuper ici de la conception sociale moderne et profane d'une « élection » procédant du « suffrage universel », donc opérée « par en bas » et prétendant faire dériver le supérieur de l'inférieur, contrairement à toute notion de vraie hiérarchie.

également [1], mais il y a peu d'« élus », et, dans les conditions de l'époque actuelle, il y en a assurément moins que jamais [2]. On pourrait objecter que cette élite existe toujours en fait, car, si peu nombreux que soient ceux qui sont qualifiés, au sens initiatique du mot, il en est pourtant au moins quelques-uns, et d'ailleurs, ici, le nombre importe peu [3] ; cela est vrai, mais ils ne représentent ainsi qu'une élite virtuelle, ou, pourrait-on dire, la possibilité de l'élite, et, pour que celle-ci soit effectivement constituée, il faut avant tout qu'eux-mêmes prennent conscience de leur qualification. D'autre part, il doit être bien entendu que, comme nous l'avons expliqué précédemment, les qualifications initiatiques, telles qu'on peut les déterminer au point de vue proprement « technique », ne sont pas toutes d'ordre exclusivement intellectuel, mais comportent aussi la considération des autres éléments constitutifs de l'être humain ; mais cela ne change absolument rien à ce que nous avons dit de la définition de l'élite, puisque, quelles que soient ces qualifications en elles-mêmes, c'est toujours en vue d'une réalisation essentiellement intellectuelle ou spirituelle qu'elles doivent être envisagées, et que c'est en cela que réside en définitive leur unique raison d'être.

Normalement, tous ceux qui sont ainsi qualifiés devraient avoir, par là-même, la possibilité d'obtenir l'initiation ; s'il n'en est pas ainsi en fait, cela tient en somme uniquement à l'état présent du monde occidental, et, à cet égard, la disparition de l'élite consciente d'elle-même et l'absence d'organisations initiatiques adéquates pour la recevoir apparaissent comme deux faits étroitement liés entre eux, corrélatifs en quelque sorte, sans même peut-être qu'il y ait lieu de se demander lequel a pu être une conséquence de l'autre. Mais, d'autre part, il est évident que des organisations initiatiques, qui seraient vraiment et pleinement ce qu'elles doivent être, et non pas simplement des vestiges plus ou moins dégénérés de ce qui fut autrefois, ne pourraient se former que si elles trouvaient des

---

1 Ceci n'est pas vrai seulement en ce qui concerne le monde corporel, mais aussi en ce qui concerne les modalités subtiles qui appartiennent au même domaine d'existence individuelle.

2 On pourrait dire que, en raison du mouvement de « descente » cyclique, il doit nécessairement y en avoir de moins en moins ; et il est possible de comprendre par là ce que veut dire l'affirmation traditionnelle d'après laquelle le cycle actuel se terminera lorsque « le nombre des élus sera complété ».

3 Il est évident que, dans tout ce qui se rapporte à l'élite, il ne faut jamais envisager qu'une question de « qualité » et non point de « quantité ».

éléments possédant, non seulement l'aptitude initiale nécessaire à titre de condition préalable, mais aussi les dispositions effectives déterminées par la conscience de cette aptitude, car c'est à eux qu'il appartient avant tout d'« aspirer » à l'initiation, et ce serait renverser les rapports que de penser que celle-ci doit venir à eux indépendamment de cette aspiration, qui est comme une première manifestation de l'attitude essentiellement « active » exigée par tout ce qui est d'ordre véritablement initiatique. C'est pourquoi la reconstitution de l'élite, nous voulons dire de l'élite consciente de ses possibilités initiatiques, bien que ce ne puissent être que des possibilités latentes et non développées tant qu'un rattachement traditionnel régulier n'est pas obtenu, est ici la condition première dont dépend tout le reste, de même que la présence de matériaux préalablement préparés est indispensable à la construction d'un édifice, quoique ces matériaux ne puissent évidemment remplir leur destination que lorsqu'ils auront trouvé leur place dans l'édifice lui-même.

En supposant l'initiation, en tant que rattachement à une « chaîne » traditionnelle, réellement obtenue par ceux qui appartiennent à l'élite, il restera encore à considérer, pour chacun d'eux, la possibilité d'aller plus ou moins loin, c'est-à-dire d'abord de passer de l'initiation virtuelle à l'initiation effective, puis d'atteindre dans celle-ci la possession de tel ou tel degré plus ou moins élevé, suivant l'étendue de ses propres possibilités particulières. Il y aura donc lieu, pour le passage d'un degré à un autre, de considérer ce qu'on pourrait appeler une élite à l'intérieur de l'élite même [1], et c'est en ce sens que certains ont pu parler de l'« élite de l'élite » [2] ; en d'autres termes, on peut envisager des « élections » successives, et de plus en plus restreintes quant au nombre des individus qu'elles concernent, s'opérant toujours « par en haut » et suivant le même principe, et correspondant en somme aux différents degrés de la hiérarchie initiatique [3]. Ainsi, de proche en proche, on peut al-

---

[1] Il subsistait encore une allusion assez claire à ceci dans la Maçonnerie du XVIIIᵉ siècle, lorsqu'on y parlait de la constitution d'un système de hauts grades « à intérieur » d'une Loge ordinaire.

[2] Bien entendu, il ne s'agit aucunement en cela d'« élites » différentes, mais bien de degrés dans une seule et même élite.

[3] C'est dans cette acception que le mot « élu » se trouve, par exemple, dans la désignation de certains grades supérieurs de divers Rites maçonniques, ce qui, d'ailleurs,

ler jusqu'à l'« élection » suprême, celle qui se réfère à l'« adeptat », c'est-à-dire à l'accomplissement du but ultime de toute initiation ; et, par conséquent, l'élu au sens le plus complet de ce mot, celui qu'on pourrait appeler l'« élu parfait », sera celui qui parviendra finalement à la réalisation de l'« Identité Suprême » [1].

Chapitre XLIV
DE LA HIÉRARCHIE INITIATIQUE

Ce que nous venons d'indiquer en dernier lieu, à propos de la hiérarchie initiatique, a besoin d'être encore précisé à quelques égards, car, à ce sujet comme à tant d'autres, il se produit de trop fréquentes confusions, non seulement dans le monde purement profane, ce dont il n'y aurait en somme pas lieu de s'étonner, mais même parmi ceux qui, à un titre ou à un autre, devraient normalement être plus instruits de ce dont il s'agit. Il semble d'ailleurs que toute idée de hiérarchie, même en dehors du domaine initiatique, soit particulièrement obscurcie à notre époque, et qu'elle soit une de celles contre lesquelles s'acharnent plus spécialement les négations de l'esprit moderne, ce qui, à vrai dire, est parfaitement conforme au caractère essentiellement anti-traditionnel de celui-ci, caractère dont, au fond, l'« égalitarisme » sous toutes ses formes représente simplement un des aspects. Il n'en est pas moins étrange et presque incroyable, pour qui n'est pas dépourvu de toute faculté de réflexion, de voir cet « égalitarisme » admis ouvertement, et même proclamé avec insistance, par des membres d'organisations initiatiques qui, si amoindries ou même déviées qu'elles puissent être à bien des points de vue, conservent pourtant forcément toujours une certaine constitution hiérarchique, faute de quoi elles ne pourraient subsister en aucune façon [2]. Il y a là évidemment quelque chose de paradoxal, et même de contradictoire, qui ne peut s'expli-

---

ne veut certes pas dire qu'on y ait toujours gardé la conscience réelle de sa signification et de tout ce qu'elle implique véritablement.

1 Dans la tradition islamique, *El-Mustafâ*, « l'Élu », est un des noms du Prophète ; quand ce mot est ainsi employé « par excellence », il se rapporte donc effectivement à l'« Homme Universel ».

2 Cette constitution hiérarchique a été altérée, en fait, par l'introduction de certaines formes « parlementaires » empruntées aux institutions profanes, mais, malgré tout, elle n'en subsiste pas moins dans l'organisation des grades superposés.

quer que par l'extrême désordre qui règne partout actuellement ; et d'ailleurs, sans un tel désordre, les conceptions profanes n'auraient jamais pu envahir, comme elles l'ont fait, un domaine qui doit leur être strictement fermé par définition même, et sur lequel, dans des conditions normales, elles ne peuvent exercer absolument aucune influence. Il n'est pas nécessaire d'y insister davantage ici, car il est bien clair que ce n'est pas à ceux qui nient de parti pris toute hiérarchie que nous pouvons songer à nous adresser ; ce que nous voulions dire surtout, c'est que, quand les choses en sont arrivées à un tel point, il n'est pas étonnant que cette idée soit parfois plus ou moins mal comprise par ceux mêmes qui l'admettent encore, et qu'il leur arrive de se méprendre sur les différentes applications qu'il convient d'en faire.

Toute organisation initiatique, en elle-même, est essentiellement hiérarchique, si bien qu'on pourrait voir là un de ses caractères fondamentaux, quoique, bien entendu, ce caractère ne lui soit pas exclusivement propre, car il existe aussi dans les organisations traditionnelles « extérieures », nous voulons dire celles qui relèvent de l'ordre exotérique ; et même il peut encore exister en un certain sens (car il y a naturellement des degrés en toute déviation) jusque dans des organisations profanes, pour autant que celles-ci sont constituées, dans leur ordre, suivant des règles normales, du moins dans la mesure où ces règles sont compatibles avec le point de vue profane lui-même [1]. Cependant, la hiérarchie initiatique a quelque chose de spécial qui la distingue de toutes les autres : c'est qu'elle est formée essentiellement par des degrés de « connaissance », avec tout ce qui implique ce mot entendu dans son véritable sens (et, quand on le prend dans la plénitude de celui-ci, c'est de connaissance effective qu'il s'agit en réalité), car c'est en cela que consistent proprement les degrés mêmes de l'initiation, et aucune considération autre que celle-là ne saurait y intervenir. Certains ont représenté ces degrés par une série d'enceintes concentriques qui doivent être franchies successivement, ce qui est une image très exacte, car c'est bien d'un « centre » qu'il s'agit en effet de s'approcher de plus en plus, jusqu'à l'atteindre finalement au dernier

---

1 Comme exemple d'organisations hiérarchiques profanes, on peut citer celui des armées modernes, qui est peut-être celui qui reste encore le plus net dans les conditions actuelles, car, pour ce qui est des hiérarchies administratives, elles n'en méritent plus guère le nom en réalité sous aucun rapport.

degré ; d'autres ont comparé aussi la hiérarchie initiatique à une pyramide, dont les assises vont toujours en se rétrécissant à mesure qu'on s'élève de la base vers le sommet, de façon à aboutir ici encore à un point unique qui joue le même rôle que le centre dans la figure précédente ; quel que soit d'ailleurs le symbolisme adopté à cet égard, c'est bien précisément cette hiérarchie de degrés que nous avions en vue en parlant des distinctions successives s'opérant à l'intérieur de l'élite.

Il doit être bien entendu que ces degrés peuvent être indéfiniment multiples, comme les états auxquels ils correspondent et qu'ils impliquent essentiellement dans leur réalisation, car c'est bien véritablement d'états différents, ou tout au moins de modalités différentes d'un état tant que les possibilités individuelles humaines ne sont pas encore dépassées, qu'il s'agit dès lors que la connaissance est effective et non plus simplement théorique. Par conséquent, comme nous l'avons déjà indiqué précédemment, les degrés existant dans une organisation initiatique quelconque ne représenteront jamais qu'une sorte de classification plus ou moins générale, forcément « schématique » ici comme en toutes choses, et limitée en somme à la considération distincte de certaines étapes principales ou plus nettement caractérisées. Suivant le point de vue particulier auquel on se placera pour établir une telle classification, les degrés ainsi distingués en fait pourront naturellement être plus ou moins nombreux [1], sans qu'il faille pour cela voir dans ces différences de nombre une contradiction ou une incompatibilité quelconque, car, au fond, cette question ne touche à aucun principe doctrinal et relève simplement des méthodes plus spéciales qui peuvent être propres à chaque organisation initiatique, fût-ce à l'intérieur d'une même forme traditionnelle, et à plus forte raison quand on passe d'une de ces formes à une autre. À vrai dire, il ne peut y avoir, en tout cela, de distinction parfaitement tranchée que celle des « petits mystères » et des « grands mystères », c'est-à-dire, comme nous l'avons expliqué, de ce qui se rapporte respectivement à l'état humain et aux états supérieurs de l'être ; tout le reste n'est, dans le domaine des uns et des autres, que subdivisions qui peuvent être poussées plus ou moins loin pour des raisons d'ordre contingent.

1 Nous avons mentionné plus haut des divisions en trois et sept degrés, et il est évident que, dans la diversité des formes initiatiques, il peut en exister encore beaucoup d'autres.

D'autre part, il faut bien comprendre aussi que la répartition des membres d'une organisation initiatique dans ses différents degrés n'est en quelque sorte que « symbolique » par rapport à la hiérarchie réelle, parce que l'initiation, à un degré quelconque, peut, dans bien des cas, n'être que virtuelle (et alors il ne peut naturellement s'agir que de degrés de connaissance théorique, mais du moins est-ce cela qu'ils devraient toujours être normalement). Si l'initiation était toujours effective, ou le devenait obligatoirement avant que l'individu n'ait accès à un degré supérieur, les deux hiérarchies coïncideraient entièrement ; mais, si la chose est parfaitement concevable en principe, il faut reconnaître qu'elle n'est guère réalisable en fait, et qu'elle l'est d'autant moins, dans certaines organisations, que celles-ci ont subi une dégénérescence plus ou moins accentuée et qu'elles admettent trop facilement, et même à tous les degrés, des membres dont la plupart sont malheureusement fort peu aptes à obtenir plus qu'une simple initiation virtuelle. Cependant, si ce sont là des défauts inévitables dans une certaine mesure, ils n'atteignent en rien la notion même de la hiérarchie initiatique, qui demeure complètement indépendante de toutes les circonstances de ce genre ; un état de fait, si fâcheux qu'il soit, ne peut rien contre un principe et ne saurait aucunement l'affecter ; et la distinction que nous venons d'indiquer résout naturellement l'objection qui pourrait se présenter à la pensée de ceux qui ont eu l'occasion de constater, dans les organisations initiatiques dont ils peuvent avoir quelque connaissance, la présence, même aux degrés supérieurs, pour ne pas dire jusqu'au sommet même de la hiérarchie apparente, d'individualités auxquelles toute initiation effective ne fait que trop manifestement défaut.

Un autre point important est celui-ci : une organisation initiatique comporte non seulement une hiérarchie de degrés, mais aussi une hiérarchie de fonctions, et ce sont là deux choses tout à fait distinctes, qu'il faut avoir bien soin de ne jamais confondre, car la fonction dont quelqu'un peut être investi, à quelque niveau que ce soit, ne lui confère pas un nouveau degré et ne modifie en rien celui qu'il possède déjà. La fonction n'a, pour ainsi dire, qu'un caractère « accidentel » par rapport au degré : l'exercice d'une fonction déterminée peut exiger la possession de tel ou tel degré, mais il n'est jamais attaché nécessairement à ce degré, si élevé d'ailleurs que celui-ci puisse être ; et, de plus, la fonction peut n'être que temporaire, elle peut prendre fin pour des raisons multiples, tandis que le degré constitue toujours une acquisition permanente, obtenue une fois pour toutes, et qui ne saurait jamais se perdre en aucune façon, et cela qu'il s'agisse d'initiation effective ou même simplement d'initiation virtuelle.

Ceci, notons-le encore, achève de préciser la signification réelle qu'il convient d'attribuer à certaines des qualifications secondaires auxquelles nous avons fait allusion précédemment : outre les qualifications requises pour l'initiation elle-même, il peut y avoir, par surcroît, d'autres qualifications plus particulières qui soient requises seulement pour remplir telle ou telle fonction dans une organisation initiatique. En effet, l'aptitude à recevoir l'initiation, même jusqu'au degré le plus élevé, n'implique pas nécessairement l'aptitude à exercer une fonction quelconque, fût-ce la plus simple de toutes ; mais, dans tous les cas, ce qui seul est véritablement essentiel, c'est l'initiation elle-même avec ses degrés, puisque c'est elle qui influe d'une façon effective sur l'état réel de l'être, tandis que la fonction ne saurait aucunement le modifier ou y ajouter quoi que ce soit.

La hiérarchie initiatique véritablement essentielle est donc celle des degrés, et c'est d'ailleurs elle qui, en fait, est comme la marque particulière de la constitution des organisations initiatiques ; dès lors que c'est de « connaissance » qu'il s'agit proprement en toute initiation, il est bien évident que le fait d'être investi d'une fonction n'importe en rien sous ce rapport, même en ce qui concerne la simple connaissance théorique, et à plus forte raison en ce qui concerne la connaissance effective ; il peut donner, par exemple, la faculté de transmettre l'initiation à d'autres, ou encore celle de diriger certains travaux, mais non pas celle d'accéder soi-même à un état plus élevé. Il ne saurait y avoir aucun degré ou état spirituel qui soit supérieur à celui de l'« adepte » ; que ceux qui y sont parvenus exercent par surcroît certaines fonctions, d'enseignement ou autres, ou qu'ils n'en exercent aucune, cela ne fait absolument aucune différence sous ce rapport ; et ce qui est vrai à cet égard pour le degré suprême l'est également, à tous les échelons de la hiérarchie, pour chacun des degrés inférieurs [1]. Par conséquent,

---

[1] Nous rappelons que l'« adepte » est proprement celui qui a atteint la plénitude

lorsqu'on parle de la hiérarchie initiatique sans préciser davantage, il doit être bien entendu que c'est toujours de la hiérarchie des degrés qu'il s'agit ; c'est celle-là, et celle-là seule, qui, comme nous le disions plus haut, définit les « élections » successives allant graduellement du simple rattachement initiatique jusqu'à l'identification avec le « centre », et non pas seulement, au terme des « petits mystères », avec le centre de l'individualité humaine, mais encore, à celui des « grands mystères », avec le centre même de l'être total, c'est-à-dire, en d'autres termes, jusqu'à la réalisation de l'« Identité Suprême ».

Chapitre XLV
DE L'INFAILLIBILITÉ TRADITIONNELLE

Puisque nous avons été amené à dire quelques mots de la hiérarchie des fonctions initiatiques, nous devons encore envisager une autre question qui s'y rattache plus particulièrement, et qui est celle de l'infaillibilité doctrinale ; nous pouvons d'ailleurs le faire en nous plaçant, non pas seulement au point de vue proprement initiatique, mais au point de vue traditionnel en général, comprenant l'ordre exotérique aussi bien que l'ordre ésotérique. Ce qu'il faut avant tout poser en principe pour bien comprendre ce dont il s'agit, c'est que ce qui est proprement infaillible, c'est la doctrine elle-même et elle seule, et non point des individus humains comme tels, quels qu'ils puissent être d'ailleurs ; et, si la doctrine est infaillible, c'est parce qu'elle est une expression de la vérité, qui, en elle-même, est absolument indépendante des individus qui la reçoivent et qui la comprennent. La garantie de la doctrine réside, en définitive, dans son caractère « non humain » ; et l'on peut d'ailleurs dire que toute vérité, de quelque ordre qu'elle soit, si on la considère au point de vue traditionnel, participe de ce caractère, car elle n'est vérité que parce qu'elle se rattache aux principes supérieurs et en dérive à titre de conséquence plus ou moins immédiate, ou d'application à un domaine déterminé. La vérité n'est

de l'initiation effective ; certaines écoles ésotériques font cependant une distinction entre ce qu'elles appellent « adepte mineur » et « adepte majeur » ; ces expressions doivent alors se comprendre, originairement tout au moins, comme désignant celui qui est parvenu à la perfection respectivement dans l'ordre des « petits mystères » et dans celui des « grands mystères ».

Chapitre XLV

point faite par l'homme, comme le voudraient les « relativistes » et les « subjectivistes » modernes, mais elle s'impose au contraire à lui, non pas cependant « du dehors » à la façon d'une contrainte « physique », mais en réalité « du dedans », parce que l'homme n'est évidemment obligé de la « reconnaître » comme vérité que si tout d'abord il la « connaît », c'est-à-dire si elle a pénétré en lui et s'il se l'est assimilée réellement [1]. Il ne faut pas oublier, en effet, que toute connaissance vraie est essentiellement, et dans toute la mesure où elle existe réellement, une identification du connaissant et du connu : identification encore imparfaite et comme « par reflet » dans le cas d'une connaissance simplement théorique, et identification parfaite dans le cas d'une connaissance effective.

Il résulte de là que tout homme sera infaillible lorsqu'il exprimera une vérité qu'il connaît réellement, c'est-à-dire à laquelle il s'est identifié [2] ; mais ce n'est point en tant qu'individu humain qu'il le sera alors, mais en tant que, en raison de cette identification, il représente pour ainsi dire cette vérité elle-même ; en toute rigueur, on devrait dire, en pareil cas, non pas qu'il exprime la vérité, mais plutôt que la vérité s'exprime par lui. À ce point de vue, l'infaillibilité n'apparaît nullement comme quelque chose d'extraordinaire ou d'exceptionnel, ni comme constituant un « privilège » quelconque ; en fait, n'importe qui la possède dans la mesure où il est « compétent », c'est-à-dire pour tout ce qu'il connaît au vrai sens de ce mot [3] ; toute la difficulté sera naturellement de déterminer les limites réelles de cette compétence dans chaque cas particulier. Il va de soi que ces limites dépendront du degré de connaissance que l'être aura atteint, et qu'elles seront d'autant plus étendues que ce degré sera plus élevé ; et, par conséquent, il va de soi aussi que l'infaillibilité dans un certain ordre de connaissance n'entraînera

---

[1] Nous disons que l'homme s'assimile une vérité, parce que c'est la façon de parler la plus habituelle, mais on pourrait tout aussi bien dire, inversement, qu'il s'assimile lui-même à cette vérité ; on comprendra l'importance de cette remarque par la suite.
[2] Il y aurait seulement lieu de faire une réserve en ce que l'expression ou la formulation de la vérité peut être inadéquate, et que même elle l'est forcément toujours dans une certaine mesure ; mais ceci ne touche en rien au principe lui-même.
[3] Ainsi, pour prendre l'exemple le plus simple, un enfant lui-même, s'il a compris et assimilé une vérité mathématique élémentaire, sera infaillible chaque fois qu'il énoncera cette vérité ; mais, par contre, il ne le sera nullement lorsqu'il ne fera que répéter des choses qu'il aura simplement « apprises par cœur », sans se les être assimilées en aucune façon.

aucunement l'infaillibilité dans un autre ordre supérieur ou plus profond, et que, par exemple, pour appliquer ceci à la division la plus générale qu'on puisse établir dans les doctrines traditionnelles, l'infaillibilité dans le domaine exotérique n'entraînera aucunement l'infaillibilité dans le domaine ésotérique et initiatique.

Dans ce que nous venons de dire, nous avons considéré l'infaillibilité comme proprement attachée à la connaissance, c'est-à-dire en somme comme inhérente à l'être qui possède cette connaissance, ou plus exactement à l'état qu'il a atteint par là, et cela non point en tant qu'il est tel ou tel être, mais en tant que, dans cet état, il s'est réellement identifié avec la part de vérité correspondante. On peut d'ailleurs dire que c'est là une infaillibilité qui ne regarde en quelque sorte que l'être lui-même auquel elle appartient, comme faisant partie intégrante de son état intérieur, et qui n'a pas à être reconnue par d'autres, si l'être dont il s'agit n'est pas expressément revêtu d'une certaine fonction particulière, et plus précisément d'une fonction d'enseignement de la doctrine ; ceci évitera, dans la pratique, les erreurs d'application qui sont toujours possibles du fait de la difficulté, que nous indiquions tout à l'heure, de déterminer « du dehors » les limites de cette infaillibilité. Mais il y a d'autre part, dans toute organisation traditionnelle, une autre sorte d'infaillibilité, qui, elle, est attachée exclusivement à la fonction d'enseignement, dans quelque ordre qu'elle s'exerce d'ailleurs, car ceci encore s'applique à la fois aux deux domaines exotérique et ésotérique, chacun d'eux étant naturellement envisagé dans ses limites propres ; et c'est surtout sous ce rapport qu'on peut voir, d'une façon particulièrement nette, que l'infaillibilité n'appartient aucunement aux individus comme tels, puisque, dans ce cas, elle est entièrement indépendante de ce que peut être en lui-même l'individu qui exerce la fonction dont il s'agit.

Il faut ici se reporter à ce que nous avons dit précédemment au sujet de l'efficacité des rites : cette efficacité est essentiellement inhérente aux rites eux-mêmes, en tant qu'ils sont les moyens d'action d'une influence spirituelle ; le rite agit donc indépendamment de ce que vaut, sous quelque rapport que ce soit, l'individu qui l'accomplit, et sans même qu'il soit aucunement nécessaire que celui-ci ait une conscience effective de cette efficacité [1]. Il faut seule-

---

[1] Nous rappelons que ceci est vrai pour les rites exotériques, comme la doctrine

ment, si le rite est de ceux qui sont réservés à une fonction spécialisée, que l'individu ait reçu, de l'organisation traditionnelle dont il relève, le pouvoir de l'accomplir valablement ; nulle autre condition n'est requise, et, si ceci peut exiger, comme nous l'avons vu, certaines qualifications particulières, celles-ci, en tout cas, ne se réfèrent pas à la possession d'un certain degré de connaissance, mais sont seulement celles qui rendent possible à l'influence spirituelle d'agir en quelque sorte à travers l'individu, sans que la constitution particulière de celui-ci y mette obstacle. L'homme devient alors proprement un « porteur » ou un « transmetteur » de l'influence spirituelle ; c'est cela seul qui importe, car, devant cette influence d'ordre essentiellement supra-individuel, et par conséquent tant qu'il accomplit la fonction dont il est investi, son individualité ne compte plus et disparaît même entièrement. Nous avons déjà insisté sur l'importance de ce rôle de « transmetteur », particulièrement en ce qui concerne les rites initiatiques ; c'est encore ce même rôle qui s'exerce à l'égard de la doctrine lorsqu'il s'agit d'une fonction d'enseignement ; et il y a d'ailleurs entre ces deux aspects, et par conséquent entre la nature des fonctions correspondantes, un rapport fort étroit en réalité, qui résulte directement du caractère des doctrines traditionnelles elles-mêmes.

En effet, ainsi que nous l'avons déjà expliqué à propos du symbolisme, il n'est pas possible d'établir une distinction absolument nette, et encore moins une séparation, entre ce qui relève des rites et ce qui relève de la doctrine, donc entre l'accomplissement de ceux-là et l'enseignement de celle-ci, qui, même s'ils constituent extérieurement deux fonctions différentes, sont pourtant de même nature au fond. Le rite comporte toujours un enseignement en lui-même, et la doctrine, en raison de son caractère « non-humain » (qui, rappelons-le, se traduit tout particulièrement par la forme proprement symbolique de son expression), porte aussi en elle l'influence spirituelle, de sorte que ce ne sont véritablement là que deux aspects complémentaires d'une seule et même réalité ; et cela, bien que nous l'ayons dit tout d'abord plus spécialement en ce qui concerne le domaine initiatique, peut encore s'étendre, d'une façon tout à fait générale, à tout ce qui est d'ordre traditionnel. En principe, il n'y a aucune distinction à faire à cet égard ; en fait, il

---

catholique le reconnaît expressément, aussi bien que pour les rites initiatiques.

peut y en avoir une seulement en ce sens que, dans le domaine initiatique, le but essentiel étant de pure connaissance, une fonction d'enseignement, à un degré quelconque, ne devrait normalement être confiée qu'à celui qui possède une connaissance effective de ce qu'il doit enseigner (d'autant plus que ce qui importe ici est moins l'extériorité de l'enseignement que le résultat d'ordre intérieur qu'il doit contribuer à produire chez ceux qui le reçoivent), tandis que, dans l'ordre exotérique dont le but immédiat est autre, celui qui exerce une telle fonction peut fort bien avoir simplement une connaissance théorique suffisante pour exprimer la doctrine d'une façon intelligible ; mais, en tout cas, là n'est pas l'essentiel, du moins pour ce qui est de l'infaillibilité attachée à la fonction elle-même.

À ce point de vue, on peut dire ceci : le fait d'être investi régulièrement de certaines fonctions permet, à lui seul et sans autre condition [1], d'accomplir tels ou tels rites ; de la même façon, le fait d'être investi régulièrement d'une fonction d'enseignement entraîne par lui-même la possibilité d'accomplir valablement cette fonction, et, pour cela, il doit nécessairement conférer l'infaillibilité dans les limites où cette fonction s'exercera ; et la raison, au fond, en est la même dans l'un et l'autre cas. Cette raison, c'est, d'une part, que l'influence spirituelle est inhérente aux rites mêmes qui en sont le véhicule, et c'est aussi, d'autre part, que cette même influence spirituelle est également inhérente à la doctrine par là même que celle-ci est essentiellement « non-humaine » ; c'est donc toujours elle, en définitive, qui agit à travers les individus, soit dans l'accomplissement des rites, soit dans l'enseignement de la doctrine, et c'est elle qui fait que ces individus, quoi qu'ils puissent être en eux-mêmes, peuvent exercer effectivement la fonction dont ils sont chargés [2]. Dans ces conditions, bien entendu, l'interprète autorisé de la doctrine, en tant qu'il exerce sa fonction comme tel, ne peut jamais parler en son propre nom, mais uniquement au nom de la tradition qu'il représente alors et qu'il « incarne » en quelque sorte, et qui seule est réellement infaillible ; tant qu'il en est ainsi, l'individu n'existe plus, sinon en qualité de simple « support » de la for-

---

[1] Dès lors que nous disons régulièrement, cela implique en effet nécessairement la possession des qualifications requises.
[2] C'est cette action de l'influence spirituelle, en ce qui concerne l'enseignement doctrinal, que le langage de la théologie catholique désigne comme l'« assistance du Saint-Esprit ».

mulation doctrinale, qui ne joue pas en cela un rôle plus actif que le papier sur lequel un livre est imprimé n'en joue par rapport aux idées auxquelles il sert de véhicule. Si par ailleurs il lui arrive de parler en son propre nom, il n'est plus, par là même, dans l'exercice de sa fonction, et il ne fait alors qu'exprimer de simples opinions individuelles, en quoi il n'est plus aucunement infaillible, pas plus que ne le serait un autre individu quelconque ; il ne jouit donc par lui-même d'aucun « privilège », car, dès que son individualité reparaît et s'affirme, il cesse immédiatement d'être le représentant de la tradition pour n'être plus qu'un homme ordinaire, qui, comme tout autre, vaut seulement, sous le rapport doctrinal, dans la mesure de la connaissance qu'il possède réellement en propre, et qui, en tout cas, ne peut prétendre imposer son autorité à qui que ce soit[1]. L'infaillibilité dont il s'agit est donc bien attachée uniquement à la fonction et non point à l'individu, puisque, en dehors de l'exercice de cette fonction, ou si l'individu cesse de la remplir pour une raison quelconque, il ne subsiste plus rien en lui de cette infaillibilité ; et nous trouvons ici un exemple de ce que nous disions plus haut, que la fonction, contrairement au degré de connaissance, n'ajoute véritablement rien à ce qu'un être est en lui-même et ne modifie pas réellement son état intérieur.

Nous devons encore préciser que l'infaillibilité doctrinale, telle que nous venons de la définir, est nécessairement limitée comme la fonction même à laquelle elle est attachée, et cela de plusieurs façons : tout d'abord, elle ne peut s'appliquer qu'à l'intérieur de la forme traditionnelle dont relève cette fonction, et elle est inexistante à l'égard de tout ce qui appartient à quelque autre forme traditionnelle que ce soit ; en d'autres termes, nul ne peut prétendre juger d'une tradition au nom d'une autre tradition, et une telle prétention serait fausse et illégitime, parce qu'on ne peut parler au nom d'une tradition qu'en ce qui concerne cette tradition elle-même ; cela est en somme évident pour quiconque n'y apporte

---

[1] Tout ceci est strictement conforme à la notion catholique de l'« infaillibilité pontificale » ; ce qui peut sembler étonnant dans celle-ci, et ce qui en tout cas lui est particulier, c'est seulement que l'infaillibilité doctrinale y est regardée comme concentrée tout entière dans une fonction exercée exclusivement par un seul individu, tandis que, dans les autres formes traditionnelles, il est généralement reconnu que tous ceux qui exercent une fonction régulière d'enseignement participent à cette infaillibilité dans une mesure déterminée par l'étendue de leur fonction même.

aucune idée préconçue. Ensuite, si une fonction appartient à un certain ordre déterminé, elle ne peut entraîner l'infaillibilité que pour ce qui se rapporte à cet ordre seul, qui peut, suivant les cas, être renfermé dans des bornes plus ou moins étroites : ainsi, par exemple, sans sortir du domaine exotérique, on peut concevoir une infaillibilité qui, en raison du caractère particulier de la fonction à laquelle elle est attachée, concerne seulement telle ou telle branche de la doctrine, et non la doctrine dans son ensemble ; à plus forte raison, une fonction d'ordre exotérique, quelle qu'elle soit, ne saurait conférer aucune infaillibilité, ni par conséquent aucune autorité, vis-à-vis de l'ordre ésotérique ; et, ici encore, toute prétention contraire, qui impliquerait d'ailleurs un renversement des rapports hiérarchiques normaux, ne pourrait avoir qu'une valeur rigoureusement nulle. Il est indispensable d'observer toujours ces deux distinctions, d'une part entre les différentes formes traditionnelles, et d'autre part entre les différents domaines exotérique et ésotérique [1], pour prévenir tout abus et toute erreur d'application en ce qui concerne l'infaillibilité traditionnelle : au delà des limites légitimes qui conviennent à chaque cas, il n'y a plus d'infaillibilité, parce qu'il ne s'y trouve rien à quoi elle puisse s'appliquer valablement. Si nous avons cru devoir y insister quelque peu, c'est que nous savons que trop de gens ont tendance à méconnaître ces vérités essentielles, soit parce que leur horizon est borné en fait à une seule forme traditionnelle, soit parce que, dans cette forme même, ils ne connaissent que le seul point de vue exotérique ; tout ce qu'on peut leur demander, pour qu'il soit possible de s'entendre avec eux, c'est qu'ils sachent et veuillent bien reconnaître jusqu'où va réellement leur compétence, afin de ne jamais risquer d'empiéter sur le terrain d'autrui, ce qui d'ailleurs serait surtout regrettable pour eux-mêmes, car ils ne feraient en somme par là que donner la preuve d'une incompréhension probablement irrémédiable.

---

[1] On pourrait, en se servant du symbolisme géométrique, dire que, par la première de ces deux distinctions, l'infaillibilité doctrinale est délimitée dans le sens horizontal, puisque les formes traditionnelles comme telles se situent à un même niveau, et que, par la seconde, elle est délimitée dans le sens vertical, puisqu'il s'agit alors de domaines hiérarchiquement superposés.

Chapitre XLVI
SUR DEUX DEVISES INITIATIQUES

Il est, dans les hauts grades de la Maçonnerie écossaise, deux devises dont le sens se rapporte à quelques-unes des considérations que nous avons exposées précédemment : l'une est *Post Tenebras Lux*, et l'autre *Ordo ab Chao* ; et, à vrai dire, leur signification est si étroitement connexe qu'elle est presque identique, bien que la seconde soit peut-être susceptible d'une application plus étendue [1]. Elles se réfèrent en effet l'une et l'autre à l'« illumination » initiatique, la première directement et la seconde par voie de conséquence, puisque c'est la vibration originelle du *Fiat Lux* qui détermine le début du processus cosmogonique par lequel le « chaos » sera ordonné pour devenir le « cosmos » [2]. Les ténèbres représentent toujours, dans le symbolisme traditionnel, l'état des potentialités non développées qui constituent le « chaos » [3] ; et, corrélativement, la lumière est mise en rapport avec le monde manifesté, dans lequel ces potentialités seront actualisées, c'est-à-dire le « cosmos » [4], cette actualisation étant déterminée ou « mesurée », à chaque moment du processus de manifestation, par l'extension des « rayons solaires » partis du point central où a été proféré le *Fiat Lux* initial.

La lumière est donc bien « après les ténèbres », et cela non seule-

---

[1] Si l'on prétend que, historiquement, cette devise *Ordo ab Chao* a simplement exprimé tout d'abord l'intention de mettre de l'ordre dans le « chaos » des grades et des « systèmes » multiples qui avaient vu le jour pendant la seconde moitié du XVIIIe siècle, cela ne constitue nullement une objection valable contre ce que nous disons ici, car il ne s'agit là en tout cas que d'une application très spéciale, qui n'empêche point l'existence d'autres significations plus importantes.
[2] Cf. *Le Règne de la Quantité et les Signes des Temps*, ch. III.
[3] Il y a aussi un autre sens supérieur du symbolisme des ténèbres, se rapportant à l'état de non-manifestation principielle ; mais nous n'avons à envisager ici que le sens inférieur et proprement cosmogonique.
[4] Le mot sanscrit *loka*, « monde », dérivé de la racine *lok* qui signifie « voir », a un rapport direct avec la lumière, comme le montre d'ailleurs le rapprochement avec le latin *lux* ; d'autre part, le rattachement du mot « Loge » à *loka*, possible vraisemblablement par l'intermédiaire du latin *locus* qui est identique à celui-ci, est loin d'être dépourvu de sens, puisque la Loge est considérée comme un symbole du monde ou du « cosmos » : c'est proprement, par opposition aux « ténèbres extérieures » qui correspondent au monde profane, le « lieu éclairé et régulier », où tout se fait suivant le rite, c'est-à-dire conformément à l'« ordre » (*rita*).

ment au point de vue « macrocosmique », mais également au point de vue « microcosmique » qui est celui de l'initiation, puisque, à cet égard, les ténèbres représentent le monde profane, d'où vient le récipiendaire, ou l'état profane dans lequel celui-ci se trouve tout d'abord, jusqu'au moment précis où il deviendra initié en « recevant la lumière ». Par l'initiation, l'être passe donc « des ténèbres à la lumière », comme le monde, à son origine même (et le symbolisme de la « naissance » est pareillement applicable dans les deux cas), y est passé par l'acte du Verbe créateur et ordonnateur [1] ; et ainsi l'initiation est véritablement, suivant un caractère d'ailleurs très général des rites traditionnels, une image de « ce qui a été fait au commencement ».

D'autre part, le « cosmos », en tant qu'« ordre » ou ensemble ordonné de possibilités, n'est pas seulement tiré du « chaos » en tant qu'état « non-ordonné », mais il est encore produit proprement à partir de celui-ci (*ab Chao*), où ces mêmes possibilités sont contenues à l'état potentiel et « indistingué », et qui est ainsi la *materia prima* (en un sens relatif, c'est-à-dire, plus exactement et par rapport à la véritable *materia prima* ou substance universelle, la *materia secunda* d'un monde particulier [2] ou le point de départ « substantiel » de la manifestation de ce monde, de même que le Fiat Lux en est, de son côté, le point de départ « essentiel ». D'une façon analogue, l'état de l'être antérieurement à l'initiation constitue la substance « indistinguée » de tout ce qu'il pourra devenir effectivement par la suite [3], car, ainsi que nous l'avons déjà dit précédemment, l'initiation ne peut pas avoir pour effet d'introduire en lui des possibilités qui n'y auraient pas été tout d'abord (et c'est d'ailleurs la raison d'être des qualifications requises comme condition préalable), pas plus que le *Fiat Lux* cosmogonique n'ajoute « substantiellement » quoi que ce soit aux possibilités du monde pour lequel il est proféré ; mais ces possibilités ne s'y trouvent encore qu'à

---

1 Le double sens du mot « ordre » a ici une valeur particulièrement significative : en effet, le sens de « commandement » qui s'y attache également est formellement exprimé par le mot hébraïque yomar, qui traduit l'opération du Verbe divin dans le premier chapitre de la Genèse ; nous reviendrons d'ailleurs là-dessus un peu plus loin.
2 Cf. *Le Règne de la Quantité et les Signes des Temps*, ch. II.
3 C'est la « pierre brute » (*rough ashlar*) du symbolisme maçonnique.

l'état « chaotique et ténébreux »[1], et il faut l'« illumination » pour qu'elles puissent commencer à s'ordonner et, par là même, à passer de la puissance à l'acte. Il doit être bien compris, en effet, que ce passage ne s'effectue pas instantanément, mais qu'il se continue au cours de tout le travail initiatique, de même que, au point de vue « macrocosmique », il se poursuit durant tout le cours du cycle de manifestation du monde considéré ; le « cosmos » ou l'« ordre » n'existe encore que virtuellement du fait du Fiat Lux initial (qui, en lui-même, doit d'ailleurs être regardé comme ayant un caractère proprement « intemporel », puisqu'il précède le déroulement du cycle de manifestation et ne peut donc se situer à l'intérieur de celui-ci), et, de même, l'initiation n'est que virtuellement accomplie par la communication de l'influence spirituelle dont la lumière est en quelque sorte le « support » rituélique.

Les autres considérations que l'on peut encore déduire de la devise *Ordo ab Chao* se rapportent plutôt au rôle des organisations initiatiques à l'égard du monde extérieur : puisque, comme nous venons de le dire, la réalisation de l'« ordre », en tant qu'elle ne fait qu'un avec celle de la manifestation elle-même dans le domaine d'un état d'existence tel que notre monde, se poursuit d'une façon continue jusqu'à l'épuisement des possibilités qui y sont impliquées (épuisement par lequel est atteinte l'extrême limite jusqu'où peut s'étendre la « mesure » de ce monde), tous les êtres qui sont capables d'en prendre conscience doivent, chacun à sa place et suivant ses possibilités propres, concourir effectivement à cette réalisation, qui est aussi désignée comme celle du « plan du Grand Architecte de l'Univers », dans l'ordre général et extérieur, en même temps que chacun d'eux, par le travail initiatique proprement dit, réalise en lui-même, intérieurement et en particulier, le plan qui correspond à celui-là au point de vue « microcosmique ». On peut facilement comprendre que ceci soit susceptible, dans tous les domaines, d'applications diverses et multiples ; ainsi, en ce qui concerne plus spécialement l'ordre social, ce dont il s'agit pourra se traduire par la

---

[1] Ou « informe et vide », suivant une autre traduction, d'ailleurs à peu près équivalente au fond, du *thohû va-bohû* de la Genèse, que Fabre d'Olivet rend par « puissance contingente d'être dans une puissance d'être », ce qui exprime en effet assez bien l'ensemble des possibilités particulières contenues et comme enveloppées, à l'état potentiel, dans la potentialité même de ce monde (ou état d'existence) envisagé dans son intégralité.

constitution d'une organisation traditionnelle complète, sous l'inspiration des organisations initiatiques qui, en constituant la partie ésotérique, seront comme l'« esprit » même de tout l'ensemble de cette organisation sociale [1] ; et celle-ci représente bien en effet, même sous le rapport exotérique, un « ordre » véritable, par opposition au « chaos » représenté par l'état purement profane auquel correspond l'absence d'une telle organisation.

Nous mentionnerons encore, sans y insister outre mesure, une autre signification d'un caractère plus particulier, qui est d'ailleurs liée assez directement à celle que nous venons d'indiquer en dernier lieu, car elle se réfère en somme au même domaine : cette signification se rapporte à l'utilisation, pour les faire concourir à la réalisation du même plan d'ensemble, d'organisations extérieures, inconscientes de ce plan comme telles, et apparemment opposées les unes aux autres, sous une direction « invisible » unique, qui est elle-même au delà de toutes les oppositions ; nous y avons déjà fait allusion précédemment, en signalant que ceci avait trouvé son application, d'une façon particulièrement nette, dans la tradition extrême-orientale. En elles-mêmes, les oppositions, par l'action désordonnée qu'elles produisent, constituent bien une sorte de « chaos » au moins apparent ; mais il s'agit précisément de faire servir ce « chaos » même (en le prenant en quelque sorte comme la « matière » sur laquelle s'exerce l'action de l'« esprit » représenté par les organisations initiatiques de l'ordre le plus élevé et le plus « intérieur ») à la réalisation de l'« ordre » général, de même que, dans l'ensemble du « cosmos », toutes les choses qui paraissent s'opposer entre elles n'en sont pas moins réellement, en définitive, des éléments de l'ordre total. Pour qu'il en soit effectivement ainsi, il faut que ce qui préside à l'« ordre » remplisse, par rapport au monde extérieur, la fonction du « moteur immobile » : celui-ci, se tenant au point fixe qui est le centre de la « roue cosmique », est par là même comme le pivot autour duquel tourne cette roue, la norme sur laquelle se règle son mouvement ; il ne peut l'être que parce qu'il ne participe pas lui-même à ce mouvement, et il l'est sans avoir à y intervenir expressément, donc sans se mêler en

---

[1] C'est ce qui, en connexion avec la devise dont nous parlons présentement, est désigné dans la Maçonnerie écossaise comme le « règne du Saint-Empire », par un souvenir évident de la constitution de l'ancienne « Chrétienté », considérée comme une application de l'« art royal » dans une forme traditionnelle particulière.

aucune façon à l'action extérieure, qui appartient tout entière à la circonférence de la roue [1]. Tout ce qui est entraîné dans les révolutions de celle-ci n'est que modifications contingentes qui changent et passent ; seul demeure ce qui, étant uni au Principe, se tient invariablement au centre, immuable comme le Principe même ; et le centre, que rien ne peut affecter dans son unité indifférenciée, est le point de départ de la multitude indéfinie de ces modifications qui constituent la manifestation universelle ; et il est aussi en même temps leur point d'aboutissement, car c'est par rapport à lui qu'elles sont toutes ordonnées finalement, de même que les puissances de tout être sont nécessairement ordonnées en vue de sa réintégration finale dans l'immutabilité principielle.

Chapitre XLVII
« VERBUM, LUX ET VITA »

Nous avons fait allusion tout à l'heure à l'acte du Verbe produisant l'« illumination » qui est à l'origine de toute manifestation, et qui se retrouve analogiquement au point de départ du processus initiatique ; ceci nous amène, bien que cette question puisse sembler quelque peu en dehors du sujet principal de notre étude (mais, en raison de la correspondance des points de vue « macrocosmique » et « microcosmique », ce n'est d'ailleurs là qu'une apparence), à signaler l'étroite connexion qui existe, au point de vue cosmogonique, entre le son et la lumière, et qui est exprimée très nettement par l'association et même l'identification établie, au début de l'Évangile de saint Jean, entre les termes *Verbum*, *Lux* et *Vita* [2]. On sait que la tradition hindoue, qui considère la « luminosité » (*taijasa*) comme caractérisant proprement l'état subtil (et nous verrons bientôt le rapport de ceci avec le dernier des trois termes que nous venons de rappeler), affirme d'autre part la primordialité du son (*shabda*) parmi les qualités sensibles, comme correspondant à l'éther (*âkâsha*) parmi les éléments ; cette affirmation,

---
1 C'est là la définition même de l'« activité non-agissante » de la tradition taoïste, et c'est aussi ce que nous avons appelé précédemment une « action de présence ».
2 Il n'est pas sans intérêt de noter à ce propos que, dans les organisations maçonniques qui ont conservé le plus complètement les anciennes formes rituéliques, la Bible placée sur l'autel doit être ouverte précisément à la première page de l'Évangile de saint Jean.

ainsi énoncée, se réfère immédiatement au monde corporel, mais, en même temps, elle est aussi susceptible de transposition dans d'autres domaines [1], car elle ne fait en réalité que traduire, à l'égard de ce monde corporel qui ne représente en somme qu'un simple cas particulier, le processus même de la manifestation universelle. Si l'on envisage celle-ci dans son intégralité, cette même affirmation devient celle de la production de toutes choses dans quelque état que ce soit, par le Verbe ou la Parole divine, qui est ainsi au commencement ou, pour mieux dire (puisqu'il s'agit là de quelque chose d'essentiellement « intemporel »), au principe de toute manifestation [2], ce qui se trouve aussi expressément indiqué au début de la Genèse hébraïque, où l'on voit, ainsi que nous l'avons déjà dit, que la première parole proférée, comme point de départ de la manifestation, est le *Fiat Lux* par lequel est illuminé et organisé le chaos des possibilités ; ceci établit précisément le rapport direct qui existe, dans l'ordre principiel, entre ce qui peut être désigné analogiquement comme le son et la lumière, c'est-à-dire en somme ce dont le son et la lumière, au sens ordinaire de ces mots, sont les expressions respectives dans notre monde.

Ici, il y a lieu de faire une remarque importante : le verbe *amar*, qui est employé dans le texte biblique, et qu'on traduit habituellement par « dire », a en réalité pour sens principal, en hébreu comme en arabe, celui de « commander » ou d'« ordonner » ; la Parole divine est l'« ordre » (*amr*) par lequel est effectuée la création, c'est-à-dire la production de la manifestation universelle, soit dans son ensemble, soit dans l'une quelconque de ses modalités [3]. Selon la tradition islamique également, la première création est celle de la Lumière (*En-Nûr*), qui est dite *min amri'Llah*, c'est-à-dire procédant immédiatement de l'ordre ou du commandement divin ; et cette création se situe, si l'on peut dire, dans le « monde », c'est-à-dire l'état ou le degré d'existence, qui, pour cette raison, est

---

[1] Ceci résulte d'ailleurs évidemment du fait que la théorie sur laquelle repose la science des mantras (*mantra-vidyâ*) distingue différentes modalités du son : *parâ* ou non-manifestée, *pashyantî* et *vaikharî*, qui est la parole articulée ; cette dernière seule se rapporte proprement au son comme qualité sensible, appartenant à l'ordre corporel.

[2] Ce sont les premières paroles mêmes de l'Évangile de saint Jean : *In principio erat Verbum*.

[3] Nous devons rappeler ici la connexion existant entre les deux sens différents du mot « ordre », que nous avons déjà mentionnée dans une note précédente.

désigné comme *âlamul-amr*, et qui constitue à proprement parler le monde spirituel pur. En effet, la Lumière intelligible est l'essence (*dhât*) de l'« Esprit » (*Er-Rûh*), et celui-ci, lorsqu'il est envisagé au sens universel, s'identifie à la Lumière elle-même ; c'est pourquoi les expressions *En-Nûr el-muhammadî* et *Er-Rûh el-muhammadiyah* sont équivalentes, l'une et l'autre désignant la forme principielle et totale de l'« Homme Universel » [1], qui est *awwalu khalqi'Llah*, « le premier de la création divine ». C'est là le véritable « Cœur du Monde », dont l'expansion produit la manifestation de tous les êtres, tandis que sa contraction les ramène finalement à leur Principe [2] ; et ainsi il est à la fois « le premier et le dernier » (*el-awwal wa el-akher*) par rapport à la création, comme Allah Lui-même est « le Premier et le Dernier » au sens absolu [3]. « Cœur des cœurs et Esprit des esprits » (*Qalbul-qulûbi wa Rûhul-arwâh*), c'est en son sein que se différencient les « esprits » particuliers, les anges (*el-malâikah*) et les esprits « séparés » (*el-arwâh el-mujarradah*), qui sont ainsi formés de la Lumière primordiale comme de leur unique essence, sans mélange des éléments représentant les conditions déterminantes des degrés inférieurs de l'existence [4].

Si maintenant nous passons à la considération plus particulière de notre monde, c'est-à-dire du degré d'existence auquel appartient l'état humain (envisagé ici intégralement, et non pas restreint à sa seule modalité corporelle), nous devons y trouver comme « centre », un principe correspondant à ce « Cœur universel » et qui n'en soit en quelque sorte que la spécification par rapport à l'état dont il s'agit. C'est ce principe que la doctrine hindoue désigne comme *Hiranyagarbha* : il est un aspect de *Brahmâ*, c'est-

1 Voir *Le Symbolisme de la Croix*, p. 58.
2 Le symbolisme du double mouvement du cœur doit être regardé ici comme équivalent à celui, bien connu notamment dans la tradition hindoue, des deux phases inverses et complémentaires de la respiration ; dans les deux cas, il s'agit toujours d'une expansion et d'une contraction alternées, qui correspondent aussi aux deux termes *coagula* et *solve* de l'hermétisme, mais à la condition d'avoir bien soin de remarquer que les deux phases doivent être prises en sens inverse suivant que les choses sont envisagées par rapport au principe ou par rapport à la manifestation, de telle sorte que c'est l'expansion principielle qui détermine la « coagulation » du manifesté, et la contraction principielle qui détermine sa « solution ».
3 Tout ceci a également un rapport avec le rôle de *Metatron* dans la Kabbale hébraïque.
4 Il est facile de voir que ce dont il s'agit ici peut être identifié au domaine de la manifestation supra-individuelle.

à-dire du Verbe producteur de la manifestation [1], et, en même temps, il est aussi « Lumière », comme l'indique la désignation de *Taijasa* donnée à l'état subtil qui constitue son propre « monde », et dont il contient essentiellement en lui-même toutes les possibilités [2]. C'est ici que nous trouvons le troisième des termes que nous avons mentionnés tout d'abord : cette Lumière cosmique, pour les êtres manifestés dans ce domaine, et en conformité avec leurs conditions particulières d'existence, apparaît comme « Vie » ; *Et Vita erat Lux hominum*, dit, exactement dans ce sens, l'Évangile de saint Jean. *Hiranyagarbha* est donc, sous ce rapport, comme le « principe vital » de ce monde tout entier, et c'est pourquoi il est dit *jîva-ghana*, toute vie étant synthétisée principiellement en lui ; le mot *ghana* indique qu'on retrouve ici cette forme « globale » dont nous parlions plus haut à propos de la Lumière primordiale, de telle sorte que la « Vie » y apparaît comme une image ou une réflexion de l'« Esprit » à un certain niveau de manifestation [3] ; et cette même forme est encore celle de l'« Œuf du Monde » (*Brahmânda*), dont *Hiranyagarbha* est, suivant la signification de son nom, le « germe » vivifiant [4].

Dans un certain état, correspondant à cette première modalité subtile de l'ordre humain qui constitue proprement le monde de Hiranyagarbha (mais, bien entendu, sans qu'il y ait encore identification avec le « centre » même) [5], l'être se sent lui-même comme une vague de l'« Océan primordial » [6], sans qu'il soit possible de

---

1 Il est « producteur » par rapport à notre monde, mais, en même temps, il est lui-même « produit » par rapport au Principe suprême, et c'est pourquoi il est appelé aussi *Kârya-Brahma*.
2 Voir *L'Homme et son devenir selon le Vêdânta*, ch. XIV. — Dans le nom même de *Hiranyagarbha*, cette nature lumineuse est nettement indiquée, car la lumière est symbolisée par l'or (*hiranya*), qui est lui-même « lumière minérale », et qui correspond, parmi les métaux, au soleil parmi les planètes ; et l'on sait que le soleil est aussi, dans le symbolisme de toutes les traditions, une des figures du « Cœur du Monde ».
3 Cette remarque peut aider à définir les rapports de l'« esprit » (er-rûh) et de l'« âme » (en-nefs), celle-ci étant proprement le « principe vital » de chaque être particulier.
4 Cf. *Le Règne de la Quantité et les Signes des Temps*, ch. XX.
5 L'état dont il s'agit est ce que la terminologie de l'ésotérisme islamique désigne comme un *hâl*, tandis que l'état qui correspond à l'identification avec le centre est proprement un *maqâm*.
6 Conformément au symbolisme général des Eaux, l'« Océan » (en sanscrit *samudra*)

Chapitre XLVII

dire si cette vague est une vibration sonore ou une onde lumineuse ; elle est, en réalité, à la fois l'une et l'autre, indissolublement unies en principe, au delà de toute différenciation qui ne se produit qu'à un stade ultérieur dans le développement de la manifestation. Nous parlons ici analogiquement, cela va de soi, car il est évident que, dans l'état subtil, il ne saurait être question du son et de la Lumière au sens ordinaire, c'est-à-dire en tant que qualités sensibles, mais seulement de ce dont ils procèdent respectivement ; et, d'autre part, la vibration ou l'ondulation, dans son acception littérale, n'est qu'un mouvement qui, comme tel, implique nécessairement les conditions d'espace et de temps qui sont propres au domaine de l'existence corporelle ; mais l'analogie n'en est pas moins exacte, et elle est d'ailleurs ici le seul mode d'expression possible. L'état dont il s'agit est donc en relation directe avec le principe même de la Vie, au sens le plus universel où l'on puisse l'envisager [1] ; on en retrouve comme une image dans les principales manifestations de la vie organique elle-même, celles qui sont proprement indispensables à sa conservation, tant dans les pulsations du cœur que dans les mouvements alternée de la respiration ; et là est le véritable fondement des multiples applications de la « science du rythme », dont le rôle est extrêmement important dans la plupart des méthodes de réalisation initiatique. Cette science comprend naturellement la *mantra-vidyâ*, qui correspond ici à l'aspect « sonique » [2] ; et, d'autre part, l'aspect « lumineux » apparaissant plus particulièrement dans les *nâdîs* de la « forme subtile » (*sûkshma-sharîra*) [3], on peut voir sans difficulté la relation de tout ceci avec la double nature lumineuse (*jyotirmayî*) et sonore (*shabdamayî* ou *mantramayî*) que la tradition hindoue attribue à Kundalinî, la force cosmique qui, en

---

représente l'ensemble des possibilités contenues dans un certain état d'existence ; chaque vague correspond alors, dans cet ensemble, à la détermination d'une possibilité particulière.
1 Ceci, dans la tradition islamique, se réfère plus spécialement à l'aspect ou attribut exprimé par le nom divin *El-Hayy*, qu'on traduit ordinairement par « le Vivant », mais qu'on pourrait rendre beaucoup plus exactement par « le Vivificateur ».
2 Il va de soi que ceci ne s'applique pas exclusivement aux *mantras* de la tradition hindoue, mais tout aussi bien à ce qui y correspond ailleurs, par exemple au *dhikr* dans la tradition islamique ; il s'agit, d'une façon tout à fait générale, des symboles sonores qui sont pris rituélliquement comme « supports » sensibles de l'« incantation » entendue au sens que nous avons expliqué précédemment.
3 Voir *L'Homme et son devenir selon le Vêdânta*, ch. XIV et XXI.

tant qu'elle réside spécialement dans l'être humain, y agit proprement comme « force vitale »[1]. Ainsi, nous retrouvons toujours les trois termes *Verbum, Lux* et *Vita*, inséparables entre eux au principe même de l'état humain ; et, sur ce point comme sur tant d'autres, nous pouvons constater le parfait accord des différentes doctrines traditionnelles, qui ne sont en réalité que les expressions diverses de la Vérité une.

Chapitre XLVIII
LA NAISSANCE DE L'AVATÂRA

Le rapprochement que nous avons indiqué entre le symbolisme du cœur et celui de l'« Œuf du Monde » nous conduit encore à signaler, en ce qui concerne la « seconde naissance », un aspect autre que celui sous lequel nous l'avons envisagée précédemment : c'est celui qui la présente comme la naissance d'un principe spirituel au centre de l'individualité humaine, qui, comme on le sait, est précisément figuré par le cœur. À vrai dire, ce principe réside bien toujours au centre de tout être[2], mais, dans un cas tel que celui de l'homme ordinaire, il n'y est en somme que d'une façon latente, et, quand on parle de « naissance », on entend proprement par là le point de départ d'un développement effectif ; et c'est bien en effet ce point de départ qui est déterminé ou tout au moins rendu possible par l'initiation. En un sens, l'influence spirituelle qui est transmise par celle-ci s'identifiera donc au principe même dont il s'agit ; en un autre sens, et si l'on tient compte de la préexistence de ce principe dans l'être, on pourra dire qu'elle a pour effet de le « vivifier » (non pas en lui-même, bien entendu, mais par rapport à l'être dans lequel il réside), c'est-à-dire en somme de rendre « actuelle » sa présence qui n'était tout d'abord que potentielle ; et, de

---

[1] *Kundalinî* étant représentée symboliquement comme un serpent enroulé sur lui-même en forme d'anneau (*kundala*), on pourrait rappeler ici le rapport étroit qui existe fréquemment, dans le symbolisme traditionnel, entre le serpent et l'« Œuf du Monde » auquel nous faisions allusion tout à l'heure à propos de *Hiranya-garbha* : ainsi, chez les anciens Egyptiens, *Kneph*, sous la forme d'un serpent, produit l'« Œuf du Monde » par sa bouche (ce qui implique une allusion au rôle essentiel du Verbe comme producteur de la manifestation) ; et nous mentionnerons aussi le symbole équivalent de l'« œuf de serpent » des Druides, qui était figuré par l'oursin fossile.
[2] Voir *L'Homme et son devenir selon le Vêdânta*, ch. III.

Chapitre XLVIII

toute façon, il est évident que le symbolisme de la naissance peut s'appliquer également dans l'un et l'autre cas.

Maintenant, ce qu'il faut bien comprendre, c'est que, en vertu de l'analogie constitutive du « macrocosme » et du « microcosme », ce qui est contenu dans l'« Œuf du Monde » (et il est à peine besoin de souligner le rapport évident de l'œuf avec la naissance ou le début du développement d'un être) est réellement identique à ce qui est aussi contenu symboliquement dans le cœur [1] : il s'agit de ce « germe » spirituel qui, dans l'ordre macrocosmique, est, ainsi que nous l'avons déjà dit, désigné par la tradition hindoue comme *Hiranyagarbha* ; et ce « germe », par rapport au monde au centre duquel il se situe, est proprement l'*Avatâra* primordial [2]. Or, le lieu de la naissance de l'*Avatâra*, aussi bien que de ce qui y correspond au point de vue « microcosmique », est précisément représenté par le cœur, identifié aussi à cet égard à la « caverne », dont le symbolisme initiatique se prêterait à des développements que nous ne pouvons songer à entreprendre ici ; c'est ce qu'indiquent très nettement des textes tels que celui-ci : « Sache que cet Agni, qui est le fondement du monde éternel (principiel), et par lequel celui-ci peut être atteint, est caché dans la caverne (du cœur) » [3]. On pourrait peut-être objecter que, ici comme d'ailleurs en beaucoup d'autres cas, l'*Avatâra* est expressément désigné comme Agni, tandis qu'il est dit d'autre part que c'est *Brahmâ* qui s'enveloppe dans l'« Œuf du Monde », appelé pour cette raison *Brahmânda*, pour y naître comme *Hiranyagarbha* ; mais, outre que les différents noms ne désignent en réalité que divers aspects ou attributs divins, qui sont toujours forcément en connexion les uns avec les autres, et

---

1 Un autre symbole qui a à cet égard avec le cœur une relation similaire à celle de l'œuf est le fruit, au centre duquel se trouve également le germe qui représente ce dont il s'agit ici ; kabbalistiquement, ce germe est figuré par la lettre *iod*, qui est, dans l'alphabet hébraïque, le principe de toutes les autres lettres.
2 Il ne s'agit pas ici des *Avatâras* particuliers qui se manifestent au cours des différentes périodes cycliques, mais de ce qui est en réalité, et dès le commencement, le principe même de tous les *Avatâras*, de même que, au point de vue de la tradition islamique, *Er-Rûh el-muhammadiyah* est le principe de toutes les manifestations prophétiques, et que ce principe est à l'origine même de la création. — Nous rappellerons que le mot *Avatâra* exprime proprement la « descente » d'un principe dans le domaine de la manifestation, et aussi, d'autre part, que le nom de « germe » est appliqué au Messie dans de nombreux textes bibliques.
3 Katha Upanishad, 1er Valli, shruti 14.

non point des « entités » séparées, il y a lieu de se souvenir plus spécialement que Hiranyagarbha est caractérisé comme un principe de nature lumineuse, donc ignée [1], ce qui l'identifie bien véritablement à *Agni* lui-même [2].

Pour passer de là à l'application « microcosmique », il suffit de rappeler l'analogie qui existe entre le *pinda*, embryon subtil de l'être individuel, et le *Brahmânda* ou l'« Œuf du Monde » [3] ; et ce *pinda*, en tant que « germe » permanent et indestructible de l'être, s'identifie par ailleurs au « noyau d'immortalité » qui est appelé *luz* dans la tradition hébraïque [4]. Il est vrai que, en général, le *luz* n'est pas indiqué comme situé dans le cœur, ou que du moins ce n'est là qu'une des différentes « localisations » dont il est susceptible, dans sa correspondance avec l'organisme corporel, et que ce n'est pas celle qui se rapporte au cas le plus habituel ; mais elle ne s'en trouve pas moins exactement, parmi les autres, là où le *luz* est en relation immédiate avec la « seconde naissance ». En effet, ces « localisations », qui sont aussi en rapport avec la doctrine hindoue des chakras ou centres subtils de l'être humain, se réfèrent à autant de conditions de celui-ci ou de phases de son développement spirituel, qui sont les phases mêmes de l'initiation effective : à la base de la colonne vertébrale, c'est l'état de « sommeil » où se trouve le *luz* chez l'homme ordinaire ; dans le cœur, c'est la phase initiale de sa « germination », qui est proprement la « seconde naissance » ; à l'œil frontal, c'est la perfection de l'état humain, c'est-à-dire la réintégration dans l'« état primordial » ; enfin, à la couronne de la tête, c'est le passage aux états supra-individuels, qui doit mener finalement jusqu'à l'« Identité Suprême ».

Nous ne pourrions insister davantage là-dessus sans entrer dans des considérations qui, se rapportant à l'examen détaillé de certains symboles particuliers, trouveraient mieux leur place dans d'autres études, car, ici, nous avons voulu nous tenir à un point de

[1] Le feu (*Têjas*) contient en lui-même les deux aspects complémentaires de lumière et de chaleur.

[2] Cette raison s'ajoute d'ailleurs encore à la position « centrale » de Hiranyagarbha pour le faire assimiler symboliquement au soleil.

[3] *Yathâ pinda tathâ Brahmânda* (voir *L'Homme et son devenir selon le Vêdânta*, pp. 143 et 191).

[4] Voir *Le Roi du Monde*, pp. 87-91. — On peut noter aussi que l'assimilation de la « seconde naissance » à une « germination » du *luz* rappelle nettement la description taoïste du processus initiatique comme « endogénie de l'immortel ».

vue plus général, et nous n'avons envisagé de tels symboles, dans la mesure où cela était nécessaire, qu'à titre d'exemples ou d'« illustrations ». Il nous suffira donc d'avoir indiqué brièvement, pour terminer, que l'initiation, en tant que « seconde naissance », n'est pas autre chose au fond que l'« actualisation », dans l'être humain, du principe même qui, dans la manifestation universelle, apparaît comme l'« *Avatâra* éternel ».

ISBN : 978-2-37976-183-6

Milton Keynes UK
Ingram Content Group UK Ltd.
UKHW030903151124
451262UK00006B/1060